譯註

退溪全書

4

특수고전협동번역사업 1차 연도 사업 연구진

연 구 책 임 : 송재소(宋載邵)

책 임 교 열 : 이상하(李相夏)

연 구 원 : 이관성(李灌成), 강지희(姜志喜), 김성훈(金成勳), 김영죽(金玲竹)
          남성우(南誠佑), 서사봉(徐士奉), 조창록(曹蒼錄), 오보라(吳寶羅)

연구보조원 : 장연수(張硯洙)

이 책은 2021년도 정부(교육부)의 재원으로 한국고전번역원의 지원을 받아
수행된 특수고전협동번역사업(난해서) 1차 연도 사업의 결과물임.

This work was supported by Institute for the Translation of Korean Classics - Grant funded
by the Korean Government.

譯註

退溪全書

4

李滉 著

詩

續集 卷1 ~ 遺集 外篇 卷1

보고사
BOGOSA

일러두기

1. 본서는 사단법인 퇴계학연구원에서 2022년에 간행한 《定本 退溪全書》 총 15책을 대본으로 삼았다.

2. 번역문은 원의(原義)에 충실하게 하되, 이해를 돕기 위해 의역(意譯) 또는 보충역(補充譯)을 한 부분도 있다. 또한, 한국학중앙연구원(구 한국정신문화연구원)에서 간행한 《국역 퇴계시》(신호열 역주) 총 2책과 퇴계학연구원에서 간행한 《退溪全書》(이가원 외 역주) 총 29책, 영남대학교 출판부에서 간행한 《퇴계시 풀이》(이장우, 장세후 역주) 총 9책을 참고하였다.

3. 본서의 주석은 각주로 처리하였다. 각주에서는, 한국문집총간 제31집에 수록된 유도원(柳道源, 1721~1791)의 《退溪先生文集攷證》은 완역하되 필요에 따라 출전 및 원문을 보충하고 【攷證】으로 표시하였다. 계명대학교에서 간행한 퇴계학문헌전집 권22 이야순(李野淳, 1755~1830)의 《要存錄》은 필요에 따라 번역하되 【要存錄】으로 표시하였다. 【攷證】으로 미흡한 부분은 역자 주로 보충하되 【譯注】로 표시하였다. 【攷證】의 오류를 수정하거나 보충할 사항이 있는 경우 해당 내용을 적고 【校解】로 표시하였다.

4. 작품의 저작 연대는 퇴계학연구원에서 간행한 《退溪先生年表月日條錄》(정석태 편저) 총 4책을 참고하였다.

5. 주석의 표제어에서 필요한 경우 본문에 없는 한자를 병기하였다.

6. 운문은 원문을 병기하였다.

7. 맞춤법과 띄어쓰기는 한글 맞춤법과 표준어 규정을 따랐다.

8. 작품에 부여된 고유번호는 사단법인 퇴계학연구원에서 간행한 《定本 退溪全書》에 의거하였다.

9. 본서에서 사용한 부호는 다음과 같다.

   【 】 : 각주의 유형을 구분하거나, 제목에서 작품의 창작 시기, 장소를 표기한다.
   ( ) : 번역문과 음이 같은 한자를 묶는다.
   〔 〕 : 번역문과 뜻이 같으나 음이 다른 한자를 묶는다.
   " " : 대화 등의 인용문을 묶는다.
   ' ' : " " 안의 재인용 또는 강조 문구를 묶는다.
   《 》 : 책명 및 각주의 전거(典據)를 묶는다.
   〈 〉 : 책의 편명 및 운문·산문의 제목을 묶는다.
   － － : 본문에서 소자(小字) 원문 주(註)의 처음과 끝에 사용한다.

차례

퇴계선생문집 속집 권2

조카 교가 근래 《가례》·《소학》·《대학혹문》을 읽고 시 3수를 보내왔는데, 그 말에 감발한 것이 있는 듯하여 그 시의 운자를 사용하여 지어서

彦純來 此日不甚開懷說學 今得其詩六首 知其志尙如此 病中不能和其韻 只以二絶句道意云 … 378

상사 순흥 안효사 어르신이 사는 양양군 남쪽 노포촌의 정자는 절경이 다. 내가 올봄에 병으로 군관에 누워 있었는데 안 상사가 문안 인사를 와 서 오랜 회포를 풀었으니, 이때 상사의 나이가 여든넷이었다. 병이 심한 탓에 가서 감사드리지 못하고 돌아오니 몹시 부끄럽고 한스러웠는데, 근 래에 또 편지를 보내와 그 정자를 읊은 시 중 최간재의 악부시 열 수에 화운해 달라고 부탁했다. 나는 평소 사곡을 지을 줄 모르고, 더구나 일찍 이 정자를 읊은 근체시 3수를 외람되이 드렸으니, 지금 어찌 다시 억지로 짓겠는가. 병중에 그저 절구 세 수를 읊어 회포를 드러내, 상사가 왕림해 주고 정성스레 부탁한 뜻에 조금이나마 답한다 順興安上舍孝思老丈所居 襄陽郡南蘆浦村臺亭勝絶 今年春 滉病臥郡館 上舍爲枉問敍舊 時年八十四 矣 緣病甚不得往謝而來 媿恨良深 近又寄書來 囑和其亭詠中崔艮齋樂府十 首 滉素不解作詞曲 況曾有亭詠近體三首浼呈 今何更强作耶 病中聊吟三絶 見懷 以少答上舍辱枉勤索之意云爾 … 381

퇴계선생문집 유집 내편 권1

퇴계선생문집 유집 외편 권1

가사 歌詞

부 賦

시 詩

관음암 아래의 천석이 매우 아름다워 잠시 앉아 있는데 종수 상인이 "시

전날 영광스럽게도 찾아주심을 받았으니, 시냇가 모옥에서 삶을 영위하
는 것이 '평생 얻기 어려운 다행'이라고 생각하여 감히 -원문 1자 결락- 즐
거움을 아뢰었습니다. 그런데 뜻밖에도 다시 저의 거친 시에 화운하여
약간 -원문 1자 결락- 편의 시를 보내 장려하는 뜻을 지극히 보여주셨습니
다. 그 은혜에 절을 올린 이후로 감사함을 이길 수 없습니다. 비둘기 둥
지처럼 자주 옮겨 다니며 끝내 아직 살 곳을 정하지 못하여 항상 스스로
헛웃음만 짓고 있는데, 외람되이 해학으로 지으신 절구 한 수를 받으매
졸렬한 저의 일이 도리어 좋은 일이 되었으니 감히 답시를 짓지 않고 욕
을 보일 수가 없었습니다. 이에 삼가 '세 차례 옮겼다.〔三遷〕'는 글자로
인하여 그 실상을 말하여 훌륭한 그 뜻에 만분의 일이라도 우러러 보답
하고자 합니다. 대개 지산에서 퇴계로 옮겼다가 하오로, 다시 죽동으로
옮겼습니다. 죽동에서 지금 또다시 옮기려고 하니 실로 네댓 차례 옮긴
것입니다. 이에서 지산의 산송에서 굴욕을 당하여 퇴계의 외진 곳으로
스스로 물러난 것을 절로 알게 되었습니다. 이로 말미암아 이처럼 옮겨
다니며 살면서 정처가 없으신 데도 끝내 원망하는 말이 없으니 이에 성
덕을 갖춘 이는 불가함이 없다는 것을 더욱 알게 되었습니다. 경솔히 주
제넘게 답시를 보내오니 황송할 따름입니다. 前日獲承寵臨 澗屋榮生 自
謂平生難得之幸 敢陳□惊 不意復賜和荒律 少達□章 示以獎許之者至矣 拜
嘉以還 不勝感佩 鳩巢屢改 迄未有定 尋常自笑 叨蒙善謔一絶 拙事反爲好
事 不敢虛辱 謹因三遷字而道其實 仰酬盛意之萬一 盖自芝山而遷退溪而霞
塢而竹洞 自竹洞而今又將遷 實爲四五遷矣 自知理屈於芝山之訟 而自退於
退溪之僻 由是遷居不定如此 然終無怨言 於是益見盛德之無不可 率爾狂對
惶悚 … 477

제천정에서 창녕의 시에 차운하여 벼슬을 사직하고 돌아가는 이 참판을

내가 성주로 가서 응당 열흘을 머물 작정이었으니 돌아올 때 그대가 돌아오는 것을 볼 수 있으리라 생각하였는데, 이제 성주 아전이 이미 공도회를 파했다고 보고하였다. 내일이면 내가 돌아가기에, 밤에 앉아 감회를 써서 남겨두었다가 전해달라고 하였다 僕往星州 當留十日 其還意可見 君之還 今得星吏報已罷都會 明將遂還 夜坐書所感留奉云 … 620

용궁현으로 가는 도중에 학가산 승려 편에 보내어 산중의 이대성에게 부치다 龍宮路中 附鶴駕山僧 寄山中李大成 … 622

성천사에서 이대성에게 보이다 기축년 聖泉寺 示李大成 己丑 … 624

영지정사에서 모시고 노닐며 주인 상공의 시에 차운하다 陪遊靈芝精舍 次主人相公韻 … 625

지사 상공이 증조부 의흥공의 묘소에 추증하는 묘갈을 세우게 되었는데, 나도 의흥공의 외현손으로 집사의 말석에 참여하였기에 제사를 받들고 나서 음복하는 자리에서 절구 한 수를 지어 올리다 기유년 知事相公追贈 立碣于曾祖義興公之墓 滉以義興公之外玄孫 得預執事之末 祭後飮福席上 呈一絶 己酉 … 626

삼가 영감의 시를 받고 '태산 같은 은혜 갚지 못해 어이할꼬'라는 구절이 있기에 감히 진정을 말씀드리지 않을 수 없기에 삼가 다시 받들어 화답하여 올리다 伏承令詩 有丘山恩未報如何之句 不敢不仰陳下情 謹復奉和 上呈 … 627

봉사 권공의 묘소를 참배하다 拜權奉事公墓 … 628

〈명농당〉 시에 차운하다 次明農堂韻 … 629

재차 차운하여 배 안에서 드리다 再次呈舟中 … 630

분천에 부치다 寄汾川 … 631

농암 상공이 동짓날에 지은 시에 삼가 화답하다 임자년

퇴계선생문집

속집 권 1

오인원[1]의 〈우연히 읊다〉 시에 차운하다 【연월미상. 예안(禮安)】
次吳仁遠偶吟韻

구름 산 곳곳마다 즐거움 끝이 없으니	雲山隨處樂無邊
터 잡고 집 짓는 일 어찌 꼭 노년을 기다려야 하랴	卜築何須待暮年
계곡 아래 숨을 만한 집을 이미 지었으니	已辦衡門藏澗底
산을 등진 좋은 땅이 어찌 없으리오	豈無良土背山前
기심이 끊어진 곳에서 비로소 참된 이치 알았을 터이니	
	塵機絶處方眞得
도를 음미한 지 오램에 함부로 사람들에게 말하지 말라	
	道味多時莫謾傳
게다가 서로 풍류 있는 친한 사람이 있어서	更有風流相識者
때로 삼경[2]에 와서 함께 취함에랴	時從三徑醉陶然

---

1 오인원 : 【譯注】 오언의(吳彦毅, 1494~1566)로, 본관은 고창(高敞), 자는 인원(仁遠), 호는 죽오(竹塢)이다.

2 삼경(三徑) : 【譯注】 시골로 돌아가서 전원생활을 즐기는 것을 말한다. 한(漢)나라 장후(蔣詡)가 향리로 돌아가서 모든 교분을 끊은 채 정원에다 오솔길 세 개[三徑]를 만들어 놓은 뒤에 오직 양중(羊仲)·구중(求仲) 두 사람과 어울려 노닐었다. 《三輔決錄 逃名》

가재 【을해년(1515, 중종10, 15세). 예안(禮安)】

石蟹

15세에 지었다.

돌 지고 모래 파니 절로 집이 되고 　　　　　　　負石穿沙自有家

앞으로 갔다 뒤로 갔다 하니 다리가 많기도 하네 　前行却走足偏多

평생을 한 줌 시냇물 속에 있으니 　　　　　　生涯一掬山泉裏

강호의 물이 얼마나 되는지 묻지 않누나 　　　不問江湖水幾何

상주의 관수루에 오르다 【癸巳年(1533, 중종28, 33세) 1월 30일 추정. 상주 (尙州)】

登尙州觀水樓

누대는 낙동강 동쪽 기슭에 있다. ○계사년

벼랑 따라 북쪽으로 길이 나 있고	鑿道緣崖北
나는 듯한 누대 기슭 동쪽에 날개를 폈어라	飛樓翼岸東
한번 뗏목 타고 은하수에 올라 보니	試登槎上漢
한참을 서 있음에 겨드랑이에서 바람 이누나[3]	久立腋生風
들판은 멀리 어른거리는 남기를 띠고	野帶浮嵐逈
강은 붉은 낙조를 머금고 있네	江含落照紅
바야흐로 속세의 괴로움 알고서	方知塵世苦
고개 돌려 어부를 부러워하노라	回首羨漁翁

---

3 겨드랑이에서 바람 이누나 : 【譯注】 신선이 되어 하늘에 오르는 것을 말한다. 당(唐) 나라 노동(盧仝)의 〈붓을 달려 맹 간의가 새 차를 보내준 것에 답하다〔走筆謝孟諫議新 茶〕〉에 "다섯 잔 마시니 살과 **뼈**가 맑아지고, 여섯 잔 마시니 선령(仙靈)과 통하게 되고, 일곱 잔째는 마실 것도 없이, 문득 두 겨드랑서 맑은 바람 일어남을 깨닫노라.〔七碗喫 不得, 也唯覺兩腋習習淸風生.〕"라고 하였다.

백암⁴의 동쪽 헌함에서 탁영 김공⁵의 시⁶에 차운하다 【계사년

(1533, 중종28, 33세) 2월 17~20일 추정. 의령(宜寧)】

白巖東軒 濯纓金公韻

만고의 영웅 떠나니	萬古英雄逝
옛 일을 생각함에 눈물 옷에 가득하여라	追思淚滿裳
그때엔 취묵을 남겼고	當時留醉墨
오늘은 봄볕이 아름답구나	此日媚韶陽
나라 위한 마음은 철석 같았고	爲國腸如鐵
간신 죽이는 칼날은 추상 같았네	誅奸刃似霜
꽃은 박천⁷ 가에 환하게 피었는데	花明駮川上
나 강개하여 술잔을 높이 드노라	慷慨一揮觴

---

4 백암 : 【攷證 卷8 白巖】미상이다. 【校解】백암은 의령(宜寧)의 마을인데, 이황의 처조부인 허원보(許元輔)가 그곳에 '백암정(白巖亭)'을 지었다. 이규석(李葵錫)의 《대계집(大溪集)》 권2에 〈의령 허씨의 백암정 원운시에 차운하다〔次宜寧許氏白巖亭原韻〕〉 시가 있는데, 그 주석에 "진사 허공 원보는 퇴계 선생의 처조부이다. 백암정 시가 있는데, 퇴도(退陶)가 그것에 차운하였다."라고 하였다.

5 탁영 김공 : 【譯注】김일손(金馹孫, 1464~1498)으로, 본관은 김해(金海), 자는 계운(季雲), 호는 탁영(濯纓)·소미산인(少微山人)이다.

6 탁영 김공의 시 : 【譯注】《탁영집(濯纓集)》 속상(續上)에 〈의령의 박천에서 허 상사【원보】와 함께 놀다〔宜寧駮川與許上舍【元輔】同遊〕〉 시가 있다.

7 박천 : 【攷證 卷8 駮川】미상이다. 【校解】백암정 앞에 흐르는 시내이다.

이포[8]를 지나다 【계사년(1533, 중종28, 33세) 4월 24~30일 추정. 여주(驪州)】
過梨浦

이 신세 백구의 물결에 맡기고자 하노니	欲將身世付鷗波
창랑 한 곡조 노래[9]에 세세히 화답한다	細和滄浪一曲歌
세상일 헤아려 보니 근심스런 생각 모이고	世事籌來憂思集
운림을 떠나가니 꿈속에 많이 보이네	雲林別去夢魂多
선창으로는 일렁이는 햇빛이 거꾸로 비치고	船牕倒射溶溶日
물가에는 점점이 있는 연잎 가벼이 흔들리누나	水渚輕搖點點荷
늘 부끄러워라 벼슬의 굴레 다 벗지 못하여	常愧未能渾脫略
경치 좋은 곳 만날 때마다 그냥 등한히 지나가는 것이	
	每逢佳處等閒過

---

8 이포 : 【攷證 卷8 梨浦】 미상이다. 【校解】 경기도 여주시 금사면 이포리에 있다.

9 창랑……노래 : 【譯注】 초(楚)나라 굴원(屈原)의 〈어부사(漁父辭)〉에 "창랑의 물이 맑음이여, 내 갓끈을 씻을 만하고, 창랑의 물이 흐림이여, 내 발을 씻을 만하도다.〔滄浪之 水淸兮, 可以濯吾纓, 滄浪之水濁兮, 可以濯吾足.〕"라고 하였다.

어부 【계사년(1533년, 중종28, 33세) 4월 24~30일 추정. 한강상류】

漁人

골짜기에 풍랑이 일어 만경창파 추운데 峽裏風波萬頃寒

일엽편주 한 척이 푸른 물굽이에 묵고 있네 扁舟一葉宿蒼灣

물고기 잡아 와서 서울 가는 행인에게 팔고는 得鮮來賣西行客

웃으며 구름안개 아득한 속으로 들어가누나 笑入雲烟杳靄閒

배 안에서 우연히 읊다 【계사년(1533년, 중종28, 33세) 4월 24~30일 추정.

한강상류】

舟中偶吟

배 안에 꼼짝 않고 앉아 무엇 생각하는가   兀坐舟中何所思

어부는 한 가닥 낚싯대조차도 일이 많은 것이지   漁人多了一竿絲

어여쁘다, 푸른 강의 흰 새는   可憐白鳥滄江裏

제 마음대로 날아가고 날아오는구나   飛去飛來自得時

금대임[10]의 시에 차운하다 【계사년(1533년, 중종28, 33세) 5~6월 추정. 한강상류】

次韻琴大任

성균관에 있을 때이다.[11]

남국의 가인 몸 약하고 가냘프니	南國佳人體弱纖
평생 제비만 주렴 엿볼 수 있었지[12]	生平只許燕窺簾
천 겹 금으로 된 집에 깊숙이 살게 해야 하고[13]	宜儲金屋千重最
일곱 보배로 장식한 상아 침상[14]에 두어야 하지	合實牙牀七寶兼

---

10 금대임 : 【譯注】 금축(琴軸, 1496~1561)으로, 본관은 봉화(奉化), 자는 대임(大任), 호는 남계(南溪)·송계(松溪)이다. 1531년(중종 26)에 생원시(生員試)에 입격하고, 1540년(중종 35) 권벌(權橃)에 의해 일사(逸士)로 천거되어 제릉 참봉(齊陵參奉)에 임명되었다.

11 성균관에 있을 때이다 : 【攷證 卷8 在泮】 계사년(1533, 중종28)에 퇴계 선생이 과거 시험에 응시하기 위해 성균관에 머물렀다.

12 제비만……있었지 : 【攷證 卷8 燕窺簾】 송(宋)나라 왕령(王令)의 〈주렴[簾]〉 시에 "주렴을 걷고 펴는 바람 반드시 뜻이 없지는 않으니, 틈으로 제비가 엿보는 거 막아야 하는 게지.〔卷舒未必風無意, 開隙須防燕解窺.〕"라고 하였다. 【校解】《고증》에서 당(唐)나라 두보(杜甫)의 시라고 한 것은 오류이다.

13 금으로……하고 : 【攷證 卷8 宜儲金屋】 한(漢)나라 무제(武帝)가 몇 살쯤 되었을 때 고모인 장공주(長公主)가 안아주며 "얘야 너는 아내를 얻고 싶으냐?"라고 묻자, 무제가 "얻고 싶습니다."라고 하였다. 장공주가 자기의 딸인 아교(阿嬌)를 가리키며 "어떠냐?"고 묻자, 무제가 웃으며 "만약 아교를 부인으로 얻을 수만 있다면 마땅히 금으로 된 집에 살게 하겠습니다."라고 하였다. 《漢武故事 卷1》

14 일곱……침상 : 【攷證 卷8 牙牀七寶】 진(晉)나라 석숭(石崇)이 향기로운 가루를 상아 침상에 뿌리고 기녀에게 그것을 밟게 하고는 발자국이 남지 않으면 진주 백 꿰미를 하사하였다. 《拾遺記 卷9》 또 당(唐)나라 이백(李白)이 부름을 받았을 때 명황(明皇

묵은 한에다 새 한까지 덧쌓이기 쉬우니	舊恨易將新恨積
세월과 함께 늙어가는 얼굴 견디기 어려워라	容華難與歲華添
우연한 만남 모두 인연인 줄 알 뿐이니	但知遇合皆緣命
은비녀 때문에 손가락 끝 드러내지[15] 말게나	莫爲銀釵露指尖

현종(玄宗))이 칠보로 장식한 상을 금란전(金鑾殿)에 두었다. 《韻府群玉 卷6》

15 은비녀……드러내지 : 【攷證 卷8 銀釵露指尖】당나라 장호(張祜)가 회남 절도사(淮南節度使)의 막하에 손님으로 있을 때 연회에 참석하였다. 두목(杜牧)이 동석했다가 마음에 드는 기녀가 있어 주사위를 가지고 술내기를 하면서 나직이 읊조리기를 "골패를 조심조심 감싼 손으로 집어 드니, 섬섬옥수를 볼 수가 없구나.〔骰子逡巡裹手拈, 無因得見玉纖纖.〕"라고 하니, 장호가 알아차리고 "단지 금비녀가 떨어졌다고 말하기만 하면, 아마도 응당 손가락 끝이 드러나리.〔但知報道金釵落, 彷彿還應露指尖.〕"라고 하였다. 《唐摭言 卷13》【校解】《고증》에 '張祜'가 '張祐'로 되어 있는데 통행본 《당척언》에 의거하여 수정하였고, '拈'이 '帖'으로 되어 있는데 《전당시(全唐詩)》 권792에 의거하여 수정하였다.

반궁 【계사년(1533년, 중종28, 33세) 5~6월 추정. 서울】
泮宮

반궁에서 규례를 따라 지낼 뿐 무엇을 하리오	泮宮隨例亦何爲
날마다 공당에서 배불리 먹고 놀 뿐	日日公堂得飽嬉
아직 서툰 과문 공부는 선생이 고쳐주어야 하고	擧業生疎憑竄抹
쓸쓸한 묵은 서책들을 그저 입으로 읊조릴 뿐	陳編寥落付唔咿
자주 물었다가 웃음거리가 되니	多將問事供調笑
어찌 베풀만한 재주를 품고 있겠는가	豈有懷材可設施
어젯밤 꿈에서 본 호접의 뜻16을	昨夜夢中蝴蝶意
새벽 창에 맺힌 이슬로 먹 갈아 새로운 시 쓰네	曉牕和露寫新詩

---

16 어젯밤……뜻 : 【譯注】 물아일체의 경지를 말한다. 《장자》〈제물론(齊物論)〉에 "어제 나는 꿈속에서 나비가 되었다.〔莊周夢爲胡蝶〕……내가 나비가 된 꿈을 꾼 것일까? 나비가 내가 되는 꿈을 꾼 것일까? 나와 나비는 반드시 겉으로는 구별이 있으나 절대적인 경지에서 보면 차이가 없으니, 이를 일러 물화(物化)라고 한다."라고 하였다.

해바라기 【계사년(1533년, 중종28, 33세) 5~6월 추정. 서울】
葵花

만물이 무엇인들 천지의 정기 받지 않으리오마는	物物誰非天地精
어여뻐라, 너는 유독 변치 않는 일편단심을 얻었구나	憐渠偏得一團誠
요즘 들어 연일 내리는 장맛비 싫어하지 말고	莫嫌近日連陰雨
오직 높고 높이 마음을 기울여 해를 향하라	唯向高高盡意傾

소나무를 읊다 갑오년(1534, 중종29, 34세)【1월 추정. 예안(禮安)】

詠松 甲午

천년토록 늙지 않은 바위 옆 소나무	石上千年不老松
움츠린 푸른 비늘의 용이 하늘로 오르는 기셀세	蒼鱗蹙蹙勢騰龍
깎아지른 골짜기에 자라서 바닥 모를 심연 굽어보고	生當絶壑臨無底
기세는 아득히 높은 하늘에 닿아 높은 봉우리 압도하네	
	氣拂層霄壓峻峯
청홍[17]의 꾸밈이 본성 해치지 않길 바라거늘	不願靑紅戕本性
어찌 복숭아와 오얏의 아양 떠는 모습 따르리오	肯隨桃李媚芳容
깊이 내린 뿌리 거북이나 뱀 같은 기골[18] 잘 길러	深根養得龜蛇骨
마침내 눈 서리 내리는 한겨울에도 푸르름 잃지 않도록 하겠네	
	霜雪終敎貫大冬

---

17 청홍 :【攷證 卷8 靑紅】청황(靑黃)과 뜻이 같다.【校解】색채를 사용하여 아름답게 꾸민다는 뜻으로, 재목으로 잘려 나가 단청이 가해진다는 뜻이다.《장자》〈천지(天地)〉에, "백 년 묵은 나무를 잘라 제사에 쓰이는 술통을 만들어 청색, 황색으로 곱게 칠하고〔靑黃而文之〕, 잘린 토막은 도랑에 버리는데, 뒤에 술통과 도랑에 버린 토막을 비교하면 아름답고 추한 차이는 있으나 나무의 본성을 잃은 것은 마찬가지이다."라고 하였다.

18 거북이나……기골 :【攷證 卷8 龜蛇骨】송(宋)나라 소식(蘇軾)의 〈장씨네 일곱째 장돈(章惇)의 「호주의 관찰사로 나아가다」 시에 화운하다〔和章七出守湖州〕〕시 2수 중 제2수에 "솥 속의 용호에 황금이 흔하고, 솥 아래 귀사에 녹골이 가벼워라.〔鼎中龍虎黃金賤, 松下龜蛇綠骨輕.〕"라고 하였는데, 송나라 이후(李厚)의 주석에 "송진이 흙에 묻힌 지 천 년이 되면 복령(茯苓)이 되니 거북이나 뱀 같다.〔如龜蛇〕"라고 하였다.

함양에서 군수 김중수[19]와 옛일을 애기하다가 동헌에 걸린 시에 차운하여 주다 【갑오년(1534, 중종29, 34세) 1월 추정. 함양(咸陽)】

咸陽與主人金仲晬話舊 次東軒韻 贈之

(詩-續卷1-12)

천령[20]에서 봄 만나니 기운 이미 무르익었는데	天嶺逢春氣已酣
벗은 고향 이야기 즐겁게 하네	故人喜作故鄉談
내 지금 병이 많거니와 그대 더욱 심하니	我今多病君猶甚
꿈속에도 돌아가고픈 마음 소백산 남쪽에 함께 걸려 있네	
	歸夢同懸小白南

(詩-續卷1-13)

방장산 높아서 푸른 연무에 닿아 있고	方丈山高接翠烟
황량한 성의 교목 나이를 알 수 없네	荒城喬木不知年
닭 잡는 좋은 솜씨[21] 그대 응당 얻었으리니	割雞妙術君應得
시로의 아름다운 명성과 함께 전해지누나	詩老淸芬與共傳

---

19 김중수 :【攷證 卷8 金仲晬】들은 바 없다.

20 천령(天嶺) :【譯注】경상남도(慶尙南道) 함양군(咸陽郡)의 옛 이름이다.

21 닭……솜씨 :【譯注】지방의 수령으로 나아가 백성을 잘 다스리는 것을 말한다. 공자가 그 제자 자유(子游)가 군수로 있는 무성(武城)에 가서 현가(絃歌) 소리를 듣고 빙그레 웃으며 "닭 잡는 데 어찌 소 잡는 칼을 쓸꼬.〔割雞, 焉用牛刀?〕"라고 하였다. 자유가 대답하기를 "전에 부자께서 '벼슬하는 사람이 도를 배우면 인애(仁愛)의 마음이 생기고, 백성이 도를 배우면 부리기 쉽다.'라고 하셨습니다."라고 하자, 공자가 "제자들이여, 언(偃)의 말이 옳다. 방금 한 말은 농담일 뿐이다."라고 하였다. 《論語 陽貨》

-중수와 나는 모두 예안(禮安) 사람으로, 집이 영주(榮州)에 있다. 영주와 예안은 모두 소백산 남쪽에 위치한다. 시로는 김계온(金季昷)[22]을 가리킨다.-

---

22 김계온 :【攷證 卷8 金季昷】곧 점필재(佔畢齋)이니, 일찍이 함양 군수(咸陽郡守)를 지낸 적이 있다.【校解】점필재는 김종직(金宗直, 1431~1492)의 호로, 그는 본관이 선산(善山), 자가 효관(孝盥)·계온이다. 성종1년(1470) 겨울 경연에 입시했을 때 모친이 71세로 연로하다는 이유로 사직하고 귀향하여 봉양하겠다고 하니 성종이 함양 군수에 임명하고, 이듬해 1월 상순에 함양에 도착하였다.《佔畢齋先生年譜》

유생 몇 명이 강가 정자에서 글을 읽다가 시로 술을 달라고 하길래 그 시에 차운하고 술을 보내다 병신년(1536, 중종31, 36세) 【9월 하순 추정. 서울】

有儒生數人 讀書于江亭 以詩索酒 次其韻送酒 丙申

저물녘 높은 누각에 기대어	晩日憑高閣
무심히 가을 풍경 감상하네	無心賞素秋
어찌 알았으랴, 곁에 사람이 있어	那知鄰有客
흐르는 시내 굽어보며 웃을 줄 안다는 것을	能解笑臨流
시구 보내와 나의 번민 덜어주니	寄句紓吾悶
술을 보내 그대들의 근심 위로하네	傳瓶慰子愁
풍류는 애오라지 이럴 따름이니	風流聊爾耳
술 바쳐 양주 자사 된 것[23]보다 낫다네	都勝博涼州

---

23 술……것 : 【譯注】한(漢)나라 영제(靈帝) 때에 맹타(孟他)가 중상시(中常侍) 장양(張讓)을 뇌물을 바치면서까지 극진히 섬겼는데, 일찍이 포도주 한 말을 장양에게 바치고 양주 자사(涼州刺史) 자리를 얻었다. 《後漢書 張讓列傳》

일찍 일어나다 【병신년(1536, 중종31, 36세) 9월 하순 추정. 서울】
早起

해 뜨니 들판에 구름이 걷히고	日出雲開野
서리 차가우니 못에 낙엽이 가득하네	霜寒葉滿池
솔바람 소리는 온 정원에 울리고	松絃彈院盡
국화꽃은 들쭉날쭉 떨기에 붙어 있다	菊鈿釘叢差
쓸쓸한 가을 기운 내 마음과 어울리고	寥落與心愜
황량한 풍경은 내 성정에 맞아라	荒凉惟性宜
책 속에서 스승 찾는 일	尋師黃卷裏
이 뜻 응당 시들지 않으리라	此志未應衰

박예숙[24]에게 답하다. 그는 이때 충청 감사였다 경오년

(1570, 선조3, 70세) 【예안(禮安)】

答朴豫叔 時爲忠淸監司 庚午

가파른 죽령 하늘에 닿아 푸른빛 흐르는 듯한데	竹嶺巉天翠欲流
옥부절이 시야 저편에 머무는 줄 멀리서 아노라	遙知玉節望中留
시 보내와 동호[25]에서의 이별 이야기하니	詩來說著東湖別
한없는 새 시름이 옛 시름 이어 생겨나네	無限新愁帶舊愁

---

24 박예숙 : 【譯注】박소립(朴素立, 1514~1582)으로, 본관은 함양(咸陽), 자는 예숙
(豫叔)이다. 【攷證 卷8 豫叔】박예숙에 대해, 치재(恥齋) 홍응길(洪應吉)이 "힘써 실천
하고 선을 행하기를 좋아한다."라고 칭찬하였다. 《恥齋先生遺稿 卷2 日錄鈔 癸丑》

25 동호(東湖) :【譯注】사가독서(賜暇讀書)를 하던 독서당을 말한다. 사가독서는 유
능한 젊은 문신들을 뽑아 휴가를 주어 공부하게 하던 제도이다.

3월 16일 권 판서[26]를 강가의 정자로 찾아뵙다 【병오년(1546,

명종원년, 46세) 3월 16일 추정. 풍산(豊山)】

三月十六日 謁權判書江亭

정자는 계곡(桂谷)[27]에 있는데, 상락공(上洛公) 김방경(金方慶)[28]이 예전에 노닐던 곳
이다.

작은 배로 강 하나를 가로질러	小舟横渡一江天
초가집으로 물러난 현자 찾아뵈었네	草屋中閒謁退賢
상락공 놀던 바위 앞 천 길의 물	上洛巖前千丈水
이제부터 판서연이라 부르리라	從今喚作判書淵

---

26 권 판서 : 【譯注】 권예(權輗, 1495~1549)로, 본관은 안동(安東), 자는 경신(景申),
호는 마애(磨厓)이다. 1537년(중종32) 11월 10일 호조 판서에 임명되었다. 《中宗實錄》

27 계곡 : 【攷證 卷8 桂谷】 안동부 서쪽 20리 지점에 있다.

28 김방경(金方慶) : 【譯注】 1212~1300. 고려의 무신으로, 본관은 안동(安東), 자는
본연(本然), 시호는 충렬(忠烈)이고, 상락군 개국공(上洛郡開國公)에 봉해졌다.

만취당의 시에 차운하다 【경자년(1540, 중종35, 40세) 1~9월 이전 추정. 서울】

次韻晩翠堂

이승효(李承孝)[29]는 호가 사겸당(思謙堂)이고, 또 다른 호는 만취당이다.

번잡한 도성 안은 그대 거처할 곳 아니라	城郭囂塵匪雅栖
발산이라 소나무 우거진 산기슭 동서쪽을 차지했네	鉢山松麓占東西
바람은 온 뜰에 불어 파도 소리처럼 울리고	風號一院濤聲殷
천추에 기뻐하는 잣나무[30]는 푸른빛이 무성해라	柏悅千霜翠色迷
노나라 들판에서 칭송하는 소리 울리고 사당 짓는다는 소식 들었고	
	歌頌魯邦聞作廟
도연명의 오솔길 서성이니[31] 청려장 짚은 모습 보이누나	
	盤桓陶徑見攜藜
계곡 속과 산 위에서 다 천성대로 사니[32]	澗中山上皆天賦

---

29 이승효 : 【攷證 卷8 李承孝】들은 바 없다. 【校解】1513~? 본관은 전의(全義), 자는 자술(子述), 호는 만취당(晩翠堂)·사겸당(思謙堂)이다.

30 기뻐하는 잣나무 : 【攷證 卷8 柏悅】진(晉)나라 육기(陸機)의 〈탄서부(歎逝賦)〉에 "참으로 소나무가 무성하니 잣나무가 기뻐하고, 슬프다 지초가 불에 타니 혜초가 탄식하네.〔信松茂而柏悅, 嗟芝焚而蕙歎.〕"라고 하였다.

31 도연명의 오솔길 서성이니 : 【譯注】진(晉)나라 도연명(陶淵明)의 〈귀거래사(歸去來辭)〉에 "뜰의 세 오솔길에는 풀 우거졌어도, 소나무와 국화는 그대로 있다네. …… 해는 뉘엿뉘엿 지려 하는데, 외로운 소나무 어루만지며 서성이네.〔三徑就荒, 松菊猶存. …… 景翳翳其將入, 撫孤松而盤桓.〕"라고 하였다.

32 계곡……사니 : 【譯注】진(晉)나라 좌사(左思)의 〈영사시. 8수(詠史詩八首)〉중 제2수에 "무성한 골짜기 아래 소나무, 드리워진 산 위의 나무여. 저 한 치쯤 되는 줄기로,

백 척 소나무나 한 치 굵기 작은 나무나 같은들 어떠리

百尺何妨徑寸齊

-어떤 판본에는 '邦'이 '郊'로 되어 있고, '廟'가 '瑟'로 되어 있으며, '聞' 밑에 한 글자가 빠져 있다.-

---

이 백 척 소나무 가지를 덮는구나.〔鬱鬱澗底松, 離離山上苗. 以彼徑寸莖, 蔭此百尺條.〕" 라고 하였다.

술을 하사받고 응제하다 【경자년(1540, 중종35, 40세) 9월 추정. 서울】
宣醞應製

(詩-續卷1-19)

이궁에 봄이 오니 햇볕 곱고	春到離宮日豔陽
선도화 절로 피어 봄빛 차지하네	仙桃自發占年芳
갑전[33]인 양 좋은 향기 날아 붉은 휘장 감싸고	香飄甲煎圍朱帕
단하인 양 붉은빛이 수놓은 방에 비친다	色奪丹霞暎繡房
웃음 띠고서 짐짓 묵은 한 잘 풀어주지만	帶笑故能消舊恨
서로 교태를 부릴 때는 도리어 새 단장을 다투는 듯	爭嬌還欲鬪新粧
훗날 -원문 5자 결락-	他時□□□□□
꽃 지고 바삐 열매 맺게 하지 말라	莫遣殘紅結子忙

　　-위는 상양궁(上陽宮)[34]의 붉은 복사꽃을 두고 지은 것이다.-

(詩-續卷1-20)

궁궐의 만 갈래 버들 어구 가에 있으니	萬條宮柳御溝邊
깨끗한 풍류 모습 참으로 사랑스러워라	濯濯風流儘可憐
무대 위 기녀의 허리 같은 가지[35]는 다투어 산들거리고	
	舞榭腰枝爭嫋娜

---

33 갑전 : 【譯注】 향료의 이름이다. 【攷證 卷8 甲煎】 진(晉)나라 석숭(石崇)은 화장실에 갑전향을 비치하였다. 《晉書 石崇列傳》

34 상양궁 : 【攷證 卷8 上陽】 당(唐)나라의 궁전 이름이다. 당나라 백낙천(白樂天 백거이(白居易))의 〈상양궁의 백발노인의 노래〔上陽白髮人歌〕〉라는 시가 있다.

화장대의 눈썹 같은 이파리[36]는 고운 자태 다툰다　　糚臺眉葉競嬋娟

연로에 낮게 드리워 금빛 실가지 흔들리고　　低垂輦路搖金線

천배에 불어 보내어 눈 같은 버들솜 떨어지게 하네　　吹送天杯衮雪綿

수나라 제방[37] 향해 소식 묻지 말라　　莫向隋堤問消息

천년토록 태평성대의 연무 띠고 있을 테니　　千春長帶太平烟

　　-위는 미앙궁(未央宮)[38]의 수양버들을 두고 지은 것이다.-

(詩-續卷1-21)

맑은 궁궐 안의 요지 같은 못에　　瑤池清禁裏

눈 가득히 하얀 -원문 1자 결락- 보이네　　滿眼白□看

푸른 잎은 용주에 스치고　　翠蓋龍舟拂

선명한 꽃은 맑은 수면에 모여 있어라　　明糚玉鏡團

바람을 맞아 향기로운 안개 뿜고[39]　　迎風香霧噀

달빛을 띠고 수정처럼 차갑구나　　帶月水晶寒

---

35 기녀의……가지 : 【攷證 卷8 腰枝】당나라 백거이의 〈두 채의 붉은 전각〔兩朱閣〕〉
시에 "규방 기생의 누대 어찌 그리 고요한가, 버들가지는 무희의 허리 같고 못은 거울
같네.〔妝閤伎樓何寂靜? 柳似舞腰池似鏡.〕"라고 하였고, 또 어떤 시 구절에 "앵두는 번소
의 입 같고, 수양버들은 소만의 허리 같다.〔櫻桃樊素口, 楊柳小蠻腰.〕"라고 하였다.

36 눈썹 같은 이파리 : 【攷證 卷8 眉葉】당나라 백거이의 〈장한가(長恨歌)〉에 "연꽃은
그녀의 얼굴 같고 버들은 그녀의 눈썹 같으니, 이를 대하고도 어찌 눈물 흘리지 않으리
오.〔芙蓉如面柳如眉, 對此如何不淚垂?〕"라고 하였다.

37 수나라 제방 : 【攷證 卷8 隋堤】수나라 양제(煬帝)가 변하(汴河)에 거둥하였는데,
물가를 따라 제방을 쌓고 그 길 위에 버드나무를 심었다.

38 미앙궁(未央宮) : 【譯注】한(漢)나라 때에 만든 궁전으로, 고조 원년(B.C.202)에
승상인 소하(蕭何)가 장안(長安)의 용수산(龍首山)에 지었다.

39 뿜고 : 【攷證 卷8 噀】독음은 손(巽)이고 '潠'이라고도 쓰니, 물을 뿜는다는 뜻이다.

본래 대궐 안 노닐며 즐길 만하니   自可宸遊樂

어찌 굳이 반희에게 걸어보게 하리오[40]   何須步試潘

　-위는 태액지(太液池)[41]의 연꽃을 두고 지은 것이다.-

40 반희에게 걸어보게 하리오 : 【譯注】 반희(潘姬)는 남제(南齊) 동혼후(東昏侯)의
비(妃)이다. 【攷證 卷8 步試潘】 동혼후가 금 조각으로 연꽃 모양을 만들어서 땅에 깔아
놓은 뒤에 반희로 하여금 그 위를 걷게 하고는 "이곳에는 걸음마다 연꽃이 생겨난다."라고
하였다. 《南史 齊廢帝東昏侯本紀》

41 태액지 : 【攷證 卷8 太液】 한나라 건장궁(建章宮)에 태액지가 있었다.

삼가 차운하다 【경자년(1540, 중종35, 40세) 9월 추정. 서울】

奉次

(詩-續卷1-22)

그대 유거 숲 저편에 아스라이 보이니	幽居縹緲暎林端
약초밭이 분명하게 낚시터 여울 마주했어라	藥圃分明對釣灘
벼슬 그만두고 돌아가자던 옛 언약 지켰으니	解綬言歸尋舊約
다른 사람이 그림 같은 경치 속에 산다고 부러워하든 말든	
	任他人羨畫中看

(詩-續卷1-23)

누렇게 익은 벼 날마다 들판에서 거두는데	黃雲日日捲郊端
서리 내려 춥자 물고기는 석탄을 내려간다	霜落寒魚下石灘
그림 같은 경치 속에서 일어나는 고향 생각 견딜 수 없어	
	畫裏不堪鄕思發
동쪽으로 가는 조각배 거듭 보게 되누나	扁舟東去爲重看

연꽃과 백로를 그린 그림에 제하다. 윤언구[42]가 나에게 함께 읊기를 청하였다 【경자년(1540, 중종35, 40세) 9월 추정. 서울】

題蓮花白鷺圖 尹彦久要予同賦

연꽃 봉우리 홍백이 섞여 있는데	菡萏紅交白
백로들[43] 나란히 서서 물 밑을 엿보누나	春鋤立並窺
연꽃의 좋은 향기는 참으로 맡을 만하고	馨香眞可挹
백로의 고결함은 정말이지 본받을 만하다네[44]	脩潔正堪儀
연꽃의 운치는 염계의 글[45]에서 좋고	韻妙濂溪說

---

42 윤언구 : 【譯注】윤춘년(尹春年, 1514~1567)으로, 본관은 파평(坡平), 자는 언구(彦久), 호는 학음(學音)·창주(滄洲)이다. 중종(中宗)의 계비 문정왕후(文定王后)의 오빠이자, 윤원형(尹元衡)의 형이다.

43 백로들 : 【攷證 卷8 春鋤】《시경》에 "백로가 깃을 꽂고 있네.〔值其鷺羽〕"라고 하였는데, 주자의 주석에 "노(鷺)는 용서로, 오늘날의 노자(鷺鷥)인데 아름답고 새하얗다."라고 하였다.《詩集傳 陳風 宛丘》송(宋)나라 구양수(歐陽脩)의〈속마음을 쓰다〔書懷〕〉시에 "하물며 서쪽 이웃의 은둔하는 군자, 도롱이 입고 삿갓 쓰고 백로 짝함에랴.〔況有西鄰隱君子, 披蓑帶笠伴春鋤?〕"라고 하였다.

44 고결함은……만하다네 : 【攷證 卷8 脩潔正堪儀】살펴보건대,《시경》〈노송(魯頌) 유필(有駜)〉에 "떼지어 나는 백로여.〔振振鷺〕"라고 하였는데, 한(漢)나라 모형(毛亨)의 주석에 "노(鷺)는 하얀 새이니, 이로써 청렴결백한 선비를 흥(興)한 것이다."라고 하였다.《毛詩故訓傳 魯頌 有駜》이는 그 고결하면서도 위엄을 지닌 것을 취한 것이다. 다음 구절인 "이름은 노반에서 높아진다."라는 구절이 바로 이것을 말한 것이다.

45 염계의 글 : 【譯注】염계(濂溪)는 송나라 주돈이(周敦頤)의 호로, 그의〈애련설(愛蓮說)〉을 말한다. 연꽃에 군자를 비긴 글로, "진흙에서 나왔으나 물들지 않고, 맑고 출렁이는 물에 씻겼으나 요염하지 않고, 속은 비었고 밖은 곧으며,……함부로 가지고 놀 수 없는 연꽃을 사랑한다."라고 하였다.

백로의 이름은 노반 시에서 높아라⁴⁶   名高魯泮詩

병풍에 그려 늘 보는 것은   上屛長寓目

연못이 집에 없기 때문이 아닐세⁴⁷   非爲欠淸池

---

46 백로의……높아라 : 【譯注】 백로를 소재로 한 시는《시경》〈노송 유필〉이다. 그런데 이 시에서 노반 시, 즉 노나라 반수(泮水)의 시에서 백로의 이름이 높다고 한 것은 유필 시가 반수 가에서 지어졌다고 본 것이다.

47 병풍에……아닐세 : 【譯注】 연꽃의 고결한 운치와 백로의 결백한 위의(威儀)를 배우려 한다는 뜻이다. 그래서 그림을 그려두고 늘 보는 것이고, 집에 연못이 없어 연꽃과 백로가 그려진 연못 풍경을 보는 것은 아니라는 말이다.

그림 병풍에 제하다. 절구 8수 【경자년(1540, 중종35, 40세) 9월 추정. 서울】

題畫屛 八絶

(詩-續卷1-25)

물가의 모래 눈보다 흰데	渚沙白於雪
오리 깃털 꽃처럼 곱구나	鳧毛嫩成花
너희들 나처럼 한가하니	汝曹閒似我
어찌 -원문 1자 결락- 갈매기 나는 물결48 쓰랴	焉用□鷗波

(詩-續卷1-26)

비 온 뒤라 산도 내도 푸르른데	雨後山水綠
맑게 갠 날 바람 언덕 위의 풀에 불어오네	光風吹岸草
조그만 물굽이에 물새들 모여 있으니	小灣集沙禽
화답해 우는 소리 그 뜻이 더욱 좋아라	和鳴意更好

(詩-續卷1-27)

| 들녘의 연못에 봄물이 얕아지니 | 野塘春水淺 |
| 물고기 노리려 하얀 손님49 온다네 | 窺魚來雪客 |

---

48 갈매기 나는 물결 :【譯注】세상사에 얽매이지 않고 호연히 떠나간다는 뜻이다. 당(唐)나라 두보(杜甫)의 〈봉증위좌승장이십이운(奉贈韋左丞丈二十二韻)〉시에 "백구가 드넓은 물결 위에 있으니, 만 리에 거침없이 나는 것을 뉘라서 길들이랴.〔白鷗波浩蕩, 萬里誰能馴?〕"라고 하였다.

| 어떻게 하면 사물마다 구함이 없이 | 安得物無求 |
| 제각기 자기 생을 즐길 수 있을까 | 生生各自適 |

(詩-續卷1-28)

강가 모래톱에 기러기 네 마리 내려앉으니	江洲乘鴈下
곡식 낟알에 뜻 두어서가 아니라네[50]	非有稻粱意
높이 나는 짝들을 따르지 않고	不逐冥飛羣
-원문 2자 결락- 갈대를 입에 물고[51] 피하는구나	□□銜蘆避

(詩-續卷1-29)

물과 나무에서 새들은 천성대로 즐겁게 사니	水木樂禽性
천기가 활발하여 흔들림 없어라	天機活無撓
마음이 신묘한 경지와 통하지 않는다면	不有意通神
붓끝으로 어찌 솜씨 좋게 그려낼 수 있으랴	毫端能幻巧

(詩-續卷1-30)

| 창연한 늙은 나무의 가지에 | 蒼然老樹枝 |

---

49 하얀 손님 :【譯注】백로를 말한다.

50 곡식……아니라네 :【攷證 卷8 非有稻粱意】당나라 두보의 〈여러 공과 함께 자은사의 탑에 오르다〔同諸公登慈恩寺塔〕〉시에 "그대들 별 따르는 기러기들 보게나, 저마다 곡식을 먹을 꾀 있구나.〔君看隨陽雁, 各有稻粱謀.〕"라고 하였다.【校解】《고증》에 '各'이 '皆'로 되어 있는데, 《보주두시(補註杜詩)》에 의거하여 수정하였다.

51 갈대를 입에 물고 :【譯注】주살을 피하기 위한 기러기의 행동이다.【攷證 卷8 銜蘆】《회남자》〈수무훈(修務訓)〉에 "기러기는 바람 따라 날아서 기력을 아끼고, 갈대를 입에 물고 날아서 주살에 대비한다.〔銜蘆而翔, 以備矰弋.〕"라고 하였다.

까치 오르내리며 깍깍 운다   高下鵲査査

본래 일은 미리 정해져 있거늘   由來事前定

자랑하듯이 사람에게 기쁜 소식 알리네[52] 報喜向人誇

(詩-續卷1-31)

눈처럼 털이 흰 하얀 매가   白鷹白雪毛

돌아봄에 발 아래 만 리가 비었어라   顧視空萬里

가을의 산봉우리 끝에 우뚝이 서 있는데 峯立秋峯尖

강바람은 석수를 흔들 듯 부네   江風撼石髓

(詩-續卷1-32)

먼 북쪽에서 날아온 검은 매가   黑鷹北極來

칼날 같은 깃[53]으로 살기 띠고 내달린다 劍翎馳殺氣

굳이 공격하여 피를 뿌릴 것 있으랴   何須灑血毛

여우들이 이미 두려움을 느끼는 것을   已覺羣狐畏

---

52 기쁜 소식 알리네 : 【攷證 卷8 報喜】 오대 시대 왕인유(王仁裕)의 《천보유사(天寶
遺事)》〈영작보희(靈鵲報喜)〉에 "그 당시 사람들이 집에 까치 우는 소리가 들리면, 모
두 길조라고 여겨서 '신령스런 까치가 기쁜 소식 알리네.'라고 기뻐하며 말하였다."라고
하였다.

53 칼날 같은 깃 : 【攷證 卷8 劍翎】 송(宋)나라 장문잠(張文潛 장뢰(張耒))의 〈새장
속의 매[籠鷹詞]〉 시에 "칼날 같은 깃털 갈고리 같은 발톱에 눈은 번개 같고, 날카로운
부리는 새로 담금질한 용천검 같네.〔劍翎鉤爪目如電, 利吻新淬龍天鋒.〕"라고 하였다.

달을 마주하다 【경자년(1540, 중종35, 40세) 9월 추정. 서울】
對月

온 마을에 안개 걷히니 이슬 기운 차가운데	萬井烟收露氣凄
하늘 나는 은빛 궁궐[54]의 상서로운 빛 가득하여라	飛空銀闕瑞光迷
누대 몇 곳에서 노래와 피리 연주하는가	樓臺幾處催歌管
수자리 서면서 -원문 2자 결락- 군영의 북소리 듣는다	戍役□□聽鼓鼙
고국 소식에 시름겨운 마음 꿈에 맺히고	故國音塵愁結夢
겨울옷 소식에 마음 응어리져 울며 -원문 1자 결락- 하네	
	寒衣消息怨□啼
깊이 생각에 잠겨 달이 기울 때까지 앉아 있으니	沈吟坐到孤輪側
오동나무는 고요히 서쪽 작은 정원에 있구나	寂歷梧桐小院西

---

54 은빛 궁궐 : 【譯注】 신선 또는 천제(天帝)가 사는 백옥경(白玉京)인데, 여기서는 달을 가리킨다.

양지현⁵⁵의 청감당⁵⁶에 걸려 있는 남경림⁵⁷의 시에 차운하다

신축년(1541, 중종36, 41세)【연월 미상. 용인(龍仁)】

陽智縣淸鑑堂南景霖韻 辛丑

당의 이름은 고(故) 재상 김모재(金慕齋)⁵⁸ 선생이 지으셨다. 당의 뒤에 시냇물을 못에 끌어다 대었으니 유상곡수를 위한 것이다.

작은 물길이 그윽한 물굽이로 흘러드니	小水之玄曲
방당이라 저 못물은 옥거울처럼 맑아라	方塘玉鑑淸
깨끗함 더하는 물 원래 스스로 흐르고	淨添元自活
빈 마음으로 받는 물 본래 소리가 없지	虛受本無聲
맑은 물은 한 길 너비로 한정되어 있지만	明在丈尋定
사물이 와 비치는 것은 천만 가지로 바뀐다네	物來千萬更
당의 이름에서 오묘한 뜻 알 수 있으니	名堂知妙意
옛날 생각에 마음 더욱 슬퍼라	感古益傷情

---

55 양지현 :【歿證 卷8 陽智】경기좌도에 속한다. 현명으로 양산(陽山)·추계(秋溪)라 고도 한다.

56 청감당(淸鑑堂) :【譯注】양지현 관아에 있는 객관이다.

57 남경림 :【譯注】남응룡(南應龍, 1514~1555)으로, 본관은 의령(宜寧), 자는 경림(景霖), 호는 이요당(二樂堂)이다.

58 김모재(金慕齋) :【譯注】김안국(金安國, 1478~1543)으로, 본관은 의성(義城), 자는 국경(國卿), 호는 모재, 시호는 문경(文敬)이다. 조광조(趙光祖)와 함께 김굉필(金宏弼)의 문인으로 사림파(士林派)를 영도하였는데, 기묘사화 때 파직되었다가 다시 등용되어 대제학으로 재직 중 죽었다.

장난삼아 이백희[59]에게 답하다 【갑진년(1544, 중종39, 44세) 7월 24일. 서울】

戲答李伯喜

적요한 강가 정자에 막 날이 갤 제 앉아 있노라니 　江亭寥落坐新晴

문득 날아온 편지 내 집 문 앞에 이르렀네 　　　　忽見飛書到野扃

내일 아침 강가에서 만나자던 약속 취소한다고 전해오니

　　　　　　　　　　　　　　　　　　　　　報罷明朝湖上約

벼슬에 매여 산다고 백구가 한없이 비웃겠구나 　白鷗無限笑塵纓

---

59 이백희 : 【攷證 卷8 李伯喜】 이수경(李首慶, 1516~1562)으로, 본관은 광주(廣州), 자는 백희, 호는 지재(止齋)이고, 이조의 낭관 이영부(李英符)의 아들이다. 1538년(중종 33) 별시 문과에 병과로 급제하고 홍문관 교리를 역임하였다. 을사사화 때 사간원 사간으로 재직하다가 유배되었다.

늦봄에 우연히 짓다 【신축년(1541, 중종36, 41세) 3월 추정. 서울】
暮春偶作

살구꽃 져서 이미 하나도 없는데	杏花落已空
복숭아꽃 들쭉날쭉 피었구나	桃花參差開
빈 뜰에 사흘 동안 비가 내리니	空庭三日雨
무성한 풀 속에 이끼 생겼어라	草積生莓苔
난간에 기대어 비 갠 풍경 바라보자니	憑欄眺新霽
봄 시름 하도 많아 감당하기 어려워라	春愁浩難裁
미친 듯한 바람은 땅 울리며 일어	狂風動地起
눈 어지러이 눈을 뿌리는 듯	亂眼飛雪催
날리고 뒤집혀 자세히 보기 어려운데	飄翻難具知
온 사방으로 흩어져 오락가락하누나	散漫倏往回
내 생각엔 저 등육[60]이 날뛰어	我疑滕六逞
잠깐 사이에 이러한 변환 생긴 듯	變幻頃刻來
수염 치켜올리며 눈 읊은 시구를 읊조리고	掀髥吟雪句
추운 몸 녹이려 술을 부른다	煖寒呼酒杯
곁의 사람은 나 어리석다 비웃으며	傍人笑我癡
내 이웃집 담 모퉁이를 가리키니	指我鄰墻隈
그곳의 두 그루 배나무	兩條梨花樹
아 애처롭게도 꽃이 졌구나	擺落吁可哀

---

60 등육(滕六) : 【譯注】눈을 내리는 신을 말한다.

가지에는 이미 별로 남아있지 않고	枝上已無多
바람 따라 땅에 떨어졌으리	隨風委塵埃
향내 불어와 온 정원에 가득하고	吹香滿一院
떨어진 배꽃 문 앞길에 하얗게 쌓여 있거늘	門徑堆皚皚
잠깐 진짜 눈인 줄 알았다가	混眞一餉閒
깨닫고서 한숨 짓노라	悟處令人欸

오경부[61]의 〈율정〉 시에 차운하다 【신축년(1541, 중종36, 41세) 3~4월 추정. 서울】

次韻吳敬夫栗亭

들자 하니 높은 정자에서 푸른 시내 마주하면	聞說高亭對碧流
내려다보이는 풍광에 흉금 탁 트인다고 하는데	風煙臨眺豁襟幽
전날에는 내가 삼경[62]을 만든다고 비웃더니	他時笑我營三徑
이제 떠나면 그대 만사를 쉰다[63]고 자랑하겠구려	此去知君詑萬休
대나무 맑은 그늘 평소 놀기에 알맞으니	竹樹清陰宜素玩
전원의 참 즐거움 전날의 계획대로 이루었겠소	田園眞樂果前謀
-원문 2자 결락- 나는 서울에서 무슨 일 이루었는가	□□京洛成何事
읊조리면서 고향 바라보며 근심할 뿐이로세	吟望南雲祇足憂

---

61 오경부 : 【譯注】 오겸(吳謙, 1496~1582)으로, 본관은 나주(羅州), 자는 경부(敬夫), 호는 지족암(知足庵)·국재(菊齋)이다.

62 삼경(三徑) : 【譯注】 은자(隱者)의 처소를 가리킨다. 한(漢)나라 은사(隱士) 장후(蔣詡)가 일찍이 자기 문정(門庭)에 세 갈래 오솔길을 내놓고 구중(求仲)과 양중(羊仲) 두 사람하고만 종유했던 데서 온 말이다. 《漢書 蔣詡傳》

63 만사를 쉰다 : 【攷證 卷8 萬休】 미상이다. 만사를 내려놓고 쉰다는 말과 같다.

SNP0881(詩-續卷1-38~45)

숙녕관[64]에서 비에 막혀 머물면서 그림 병풍에 씌어 있는 절구 8수에 차운하여 군재(郡齋)에 있는 윤 사군[65]에게 삼가 드리다【신축년(1541, 중종36, 41세) 6월 10일경 추정. 숙천(肅川)】

肅寧館阻雨 次畫屛八絶韻 奉呈尹使君鈴齋

(詩-續卷1-38)

압록강 변경으로부터 오는 터라 먼 길 고단했는데	來從鴨塞愁長路
기성[66]을 향해 가다가 불어난 물에 길이 막히네	去指箕城阻漲流
도리어 기쁘구나, 찌는 듯한 삼복더위에	却喜炎蒸三伏月
온 동헌에 비바람 쳐서 가을처럼 상쾌하니	一軒風雨爽如秋

(詩-續卷1-39)

바람 몰아치고 뇌우 쏟아져 자웅을 겨루니	風驅雷雨勢爭雄
장관이 때때로 불쑥 하늘을 메운다	壯觀時時忽滿空
누가 조화를 부려 이런 장난치는지	誰秉機關爲此戲
담소하는 중에 별안간 자취도 없이 사라지누나	瞥然無跡笑談中

(詩-續卷1-40)

보잘것없는 신하 명에 분주하니 큰 파도 어찌하며	微臣奔命奈洪波

---

64 숙녕관 :【攷證 卷8 肅寧館】아마 평안도 숙천부(肅川府)의 객관인 듯하다.

65 윤 사군 :【攷證 卷8 尹使君】미상이다.

66 기성 :【攷證 卷8 箕城】평양(平壤)이니, 부명(府名)이다.

태수가 백성을 걱정하니 흉년은 어찌할까 　　　太守憂民儉歲何

오늘 하루 술두루미 앞에 두고 애오라지 경하하니 　一日對罇聊共賀

전야의 농부들 노랫소리가 조금 들려오누나 　　　稍聞田野有農歌

대지 타들어 갈 때 백성들 절망했는데 　　　　　大地焦時羣望絶

친구 만난 곳에서 온갖 시름 없어지누나 　　　　故人逢處百憂空

강설[67]에 청유하자던 전날의 약속 부질없어졌으니 　清遊絳雪虛前計

멀리서 술잔 들어 그대에게 권하며 동쪽 향해 웃노라[68]

　　　　　　　　　　　　　　　　　　舉酒傳君笑向東

고을 다스리는 일 어디가 관서만큼 즐거우랴만 　爲州孰比關西樂

풍속 두텁고 백성들 순하니 간특한 아전 없다오 　俗厚民淳雀鼠空

---

67 강설 :【攷證 卷8 絳雪】살펴보건대, 홍설(紅雪)·강설은 모두 선가(仙家)의 약 이름
인데, 아마도 서로(西路)의 객관 중에 강설이라는 이름을 가진 곳이 있고, 선생이 비에
막혀 결국 유상(遊賞)하지 못했기 때문에 이렇게 말한 듯하다. 혹자는 "성천(成川)에
있는 강선루(降仙樓)가 관서 지방 제일의 명승인데, 혹시 그 음이 비슷하기 때문에 바꿔
부른 것인 듯하다."라고 하였다.

68 동쪽 향해 웃노라 :【譯注】윤 사군의 군재(郡齋)가 숙녕관 동쪽에 있어서 이렇게
말한 것이다.【攷證 卷8 笑向東】한(漢)나라 환담(桓譚)의《신론(新論)》〈거폐(袪蔽)〉
에 "사람들이 장안의 음악을 들으면 문을 나서면서 서쪽을 향해 웃음 짓고〔西向而笑〕,
고기 맛이 좋은 것을 알면 푸줏간을 대하고서 입맛을 크게 다신다."라고 하였다. 당(唐)나
라 승려 교연(皎然)의 〈장난삼아 오풍에게 드리다〔戲呈吳馮〕〉시에 "도리어 눈먼 사람이
장안을 돌아다보는 것처럼 하니, 장안은 서쪽에 있는데 동쪽을 향해 웃는다.〔還如瞽者望
長安, 長安在西向東笑.〕"라고 하였다.

백성 보살피느라 군이 들판에서 계책 낼[69] 필요 없으니 撫字不煩謀野獲
작은 헌함 동쪽에 서재를 새롭게 열었어라 淸齋新闢小軒東

(詩-續卷1-43)

저물녘 성 위에서 시야 가득 쏟아지는 빗줄기 日暮城頭注眼波
그대 있는 성안의 군재에서는 묻노니 어떠한가 城中齋閣問如何
한가한 틈에 거문고 울리는[70] 그곳에는 鳴琴箇裏偸閒處
꽃은 아름다운 손이 되고 새소리는 노래가 될 테지 花作佳賓鳥當歌

(詩-續卷1-44)

시끄럽게 개구리 울고 오경의 바람 불더니 鬧鬧蛙鳴五夜風
시름겨운 터에 빗소리 들려 잠이 싹 달아나누나 愁邊聽雨睡魔窮
내 이날 밤 옷도 베개도 없는 줄 아노니 知余此夕無衣枕
이미 그대와 같이 군재에 누워 있는 것 같구려[71] 已似同君臥閣中

---

69 들판에서 계책 낼 : 【譯注】 좋은 계책을 낸다는 말이다. 《춘추좌씨전》 양공(襄公) 31년 조(條)에 "비침(裨諶)은 계획을 잘 내는데 야외에서 내는 계책은 훌륭하였지만, 성읍에서 내는 계책은 그렇지 못하였다.〔裨諶能謀, 謀於野則獲, 謀於邑則否.〕"라고 하였다.

70 한가한……울리는 : 【譯注】 윤 사군이 선정을 베풀어 고을이 잘 다스려진다는 칭찬이다. 공자의 제자 복자천(宓子賤)이 선보(單父) 고을의 수령이 되었을 적에 마루 아래로 내려오는 일이 없이 거문고만 연주했는데도 잘 다스려지며 교화가 이루어졌다. 《呂氏春秋 察賢》

71 내……같구려 : 【攷證 卷8 知余…閣中】 미상이다.

하늘이 희부옇게 밝아올 때[72] 등잔 가져오라 하여 일어나 앉으니

呼燈起坐浮天白

처마에서 떨어지는 물방울 소리 새벽빛에 어린다오   簷溜泠泠雜曙色

생각하노니 군재에서 새벽닭 우는 소리 듣고서   想得鈴齋報曉雞

여전히 길 가느라 고생하는 나 같은 길손 염려해 줄 테지

依然念我難行客

---

72 하늘이……때 :【攷證 卷8 浮天白】또한 미상이다.

SNP0882(詩-續卷1-46)

성상께서 독서당에 은으로 된 선도배를 내려주시기에 임
사수⁷³·정길원⁷⁴·김응림⁷⁵과 함께 동호에 배를 띄우고 유
람함으로써 분에 넘치는 은총을 자랑하였다. 임사수가 시
를 지었는데, 그 시에 차운하여 공들에게 보이다 【임인년

(1542, 중종37, 42세) 9월 추정. 서울】

讀書堂內賜仙桃銀杯 與林士遂鄭吉元金應霖泛舟東湖 以侈寵錫 士遂有
詩 次韻示諸公

동호의 배 안 반가운 친구들 -원문 2자 결락- 빗기고　　湖船靑眼□□橫
궁중⁷⁶에서 하사하신 보배 술잔 처음 보노라　　錫寶新看下紫淸
수시⁷⁷의 은 담금질하여 만들었으니 하늘이 준 솜씨요　冶就朱提天與巧

---

73 임사수 : 【譯注】임형수(林亨秀, 1504~1547)로, 본관은 평택(平澤), 자는 사수(士
遂), 호는 금호(錦湖)이다. 1535년(중종30) 별시 문과에 급제하여 설서, 수찬, 부제학
등을 역임하였다. 1547년(명종2)에 양재역벽서(良才驛壁書) 사건이 일어나자, 소윤(小
尹) 윤원형(尹元衡)에게 대윤(大尹) 윤임(尹任)의 일파로 몰려 절도안치(絶島安置) 된
뒤 곧 사사되었다.

74 정길원 : 【譯注】정유길(鄭惟吉, 1515~1588)로, 본관은 동래(東萊), 자는 길원(吉
元), 호는 임당(林塘)이다.

75 김응림 : 【譯注】김주(金澍, 1512~1563)로, 본관은 안동(安東), 자는 응림(應霖),
호는 우암(寓菴)이다.

76 궁중 : 【攷證 卷8 紫淸】송(宋)나라 소동파(蘇東坡 소식(蘇軾))의 〈선도관에 지어
남기다〔留題仙都觀〕시에 "용거와 호가가 내려와 맞이하였는데, 갈 적엔 마치 회오리바
람 타고 천상에 오르는 것과 같았다.〔龍車虎駕來下迎, 去如旋風搏紫淸.〕"라고 하였다.
【校解】《고증》에 '摶'이 '搏'으로 되어 있는데, 통행본《동파전집(東坡全集)》에 의거하여
수정하였다.

77 수시(朱提) : 【譯注】지금의 운남성(雲南省) 소통현(昭通縣)에 있는 산 이름이다.

현포(玄圃)의 선도 모양이니 세상에 드문 영광일세　　桃成玄圃世稀榮

신선의 술 따르는 섬섬옥수 곱디곱고 깨끗하며　　斟霞玉手娟娟淨

이슬 뜨는 승로반의 금경[78] 또렷이 밝아라　　挹露金莖的的明

함께 남다른 은전 입어 모임 가지니　　共荷殊恩來作會

노란 국화 가득 꽂고 벼슬아치들 취한다오　　滿簪黃菊醉華纓

수시산에서는 순도 높은 백은(白銀)이 많이 났는데, 산 이름을 따서 수시은이라고 불렀다.

78 금경(金莖) : 【譯注】 구리 기둥이다. 한 무제(漢武帝)가 백양대(柏梁臺)를 쌓고 20장(丈) 높이의 구리 기둥을 세워 이슬을 받는 승로반을 그 위에 설치하였다. 《後漢書 班固列傳》

가을밤 질풍과 소나기 몰아쳐 감회가 일다 【신축년(1541, 중종36, 41세) 7~8월 추정. 서울】

秋夜疾風驟雨 有感

산속 객관의 밤 어떠한가	山館夜如何
창 너머로 비바람 치는 소리 들린다네	隔窓風雨聲
마치 거센 파도 몰아치는 소리와 같아	洶洶如波濤
두려워 떠느라 꿈에서 놀라 깼다네	怵惕魂夢驚
만뢰가 울부짖는 소리 아직 그치지 않고	萬竅號未已
바위틈 물소리는 슬픈 울음 보태며	巖泉助悲鳴
스산한 소리에 물결 부딪치는 소리 섞이는 듯	飄蕭雜澎湃
쏴아 소리 나더니 다시 굉음이 울린다	浙瀝還訇轟
가을을 슬퍼하는 이내 회포 흔들기에	攪我傷秋懷
일어나 앉자 탄식이 절로 나오고	起坐感歎生
하늘이 호령을 엄하게 하니	上天嚴號令
원기79가 만물을 생성하는구나	一氣有生成
꽃과 열매 꺾어서 거두어	摧殘斂華實
땅에 떨어져 뿌리와 줄기로 돌아가니	擺落歸根莖
뜰 안의 뭇 나무들	庭中有衆樹

---

79 원기 : 【譯注】 천지(天地)의 근원이 되는 기운이다. 《장자》〈대종사(大宗師)〉에 "저 지극한 이치는 바야흐로 조물주와 더불어 사람이 되어서, 천지의 한 기운에서 노닌다.〔彼方且與造物者爲人, 而遊乎天地之一氣..〕"라고 하였다.

일일이 불평하며 하소연한다네   一一訴不平

이런 이치 사물이나 나나 마찬가지이니   此理物我同

누가 홀로 무정할 수 있겠는가   誰能獨無情

사랑스러운 소나무와 대나무   可愛松與竹

아직도 고집스레 힘껏 다투지만   倔强猶力爭

죽도록 향기 사라지지 않는 건   抵死香不滅

역시 노란 국화가 있다네   亦有黃金英

먼 산 【신축년(1541, 중종36, 41세) 7~8월 추정. 서울】

遠山

긴 강 저편에 해가 저무니	日暮長江外
넓은 들판에 가을 어스름 드리운다	秋陰曠野頭
산이 옆으로 가로 뻗어 있는 건 뜻이 있는 것 아니요[80]	庚橫非有意
-원문 1자 결락- 곧바로 서 있는 것도 딱히 구함이 없어라	□立政無求
철 따라 오는 기러기는 높은 대열을 돌리고	候鴈回高陣
흘러가는 구름은 놀다 지쳐 멈춘다	歸雲駐倦遊
고향 바라보는 눈 겹겹이 가리니	重遮望鄉眼
자산의 시름 더하누나[81]	添得子山愁

---

80 산이……아니요 : 【譯注】 경횡(庚橫)은 대횡경경(大橫庚庚)의 준말로, 천자가 될 조짐을 말하는데, 산이 이런 조짐이나 기대 없이 무심히 뻗어 있다고 말한 것이다. 한 문제 유항(劉恒)이 대신(大臣)들에 의해 황제로 추대될 적에 거북점을 친 결과, 가로로 퍼지며 갈라진 '대횡경경(大橫庚庚)'의 길조를 얻었다. 《史記 孝文本紀》

81 고향……더하누나 : 【譯注】 자산의 시름은 향수를 말한다. 【攷證 卷8 重遮…子山愁】 자산(子山)은 북조 시대 북주(北周) 유신(庚信, 513~581)의 자로, 〈애강남부(哀江南賦)〉와 〈수부(愁賦)〉를 지었는데, 모두 고향을 그리워하여 지은 작품이다.

동호의 이화정[82]에서 비를 마주하다 【신축년(1541, 중종36, 41세) 7~8월 추정. 서울】

東湖梨花亭上對雨

어둑어둑한 긴 강에 가랑비 내려 어둑하니	黯黯長江細雨昏
부슬비 내리는 들판엔 나무숲 흐릿하구나	微微平野樹林渾
가을바람 들어와 빈 누각에서 부서지고	秋聲入處碎虛閣
저물녘 비는 와서 두터운 대지에서 뒤집힌다	晚水來時翻厚坤
외로이 떠나는 배 아스라이 보이지 않으려 하고	遠勢欲無孤去艇
오래 묵은 전원이 그윽한 이 마음에 퍽 맞아라	幽懷頗愜久荒園
어이 하여 지척의 홍진 밖은	如何咫尺紅塵外
천 이랑 넓은 물결에 한 점 티끌도 없는가	千頃都無一點痕

---

82 이화정 : 【攷證 卷8 梨花亭】미상이다.

세자시강원 벽에 걸린 -원문 1자 결락- 〈청산백운도〉에 조계임[83]이 5언 절구를 제하였기에 그 시에 차운하다 【신축년 (1541, 중종36, 41세) 10월 추정. 서울】

侍講院壁上 □靑山白雲圖 趙季任有五言絶句 次韻

중년에 종적을 감추니	中歲晦蹤跡
산림은 깊고도 깊어라	山林深復深
산속 풍광은 문득 예전 그대로이니	雲烟忽依舊
마음껏 경치를 찾아다니고 싶어라	便欲恣幽尋

---

83 조계임 : 【譯注】 조사수(趙士秀, 1502~1558)로, 본관은 양주(楊州), 자는 계임(季任), 호는 송강(松岡), 시호는 문정(文貞)이다. 1531년(중종26) 식년 문과에 급제하였다. 제주 목사·이조 참판 등을 거쳐, 대사성·대사간·대사헌·경상도 관찰사(慶尙道觀察使) 등의 직책을 두루 역임하였고, 다시 이조·호조·형조·공조의 판서를 거쳐, 지중추부사·좌참찬에 이르렀다.

우연히 읊다 【신축년(1541, 중종36, 41세) 6월 11~29일 추정. 서울】
偶吟

살던 집 뻐꾸기 둥지처럼 엉성하니[84]	舊業鳩巢拙
서울에서 셋집 얻어 사노라	京師但賃居
시끄러운 곳 피하면서 오히려 손님을 반기고	避喧猶喜客
병으로 사직하고도 책을 본다네	移病亦看書
작은 섬돌에서는 아이가 대나무에 물을 주고	小砌兒澆竹
한가한 동산에서는 여종이 채소 따는구나	閒園婢摘蔬
봉지[85]에서 이은을 칭탁하는 것이	鳳池稱吏隱
향리로 돌아가 밭 갈고 김매는 일만 하리오	何似返耕鋤

---

84 뻐꾸기 둥지처럼 엉성하니 : 【譯注】《시경》〈소남(召南) 작소(鵲巢)〉에 "까치가 둥지를 지으니, 뻐꾸기가 거기에 사네.〔維鵲有巢, 維鳩居之.〕"라고 했는데, 송(宋)나라 주희(朱熹)의 주석에 "까치는 둥지를 잘 만들어 그 둥지가 완전하고 견고한데, 뻐꾸기는 성질이 졸박하여 둥지를 잘 만들지 못하고〔鳩性拙不能爲巢〕, 간혹 까치가 지은 둥지에 살 때가 있다."라고 하였다.

85 봉지(鳳池) : 【譯注】본래 궁궐의 동산에 있는 연못을 이르는 말이었는데, 위진남북조 시대 때 이곳에 중서성(中書省)이 설치되어 중서성을 가리키는 말이 되었고, 우리나라에서는 승정원이나 의정부를 이르는 말로 쓰였다.

SNP0888(詩-續卷1-52~53)

오인원[86]이 지난해 내가 삭녕 등지에서 9월 9일 중양절에 지은 시 3수에 화답하여 시를 부쳐왔기에 다시 그 시에 차운하여 드리다 【임인년(1542, 중종37, 42세) 3월 추정. 서울】

吳仁遠和余去年朔寧等處九日途中作三首見寄 復次韻呈似

(詩-續卷1-52)

아침해 뜨건 말건 한가로이 자고 일어나니	閒眠閒起任朝昇
명리의 길 가며 날마다 두려워 떠는 것과는 같지 않네	
	不似名途日畏兢
나지막한 집은 푸른 시내 굽이에 깊숙이 있고	短屋深依青澗曲
벽운 겹겹이 쌓이는 곳에 작은 못 새로 팠다오	小池新鑿碧雲層
술병 끼고 어쩌다 산 찾는 객 따라다니고	攜壺偶逐尋山客
바둑 두다 때로 쌀을 비는 승려 -원문 1자 결락-	對局時□乞米僧
늙은 나 풍진 속에서 속절없이 멀리 생각하노니[87]	老我風塵空遠想
시골집 즐거운 일이 봄이 온 이때 일어나리	村家樂事趁春興

---

86 오인원 : 【譯注】 오언의(吳彥毅, 1494~1566)로, 본관은 고창(高敞), 자는 인원(仁遠), 호는 죽오(竹塢)이다. 1531년(중종26) 진사시에 합격하여 전의 현감(全義縣監) 등을 지냈다. 1561년(명종16) 함안군(咸安郡) 모곡촌(茅谷村)에 은거하였다.

87 멀리 생각하노니 : 【譯注】 세속을 초월하는 생각이나 삶의 태도를 말한다. 남조(南朝) 양(梁)나라 강엄(江淹)의 〈잡체시. 30수〔雜體詩三十首〕〉 중 제8수 〈중산대부 혜강이 뜻을 말하다〔嵇中散康言志〕〉 시에 "먼 생각은 광활한 천지를 벗어나고, 큰 걸음걸이는 일반적인 윤리를 초월한다.〔遠想出宏域, 高步超常倫.〕"라고 하였다.

매번 추억하노니, 봄바람에 꽃 만발하고   每憶春風花亂發

온갖 새들 재잘대며 산이 푸르름 다투던 때를   間關百鳥山爭碧

숲 지나 산봉우리 오르니 동서의 방향 잊겠고   穿林陟巘忘東西

취하여 술동이 앞에 쓰러지니 꽃에 이슬 듣누나   醉倒罇前花露滴

지난해 가을 풍경 읊었더니   去歲吟秋景

부쳐온 시에서 옛 산을 말하는구나   來詩說舊山

건곤은 매달린 박[88] 바깥에 있고   乾坤繫匏外

일월은 눈 깜짝할 사이 지나간다오   日月轉頭間

홀홀히 시름 속에 지나고   忽忽愁中過

자주 꿈속에 돌아온다네   頻頻夢裏還

맑은 못은 잘도 날 기다려서   清池好相待

내 세속의 얼굴 비춰보도록 허락하누나   容我鑑塵顏

---

88 매달린 박 : 【譯注】 은거하여 출사하지 않거나 한가로이 세월을 보내는 것을 이른다. 《논어》 〈양화(陽貨)〉에 "내 어찌 박과 같겠는가. 어찌 한 곳에 매달린 채 먹기를 구하지 않을 수 있겠는가.〔吾豈匏瓜也哉? 焉能繫而不食?〕"라고 하였다.

문경의 경운루[89] 서각은 산을 마주하고 못을 굽어보아 매우 경치가 맑고 빼어나다. 찬성 김국경[90]과 찬성 이복고[91]가 모두 이 누각에 제영하였는데, 문경 원님 조양필[92]이 나를 이끌어 누각에 올라 조망하게 하였다. 2수【연월 미상. 예안(禮安)】

聞慶慶雲樓西閣 對山臨池 極淸絶 金貳相國卿李貳相復古 皆題詠 主人趙良弼導余以登眺 二首

(詩-續卷1-55)

산 보는 누각을 작게 짓고	小作看山閣
이어 대나무숲 아래 못을 펼쳤네.	仍開竹下池
어진 원님 말 따르지 않았더라면	不因賢宰語
두 분의 시[93] 등져버렸겠지	孤負兩公詩

---

89 경운루 :【攷證 卷8 慶雲樓】문경현(聞慶縣) 객관 동남쪽에 있었다.

90 김국경 :【攷證 卷8 國卿】모재이다.【校解】김안국(金安國, 1478~1543)으로, 본관은 의성(義城), 자는 국경(國卿), 호는 모재(慕齋), 시호는 문경(文敬)이다.

91 이복고 :【譯注】이언적(李彦迪, 1491~1553)으로, 본관은 여주(驪州), 자는 복고(復古), 호는 회재(晦齋)·자계옹(紫溪翁), 시호는 문원(文元)이다. 1514년 문과에 급제하고 사헌부 지평·장령, 밀양 부사 등을 거쳐 1545년 의정부 우찬성·좌찬성에 임명되었다. 윤원형(尹元衡) 등이 을사사화를 일으키자 추관(推官)에 임명되었다가 스스로 관직에서 물러났다.

92 조양필 :【攷證 卷8 趙良弼】들어보지 못했다.

93 두 분의 시 :【譯注】김국경과 이복고가 제영한 시를 말한다.

봄이 깊으니 꽃이 대나무에 어리고　　　　　　　　　　春深花暎竹

가는 바람 부니 비가 못에 비껴 내린다　　　　　　　　風細雨斜池

고요 속에 시냇물 흐르는 소리 들리니　　　　　　　　靜裏泉聲咽

흡사 내게 시를 말해주는 듯하여라　　　　　　　　　渾疑說我詩

또 의고시에 화운하다 【임인년(1542, 중종37, 42세) 3월 1~18일 추정. 서울】

又和擬古

(詩-續卷1-57)

내 그리워하는 곳 어디에 있는가	我思在何許
바위틈 꽃이 피는 곳에 피리라	巖花開處開
고향 동산 좋지 않으랴마는	故園非不好
봄빛에 아무런 흥취가 없어라	春色摠心灰

(詩-續卷1-58)

내 그리워하는 곳 어디에 있는가	我思在何許
바위틈 시냇물이 울던 곳에서 울고 있으리	巖泉鳴處鳴
고향의 숲이 좋지 않으랴마는	故林非不好
찬 여울의 물소리 절로 시름겨워라	寒瀨自愁聲

(詩-續卷1-59)

내 그리워하는 곳 어디에 있는가	我思在何許
소나무 언덕에 가을달이 둥글테지	松岡秋月圓
고향 시내의 맑은 밤경치	故溪淸夜景
이슬 맺힌 고운 꽃 처량하리라	怊悵露華鮮

(詩-續卷1-60)

내 그리워하는 곳 어디에 있는가	我思在何許

종남산의 봄빛은 벌써 푸르건만　　　　　　終南春色靑

고향의 산은 속절없이 푸를 터인데　　　　故山虛翠積

지팡이 의지하여 비틀대며 바라보노라　　倚杖望竛竮

비 내리는 밤 【임인년(1542, 중종37, 42세) 3월 1~18일 추정. 서울】

雨夜

늦은 봄 동호의 이내 마음이여	春晚東湖病客心
온 뜰의 비바람에 밤이 처연하여라	一庭風雨夜愔愔
내일 아침 높은 누대에 올라 바라보지 말라	明朝莫上高樓望
푸른 숲에 붉은 꽃 흩날려 스러지리니	紅紫吹殘綠暗林

참찬 권중허[94] 상공을 모시고 임사수[95]·홍화중[96]과 함께 동호에 배를 띄워 놀고서 저녁에 독서당으로 돌아와 난간에 기대어 홀로 읊다【연월미상. 서울】

陪權三宰仲虛相公 與林士遂洪和仲舟泛東湖 暮還書堂 憑欄獨吟

강물에서 배 돌려 돌아오는 길에 꽃이 가득 피었고	一水廻舟滿路香
석양에 돌아오는 일행 말발굽 소리 바쁘구나	斜陽歸客馬蹄忙
아무도 그려주는 사람 없어라, 내가 난간에 기대어	無人畫我憑高閣
〈망강남〉호탕하게 부르며[97] 기러기 행렬 떠나보내는 것을	浩唱江南送鴈行

94 권중허 :【譯注】권벌(權橃, 1478~1548)로, 본관은 안동(安東), 자는 중허(仲虛), 호는 충재(冲齋)·훤정(萱亭)·송정(松亭), 시호는 충정(忠定)이다. 사림파의 한 사람으로 경상도 관찰사(慶尙道觀察使)·예조 판서·좌찬성 등을 역임하다가, 1547년 양재역벽서사건에 연루되어 삭주(朔州)에 이배되어 그곳에서 죽었다.

95 임사수 :【譯注】임형수(林亨秀, 1504~1547)로, 본관은 평택(平澤), 자는 사수(士遂), 호는 금호(錦湖)이다.

96 홍화중 :【譯注】홍춘년(洪春年, ?~?)으로, 본관은 남양(南陽), 자는 화중(和仲), 호는 치암(癡巖)이다.

97 난간에……부르며 :【攷證 卷8 憑高閣…江南】송(宋)나라 절강성 복주(福州)의 인왕사(仁王寺) 스님이 〈망강남(望江南)〉을 즐겨 불렀는데, 뒤에 산에서 내려와 한 사찰의 주지가 되었다가 얼마 되지 않아 강남으로 돌아가려 하였다. 이때 지은 〈벽에 제하다[題壁]〉시 2수 중 제2수에 "어찌 인왕사 높은 누각에서, 난간에 기대어 한가로이 〈망강남〉을 부르는 것만 하리오.〔何似仁王高閣上, 倚闌閒唱望江南?〕"라고 하였다. 또 명(明)나라 이원선(李元善)은 매번 유람에 싫증이 날 때마다 "나는 〈망강남〉을 부르고 싶다.〔吾欲唱望江南矣〕"라고 하였다. 【校解】〈망강남〉은 강남 시골의 경치를 그리워하는 내용으로, 본래 수(隋)나라 악곡의 이름인데, 당(唐)나라 백거이(白居易)가 이를 본떠 〈억강남(憶江南)〉이라는 시를 지어 읊은 뒤로부터 더욱 유명해지게 되었다.《白樂天詩集 卷3》

병 중에 사은사로 연경에 가는 동지중추부사 홍태허[98]를 증별하다 【을묘년(1555, 명종10, 55세) 2월 12일 추정. 서울】

病中 贈別洪同知太虛謝恩赴京

해동에서 병든 이 몸은 의약이 필요한데	東海病人須藥物
중국으로 사신 가는 그대는 시서에 통달했어라	玉皇聘使達詩書
봄바람 속에 도성 문 앞에 가서 전별하지 못하니	春風不及都門別
중국으로 가는 사행을 서글피 바라본다오	悵望星槎指紫虛

---

98 홍태허 : 【譯注】홍담(洪曇, 1509~1576)으로, 본관은 남양(南陽), 자는 태허(太虛), 시호는 정효(貞孝)이다. 훈구파(勳舊派)의 거두로서 김개(金鎧)와 함께 정철(鄭澈) 등의 사림파와 대립하였다. 청백리에 녹선(錄選)되었으며, 효성이 지극하여 정문이 세워졌다.

늦여름에 임사수⁹⁹가 찾아오다 【임인년(1542, 중종37, 42세) 6월 추정】
季夏 林士遂見訪

무능하고 게으른 터에 병까지 들었는데	疎懶病相因
빈 뜰에 푸른 풀 새로 돋아났구나	空庭碧草新
문 두드리는 소리에 졸던 학이 놀라고	敲門驚睡鶴
걸상 당겨¹⁰⁰ 찾아온 시인을 반기노라	延榻喜詞人
스스로 아노니 시를 읊으며 무릎을 흔들 뿐¹⁰¹	自覺吟搖膝
취하여 두건 떨어뜨리기는¹⁰² 어려운 줄	難成醉墮巾
동호에서의 가을 약속 가까워 오니	東湖近秋約
등잔불 가까이할 때를 기다리노라¹⁰³	燈火㣙深親

---

99 임사수 : 【譯注】임형수(林亨秀, 1504~1547)로, 본관은 평택(平澤), 자는 사수(士遂), 호는 금호(錦湖)이다.

100 걸상 당겨 : 【譯注】귀한 손님을 환대하는 것을 말한다. 한(漢)나라 진번(陳蕃)이 성격이 바르고 엄격해서 빈객들을 응대하는 일이 없었는데, 올곧기로 소문 난 서치(徐穉)가 올 때는 특별히 걸상 하나를 설치해 놓았다가[設一榻], 그가 가면 치워 두었다.《資治通鑑 卷54》

101 무릎을 흔들 뿐 : 【譯注】시를 읊을 때 장단을 맞추기 위해 무릎을 흔드는 것이다. 당(唐)나라 이군옥(李群玉)의 〈용 산인이 석름의 방차와 단차를 주다[龍山人惠石廩方及團茶]〉시에 "찻잔을 들고서 말없이 음미하고, 무릎 흔들며 공연히 탄식하네.[持甌默吟味, 搖膝空咨嗟.]"라고 하였다.

102 취하여 두건 떨어뜨리기는 : 【攷證 卷8 醉墮巾】송(宋)나라 소식(蘇軾)의 〈남계에 회경정이 있다……[南溪有會景亭……]〉시에 "산이 아름다워 돌아가는 발걸음 머물게 하고, 바람이 회오리쳐 취한 이의 두건을 떨어뜨리네.[山好留歸屐, 風回落醉巾.]"라고 하였다.

103 등잔불……기다리노라 : 【攷證 卷8 燈火㣙深親】당나라 한유(韓愈)의 〈아들 부가

장안성 남쪽에서 독서하다[符讀書城南]〉시에 "등불을 점점 더 가까이 할 만하니, 책을 읽을 만하구나.[燈火稍可親, 簡編可卷舒.]"라고 하였다.

초가을에 감흥이 일어 【임인년(1542, 중종37, 42세) 7월 추정. 서울】
初秋有感

저물녘 매미 소리 뚝 그쳤는데	日暮蟬聲忽罷休
뉘 집에서 이 가을 다듬질하는가	誰家寒杵擣新秋
작은 마루에 홀로 앉아 초승달 살펴보니	小軒獨坐看新月
먼지 덮인 책 비추지 않고 이내 시름 비추누나	不照塵編照客愁

양벽정[104]에 걸려 있는 조계임[105]의 시에 차운하다 【임인년

(1542, 중종37, 42세) 7월 추정. 용인(龍仁)】

漾碧亭次趙季任韻

(詩-續卷1-66)

정자 높이 짓고 작은 연못 파노니	高作亭闌小作塘
앉은자리에서도 줄지어가는 물고기 셀 수 있어라	座中猶可數魚行
연뿌리는 올해 흉년에도 다 없어지진 않았으니[106]	藕根不被年災盡
드문 잎 둥글둥글 물 위에 떠 아직도 향기 띠고 있어라	
	稀葉田田尙帶香

(詩-續卷1-67)

가는 물줄기 눈처럼 날리어 못에 뿌려지고	細泉飛雪灑橫塘
숲 가의 참대는 아직 줄을 이루지 못했어라	苦竹依林未著行
물새는 관가에 바쁜 일 있는 줄 알지 못하고서	水鳥不知官事在
오가며 늘 오래도록 흰 마름 향기 독차지하네	往來長占白蘋香

104 양벽정 :【攷證 卷8 漾碧亭】소재지를 알 수 없다.【校解】경기도 용인현(龍仁縣) 객관 동쪽에 있다.《新增東國輿地勝覽 卷10 京畿 龍仁縣》

105 조계임 :【譯注】조사수(趙士秀, 1502~1558)로, 본관은 양주(楊州), 자는 계임(季任), 호는 송강(松岡), 시호는 문정(文貞)이다.

106 연뿌리는……않았으니 :【攷證 卷8 藕根…災盡】진(晉)나라 양돈(羊敦)이 광평태수(廣平太守)가 되었는데, 기근이 들었는데도 집에서 식량을 보내주지 않자 연뿌리를 캐 먹었다.〔拔藕而食〕"라고 하였다.《韻府群玉 卷12》

SNP0897(詩-續卷1-68)

또 정자에 걸린 시에 차운하다【임인년(1542, 중종37, 42세) 7월 추정. 용인(龍仁)】

又亭韻

저녁 새들은 나무에 깃들어 잠자리 정하고	暮禽栖樹定
연무 사이로 움직이는 가을달은 맑기만 하네	秋月動烟淸
다만 마음속 감상만 남기면 될 뿐이니	秖可留心賞
굳이 성명을 여기다 붙일 필요 있으랴	何須寄姓名

예안으로 근친하러 가는 승지 김자유[107] 영공을 수구문 밖 소나무 아래에서 이공간[108]과 함께 전별하다 【임인년(1542, 중종37, 42세) 8월 10일 추정. 서울】

水口門外松下 與李公幹餞別金承旨子裕令公歸覲禮安

절기는 중추절에 가까운 날이요	節近中秋日
하늘은 높아 기러기 날아오는 때라네	天高候鴈時
궁궐에서 성상의 은총을 받들고	龍墀承雨露
학처럼 흰머리로 성은을 받았어라	鶴髮奉恩私
역로에서는 비단 같은 단풍 맞이하고	驛路楓迎錦
고향에서는 국화주가 잔에 넘치리	家山菊溢巵
홀로 남아있는 지금 이내 마음이여	獨留今日意
머리 들어 서글피 갈림길 바라본다	矯首悵臨歧

---

107 김자유 : 【譯注】 김연(金緣, 1487~1544)으로, 본관은 광산(光山), 자는 자적(子迪)·자유(子裕), 호는 운암(雲巖)이다. 1510년(중종5) 생원시와 진사시 양과에 급제하였고, 1519년(중종14) 식년 문과에 을과로 급제하였다. 사간원 정언, 사헌부 지평, 승정원 우부승지, 강원도 관찰사(江原道觀察使) 등을 지냈다.

108 이공간 : 【譯注】 이중량(李仲樑, 1504~1582)으로, 본관은 영천(永川), 자는 공간(公幹), 호는 하연(賀淵)이다. 농암(聾巖) 이현보(李賢輔)의 넷째 아들이고, 황준량(黃俊良)의 처숙부이다. 1543년(중종38)에 어버이 봉양을 위하여 자원하여 영천 군수를 지냈고, 1554년(명종9) 안동 대도호부사(安東大都護府使)를 지냈다.

명농당의 시에 차운하다[109] 【임인년(1542, 중종37, 42세) 7월 17일. 서울】

次明農堂韻

(詩-續卷1-70)

관 벗어 던지고 돌아가 -원문 2자 결락- 술에 취하니	投冠歸醉□□壺
팽택이 떠난 지 천년 이 길이 황폐해졌어라[110]	彭澤千年此路蕪
생각해보건대 유거에 빼어난 경치 더하였으리니	想得幽居增絶勝
풍류는 응당 어전의 그림에 들어가리[111]	風流應入御前圖

---

109 명농당의 시에 차운하다 : 【攷證 卷8 明農堂】 이농암(李聾巖 이현보(李賢輔))의 당호이다. 【校解】 그가 44세 때인 1510년(중종5)에 고향 긍구당(肯構堂) 남쪽에 명농당(明農堂)을 짓고, 앞에 연못을 파고서 영금당(影襟堂)이라 하고, 벽에 도연명(陶淵明)의 〈귀거래사(歸去來辭)〉의 시의(詩意)를 본받아 그린 그림을 걸어 초야로 돌아올 계획을 하였다.《聾巖先生年譜 卷1》이 시는 사직하고 귀향하는 이현보를 위한 제천정(濟川亭) 송별 자리에서 지은 것으로, 이현보의《농암집》권5〈사직했을 때의 전별 시첩〔退休時別帖〕〉에는 첫째 수가 〈사직하고 귀향하는 이 참판을 제천정에서 전송하다〔濟川亭送李參判辭還〕〉라는 제목으로, 둘째 수가 〈창령군 조계상(曺繼商)의 시에 차운하다〔次昌寧韻〕〉라는 제목으로 실려 있다.

110 팽택이……황폐해졌어라 : 【譯注】 팽택(彭澤)은 도연명을 가리킨다. 그처럼 벼슬을 그만두고 고향에 은거하는 사람이 드물다는 말이다. 도연명이 팽택 영(彭澤令)을 지내다가 벼슬을 그만두고 대나무, 소나무, 국화가 있는 고향 율리(栗里)로 돌아가 〈귀거래사〉를 지었는데, "세 오솔길은 황폐해졌으나 소나무와 국화는 그대로 남아 있네.〔三逕就荒, 松菊猶存.〕"라고 하였다.《陶淵明集 卷5》

111 어전의 그림에 들어가리 : 【譯注】 왕이 고향에 은거하는 현자를 그리워하여 그가 사는 곳의 그림을 그려 오도록 하는 것이다. 송(宋)나라 때 은자인 위야(魏野)는 섬주(陝州) 동교(東郊)에 초당을 짓고 거문고와 시를 즐기며 세상에 알려지기를 구하지 않았는데, 황제의 부름을 받고도 초야에서 살게 해 주기를 상소하니, 황제는 사신을 보내 그가 거처하는 곳을 그림으로 그려 오게 하기도 하고 내시를 보내 안부를 묻기도 하였다.

(詩-續卷1-71)

온 세상이 온통 그러해 뛰어난 선비 드무니   流俗滔滔士鮮奇
낚시에 걸린 물고기처럼 곤경에 빠져 떠나지 못하누나

                                                中鉤魚困不能離

농암 선생 만년에 벼슬 그만두고 떠나시니   聾巖晚節休官去
절로 맑은 풍모 있어 온 세상이 알리라   自有淸風擧世知

《宋史 魏野列傳》

다시 차운하여 배에서 드리다[112] 【임인년(1542, 중종37, 42세) 7월 17일 추정. 서울】

再次呈舟中

(詩-續卷1-72)

식전방장이 어찌 박 타서 먹는 것[113]만 하랴	方丈何如食斷壺
시루에 먼지 앉는 맑은 절개는 내무[114]와 닮았네.	甑塵淸節似萊蕪
스스로 만족할 줄 알아 세상 굴레 벗어났으니	自緣知足能無累
〈범려도〉[115] 굳이 볼 필요 없어라	不必因看范蠡圖

---

112 다시……드리다 : 【譯注】 사직하고 귀향하는 이현보(李賢輔)를 위한 제천정(濟川亭) 송별 자리에서 앞의 시 〈명농당의 시에 차운하다〉를 짓고, 같은 날 다시 같은 각운자를 써서 지어, 귀향하는 배 안의 이현보에게 준 시이다.

113 박……것 : 【譯注】 주(周)나라 성왕(成王)이 어린 나이에 즉위할 때 그의 삼촌인 주공(周公)이 성왕을 일깨워 주기 위해 그 선조인 후직(后稷)이 빈(豳) 땅에 처음으로 나라를 열고 백성들에게 농사를 장려함으로써 백성을 잘살게 했던 일을 진술한 내용의 일부인데, 여기서는 진수성찬이 없이 간단한 먹거리로 생활하는 소박한 삶을 이른다. 《시경》〈빈풍(豳風) 칠월(七月)〉에 "8월에는 박을 타며, 9월에는 깨를 턴다.〔八月斷壺. 九月叔苴.〕"라고 하였다.

114 내무 : 【譯注】 한(漢)나라의 범염(范冉)으로, 자는 사운(史雲)이다. 환제(桓帝) 때 내무 현령(萊蕪縣令)을 지냈기 때문에 범내무라고도 불린다. 내무 현령으로 있을 때 그의 청렴결백한 풍모를 보고 사람들이 "시루에 먼지가 이는 범사운이요, 솥에 물고기 뛰노는 범내무라네.〔甑中生塵范史雲, 釜中生魚范萊蕪.〕"라고 노래하였다. 《後漢書 范冉列傳》

115 범려도:【攷證 卷8 范蠡圖】 송(宋)나라 위태(魏泰)의 《권유록(倦遊錄)》에 "진공공(陳恭公 진집중(陳執中))이 박주(亳州)의 판관으로 있을 때 생일을 맞았는데, 대부분의 친척들이 〈노인성도(老人星圖)〉를 바친 반면, 조카 진세수(陳世修)는 〈범려유오호도(范蠡遊五湖圖)〉를 올렸다. 진공은 매우 기뻐하며 그날로 인장을 바치고, 이튿날 치사

(詩-續卷1-73)

한 굽이 분천[116] 가 경치가 매우 뛰어나니	汾川一曲最淸奇
붉은 단풍 노란 국화 찬연히 피었으리	赤葉黃花暎陸離
돌아가시거든 이중[117] 없을 것 염려하지 마오	歸去莫嫌無二仲
맑은 기쁨 물고기와 새도 깊이 알아줄 것이니	淸歡魚鳥作深知

(致仕)를 청하였다."라고 하였다. 《緯略 卷10》

116 분천(汾川) : 【譯注】농암(聾巖) 이현보(李賢輔)가 살던 예안현(禮安縣)의 시내 이름으로, 지금의 경상북도 안동시 도산면에 있다.

117 이중(二仲) : 【譯注】한나라 은자들인 구중(裘仲)과 양중(羊仲)을 이르는데, 나중에 은거하며 청렴하게 지내는 사대부를 지칭하게 되었다. 한나라 조기(趙岐)의 《삼보결록(三輔決錄)》에 "장후(蔣詡)의 자는 원경(元卿)이고, 집에 삼경(三逕)이 있는데, 오직 양중과 구중하고만 노닐와다. 이중은 모두 청렴함으로 추대되었으나 명예를 피하였다. 〔二仲皆推廉逃名〕"라고 하였다.

이 선생¹¹⁸을 삼가 전별하였다. 이날 밤에 홀로 독서당에서 자다가 새벽에 일어났는데 비바람이 처연히 부는지라 감회가 일어 시를 지어 죽창¹¹⁹에게 보이다【임인년(1542, 중종37, 42세) 7월 18일. 서울】

奉餞李先生 是夜獨宿書堂 曉起 風雨凄然 有感而作 示竹窓

(詩-續卷1-74)

어제 강동으로 계응¹²⁰ 보내드렸는데	昨日江東送季鷹
조각배 어느 곳에서 고기잡이 등불과 함께할까	扁舟何處伴漁燈
나 홀로 봉산관¹²¹으로 와 숙직하자니	我來獨宿蓬山館
비바람 쏴쏴 불며 새벽 감흥 흔들어대네	風雨蕭蕭撼曉興

(詩-續卷1-75)

| 가을바람 불 제 팔찌에 매인 매¹²² 신세 되었으니 | 秋風猶作絆韝鷹 |

---

118 이 선생 :【譯注】농암(聾巖 이현보(李賢輔))이다.

119 죽창 :【攷證 卷8 竹窓】안정(安挺, 1494~1570)으로, 본관은 순흥(順興), 자는 정연(挺然), 호는 죽창·식창(拭瘡)이다. 1519년(중종14) 현량과로 등제하였고, 양성현감(陽城縣監)을 역임하였다.

120 계응 :【攷證 卷8 季鷹】장한(張翰)의 자이다.【校解】장한은 진(晉)나라 때 지조가 높기로 이름난 인물인데, 여기서는 벼슬을 그만두고 안동(安東)으로 돌아가는 농암 이현보를 가리킨다. 가을바람이 불어오자 장한이 자신의 고향인 오중(吳中)의 순챗국과 농어회가 생각나서 "인생살이에 있어 뜻에 맞게 사는 것이 귀한 법인데, 어찌 벼슬에 얽매여서 수천 리 밖을 떠돌며 명예와 관작을 노리겠는가."라고 하고는, 수레를 타고 고향으로 돌아갔다. 《晉書 張翰列傳》

121 봉산관 :【譯注】호당(湖堂), 즉 동호독서당(東湖讀書堂)을 가리킨다.

독서당에서 비 내리는 밤 등잔 아래 회포에 젖노라 　心事湖堂夜雨燈
어제 높이 나는 기러기를 눈물과 함께 보냈으니 　　昨日冥鴻和淚送
나도 고향 생각이 오흥[123]으로 끌려가기 때문이지 　爲牽歸思向吳興

---

122 팔찌에 매인 매 : 【譯注】 벼슬에 얽매인 신세를 비유한 것이다. 【攷證 卷8 絆韝鷹】
당(唐)나라 한유(韓愈)의 〈하중의 막료로 부임하는 후 참모에게 보내다[送候參謨赴河中
幕]〉 시에 "지금 그대가 의지할 곳을 얻으니, 팔찌에 매인 매가 풀려나는 형세와 같구려.
[今君得所附, 勢如脫韝鷹.]"라고 하였다. 살펴보건대, 팔찌[韝]는 매사냥꾼이 팔뚝에
차는 보호대[臂衣]로, 가죽으로 만드니 매를 팔뚝에 앉히기 위한 것이다.

123 오흥 : 【攷證 卷8 吳興】 강동(江東)이다. 【校解】 중국의 현명(縣名)으로, 지금의
절강성(浙江省) 북부에 있는데, 여기서는 이황의 고향 예안(禮安)을 이른다. 고향 생각
이 오흥으로 끌려간다는 것은 고향으로 돌아가고 싶다는 뜻이다.

사락정¹²⁴에 제하여 부치다 병서 【경자년(1540, 중종35, 40세) 추정. 서울】

寄題四樂亭 幷序

안음현(安陰縣)에 영송(迎送)이라는 마을이 있는데 산과 물은 맑고
아름다우며, 토지는 비옥하다. 전 씨들이 옛날부터 대대로 살아온
곳인데, 시냇가에 지은 정자가 자못 그윽하고 빼어났다. 장인 권 공께
서 적소(謫所)에서 돌아와 식솔을 이끌고 남쪽으로 와서 이 마을에
우거하였는데, 정자를 발견하고선 좋아하여 새벽에 가서는 저녁이
되어도 돌아오기를 잊곤 하였다. 서울에 있는 내게 편지를 보내와
정자의 이름과 시를 청하시니, 내가 그곳의 훌륭한 경치를 실컷 들은
터라 한번 가보고 싶었지만 10년이 되도록 가지 못했다. 생각해보면
시골에서 살면서 즐길 만한 것이 한두 가지가 아니다. 여러 사람과
더불어 즐길 만하면서도 홀로 즐길 만한 것을 찾아보면, 오직 농사와
누에치기, 고기잡이와 나무하기 네 가지가 있다. 그래서 정자의 이름
을 사락(四樂)이라 붙이고 이어 시를 짓는다.

(詩-續卷1-76)

| 나는 농사짓는 집의 즐거움을 아노니 | 我識田家樂 |
| 봄에는 내 긴 산에서 쟁기질하지¹²⁵ | 春耕破土烟 |

---

124 사락정(四樂亭) : 【譯注】 지금의 경상남도(慶尙南道) 거창군(居昌郡) 마리면(馬
利面) 영승리(迎勝里)에 있다. 현재의 정자는 1998년에 중수한 것이다.

125 내⋯⋯쟁기질하지 : 【攷證 卷8 破土烟】 청(淸)나라 한송 조 선사(寒松操禪師)의
〈밭을 갈다〔試耕〕〉 시에 "저물어가는 봄에 밭을 가는데, 일 끝날 때 밭두둑 끝엔 연기

새싹은 단비 내린 뒤에 돋아나고	苗生時雨後
벼는 늦서리 오기 전 익는다네	禾熟晩霜前
흰쌀[126] 수확해 국가 세금으로 충당하고	玉粒充官稅
도분[127]으로 잔치하며 모여 놀지	陶盆會俗筵
이렇게 사는 것이 금인[128] 찬 상객이	何如金印客
우환 속에서 세월 보내는 것과 비교해 어떠한가	憂患送流年

위는 농사를 두고 지은 것이다.

(詩-續卷1-77)

나는 누에 치는 집의 즐거움을 아노니	我識蠶家樂
연전(年前)에 누에 채반[129] 손질하여 두었어라	年前曲簿修
누에알 물에 씻는[130] 때가 닥쳐오면	光陰催種浴

피어오르네.〔一犁春色老, 耕破隴頭煙.〕"라고 하였다.

126 흰쌀 : 【攷證 卷8 玉粒】당(唐)나라 두보(杜甫)의 〈행관 장망이 논두렁에 물을 더 대고 돌아오다〔行官張望補稻畦水歸〕〉 시에 "흰쌀은 새벽밥 짓기에 넉넉하니, 붉은 쌀은 붉은 놀처럼 흩어지거나 말거나.〔玉粒足晨炊, 紅鮮任霞散.〕"라고 하였다.

127 도분 : 【譯注】잿물을 바르지 않고 진흙만을 구워 만든 질동이로, 소박한 촌 연회를 상징한다. 【攷證 卷8 陶盆】곧 와분(瓦盆)이다. 당나라 두보의 〈소년행(少年行)〉에 "농가의 오래된 와분을 비웃지 말라, 술을 담기 시작한 이래로 자손을 길러 냈다네.〔莫笑田家老瓦盆, 自從盛酒長兒孫.〕"라고 하였다.

128 금인 : 【攷證 卷8 金印】한(漢)나라 응소(應劭)의 《한관의(漢官儀)》에 "제후왕은 금인을 사용한다."라고 하였다.

129 누에 채반 : 【攷證 卷8 曲簿】《시경》에 "7월의 대화심성(大火心星)이 서쪽으로 내려가거든, 8월에 갈대를 베느니라.〔七月流火, 八月萑葦.〕"라고 하였는데, 주자의 주석에 "갈대가 이미 자랐을 때 거둬들여 누에 채반〔曲簿〕을 만든다."라고 하였다. 《詩集傳 豳風 七月》

130 누에알 물에 씻는 : 【攷證 卷8 種浴】《주례》〈하관(夏官) 마질(馬質)〉에 "원잠을

잠 깨자마자 어린 뽕잎 따러 가지	眠起趁桑柔
온 가족 따뜻이 입는 것 기쁜데다	已喜全家煖
빚도 다 갚았으니 걱정이 없어라	無憂欠債酬
이렇게 사는 것이 비단옷 입는 여인들이	何如紈綺子

아리땁게 차리고 질투하느라 늘 근심하는 것과 비교해 어떠한가

嬌艷妒閒愁

　위는 누에치기를 두고 지은 것이다.

(詩-續卷1-78)

나는 고기 잡는 집의 즐거움을 아노니	我識漁家樂
물가 조촐한 집에 산다오	柴門住岸傍
물새와 물고기들의 성정에도 익숙해졌고	禽魚慣情性
구름과 달, 맑은 물결과 함께 늙어간다네	雲月老滄浪
술을 사옴에 시골 술도 맛이 좋고	喚酒村酤美
물고기를 삶음에 시내 나물도 향기롭구나	烹鮮澗芼香
이렇게 사는 것이 만 전을 뿌리는 이들[131]이	何如萬錢客
낭패하여 큰 화를 당하는 것과 비교해 어떠한가	覆餗禍難量

　위는 고기잡이를 두고 지은 것이다.

금한다.〔禁原蠶〕"라고 하였는데, 한(漢)나라 정현(鄭玄)의 주석에 "누에는 용의 정수〔龍精〕이니 7월이 되면 그 알을 씻는다.〔浴其種〕"라고 하였다. 【校解】《고증》에 '龍鍾'으로 되어 있는데, 통행본《주례》에 의거하여 수정하였다.

131 만……이들 : 【譯注】 한 끼니에 만 전을 쓰고도 만족하지 못하는 사람들을 이른다. 진(晉)나라 하증(何曾)은 왕자(王者)의 주방보다 호사스러운 주방을 갖추고 있었는데, 하루에 1만 전(錢) 어치 음식을 먹으면서도, 젓가락 댈 만한 음식이 없다고 하였다. 《晉書 何曾傳》

나는 나무꾼의 즐거움을 아노니	我識樵人樂
산골 마을에서 살아가도다	生居洞裏村
서로 부르며 구름 속 멀리 들어갔다가	相呼入雲遠
한 짐 가득 지고 어두워서야 산에서 나오지	高擔出山昏
친구를 사랑하는 마음은 사슴과 같고	愛伴心同鹿
허물없이 어울리는 모습 원숭이 같아라	忘形貌似猿
이렇게 사는 것이 명리를 꿈꾸던 자가	何如名利子
갑자기 평지풍파(平地風波) 당하는 것과 비교해 어떠한가	平地見波翻

위는 나무하기를 두고 지은 것이다.

차운하다 【임인년(1542, 중종37, 42세) 9월 추정. 양지(陽智)】
次韻

(詩-續卷1-80)

오래된 잣나무 누가 심었는가	古柏知誰植
관가에 있으면서 푸르게 우거졌어라	官居翠影中
대나무 숲 헤치고 나온 햇빛 희미하고	微微穿竹日
바람이 우수수 오동나무 잎 떨어뜨리누나	摵摵落梧風
나는 부질없이 와서 시 읊조리는 사람 되었으니	浪作苦吟客
함께 공부한 옹[132]에게 몹시 부끄러워라	多慚同學翁
물소리가 늘 귀에 들리니	泉聲長在耳
좋은 흥취가 헌함 동쪽에 있어라	佳興屬軒東

(詩-續卷1-81)

푸른 송백 사이로 붉은 단풍 섞여서	丹楓閒翠柏
못물 속에 어리어 비치네	相暎一池中
운문사[133]의 폭포 물 쏟아져 떨어지고	瀉落雲門水

---

132 함께 공부한 옹 :【攷證 卷8 同學翁】앞의〈양지현의 청감당에 걸려 있는 남경림의 시에 차운하다〔陽智縣淸鑑堂南景霖韻〕〉시를 근거해보면, 아마도 남경림(南景霖 남응룡(南應龍))을 가리키는 듯하다.【校解】〈양지현의 청감당에 걸려 있는 남경림의 시에 차운하다〉시는《정본 퇴계전서》권3에 있다.

133 운문사 :【譯注】당(唐)나라 두보(杜甫)의〈봉선현의 유 소부가 새로 그린 산수화 병풍을 읊다〔奉先劉少府新畫山水障歌〕〉시에 "약야계요 운문사로다. 나만 홀로 어찌 속세에 묻혀 있으랴. 짚신과 베 버선 차림으로 이제부터 떠나련다.〔若耶溪, 雲門寺. 吾獨

죽원의 바람에 물이 감돌아 물결이 인다 　　　　　　　洄淪竹院風

서리 차가우니 물고기 떼 모여들고 　　　　　　　　　　霜寒聚魚隊

사람들 조용하니 오리들[134] 장난치누나 　　　　　　　人靜戲鳬翁

어젯밤 추계에 뜬 달 　　　　　　　　　　　　　　　　昨夜秋溪月

또 동쪽에 와서 만나는구나[135] 　　　　　　　　　　　相期又到東

　　-추계는 양지(陽智)이다.-

胡爲在泥滓? 靑鞋布襪從此始.〕”라고 하였다.

134 오리들 :【攷證 卷8 鳬翁】《한서》〈교사지(郊祀志)〉에 “부옹은 다섯 빛깔의 털이
섞여 있다.”라고 하였다. 《韻府群玉 卷1》한(漢)나라 허신(許愼)의 《설문해자(說文解
字)》에 “옹은 기러기 목의 털이다.”라고 하였다. 송(宋)나라 황정견(黃庭堅)의 〈다시
면중에게 답하다[再答冕仲]〉시에 “작은 도화원 입구에 온갖 꽃들이 비처럼 흩날리는데,
봄 시내의 부들로 오리들 숨네.〔小桃源口雨繁紅, 春溪蒲稗沒鳬翁.〕”라고 하였다.

135 어젯밤……만나는구나 :【譯注】당나라 이백(李白)의 〈달 아래 홀로 술을 따라
마시다[月下獨酌]〉시에 “무정한 놀이 길이 맺어, 멀리 은하수 두고 서로 기약하노라.〔永
結無情遊, 相期邈雲漢.〕”라고 하였다.

SNP0904(詩-續卷1-82~83)

차운하여 대나무 분재 두 그루를 보내온 남경림¹³⁶에게 답

차운하여 대나무 분재 두 그루를 보내온 남경림[136]에게 답
하다 계묘년(1543, 중종38, 43세) 【3월 추정. 서울】

次韻謝南景霖送竹栽二本 癸卯

(詩-續卷1-82)

온 성에 복사꽃과 오얏꽃 봄 다투어 핀 뒤	滿城桃李爭春後
병이 많아 쇠약한 늙은이 문 닫고 있는 때	多病衰翁閉戶時
오래 친한 두 군[137]을 보내와 나를 위로하고서	宿契二君來作慰
비바람 들이치는 작은 헌함에서 시를 적어달라 하네	小軒風雨索題辭

(詩-續卷1-83)

묵죽을 벗에게 부탁한 건 뜻이 없지 않으나	傳神託友非無意
어찌 두 군의 면모를 직접 만난 것만 하리오	何似承君本面時
요산재[138] 안의 사람에게 말하노니	說與樂山齋裏客

---

136 남경림 : 【譯注】남응룡(南應龍, 1514~1555)으로, 본관은 의령(宜寧), 자는 경림(景霖), 호는 이요당(二樂堂)이다.

137 두 군 : 【攷證 卷8 二君】대나무 두 그루를 말한다. 【校解】진(晉)나라 왕휘지(王徽之)는 대나무를 몹시 사랑하여, "단 하루도 '차군(此君)'이 없으면 안 된다"고 하였다. 《晉書 王徽之列傳》송(宋)나라 소식(蘇軾)의 〈녹균헌(綠筠軒)〉 시에 "밥에 고기가 없을 수는 있지만, 거처함에 대나무가 없어선 안 되지. 고기가 없으면 사람을 여위게 하지만, 대나무가 없으면 사람을 속되게 한다네.〔可使食無肉, 不可居無竹. 無肉令人瘦, 無竹令人俗.〕"라고 하였다.

138 요산재 : 【譯注】남응룡(南應龍)의 서재를 말한다. 그의 호는 이요당(二樂堂)으로, 《논어》의 '인자요산 지자요수(仁者樂山 智者樂水)'에서 가져온 것이다.

풍류가 오가는 것 어찌 말로 표현할 수 있으리오   風流來往豈容辭

-나는 근래에 유숙춘(柳叔春)[139]과 신원량(申元亮)[140]에게 묵죽(墨竹)을 청하였다.-

---

139 유숙춘(柳叔春) :【譯注】유진동(柳辰仝, 1497~1561)으로, 본관은 진주(晉州), 자는 숙춘, 호는 죽당(竹堂), 시호는 정민(貞敏)이다.

140 신원량(申元亮) :【譯注】신잠(申潛, 1491~1554)으로, 본관은 고령(高靈), 자는 원량, 호는 영천자(靈川子)·아차산인(峨嵯山人)이다. 대〔竹〕를 잘 그리기로 유명하였고, 이황의 친한 벗이었다.

3월 와병 중에 뜻을 말하다 【계묘년(1543, 중종38, 43세) 3월 추정. 서울】

三月病中言志

주자의 시[141]에 차운하였다.

날이 개니 비둘기가 지붕 위에서 울며[142]	晴鳩喚屋角
나더러 새 사립문 열라 하네	勸我開新扉
지팡이 짚고 서쪽 동산 거닐자니	策杖步西園
꽃나무들 향기를 다투누나	花木爭芬菲
성안은 봄 안개에 감싸였고	城中春霧籠
누각에는 붉은빛 비치는데	樓閣映丹暉
만물 감상하며 그윽한 회포 달래니	覽物撫幽懷
어찌 가벼운 갖옷과 살진 말[143] 바라리오	所慕豈輕肥
논밭에서 봄 농사 시작되니	田園春事作
들의 흥취 여기에서 물씬 느끼누나	野興濃於玆

---

141 주자의 시 : 【譯注】봄날 농촌의 정경과 고향에 대한 그리움을 읊은 시 〈봄날 마음속을 말하다〔春日言懷〕〉를 말한다.

142 날이……울며 : 【譯注】비둘기가 울면 비가 온다는 속설이 있어서 비둘기를 환우구(喚雨鳩)라고 하는데, 한편으로는 "비가 개면 비둘기가 기뻐한다.〔雨晴鵁鳩喜〕"라는 말도 있다. 송(宋)나라 심여구(沈與求)의 〈청명일 저물녘에 날이 개다〔淸明日晚晴〕〉 시에 "담장 그늘에 풀빛은 무뢰함을 그만두어라, 절로 오는 비둘기 있어 맑은 날씨 불러올 줄 아느니.〔牆陰草色休無賴, 自有鳴鳩解喚晴.〕"라고 하였다. 《宋詩鈔 卷40》

143 가벼운……말 : 【譯注】부유한 생활을 뜻한다. 《논어》〈옹야(雍也)〉에 "공서적(公西赤)이 제나라에 갈 적에 살진 말을 타고 가벼운 갖옷을 입었다.〔乘肥馬衣輕裘〕"라고 하였다.

종래 나는 쓸모없는 몸이라   向來樗散質

평소 구학에서 늙으리라 기약하노니[144]   平生丘壑期

서글피 푸른 산의 성곽 바라보며   悵望靑山郭

돌아가는 구름 -원문 1자 결락- 눈인사로 보낸다네   目送□雲歸

---

144 종래……기약하노니 :【譯注】진 명제(晉明帝)가 사곤(謝鯤)에게 "자신을 유량(庾亮)과 비교하면 어떻다고 생각하는가?"라고 묻자, 사곤이 "묘당에 단정히 앉아서 백관의 모범이 되게 하는 점에서는 그보다 못하지만, 산과 골짜기를 즐기는 면에 있어서는 그보다 낫다고 생각합니다."라고 대답하였다. 뒤에 고개지(顧愷之)가 바위에다 사곤의 그림을 그리자 어떤 사람이 그 까닭을 물었다. 이에 고개지가 "산과 골짜기를 즐기는 면에서는 유량보다 낫다고 생각한다고 사곤이 말했으니, 이 사람은 마땅히 골짜기 가운데 있어야 어울린다."라고 대답하였다. 《晉書 謝鯤列傳》

등화 【계묘년(1543, 중종38, 43세) 2~8월 추정. 서울】
燈花

등불 켜 석양을 이어 밝히니	焚膏繼頹暑
어둠 밝혀주는[145] 등롱에 감사하노라	破暗謝籠紗
투명한 불빛 침상 가까이 옮겨놓고[146]	爽透移牀近
밤 깊도록 비치는 그림자 짝하네	更深伴影斜
처음에는 달무리 같은 광채 나더니	始看生絢暈
점차 신령한 빛 토해내는 줄 알겠어라	漸覺吐靈華
아스라이 어디로부터 왔는가	縹緲從何有
가볍고 투명한 기운 어느덧 더해졌어라	輕明忽已加
금을 늘어놓아 정교하게 꽃술을 이은 듯	排金工綴蘂
옥을 아로새겨 교묘하게 꽃잎을 장식한 듯	刻玉巧粧葩
색채는 가루 분 바른 빛깔 아니고	色未施研粉
향기는 갑라 향기 빌린 것 아니라오[147]	香非借甲螺

---

145 어둠 밝혀주는 : 【攷證 卷8 破暗】당(唐)나라 나은(羅隱)의 〈장명등(長明燈)〉시에 "어둠이 사라지고 길이 밝은 채 시대가 깊어 가니, 연기와 향기 둘 다 자욱하여라.〔暗破長明世代深, 烟和香氣兩沈沈.〕"라고 하였다. 【校解】《고증》에 '世'가 '百'으로 되어 있는데, 통행본 《나소간집(羅昭諫集)》에 근거하여 수정하였다.

146 침상 가까이 옮겨놓고 : 【攷證 卷8 移牀近】당나라 한유(韓愈)의 〈짧은 등잔걸이를 노래하다〔短檠歌〕〉시에 "옷 재단하여 멀리 임에게 부치느라 눈물로 눈이 어두우니, 머리 긁적이며 자주 심지 돋우어 상 가까이 옮겨 놓네.〔裁衣寄遠淚眼暗, 搔頭頻挑移近床.〕"라고 하였다.

147 향기는……아니라오 : 【攷證 卷8 香非借甲螺】송(宋)나라 소동파(蘇東坡 소식(蘇

봄빛을 끌어올 바탕이 참으로 있으니[148]	鉤春眞有地
나비를 끌어오자 나방이 날아온다[149]	引蝶見來蛾
봄바람의 힘에 감사하노니	爲感吹噓力
참으로 경각의 꽃을 피웠구나	眞成頃刻花
심지 다 태운 길조를 가지고서	盡心將喜兆
내 생각 대신하여 공가에 알리노라[150]	代臆報公家
깜빡이는 불빛 뜻 없는 건 아닐 터인데	耿耿非無意
아득하여 혼자 탄식하네	茫茫獨自嗟

軾))의 〈아우 자유의 생일에 단향목으로 만든 관음상과 새로 배합한 인향을 먹이고 은으
로 전각한 소반을 선물하여 축수하다〔子由生日以檀香觀音像及新合印香銀篆盤爲壽〕〉
시에 "향라가 껍질을 벗고 서로 엉키니, 아득히 부는 바람 속 구름이 뭉치듯 하네.〔香螺脫
黶來相揉, 能結縹緲風中云.〕"라고 하였는데, 송나라 송원(宋援)의 주석에 "향라는 갑향
(甲香)을 숨기고 있으니, 갑향은 능히 여러 향기를 모을 수 있다."라고 하였다.

148 봄빛을……있으니 : 【攷證 卷8 鉤春眞有地】 미상이다.

149 나비를……날아온다 : 【攷證 卷8 引蝶見來蛾】 한(漢)나라 무제(武帝)가 기괴한
데 빠져 일찍이 단표(丹豹)의 기름과 백룡(白龍)의 골수를 얻어, 청석(靑錫)을 간 가루
에 순수한 소유(蘇油)를 섞어 등불을 만들어서 신단(神壇)에 비추자 밤에 폭우가 쏟아져
도 불이 꺼지지 않고, 두 마리의 나방이 벌처럼 달려들었다.〔雙蛾如蜂赴〕《古今合璧事類
備要 外集 卷54》 송나라 황정견(黃庭堅)의 〈시냇가에서 읊다〔溪上吟〕〉 시에 "세상에서
는 명예와 절개를 높이니, 촛불에 달려드는 나방처럼 빠르구나.〔在世崇名節, 飄如赴燭
蛾.〕"라고 하였다.

150 심지……알리노라 : 【攷證 卷8 盡心…公家】 오대 시대 남당(南唐) 이승(李昇)의
〈등불을 읊다〔詠燈〕〉 시에 "주인이 부지런히 심지 돋우어 등화를 밝힌다면, 감히 술동이
앞에서 마음을 다하지 않으랴.〔主人若也勤挑撥, 敢向尊前不盡心?〕"라고 하였다. 당나라
한유의 〈영등화동후십일(詠燈花同侯十一)〉 시에 "다시금 기쁜 일을 가지고, 주인공에게
와서 알린다.〔更煩將喜事, 來報主人公.〕"라고 하였는데, 송나라 손여청(孫汝聽)의 주석
에 한나라 유흠(劉歆)의 《서경잡기(西京雜記)》를 인용하여 "눈꺼풀이 떨리면 술과 밥이
생기고, 등불에 불똥이 생기면 재물이 생긴다.〔目瞤得酒食, 燈花得錢財.〕"라고 하였다.
【校解】《고증》에 〈등불을 읊다〉 시의 지은이를 한유(韓愈)라고 한 것은 오류이다.

청반에 일찍이 큰 누를 끼쳤으니 　　　　　清班曾玷極

길복[151]이라 한들 다시 무엇을 구하리오 　　吉卜更要何

옥부[152]의 방안은 고요하고 　　　　　　　玉府房櫳靜

낭함에 든 서책이 많으니 　　　　　　　　琅函竹帛多

벼슬살이 무엇이 이와 견주랴 　　　　　　得官那比此

이 좋은 곳 기운이 높은 하늘의 연하를 찌른다네 　佳處氣凌霞

---

151 길복 : 【攷證 卷8 吉卜】 살펴보건대, 전국 시대 왕후(王詡)의 《귀곡자(鬼谷子)》에 "고요한 밤에 부엌을 청소하고 향등을 설치해 축원하였다. …… 한 해의 길흉을 점쳤다. 〔占一歲休咎〕"라고 하였다. 《韻府羣玉 卷17》《도경(圖經)》에 "지양(池陽) 지방에서는 상사일(上巳日)에 부인들이 냉이꽃에 기름을 적시어 축원하면서 물을 뿌려, 용이나 봉황, 화초 모양이 되면 길하다고 여겼다."라고 하였다. 《古今合璧事類備要 前集 卷16》

152 옥부(玉府) : 【譯注】 전설에 신선이 산다는 곳으로, 여기서는 궁중의 관부를 이른다.

대수[153]의 시에 차운하다 【임인년(1542, 중종37, 42세) 윤5월 추정. 서울】
次大樹韻

이때 대수는 왕명을 받들어 일본국 사신의 선위사가 되었다. 중도에 사신이 이르지 않았다
는 말을 듣고 가야산으로 놀러 갔다가 이윽고 이 일로 파직되었다.[154] 내가 어제 그의
집을 찾아가 산을 다니며 지은 시 여러 수를 보게 되었는데 집에 돌아와 그 시들에 차운하
여 바치다.

(詩-續卷1-86)

-원문 2자 결락- 빽빽하니 안개 낀 봉우리 몇이런가	□□簇簇幾烟巒
남쪽으로 가 바라보았던 장관을 길이 기억하네	長記南行一望閒
어제 기쁘게도 가야산의 진면목 보았으니[155]	昨日喜看眞面目
그대가 시 속에서 선산을 그려 보였기 때문일세	緣君詩裏畫仙山

---

153 대수 : 【譯注】 임억령(林億齡, 1496~1568)으로, 본관은 선산(善山), 자는 대수
(大樹), 호는 석천(石川)이다. 1545년(명종 즉위년) 을사사화 때 금산 군수(錦山郡守)
로 있었는데 동생 임백령(林百齡)이 소윤 일파에 가담하여 대윤의 많은 선비를 추방하자
자책하여 벼슬을 그만두었다. 다시 등용되어 1553년(명종8)에 강원도 관찰사(江原道觀
察使)가 되었다.

154 이때……파직되었다 : 【譯注】 왜(倭) 사신이 무역을 위해 가져온 은의 처리와 관련
해 사목(事目)도 지키지 않고 계품(啓稟)도 하지 않았다는 등의 이유로 임억령을 파직하
고, 새 선위사(宣慰使)로 단망(單望)으로 추천된 나세찬(羅世纘)을 임명하였다.《中宗
實錄 37年 5月 16日》

155 가야산의 진면목 보았으니 : 【譯注】 가야산의 멋진 모습을 그곳에 갔던 임대수가
시로 읊어주어 알게 되었다는 말이다. 송(宋)나라 소식(蘇軾)의 〈서림벽에 제하다〔題西
林壁〕〉 시에 "옆으로 보면 잿마루요 비스듬히 보면 봉우리라. 원근과 고저에 따라 모습이
같지 않구나. 여산의 진면목을 알 수 없으니, 이 몸이 이 산속에 있기 때문이로세.〔不識廬
山眞面目, 只緣身在此山中.〕"라고 하였다.

(詩-續卷1-87)

사행 길 여사로 운산을 찾아가서	星軺餘事訪雲巒
푸른 봉우리며 붉은 벼랑 읊어 소매에 넣어왔어라	碧嶂丹崖在袖間
시 읊기를 마치자 곱절로 마음 서글퍼지노니	讀罷令人倍惆悵
밤 되면 꿈결에 먼 고향을 찾아갈 테지	夜來歸夢繞千山

임대수¹⁵⁶가 서화담¹⁵⁷의 유고를 읽고 시를 부쳐왔기에 그 시에 차운하다 【계축년(1553, 명종8, 53세) 11~12월 추정. 서울】

林大樹讀徐花潭遺藁見寄 次韻

은사가 이룬 참된 일	隱士眞功業
남긴 저술이 추환¹⁵⁸처럼 좋아라	遺言似芻甘
한가로운 움집에서 강절의 즐거움 사모하고¹⁵⁹	閒窩慕康樂
첩경이라 종남산을 비웃었지.¹⁶⁰	捷徑笑終南

---

156 임대수 : 【譯注】임억령(林億齡, 1496~1568)으로 본관은 선산(善山), 자는 대수, 호는 석천(石川)·하의(荷衣)이다.

157 서화담 : 【譯注】서경덕(徐敬德, 1489~1546)으로, 본관은 당성(唐城), 자는 가구(可久), 호는 복재(復齋)·화담(花潭), 시호는 문강(文康)이다. 1519년(중종14) 현량과(賢良科)에 수석으로 급제하였으나 사양하고, 개성 화담(花潭)에 서재를 짓고 평생 연구와 교육에 힘썼다. 박연폭포, 황진이와 함께 송도삼절(松都三絶)로 불린다.

158 추환 : 【譯注】추(芻)는 풀을 먹는 짐승, 환(豢)은 곡물을 먹는 짐승을 말하는데, 《맹자》〈고자 상(告子上)〉에 "의리가 나의 마음을 즐겁게 함이 추환의 고기가 나의 입을 즐겁게 함과 같다.〔義理之悅我心, 猶芻豢之悅我口.〕"라고 하였다.

159 한가로운……사모하고 : 【攷證 卷8 閒窩慕康樂】아마도 소강절(邵康節)의 안락와(安樂窩)를 가리키는 듯하다. 【校解】안락와(安樂窩)는 송(宋)나라 소강절(邵康節)이 안빈낙도(安貧樂道)의 생활을 즐겼던 거처이다. 그가 처음 낙양(洛陽)에 왔을 적에 비바람도 제대로 막지 못하는 오두막 하나를 지어 놓고는 가끔 쌀독이 비어 굶는 생활을 하면서도 유유자적하며 스스로 안락 선생(安樂先生)이라고 일컬었다. 《宋史 邵雍列傳》

160 첩경이라 종남산을 비웃었지 : 【譯注】벼슬길 주변을 기웃거리는 행태를 비웃는다는 말이다. 당(唐)나라의 노장용(盧藏用)이 진사(進士)에 급제한 뒤 등용되지 않자, 도성에서 가까운 종남산에 은둔하였다. 이는 군주가 그의 명성을 듣고 불러주기를 바란 것이다. 그 후 그가 과연 은사(隱士)라는 명성 때문에 등용되었다. 사마승정(司馬承禎)이 천태산(天台山)으로 들어가려 하니, 노장용이 종남산을 가리키면서 "여기에도 아름다

이수는 의논할 거 없지 않지만[161]	理數非無議
곧은 은사로는 참으로 부끄러움이 없어라	幽貞信不慚
그대는 이런 뜻 알 수 있을 터인데	君能知此意
마주 앉아 대화할 수 없으니 한스럽도다	恨未對牀談

운 운치가 있는데 굳이 천태산을 찾을 것이 있는가?"라고 하자 사마승정이 웃으며 "내가 보기에 종남산은 벼슬의 첩경일 뿐일세."라고 하니, 노장용이 부끄러워하였다.《新唐書 司馬承禎傳》

161 이수는……않지만 :【譯注】기(氣)를 근본으로 여기는 화담의 리기설(理氣說)이 리(理)를 근본으로 여기는 주자(朱子)의 학설에는 맞지 않는다는 말이다. 화담은 "기가 만물을 빚어내고, 리는 기의 운동법칙이다."라고 생각한 반면, 주자는 "근원적 리에 해당하는 태극(太極)이 기를 낳는다."고 보았다.

삼가 영지정사[162]에 걸린 시에 수답하다 【계묘년(1543, 중종38, 43세)

2~8월 추정. 서울】

奉酬靈芝精舍詩

구름 사이에 새 정사 지었다는 말 들으니	雲間精舍聞新構
속세 밖 산사에서 노닐던 옛날 생각이 나네	物外禪房憶舊遊
늙어서 물러나 도성을 떠남이 무슨 문제가 되랴	去國何妨緣老退
산을 사서[163] 한가히 은거할 계책 삼으셨구나	買山聊作爲閒謀
보습 들고 약초 캐니 영지밭이 멀고	攜鑱钃藥芝田杳
계수나무 주워 차 끓이니 죽원이 그윽해라	拾桂烹茶竹院幽
어느 때나 찾아뵙고 구장(鳩杖)에 절하고서	幾日牀前拜鳩杖
영롱한 창호로 뜬 은구[164]를 보리까	玲瓏窓戶看銀鉤

---

162 영지정사(靈芝精舍) : 【譯注】 농암(聾巖) 이현보(李賢輔)가 77세인 1542년(중종 37) 은퇴하여 안동(安東) 예안(禮安)의 영지산에 지은 정사(精舍)이다. 애당초 퇴락한 암자였는데 조징(祖澄)이라는 스님에게 물자를 주어 새로 조성하게 하였다.

163 산을 사서 : 【攷證 卷8 買山】 당(唐)나라 우적(于頔)이라는 사람이 양양(襄陽)을 진무(鎭撫)할 때에, 여산(廬山)의 대부산인(戴符山人)이 편지를 보내 산을 살 매산전(買山錢) 100만 전(錢)을 빌려 달라고 청하자, 우적이 이를 내주고 지필묵(紙筆墨)과 의복 등을 함께 주었다. 《太平廣記 卷177》

164 은구 : 【譯注】 갈고리 모양의 초승달을 말한다. 【攷證 卷8 銀鉤】 당나라 이백(李白)의 〈금성 산화루에 오르다〔登錦城散花樓〕〉 시에 "아름다운 창문은 화려한 지게문을 끼고 있고, 구슬발에는 은구 드리웠네.〔金窓夾繡戶, 珠箔垂銀鉤.〕"라고 하였다.

밤에 일어나다 【계묘년(1543, 중종38, 43세) 7~8월 추정. 서울】
夜起

창을 때리는 빗소리 쓸쓸하고	窓雨打蕭蕭
섬돌 귀뚜라미 울음소리 절절하여라	砌蛩鳴切切
길고 긴 밤 객관은 고요하고	悠悠夜館寂
쓸쓸한 가을 기운 사무치네	悄悄秋氣徹
서책은 책상 위에 놓여 있고	黃卷在牀頭
외로운 등잔은 가물가물 비춘다	孤燈照明滅
꿈에서 깨니 잠자리 편치 않아서	夢回枕不安
일어나 앉아 외로운 그림자 짝한다	起坐伴影子
중년에는 초심을 저버렸지만	中歲負初心
애초에는 전현의 자취 사모하였지	當年慕前轍
벼슬길에선 참으로 무능한 몸으로 녹만 먹었고[165]	榮途眞竊吹
걸핏하면 세상일에 끌려다녔다네	世故動遭掣
세월은 나를 기다려주지 않는데	時光不我延
세상 득실만 속절없이 자주 겪었지	得失空屢閱
스스로 -본문 1자 결락- 고인의 조박[166]만 좋아하니	自嗜□糟粕

---

165 벼슬길에선……먹었고 : 【譯注】춘추 시대 제 선왕(齊宣王)이 우(竽)라는 악기 소리를 좋아하여 연주할 때마다 300명씩 한꺼번에 악기를 불게 하였다. 남곽처사(南郭處士)라는 사람이 악기를 잘 불지도 못하면서 악사들 속에 섞여서 높은 녹봉을 받아먹다가 선왕이 죽은 뒤에 민왕(湣王)이 즉위하여 악사들에게 한 사람씩 악기를 연주하게 하자 도망쳤다. 《韓非子 內儲說上》

참된 근원은 말로 할 수 없는 게지   眞源非口舌

묵은 서책에서 행여 얻는 게 있다면   塵編苦乞靈

과연 부족한 점을 기울 수 있으리라   果能補所缺

나는 참으로 고인에 부끄러우니   我誠愧古人

오두막집에서 이런 생각 그치지 않는다오   蓬廬意未輟

---

166 고인의 조박 : 【譯注】 조박(糟粕)은 고인의 언행이 담긴 서책을 가리킨다. 춘추
시대 제 환공(齊桓公)이 일찍이 대청 위에서 글을 읽고 있을 적에 마침 편(扁)이라는
장인(匠人)이 대청 아래서 수레바퀴를 깎고 있다가 제 환공에게 "감히 묻겠습니다. 대왕
께서 읽으시는 것이 무슨 말입니까?"라고 하자, 환공이 성인(聖人)의 말씀이라고 대답하
니, 그가 또 성인이 살아 있느냐고 물으므로, 환공이 이미 죽었다고 대답하자, 그가 "그렇
다면 대왕께서 읽으시는 것은 옛사람의 찌꺼기일 뿐입니다.〔然則君之所讀者, 古人之糟
粕已夫.〕"라고 하였다. 《莊子 天道》

절구 【계묘년(1543, 중종38, 43세) 7~8월 추정. 서울】

絶句

(詩-續卷1-91)

얇은 명주 같은 한 줄기 가을강은 맑고	冰紈一道湛秋江
강가 누대의 창문은 벽옥 같아라	江上樓臺碧玉窓
어느 곳 외로운 돛이 멀리서 떠오르는가	何處孤帆飛遠影
무심한 백구만 쌍쌍이 나는데	無心鷗鳥自雙雙

(詩-續卷1-92)

뜰의 풀은 쓸쓸하고 오동은 시들었는데	庭草荒涼梧葉衰
지금 꽃을 심어 옮기는 사람 몇 명인가	種花今日幾人移
우연히 베개를 가지고 오라 해서 머리를 받치고 누워	偶呼一枕支頭臥
세상사 다 잊고 꿈속에 드노라	身世渾忘蝶夢時

(詩-續卷1-93)

| 촌락의 연기 흐릿하고 햇살은 비치는데 | 墟烟淡淡日暉暉 |
| 뜰에는 사람 없고 참새만 나는구나[167] | 庭院無人雀自飛 |

---

167 뜰에는……나는구나 : 【譯注】 찾아오는 사람이 없어 문전이 썰렁한 것이다. 한(漢)나라 적공(翟公)이 정위(廷尉)로 있을 때는 빈객이 문에 가득하더니 관직에서 축출되자 문밖에 참새 그물을 펼 만큼 썰렁하였는데, 그 후 그가 다시 정위가 되자 사람들이 몰려들었다. 이에 적공이 문에 큰 글씨로, "한 번 죽고 한 번 사니 벗의 우정을 알 수 있고, 한 번 빈한하고 한 번 부유하니 벗의 태도를 알 수 있고, 한 번 귀하고 한 번 천하니

필경 하증은 한 번 웃음거리 될 뿐이니 　　　　　畢竟何曾堪一笑

아득히 먼 옛날 모두 잘못한 일일세[168] 　　　　悠悠千古摠成非

(詩-續卷1-94)

물가에 고운 햇살 비치고 저물녘 안개 외로운데 　汀洲姸日晚烟孤

갈대꽃 사이로 오리가 멀리 어지러이 다닌다 　　雪色蘆花亂遠鳧

본래 강촌에는 즐거운 일 많으니 　　　　　　　自是江村多樂事

물고기 팔고 돌아오는 곳에서 술을 살 수 있으리 　販鮮回處酒能沽

(詩-續卷1-95)

바람 드는 창에 문풍지 없어 싸늘한 추위 겹나고 　風窓無紙怕凄凄

거미줄 친 빈 들보엔 예전에 왔던 제비가 진흙을 물어온다[169]

　　　　　　　　　　　　　　　　　　　　　蛛網空梁舊燕泥

오솔길 가시덤불엔 때때로 산쥐가 숨고 　　　　徑棘時時山鼠竄

뜰의 소나무엔 밤마다 들까마귀 깃든다네 　　　庭松夜夜野烏栖

벗의 우정이 드러난다.”라고 써서 붙였다. 《史記 汲鄭列傳》

168 필경……일일세 : 【譯注】 생전에 호사를 누려도 후대에 권세와 영화를 잃으니 결국
엔 다 허사라는 뜻이다. 진 무제(晉武帝) 때 태위(太尉) 하증(何曾)이 호사하기를 좋아
하여 궁실·거마·의복·음식 등을 왕보다 사치스럽게 하였는데, 끼니마다 만전(萬錢)의
음식상을 받으면서도 “젓가락으로 집어 먹을 것이 없다.〔無下箸處〕”라고 타박을 하였다.
《晉書 何曾列傳》

169 빈……물어온다 : 【攷證 卷8 空梁舊燕泥】 수(隋)나라 설도형(薛道衡)의 〈석석염
(昔昔鹽)〉 시에 “어두운 창에는 거미줄 쳐져 있고, 빈 대들보엔 제비집 진흙 부스러기
떨어져 있네.〔暗牖懸蛛網, 空梁落燕泥.〕”라고 하였다.

(詩-續卷1-96)

배 정박하던 그해 계리(計吏)와 함께하던 일[170] 생각해보니

舟泊當年憶計偕

이 한 몸 이때부터 서울 길에 떨어졌어라   一身從此落天街

지금 공연히 남쪽으로 나는 기러기 부러우니   只今空羨南飛鴈

가을 가득한 강가 고향이 그리워라   秋滿江鄉有所懷

---

170 계리(計吏)와 함께하던 일 :【譯注】송(宋)나라 때 향시에 급제하면 1년에 1번씩 조정에 지방의 회계보고문을 바치는 계리와 함께 상경하여 대과를 대비토록 하였는데, 여기서는 이황(李滉)이 향시에 급제하여 성균관에서 문과 시험을 준비하기 위해 상경한 일을 말한다. 이때부터 이황의 서울 생활이 시작되었다.【攷證 卷8 計偕】《한서》〈무제기 (武帝紀)〉에 "관리와 백성 중에서 시무(時務)에 밝고 선성(先聖)의 학술을 익힌 자를 뽑아 각 현(縣)에서 차례로 음식을 제공하면서, 계리(計吏)와 함께 서울로 올라오게 했다.〔令與計偕〕"라고 하였다.《佩文韻府 卷9》

9월 9일 중양절 임대수[171]·박화숙[172]·조운백[173]과 함께 탕춘대[174]에 오르다. 2수【갑인년(1554, 명종9, 54세) 9월 9일 추정. 서울】

九日 同林大樹朴和叔曹雲伯 登蕩春臺 二首

(詩-續卷1-97)

깊은 골짜기 삼추 끝 무렵이요	絶壑三秋末
높은 누대 일기[175] 가에 있어라	高臺一氣傍
그대들과 함께 와 빼어난 경치 차지하니	共君來占勝
석양에 불어오는 바람 서늘하구나	落日進風凉

(詩-續卷1-98)

천 겹의 봉우리는 옥을 깎아놓은 듯하고	削玉千層巘
몇몇 굽이진 여울은 은을 녹여놓은 듯하여라	鎔銀幾曲灘

---

171 임대수 :【譯注】임억령(林億齡, 1496~1568)으로 본관은 선산(善山), 자는 대수, 호는 석천(石川)·하의(荷衣)이다.

172 박화숙 :【譯注】박순(朴淳, 1523~1589)으로, 본관은 충주(忠州), 자는 화숙(和叔), 호는 사암(思菴), 시호는 문충(文忠)이다. 1553년(명종8) 친시 문과(親試文科)에 장원으로 합격하여 전적·수찬·사인 등을 지냈다. 14년 동안 영의정으로 재직했으며, 서인으로 지목되어 탄핵을 받고 영평(永平)의 백운산(白雲山)에 은거하였다. 율곡(栗谷) 이이(李珥), 우계(牛溪) 성혼(成渾)과 함께 삼현(三賢)으로 일컬어졌다.

173 조운백 :【譯注】조준룡(曹駿龍, ?~1584)으로, 본관은 남평(南平), 자는 운백(雲伯)이다. 부사를 역임하고 서울에 거주하였다.

174 탕춘대 :【攷證 卷8 蕩春臺】: 1505년(연산군11)에 창의문(彰義門) 밖에 축조하였다.【校解】지금의 서울 종로구 신영동에 있다.

175 일기(一氣) :【譯注】허공을 말한다.

가을바람에 모자 떨어지는 건 아랑곳하지 않으나[176]　　　西風任吹帽

흰머리 차가워지는 건 견딜 수 없어라　　　　　　　　　匝耐白頭寒

176　가을바람에……않으나 :【譯注】중양절에 높은 곳에 올라가 술을 마시고 글을 지으
며 고상한 풍류를 즐길 때의 모습이다. 진(晉)나라 때 맹가(孟嘉)가 환온(桓溫)의 참군
(參軍)으로 있을 때, 한번은 환온이 9월 9일에 용산(龍山)에서 잔치를 열었는데, 그때
마침 서풍이 불어 맹가의 모자가 날아갔는데도 맹가는 알아차리지 못하였다. 이에 환온
이 손성(孫盛)에게 글을 지어 맹가를 조롱하게 하자 맹가가 곧바로 화답하였는데, 그
글이 매우 아름다워 모두 찬탄하였다.《晉書 孟嘉列傳》

차운하여 임사수[177]와 김응림[178]에게 답하다 갑진년(1544, 중종 39, 44세) 【2월 17일 추정. 예안(禮安)】

次韻答林士遂金應霖 甲辰

(詩-續卷1-99)

친구의 서신이 따뜻한 봄날에 와서	故人書信逐春溫
궁촌에 사는 나의 매화와 버들의 넋 불러일으켰네	喚我窮村梅柳魂
병은 빼어난 글솜씨 덕분에 이미 나은 듯하니[179]	愈病已同因檄手
내 성심을 토로함에 다시 상소할 필요 있으랴	披肝何用更牋閽
한강가 날씨 따뜻해 안개 낀 경치 아련하리니	湖州日暖迷烟景
독서당의 꽃은 또렷하여 세상 번뇌 없으리라	仙館花明絶世煩
두 사람의 넉넉한 고의(古義)에 감사하노니	爲感二君多古義
천 리 밖에서 그리워하는 마음 결국 같으리라	相思千里要同論

---

177 임사수 : 【譯注】임형수(林亨秀, 1504~1547)로, 본관은 평택(平澤), 자는 사수(士遂), 호는 금호(錦湖)이다.

178 김응림 : 【譯注】김주(金澍, 1512~1563)로, 본관은 안동(安東), 자는 응림(應霖), 호는 우암(寓菴), 시호는 문단(文端)이다. 1563년(명종18) 종계변무사(宗系辨誣使)로 명(明)나라에 가서 사명을 마치고 그곳 객사(客舍)에서 죽었다. 1590년(선조23) 광국공신(光國功臣) 3등으로 화산군(花山君)에 추봉(追封)되었다.

179 병은……듯하니 : 【譯注】한(漢)나라 진림(陳琳, ?~217)이 문장이 뛰어나 일찍이 원소(袁紹)를 위해 조조(曹操)의 죄상을 문책하는 격문을 지었는데, 원소가 패하여 조조에게 돌아가니 조조는 그 재주가 아까워 벌을 주지 않고 기실(記室)로 삼았다. 조조가 일찍이 두풍(頭風)을 앓아누웠다가, 진림이 초(草)한 격문을 보고는 일어나서 말하기를 "이 글이 내 병을 치유해 주었다.〔此愈我病〕" 하고, 그에게 후한 상을 내렸다. 《三國志 魏書 陳琳傳》

솜옷과 갖옷 벗어주며 이별할 때　　　　　　　脫卻綿裘贈別時

은근히 혹독한 추위 염려하여 주었지　　　　　懃懃相念折膠威

어찌 알았으랴, 독서당의 봄 경치 산뜻해졌는데　豈知物色生湖館

여전히 고질병 안고 시냇가 사립문 잠그고 있을 줄을　猶抱沈綿鎖澗扉

뛰어난 재주로 청운에 올랐으니 그대는 경계해야 하고

　　　　　　　　　　　　　　　　　　　　早放霜蹄君用戒

막 도성을 떠나니 처음 뜻 어기지 않았네　　　初收風纜我無違

동호 가에서 매화 찾기로 한 약속 괴로이 저버렸으니　湖邊苦負尋梅約

어찌 양주로 돌아간 하손[180]만 하랴　　　　何似楊州何遜歸

---

180 양주로 돌아간 하손 :【譯注】남조(南朝) 양(梁)나라 하손(何遜)이 건안왕(建安王)의 수조관(水曹官)으로 양주(楊州)에 있을 때 관청 뜰에 매화 한 그루가 있었는데 매일 그 나무 아래서 시를 읊곤 하였다. 그 뒤 낙양(洛陽)으로 자리를 옮겼다가 그 매화가 그리워 다시 양주 수령에 제수해주길 청하여 양주에 당도하였는데 매화가 한창 피어 있어 매화나무 아래에서 종일토록 서성였다.《梁書 何遜列傳》

SNP0914(詩-續卷1-101)

정자 박중보[181]가 시를 가지고 들르다 【갑진년(1544, 중종39, 44세) 2월 17~26일 추정. 예안(禮安)】

朴正字重甫攜詩見過

애써 과거장에 함께 다녔었는데 役役名場步武聯
그사이 흐르는 세월이 눈 깜짝할 새 지나갔구나 光陰瞥眼逐流川
그대는 준수한 송골매가 구름 너머를 가로지르는 거 같건만 君如俊鶻橫雲外
나는 비쩍 마른 곁말이 길가에 움츠리고 있는 듯하다네 我似羸驂跼道邊
누추한 내 집 찾아와 주니 옥수(玉樹)를 보는 듯하고 已荷蓬門映玉一
다시 옥 같은 운자 남기니 천금에 값하누나 更留瓊韻抵金千
묘령의 나이에 지업(志業)에서 가벼이 물러나지 말고 妙齡志業無輕讓
성은을 직접 받을 때를 깊이 대비하라 深備親承雨露天

181 박중보 : 【譯注】 박승임(朴承任, 1517~1586)으로, 본관은 반남(潘南), 자는 중보(重甫), 호는 소고(嘯皐)이다. 1565년 병조 참의·동부 승지·진주 목사(晉州牧使)를 지내고, 1573년 도승지에 승진되었으며, 이듬해 경주 부윤이 되었다. 1583년 공조 참의를 거쳐 대사간이 되었으나 언사(言事)에 연루, 창원 부사(昌原府使)로 좌천되었다. 이황의 문인으로 성리학 연구에 조예가 깊었을 뿐 아니라 문장도 뛰어났다.

민경열[182]에게 부치다【갑진년(1544, 중종39, 44세) 2월 17~26일 추정. 예안 (禮安)】

寄閔景說

옛날 도성에 있던 시절 꿈속에서도 놀라노니	昔在城塵夢亦驚
숲속에 사는 지금은 온전한 삶[183]이 즐겁노라	林居今日樂全生
잠결에 푸른 창문 열어 불어오는 바람 맞고	睡開翠牖迎風至
술동이 두드리며 노래 불러 새 울음에 답한다네	歌擊瓠尊答鳥鳴
표범은 짙은 안개 속에 몸을 숨기는 것[184] 싫어하지 않고	
	豹隱不嫌山霧重
용은 맑은 석담에 서리는 것[185] 스스로 좋아한다네	龍蟠自喜石潭清

---

182 민경열 :【譯注】민기(閔箕, 1504~1568)로, 자는 경열(景說), 호는 관물재(觀物齋)·호학재(好學齋), 시호는 문경(文景)이다.

183 온전한 삶 :【譯注】벼슬을 버려 명예를 가까이하지 않았기 때문에 삶을 온전히 지킬 수 있는 것이다.《장자》〈양생주(養生主)〉에 "선(善)을 행하되 명예에 가까이 가지는 말며, 악(惡)을 행하되 형벌에 가까이 가지는 말고, 중(中)의 경지를 따라 그것을 삶의 근본원리로 삼으면 자기 몸을 안전하게 지킬 수 있고, 자신의 생명을 온전히 지킬 수 있고〔可以保身, 可以全生〕, 어버이를 잘 봉양할 수 있으며, 자신에게 주어진 천수를 끝까지 누릴 수 있다."라고 하였다.

184 표범은……것 :【譯注】벼슬하지 않고 은거하는 것을 비유한 것이다. 한(漢)나라 유향(劉向)의《열녀전(列女傳)》〈도답자처(陶答子妻)〉에 "첩이 들으니 남산에 검은 표범이 있는데 무우(霧雨) 속에서 이레 동안 아무것도 먹지 않고 산 위에 가만히 있다고 합니다. 이는 무엇 때문이겠습니까? 그 털을 윤택하게 하여 문장을 이루기 위해서입니다."라고 하였다.

185 용은……것 :【譯注】용이 서리어 있듯이 영웅·호걸이 뜻을 펴기 전에 숨어 있는 것을 이른다. 제갈량(諸葛亮)이 일찍이 사명(使命)을 띠고 오(吳)나라에 갔다가 말릉산

송죽 우거진 골짜기에 이내 신세 감췄으니 　　　　松筠一壑藏身世
어찌 세상 향하여 성씨며 이름을 말하리오 　　　　肯向人閒道姓名

<hr/>

(秣陵山)을 보고 "종산은 용처럼 서려 있고〔鍾山龍蟠〕, 석두(石頭)는 범처럼 걸터앉았으
니 제왕의 집터이다."라고 감탄하였다.《諸葛忠武書 卷9》

단양 동헌에서 회포를 적다 【갑진년(1544, 중종39, 44세) 3월 1일. 단양 (丹陽)】

丹陽東軒書懷

(詩-續卷1-103)

병든 몸으로 험준한 산길 가노라니	扶病經行蜀道難
원님은 객 머물게 하여 신산함 씻어주누나	主人留客洗辛酸
봄바람이 흡사 흰 머리털을 기롱하는 듯	春風似欲欺霜鬢
지는 꽃 불어 보내 오락가락하누나	吹送殘花去又還

(詩-續卷1-104)

좋은 가절이라 단양에서 삼짇날 -원문 1자 결락-	丹陽佳節□重三
눈에 가득 내 낀 꽃 봄기운이 한창이어라	滿目烟華氣政酣
새로운 시 불러서 돌아가기를 권하지 말라	莫唱新詞勸歸去
이내 마음은 본래 강남에 가 있거니	客心元自繞江南

갑진년 늦여름에 병으로 사헌부의 직책에서 물러난[186] 뒤 고성[187] 군수에 보임되기를 청하였으나 뜻대로 되지 않았다. 한가한 틈을 타 안정연에게 이 시를 지어 주어 그로부터 《무이지》를 빌려서 보려 하였는데, 마침 박사 김질부[188]가 동향의 여러 벗과 함께 나에게 남산을 유람하자 하였다. 나는 가는 길에 안정연의 집에 들러 사람을 시켜서 문을 두드려 시를 전해주게 하고는 떠났다 【갑진년(1544, 중종39, 44세) 6월 23일. 서울】

甲辰季夏 病解臺務 求補高城郡不得 閒中作此 擬從安挺然借看武夷志 適金博士質夫與同鄕諸友 要余遊南山中 余往赴之 過挺然家 令人叩門 投詩而去

정연의 이름은 정(挺)이다.

머리칼이 새도록 광려산에 돌아갈 수 없어[189]　　　匡廬頭白不能歸

온주와 태주[190]를 청하였지만 이 계획 또한 어긋났다네

　　　　　　　　　　　　　　　　　　欲乞溫台計亦違

----

186 사헌부의 직책에서 물러난 : 【攷證 卷8 病解臺務】 갑진년(1544, 중종39) 4월에 사헌부 장령이 되었다가 6월에 병으로 그만두었다. 《退溪先生年譜 卷1》

187 고성 : 【攷證 卷8 高城】 강원도 영동(嶺東)에 속한다. 군명으로 풍암(豐巖)이라고도 한다.

188 김질부 : 【譯注】 김사문(金士文, 1502~1549)으로, 본관은 예안(禮安), 자는 질부(質夫)이다.

189 머리칼이……없어 : 【譯注】 광려산(匡廬山)은 은(殷)나라의 은자 광속(匡俗) 형제가 초막을 짓고 은거한 여산(廬山)을 말한다. 당(唐)나라 두보(杜甫)의 〈보이지 않다[不見]〉 시에 "광려산 글 읽던 곳, 머리 희어졌으니 돌아올지어다.[匡山讀書處, 頭白好歸

원컨대 《산경》¹⁹¹을 빌려 구곡을 찾아   願借山經尋九曲

속세에서 지은 십 년의 잘못¹⁹² 씻어내리라   洗空塵土十年非

來.)"라고 하였다.

190 온주와 태주 : 【譯注】 중국의 동남쪽에 있는 경치가 좋은 지방으로, 여기서는 고성
을 말한다. 【攷證 卷8 溫台】 온주(溫州)에는 안탕산(雁蕩山)이 있고, 태주(溫州)에는
천태산(天台山)이 있다.

191 산경(山經) : 【譯注】 시의 제목으로 보건대 《무이지(武夷志)》를 가리킨다. 《무이지》
는 송(宋)나라 유기(劉夔)가 복건성(福建省) 북쪽 무이산에 관해 쓴 책으로, 훗날 명(明)
나라 양긍(楊亘)이 이 판본을 바탕으로 다시 《무이지》를 편찬하였다. 이황이 본 것은
어떤 판본인지 확실하지 않은데, 유도원(柳道源)은 유기가 편찬한 것을 '구지(舊志)',
양긍이 편찬한 것을 '신지(新志)'라 불렀다. 《退溪先生文集攷證 卷1 聞讀武夷志云云》

192 십 년의 잘못 : 【譯注】 10년은 벼슬을 살며 도성에서 지낸 시간을 이른다. 이황은
1534년(중종29) 별시 문과에 합격하여 관료 생활을 시작해 1544년(중종39) 사헌부 장령
을 지내던 중 병으로 사직했다. 이후로는 여러 번 제수되었으나 관직에 나아가지 않았다.

SNP0918(詩-續卷1-106~109)

규암¹⁹³의 시에 차운하다 【갑진년(1544, 중종39, 44세) 6월 23일 추정. 서울】
次圭庵韻

(詩-續卷1-106)

추향이 다르면 물과 불같고 　　　　　　　　　異趣如水火

마음이 같으면 난초의 향기 나는 듯하네¹⁹⁴　同心如蘭臭

원컨대 속세를 벗어난 사람을 얻어 　　　　願得出世人

흉금을 터놓고 천하의 일을 다 얘기할거나 　襟期終宇宙

(詩-續卷1-107)

내가 죽계의 문¹⁹⁵을 지나면서 　　　　　　我過竹溪門

좋아하는 이에게 짧은 시를 보내주었지 　　短章投所好

어찌 알았으랴, 주인옹¹⁹⁶이 　　　　　　　寧知主人翁

공을 위해 꽃길 쓸어 놓았을 줄을 　　　　　花徑爲公掃

193　규암 : 【譯注】 송인수(宋麟壽, 1487~1547)로, 본관은 은진(恩津), 자는 미수(眉
叟), 호는 규암(圭庵), 시호는 문충(文忠)이다. 1545년(인종1) 을사사화가 일어나자
한성부 좌윤으로 있다가 탄핵을 받고 파직당한 뒤에 청주에 은거하여 지내다가 사사(賜
死)되었다. 성리학에 밝았고 성리학을 보급하기에 힘썼다.

194　마음이……듯하네 : 【譯注】 친구 간에 의기투합한 것을 말한다. 《주역》〈계사전
상(繫辭傳上)〉에 "두 사람이 마음을 합치니, 그 날카로움이 쇠붙이도 끊겠도다. 마음을
함께하는 말은 그 향취가 난초와 같다.〔同心之言, 其臭如蘭.〕"라고 하였다.

195　죽계의 문 : 【攷證 卷8 竹溪門】 정연(挺然)이 죽계 안(安) 씨이기 때문에 죽계의
문이라고 하였다.

196　주인옹 : 【攷證 卷8 主人翁】 안정연을 가리키는 듯하다.

(詩-續卷1-108)

서로 바라보면서 오래 만나지 못했으니	相望自貽阻
도리어 산이 앞을 가로막은 것 같아라	還如隔山嶽
갑자기 옥설 같은 그대 풍모 생각하니	坐想玉雪標
오히려 혼탁한 속세의 먼지 씻어낼 수 있어라	猶能洗炎濁

(詩-續卷1-109)

시를 지어 나를 오라고 부르니	作詩招我來
은구[197]가 아름다운 광채 발하누나	銀鉤耀彩景
문득 만뢰가 울부짖고	忽覺萬籟號
쏴쏴 바람 속에 차가운 시내 흐르는 듯	蕭蕭風泉冷

---

197 은구(銀鉤):【譯注】남의 필체를 칭찬하는 말로, 씩씩하고 아름다우며 굳센 서법을 비유한다. 【攷證 卷8 銀鉤】진(晉)나라 색정(索靖)은 서법을 논하면서 "초서는 멋지게 휘돈 것이 흡사 은 갈고리 같다.〔蜿若銀鉤〕"라고 평하였다. 《晉書 索靖列傳》

죽창[198]의 시에 차운하다 【갑진년(1544, 중종39, 44세) 6월 23일 추정. 서울】
次竹窻韻

(詩-續卷1-110)

나는 조용한 산과 들을 좋아하건만[199]	我酖山野靜
세상 번뇌가 천성을 어지럽히누나	塵勞汩其天
남산에 아름다운 곳 있으니	南山有佳處
운연 속으로 들어오라고 나를 부른다	招我入雲烟
그대 집 지나쳐도 화내지 않고	過門君不嗔
시 보내오니 도리어 민망하구려	詩來還憮然

(詩-續卷1-111)

그대 집 정원의 꽃과 대나무 수려하고	君家花竹秀
온 벽에는 책들이 꽂혀 있어라	圖書挿滿壁
문 앞에는 장자(長者)들의 수레바퀴 자국 많지만	門多長者轍
지음은 한 명만으로도 충분하다오[200]	知音一夔足

---

198 죽창 : 【譯注】안정(安挺, 1494~1570)으로, 본관은 순흥(順興), 자는 정연(挺然), 호는 죽창(竹窻)·식창(拭瘡)이다.

199 좋아하건만 : 【攷證 卷8 我酖】'酖'은 아마도 '耽'의 잘못인 듯하다.

200 한 명만으로도 충분하다오 : 【譯注】기(夔)는 순임금 시대의 악관(樂官)이다. 본래 '유능한 인물이 한 명만 있어도 모든 일을 잘 처리할 수 있다.'라는 말인데, 여기에서는 친구의 속마음을 알아줄 지기는 한 명으로 충분하다는 뜻으로 쓰였다. 《후한서》〈조부열전(曹裒列傳)〉에 "요 임금이 대장(大章)을 지을 적에, 한 명의 기로도 충분하였다.〔堯作大章, 一夔足矣.〕"라고 하였다.

두 사람이 함께 나를 부르는 시를 지으니	共作招我詩
시는 맑고 글씨는 청수하여라	詩淸書少肉
달인은 허물없이 사람을 대하고	達人無畦町
법사는 예법을 잘 지키네[201]	法士守繩尺
나 병들어 술 마시지 못하여	我病不飮酒
한가로이 소나무 아래 바위에 누웠노라	翛然臥松石
서로 만나서 경치 구경하지 못하니	淸賞各相阻
회포 적은 시 보내는 것을 어찌 아까워하랴	贈懷那更惜

---

201 달인은······지키네 :【譯注】달인(達人)과 법사(法士)는 시를 지어 준 두 사람을 각각 가리키고, 법사는 예법을 숭상하는 선비를 이른다.

벽사²⁰²의 주지²⁰³ 신각의 시축에 있는 시에 차운하다 【갑진년

(1544, 중종39, 44세) 6~7월 추정. 서울】

次甓寺住持信覺詩軸韻

신륵사는 전조 때 세워진 사찰이니	神勒前朝寺
고승 보제²⁰⁴가 주석하였다네	高僧普濟居
운무 낀 저녁 배들의 돛을 내리고	烟雲暮帆落
강물에 달 비치는 밤 창문은 비었어라	水月夜牕虛
명리에 이 몸 아직도 매여 있으니	名利身猶縛
산림에는 발길이 멀어진 것 같아라	山林跡若疎
물거품 같은 세상사에 감회가 이니	孤懷感泡沫
만사는 그저 술로 달랠 뿐	萬事付澆書

---

202 벽사 :【攷證 卷8 甓寺】바로 신륵사로 경내에 벽돌로 만든 부도가 있어 세간에서 벽사라고 하였다. 또 경내의 강산헌(江山軒)은 고려 때 승려 나옹화상(懶翁和尙)이 거처한 곳이다.

203 주지 :【攷證 卷8 住持】화상(和尙)이라는 말과 같다.

204 보제 :【攷證 卷8 普濟】아마도 나옹화상(懶翁和尙)인 듯하다.

임사수[205]가 독서당에서 인 스님을 데리고 왔는데 인 스님
이 시권에 시를 써달라고 하다. 3수 【계묘년(1543, 중종38, 43세)
7~8월 추정. 서울】

士遂自書堂攜印上人來 請題詩卷 三首

(詩-續卷1-113)

십 년 동안 아득하게 세상 길을 달리느라	十載茫茫走路歧
고향에 지팡이 짚고 가보지 못했다	故園閒卻一筇枝
산승은 도무지 아무 일 없이 한가하건만	山僧可是都無事
또 풍진 세상에 와서 몹시 시를 청하는구나	又向風塵苦乞詩

(詩-續卷1-114)

꿈결에 나의 넋 밤마다 푸른 등라로 가건만	夢魂夜夜繞蒼藤
속진 속에 그대로 머무는 유발승[206] 같아라	塵裏依然有髮僧
학과 지팡이[207] 어느 산에 머물러 있을 만한가	鶴錫何山堪住著

---

205 임사수 : 【譯注】 임형수(林亨秀, 1504~1547)로, 본관은 평택(平澤), 자는 사수
(士遂), 호는 금호(錦湖)이다.

206 유발승 : 【譯注】 이황 자신을 말한다. 【攷證 卷8 有髮僧】 원(元)나라 구원(仇遠)의
〈혜경 범자순(范子順)의 서실에서 묵다〔宿范謙卿書房〕〉시에 "늙어가며 처자식의 굴레
문득 깨달으니, 도리어 산속의 머리 기른 중 부럽네.〔老來頓悟妻兒累, 却羨山中有髮
僧.〕"라고 하였다.

207 학과 지팡이 : 【攷證 卷8 鶴錫】 서주(舒州)의 잠산(潛山)은 풍광이 매우 수려한데
산기슭이 더욱 빼어났다. 육조(六朝) 시대 지공(誌公)과 백학 도인(白鶴道人)이 모두
이곳에 머물고자 하여 양나라 무제에게 가서 상의하였다. 무제는 두 사람이 모두 신통력

홋날 너와 함께 한 감실(龕室)에 머물러 살리라   他時同汝一龕燈

(詩-續卷1-115)

고고한 높은 회포 기꺼이 스스로 낮추어   落落高懷肯自低
초라한 내 집 찾아와 주어 운수의 자취 짝하노라   來尋蓬戶伴雲鞋
어여뻐라, 소매 가득 무지개와 달빛208 채우고서   爲憐滿袖皆虹月
천산을 두루 다니며 밤에도 헤매지 않으리   行遍千山夜不迷

을 가지고 있었으므로, 각자의 물건으로 산기슭에 표시를 하되 먼저 표시한 사람이 차지
하여 살라고 하였다. 도인은 학이 멈추는 곳으로, 지공은 석장(錫杖)이 꽂히는 곳으로
표지를 삼기로 하였다. 이윽고 학이 먼저 날아가 산기슭에 이르러 멈추려 하는데 갑자기
공중에서 지팡이가 나르는 소리가 들리더니 마침내 지공의 석장이 산기슭에 꽂혔다.
이에 따라 두 사람은 각자 표지한 땅에 집을 지어 살게 되었다. 《山堂肆考 卷146》

208 무지개와 달빛 : 【攷證 卷8 虹月】 시권(詩卷)을 가리킨다. 【校解】 송(宋)나라 서화
가인 미불(米芾)이 항상 '미가선(米家船)'이라는 배에다 서화(書畫)를 싣고서 강호를
유람했는데, 송나라 황정견(黃庭堅)의 〈대증미원장(對贈米元章)〉 시에 "창강에 밤새도
록 무지개가 달을 꿰니, 정녕코 미가의 서화 실은 배로세.〔滄江盡夜虹貫月, 定是米家書
畫船.〕"라고 하였다. 미불(米芾)이 서화를 배에 싣고 강을 지나는데 밤에 광채가 하늘로
뻗치자 사람들이 배를 보고 미가홍월선(米家虹月船)이라고 하였다. 《宋史 米芾列傳》

SNP0922(詩-續卷1-116)

새벽 어스름에 성을 나와 독서당 뒷산 골짜기 길을 통해
한가로이 독서당에 다다랐는데, 김응림[209]이 혼자 있었고
조금 있다가 임사수[210]도 왔다 【갑진년(1544, 중종39, 44세) 6~7월 추정.
서울】

乘曉出城 路由書堂後山谷 閒抵書堂 應霖獨在 已而士遂亦至

새벽에 일어나 세수와 빗질 마치고	晨興罷梳盥
문을 나서 곧 말에 오르네	出門仍跨馬
나의 벗 동호독서당에 있으니	我友在湖堂
서로 맺은 약속 저버릴 수 없어라	相期不可舍
수레바퀴 부딪치는 한길[211] 지긋지긋해	厭從轂擊路
풀로 덮인 들판 길을 찾아 가노라	行尋草沒野
굽은 길을 따라 골짜기 안으로 들어가	繚繞入谷裏
구불구불 소나무 아래를 지나네	詰曲穿松下
허공의 푸른 빛 옷에 배는 듯	空翠裏衣衫
부딪치는[212] 돌부리들 가는 길 막는데	礜石礙行踝

---

209 김응림 : 【譯注】 김주(金澍, 1512~1563)로, 본관은 안동(安東), 자는 응림(應霖),
호는 우암(寓菴), 시호는 문단(文端)이다.

210 임사수 : 【譯注】 임형수(林亨秀, 1504~1547)로, 본관은 평택(平澤), 자는 사수
(士遂), 호는 금호(錦湖)이다.

211 수레바퀴 부딪치는 한길 : 【攷證 卷8 轂擊路】《사기》〈소진열전(蘇秦列傳)〉에 "제
(齊)나라 서울 임치(臨淄)의 도로 위로는 수레바퀴가 서로 부딪치고〔車轂擊〕, 사람들의
어깨가 서로 닿아 옷깃을 이으면 휘장이 되고, 소매를 치켜들면 장막이 되고, 땀을 훔치면
비가 되어 흐른다."라고 하였다.

비탈진 고개 지나 험준한 산등성이 오르니	坡陀上峻岡
눈앞이 갑자기 활짝[213] 트이누나	眼界驚谽閜
서쪽으로 높은 성 바라보니	西望萬雉城
상서로운 운무가 푸른 기와 덮었고	瑞烟籠碧瓦
동쪽으로 드넓은 강 굽어보니	東臨百頃湖
안개가 뭇 산을 크게[214] 말아 올린 듯하여라	霧捲羣山哆
안으로 조그마한 골짜기 숨겨져 있으니	中藏小有洞
그윽하여 사람들 모일 만하고	窈窕堪結社
밤새 내리던 비 막 개니	宿雨値初收
맑은 냇물 차가움 다투며 흘러가네	淸泉競寒瀉
도리어 고향 산중에 있는 것 같아	還如故山中
짚신에는 시내 이끼가 묻고	芒鞵潤苔惹
이곳 속세의 일과 멀리 떨어져 있으니	境絶塵事遠
마음에 맞아 속 깊은 생각을 써내노라	意愜幽襟寫
좁은 길 누차 없어지려 하지만	微蹊屢欲無
맑은 경치는 참으로 볼 만 하여라	淸景眞堪把
시 읊으며 말 타고 가노라니 원근을 헤매는데	吟鞍迷遠邇
어느덧 깊고 넓은 집이 보인다	忽見渠渠厦
문을 들어서니 흡사 절간 같아	入門似禪家

---

212 부딪치는 : 【攷證 卷8 礐】독음은 각(角)이고, 돌이 부딪치는 소리이다.

213 활짝 : 【攷證 卷8 閜】독음은 하(何)이고, 크게 벌어진 모습이다.

214 크게 : 【攷證 卷8 哆】독음은 차(遮)이고, 입술이 아래로 드리워진다는 뜻이고, 또 크다는 뜻이다.

소나무와 오동이 푸른빛으로 소쇄하여라   松梧碧蕭灑

서로 보고 한 번 활짝 웃으니   相看一笑粲

우리야 본래 고아한 사람들이지   我輩本高雅

와병 중에 이자발²¹⁵이 약을 달라고 청하다 【갑진년(1544, 중종39, 44세) 7월 1~25일 추정. 서울】

病中 李子發求藥

푸른 산 꿈속엔 보는데 깨어선 찾기 어렵고	青山入夢覺難尋
옛날 비 올 때 왔던 사람²¹⁶ 지금은 이르지 않네	舊雨來人不到今
그대와 이웃해 살면서 함께 병 안고 있으니	與子隔鄰同抱病
약 나누어주고 함께 시름을 하여도 괜찮으리	不妨分藥共愁吟

---

215 이자발 : 【譯注】 이문건(李文楗, 1494~1567)으로, 본관은 성주(星州), 자는 자발 (子發), 호는 묵재(默齋)·휴수(休叟)이다. 기묘사화 뒤 스승이었던 조광조(趙光祖)에 대한 의리를 지켜 조상(弔喪)하였다. 주서, 정언, 이조 좌랑 등을 지냈으며 이황, 조식(曹植) 등이 그의 시문에 많은 영향을 받았다.

216 옛날……사람 : 【譯注】 원문의 구우(舊雨)는 옛 벗을 말한다. 당(唐)나라 두보(杜甫)의 〈추술(秋述)〉 시 소서(小序)에 "평상시에 오가던 벗들이 예전에는 비가 와도 오더니 요즘은 비가 오면 오지 않는다.〔常時車馬之客, 舊雨來, 今雨不來.〕"라고 하였다. 이후로 구우(舊雨)는 옛 벗을, 금우(今雨)는 새 벗을 가리키는 말로 쓰인다.

SNP0924(詩-續卷1-118)

또 읊다 【갑진년(1544, 중종39, 44세) 7월 1~25일 추정. 서울】
又吟

비 내린 뒤 구름 무엇을 찾으려 하는지	雨餘雲態欲何尋
지금 하늘을 오가며 자유로이 떠다니네	來往空中自在今
뜰에 가득한 푸른 이끼는 성긴 대나무와 어우러지고	滿院蒼苔映疎竹
가벼운 바람에 때때로 매미 한 마리 우누나	風輕時有一蟬吟

SNP0925(詩-續卷1-119)

민경열²¹⁷의 〈밤에 앉아서〉 시에 차운하다 【갑진년(1544, 중종39, 44세) 7월 1~25일 추정. 서울】

景說夜坐韻

오늘 밤은 이 몸이 마치 강가의 절²¹⁸에 도착한 듯하니

今夜身如到湖寺

옛날부터 성품은 본래 자연을 사랑하였다네   向時性本愛林泉

근심의 뿌리라 삼천 길 머리털 뽑고 싶고²¹⁹   愁根欲拔三千丈

시흥이 일어 백 편으로도 다 쓰기 어려워라²²⁰   騷興難窮一百篇

변새에서 온 기러기 하늘을 맴도니 서리 내릴 철 가까워졌고

塞鴈佇回霜近信

섬돌의 귀뚜라미 재촉하니 이 몸의 나이만 더해지네

砌蛩催送客增年

---

217 민경열 : 【譯注】 민기(閔箕, 1504~1568)로, 자는 경열(景說), 호는 관물재(觀物齋)·호학재(好學齋), 시호는 문경(文景)이다.

218 강가의 절 : 【譯註】 월송암(月松庵)을 이르는 듯하다. 월송암은 동호(東湖)라 불린 동호독서당 동쪽 두모포(豆毛浦)의 남쪽 언덕에 있었다. 중종은 1517년(중종12) 이 암자 서쪽 산기슭에 동호독서당을 세웠다.

219 근심의……싶고 : 【譯注】 근심과 시름 때문에 백발이 무성하다 탄식한 이백(李白)의 심정과 같다는 말이다. 당(唐)나라 이백(李白)의 〈추포가(秋浦歌)〉 17수 중 제15수에 "하얀 머리가 삼천 장, 시름 때문에 이렇듯 길어졌다오.〔白髮三千丈, 緣愁似箇長.〕"라고 하였다. 《李太白集 卷7》

220 시흥이……어려워라 : 【攷證 卷8 騷興…百篇】 당나라 두보(杜甫)의 〈음중팔선가(飮中八仙歌)〉에 "이백은 술 한 말에 시 백 편을 짓고, 장안 저자의 술집에서 잠든다네.〔李白一斗詩百篇, 長安市上酒家眠.〕"라고 하였다.

남루²²¹의 달 함께 볼 사람 없으니　　　　　無人共對南樓月

새벽 산으로 기우는 은하수를 앉아서 보노라　　　坐看星河落曉嶺

221　남루(南樓) :【譯注】진(晉)나라 재상 유량(庾亮)이 일찍이 정서장군(征西將軍)이
되어 호북(湖北) 무창(武昌)에 있을 때 장강(長江) 변에 누각을 세우고 남루라 하였다.
어느 가을밤에 달이 막 떠오르고 천기(天氣)가 아주 쾌청하므로, 유량이 남루에 올라
좌리(佐吏)인 은호(殷浩), 왕호지(王胡之) 등과 함께 시를 읊으며 고상한 풍류를 만끽하
였다. 《世說新語 容止》

임사수²²²의 시에 차운하다 【갑진년(1544, 중종39, 44세) 7월 1~25일 추정. 서울】

次韻士遂

가을이 서쪽 시내에 들자 옥 같은 물소리 들리고	秋入西溪響玉舂
구름 날아가 저녁에 날이 개니 하늘 모습 드러나누나	
	雲飛夕霽露天容
어이 견디랴, 가을 경물이 시 짓느라 시인 수척하게 하는 것을	
	那堪景物供詩瘦
시름겨운 마음 달래려 술을 마시게 하노라	欲遣愁懷到酒濃
태평한 나라 광음은 한가로운 중에 지나가고	化國光陰閒裏度
도산²²³의 서적들은 병들어 읽기 게을러라	道山書籍病來慵
몹시 생각나게 하네, 지난날 평소에	令人苦憶平居日
세상만사 다 잊고 지팡이 하나 짚고 거닐던 때를	萬事忘機只一筇

---

222 임사수 : 【譯注】임형수(林亨秀, 1504~1547)로, 본관은 평택(平澤), 자는 사수 (士遂), 호는 금호(錦湖)이다.

223 도산(道山) : 【譯注】동호독서당을 가리킨다.

검은깨[224]를 보내준 벗[225]에게 부쳐서 답하다 【갑진년(1544, 중종 39. 44세) 7월 25일. 서울】

寄謝友人寄巨勝

오랜 친구 남녘에 있는데	故人在南國
보내온 서신에 검은깨 함께 있어라	書信有巨勝
내가 오랜 병 앓는다는 것을 알고	知我抱沈痾
내 섭생을 위해 보내주었지	爲我養生贈
그대 벼린 칼[226] 같은 재능 있건만	君有發硎刀
명운은 퍽 험난하였네.	時命頗蹭蹬
옛 가야[227]의 지방관으로 나가니	分符古伽倻
백성들이 다 몹시 가난했지	齊民室縣磬
한 고을에 오롯이 은혜를 베푸니	斂惠施一方

---

224 검은깨 : 【攷證 卷8 巨勝】깨 가운데 검은 것을 거승이라 한다. 함곡관 영(函谷關 令)인 윤희(尹喜)와 노자가 검은깨를 먹고, 함께 유사(流沙)로 갔는데 언제 어디서 어떻게 죽었는지 알지 못한다.

225 벗 : 【攷證 卷8 友人】권겸(權瑊)을 말한다. 그의 본관은 안동(安東), 초명은 권적 (權迪), 자는 군영(君瑩)이다.

226 벼린 칼 : 【譯注】늘 새로움을 의미한다. 【攷證 卷8 發硎刀】형(硎)은 숫돌이다. 《장자》〈양생주(養生主)〉에 "포정(庖丁)이 칼 한 자루로 19년에 걸쳐 수천 마리의 소를 잡았는데도 칼질이 워낙 능숙하여 칼날이 마치 숫돌에 막 갈아 놓은 것처럼 말끔했다.〔刀 刃若新發於硎.〕"라고 하였다. 【校解】《고증》에서 '포정이 12마리의 소를 잡았다〔庖丁解 十二牛〕'라고 하였는데, 이는 한(漢)나라 가의(賈誼)의 《신서(新書)》권2 〈제부정(制不 定)〉에서 도우 탄(屠牛坦)의 솜씨를 설명하면서 한 말이다.

227 옛 가야 : 【攷證 卷8 古伽倻】살펴보건대, 응당 김해부(金海府)를 가리킨다.

훌륭한 정사 실로 귀 기울일 만하였지 　　　嘉政實傾聽

하물며 지금 섬 오랑캐 분란을 일으켜 　　　况今島夷釁

남쪽 변경의 일 바야흐로 다급해졌음에랴 　　　南徼事方綆

천성(天城)을 바다 가로질러 쌓으니[228] 　　　天城截海築

이 고을에는 수응할 일 많아라 　　　州府多酬應

적이 독충처럼 공격해올 수도 있으니 　　　蠱蠆脫肆毒

요충지를 경영하는 일이 급박하여라 　　　要衝急緯經

흉중에 《육도》[229]의 책략 있으니 　　　胸中六韜策

적을 이기려면 담이 안정되어야[230] 하지 　　　制勝在膽定

우뚝이 나라의 간성 되어 　　　屹然作干城

백성들 편안히 잠자리에 드니 　　　黎氓著牀瞑

연자루[231]에 달 뜨는 밤 　　　何妨燕子月

때로 얕지 않은 흥 부친들 어떠리[232] 　　　時寄不淺興

---

228 천성(天城)을……쌓으니 : 【攷證 卷8 天城截海築】 살펴보건대, 갑진년(1544, 중종 39) 경상도 웅천현(熊川縣)의 바다 가운데에 가덕진(加德鎭)과 천성진(天城鎭) 등을 설치하였다. 김해는 웅천에 인접해 있다. 《新增東國輿地勝覽 卷32 慶尙道 熊川縣》

229 육도(六韜) : 【譯注】 주(周)나라 태공망(太公望) 여상(呂尙)이 지었다고 하는 병서이다. 〈문도(文韜)〉·〈무도(武韜)〉·〈용도(龍韜)〉·〈호도(虎韜)〉·〈표도(豹韜)〉·〈견도(犬韜)〉 등 6권으로 되어 있다.

230 담이 안정되어야 : 【攷證 卷8 膽定】 삼국 시대 오(吳)나라 주연(朱然)이 전쟁터에서 싸울 때 위급한 일을 만나도 담이 안정을 잃지 않아 이 때문에 남보다 매우 뛰어났다. 《三國志 吳書 朱然傳》

231 연자루 : 【攷證 卷8 燕子】 누대의 이름이다. 김해부(金海府) 호계(虎溪) 가에 있었다.

232 연자루에……어떠리 : 【譯注】 진(晉)나라 유량(庾亮)이 자사(刺史)로 나가 무창(武昌)을 다스릴 적에, 부하들이 달 밝은 밤에 남루(南樓)에서 풍월을 즐기니 누대에 올라 자리를 함께하면서 마음껏 회포를 풀었다. 《世說新語 容止》

돌아보건대 나는 과분한 성은을 입었으니	顧我謬君恩
참으로 재주 없음이 스스로 부끄러워라	自愧誠不佞
독서당은 집이 크고	東觀屋渠渠
태관이 궁중의 음식 가져다주며	太官供飯飣
서가에는 만권의 서책이 꽂혀 있건만	架揷千萬卷
읽으려 해도 어려워 모르겠네	欲讀難聽瑩
작은 반딧불이가 해를 사모하고	幺螢慕太陽
작은 댓가지로 큰 종경 치는 격이라[233]	寸筳撥古磬
이 도 띠 아래로 내려가지 않건마는[234]	此道不下帶
힘이 미약하니 누구와 함께 증명할까나	力微誰與證
구구하게 얕은 마음을 써서	區區用心末
그저 글자만 겨우 고쳐 알 뿐	魚魯互參訂
학문이 거칠어 정신만 피로할 뿐이니	鹵莽適疲神
어찌 오리 다리 이을 수 있으리오[235]	焉能續鳧脛

---

233 작은……격이라 : 【譯注】 식견과 국량이 협소하고 천박하다는 말이다. 춘추 시대에 조양자(趙襄子)가 열국(列國)의 제후들에게 등용되지 못한 공자의 처지를 비웃자, 자로 (子路)가 "천하의 큰 종을 걸어 놓고 작은 막대기로 치면 어찌 소리를 낼 수 있겠는가.〔建 天下之鳴鍾, 而撞之以挺, 豈能發其聲乎哉!〕"라고 하였다. 한나라 동방삭(東方朔)의 〈답 객난(答客難)〉에 "대롱 구멍으로 하늘을 엿보고, 바가지로 바닷물을 재며, 풀줄기로 종을 치는 격이다.〔以筦窺天, 以蠡測海, 以筳撞鍾.〕"라고 하였다. 《文選 卷45》

234 이……않건마는 : 【譯注】 눈앞에 보이는 일상을 말할 때조차 항상 도를 따랐다는 의미이다. 《맹자》〈진심 하(盡心下)〉에 "군자의 말은 눈앞의 일상을 얘기하지만, 거기에 도가 있다.〔君子之言也, 不下帶而道存焉.〕"라고 하였는데, 이에 대한 주희(朱熹)의 주에 "옛사람들은 시선이 허리띠 아래로 내려가지 않았다. 그렇다면 허리띠 위는 바로 눈앞에 서 항상 볼 수 있는 지극히 가까운 곳이다."라고 하였다.

235 어찌……있으리오 : 【譯注】 재능이 부족한데 억지로 뛰어나게 할 수 없다는 뜻이다.

한갓 뛰어난 선비 속에 끼어 있으니	徒然厠諸彦
물고기의 눈이 수레 비추는 구슬[236]과 섞여 있는 듯	魚目混照乘
시간은 도도히 흐르는 물과 같으니	時光水滔滔
지나간 시간은 떨어져 깨진 시루[237]와 같다네	往者如墮甑
변새의 기러기 남쪽에 와서 나니	塞鴈近南翔
그대와 헤어진 지 몇 달[238]인가	離君月幾恆
하염없어라, 나의 그리움이여	悠悠我之思
울울하게 세월만 보내고 있도다	鬱鬱度晨暝
장차 돌아가는 배를 사서 갈 때는	行當買歸舟
고향산 구름 속 길을 찾아가	故山尋雲磴
띳집 속에 은거하여 정양하리니	養眞臥衡茅
그대가 내 집을 찾아주게나	君來問三徑

---

236 수레 비추는 구슬 :【譯注】수레 여러 대를 비출 만큼 광채가 나는 구슬로, 재덕이
뛰어난 사람을 비유한다.【攷證 卷8 照乘】전국 시대 위(魏)나라 혜왕(惠王)이 지닌
지름 1촌의 야광주는 12채의 수레를 비추었다.《史記 田敬仲完世家》

237 떨어져 깨진 시루 :【譯注】되돌릴 수 없는 일이 되었다는 뜻이다. 한(漢)나라의
맹민(孟敏)이 일찍이 태원(太原)에 살 적에 한번은 시루를 메고 가다가 잘못 땅에 떨어뜨
리고는 돌아보지도 않고 가 버리자, 마침 곽태(郭太)가 이를 보고 그냥 가는 이유를
물으니 맹민이 "시루가 이미 깨져 버렸는데 살펴본들 무슨 이익이 있겠는가."라고 하였다.
《後漢書 郭太列傳》

238 몇 달 :【譯注】《시경》〈소아(小雅) 천보(天保)〉에 "초승달처럼, 아침 해처럼, 변함
없는 저 남산처럼, 이지러지지도 않고 무너지지도 않으리.〔如月之恒 如日之升 如南山之
壽, 不騫不崩.〕"라고 하였다.【攷證 卷8 月幾恆】긍(恆)은 초승달이다.

벗의 시에 차운하여 보내온 경열[239]의 시에 화운하다 【갑진년

(1544, 중종39, 44세) 7월 25일~9월 20일 추정. 서울】

和景說 次友人見寄韻

(詩-續卷1-122)

구름이 가을바람에 걷히니 하늘 맑은데	雲斂西風玉宇清
고향 생각에 밤낮으로 귀밑머리 생겨나누나	鄉愁日夜鬢邊生
유여[240]는 스스로 구학을 독차지할 수 있었으니	幼輿自可專丘壑
어찌 성은을 입어 조정에 나아갈 수 있었으랴	何得恩波誤聖明

(詩-續卷1-123)

서재에 종횡으로 서책이 쌓여 있으리니	縱橫散帙擁樓清
시 읊느라 가을 들어 부쩍 수척해졌으리	吟骨秋來覺瘦生
허공을 지나는 기러기 따라 마음 함께 멀어져	鴈過空中心共遠
강가 산에서 눈길을 보내노라	山臨湖上眼雙明

---

239 경열 : 【譯注】민기(閔箕, 1504~1568)로, 자는 경열(景說), 호는 관물재(觀物齋)·호학재(好學齋), 시호는 문경(文景)이다.

240 유여 : 【攷證 卷8 幼輿】사곤(謝鯤)의 자이다. 【校解】진(晉)나라 죽림칠현(竹林七賢)의 한 사람으로 내키는 대로 행동하면서 법도에 구애받지 않았다. 《주역》과 《도덕경》을 특히 좋아하였는데, 벼슬길에 오르라고 하자 병을 핑계로 나아가지 않은 채 탁필(卓畢)·완방(阮放) 등과 어울려 술 마시며 노닐었다. 《晉書 謝鯤列傳》

산에 내린 큰 눈을 읊은 시에 차운하다 【갑진년(1544, 중종39, 44세)

10~12월 추정. 서울】

次韻山中大雪

눈 온 뒤의 진기한 광경 해가 하늘에서 비치니	雪後奇觀日照天
찬란한 기화(琪花)가 어지러이 떨어지는 듯	琪花璀璨落繽然
그대의 맑은 시 -원문 2자 결락- 비록 올해 지은 거지만	
	淸詩□□雖今歲
절경은 지난해와 같은 줄 멀리서도 알겠노라	絶景遙知似去年
적막한 나의 거처 언 폭포 가에 있으니	寂寞寒栖依凍瀑
들쭉날쭉 처량한 골짜기는 언 시내 저편에 있어라	槎牙哀壑阻冰川
절뚝이는 나귀 시 읊느라 어깨 움츠린 나 싣고 가니[241]	
	蹇驢載我吟肩去
무슨 수로 좋은 경치를 혼자서 다 읊으리오	收拾何緣付一鞭

---

241 절뚝이는……가니 : 【譯注】절름발이 나귀는 행색의 초라함을 나타낸다. 당(唐)나라 맹호연(孟浩然)이 설중(雪中)에 다리를 저는 나귀〔蹇驢〕를 타고 패교(灞橋)에 가서 매화를 구경한 일이 있는데, 송(宋)나라 소식(蘇軾)의 〈초상을 그려준 하수재에게 드리다〔贈寫眞何秀才〕〉시에 "또 보지 못했는가, 눈 속에 나귀를 탄 맹호연이 눈썹을 찌푸리고 시를 읊느라 움츠린 어깨가 산처럼 솟은 것을.〔又不見雪中騎驢孟浩然, 皺眉吟詩肩聳山.〕"이라고 하였다.

차운하다 【갑진년(1544, 중종39, 44세) 10~12월 추정. 서울】
次韻

배움은 넓기만 하고 정미하지 못하면 안 되니	學嫌徒博不精微
황곡은 나는 연습하고서야 하늘 높이 나는 법	黃鵠摩天自習飛
묻노니, 일생 동안 오래 길을 헤매는 것이	爲問一生長逆旅
어찌 인택²⁴²으로 일찍 돌아오는 것만 하리오	何如仁宅早來歸

---

242 인택(仁宅) : 【譯注】 인(仁)을 이른다. 《맹자》〈이루 상(離婁上)〉에 "인은 사람의 편안한 집이고〔仁人之安宅也〕, 의는 사람의 바른길이다. 편안한 집을 비워두고 거처하지 않으며 바른길을 버려두고 가지 않으니, 슬프다."라고 하였다.

중종 대왕 만사 【을사년(1545, 인종1, 45세) 윤1월 추정. 서울】
中宗大王挽詞

진 땅의 강에서 용 날아[243] 밝게 하늘에 오르니　　　　晉水龍飛赫御天

중흥의 국운 일으킨 일이 전 시대보다 빛났어라　　　　中興國祚事光前

백성들이 바야흐로 굶주리고 목말라 공(功) 이에 곱절이 되고[244]

　　　　　　　　　　　　　　　　　　　民方飢渴功仍倍

정사는 따뜻한 봄 햇살 같아 백성들이 절로 길러지네

　　　　　　　　　　　　　　　　　　　政譬陽春物自甄

옛것 사모하는 마음 깊어 예와 악 일으키고　　　　慕古意深興禮樂

현자 구하는 마음 간절하여 놀이와 사냥 그만두셨다네

　　　　　　　　　　　　　　　　　　　求賢心切斷遊畋

임금 노릇 쉽지 않은 걸[245] 알아 깊은 골짜기 굽어보는 마음[246]이셨고

　　　　　　　　　　　　　　　　　　　爲君不易如臨谷

---

243 진……날아 : 【譯注】 중종(中宗)의 왕위 등극을 말한다. 진(晉)나라의 고사를 인용한 이유는 중종이 본래 진성대군(晉城大君)이었기 때문이다. 【攷證 卷8 晉水龍飛】 살펴보건대, 진나라 태안(太安) 연간 초기의 동요에 "말 다섯 마리가 물에 떠서 강을 건너오니, 한 마리가 용으로 변하였다.〔五馬浮渡江, 一馬化爲龍.〕"라고 하였으니, 이는 곧 원제(元帝)가 중흥할 조짐이었다. 《晉書 元帝紀》

244 백성들이……되고 : 【譯注】 곤란에 빠진 백성은 도움이 절실하므로 효과도 크다는 말이다. 《맹자》〈공손추 상(公孫丑上)〉에 "굶주린 사람에게는 먹을 것을 마련해주기가 쉽고, 목마른 사람에게는 마실 것을 마련해주기가 쉽다.〔飢者易爲食, 渴者易爲飲.〕"라고 하였다.

245 임금……걸 : 【譯注】 사람들 말에 이르기를 "'임금 노릇하기 어렵고, 신하 노릇하기 쉽지 않다.〔爲君難, 爲臣不易.〕' 하였는데, 만일 임금 노릇이 어려운 줄 안다면

간언 받아들이기 어렵게 여기지 않음은 공 굴리는 거 같았다네[247]

受諫無難若轉圜

효리를 미루어 밝혀 상하에 빛났고　　　　　孝理推明光下上

인재가 고무되어서 물고기와 솔개까지도 감화되었다네[248]

人材鼓舞感魚鳶

백성을 천지처럼 보살펴 주신[249] 데는 다 유감이 없고　生成覆載同無憾

음양을 조화롭게 하는[250] 것은 자연의 이치에 맞았네　舒慘陰陽合自然

대국을 섬김에 정성을 쌓으니 천자의 은혜가 답지하고

事大積誠恩沓至

이 한마디 말로 나라의 흥성을 기대할 수 있지 않겠는가."라고 하였다.《論語 子路》

246 깊은……마음 :【譯注】두려워하고 조심하는 태도를 이른다.《시경》〈소아(小雅)소완(小宛)〉에 "두려워하여 조심함은 깊은 골짜기 굽어보듯, 전전긍긍함은 얇은 얼음밟는 듯.〔惴惴小心 如臨于谷. 戰戰兢兢, 如履薄冰.〕"이라고 하였다.

247 공……같았다네 :【譯注】《한서(漢書)》〈매복전(梅福傳)〉에 "한 고조(漢高祖)가좋은 말을 받아들일 때는 미치지 못하듯이 하였고, 간언을 받아들일 때는 전환(轉圜)하듯이 하였다."라고 했는데, 그 주(注)에 "전환은 순순히 따른다는 뜻이다."라고 하였다.

248 인재가……감화되었다네 :【譯注】여기서는 중종의 성덕이 미물에까지 이름을 말하는데, 본래는 문왕(文王)의 덕을 찬미한 것이다.《시경》〈대아(大雅) 한록(旱麓)〉에"솔개는 날아 하늘에 이르고, 고기는 못에서 뛰어오르네. 화락한 군자여, 어찌 사람을진작하지 않으리오.〔鳶飛於天, 魚躍于淵. 愷悌君子, 遐不作人?〕"라고 하였다.

249 백성을……주신 :【譯注】하늘이 위에서 덮어 주고 땅이 아래에서 실어준다는 것으로, 천지가 만물을 생성(生成)하게 해준다는 의미이다.

250 음양을 조화롭게 하는 :【譯注】음양을 조화롭게 다스려 화기(和氣)를 끌어내어상서로운 일이 생기게 하고 천재와 이변이 일어나지 않도록 하는 것으로, 음양을 조화롭게 함은 나라를 다스림을 말한다.《서경》〈주서(周書) 주관(周官)〉에 "도를 논하고 나라를 경륜하며, 음양을 조화하여 다스린다.〔論道經邦, 燮理陰陽.〕"라고 하였다. 한(漢)나라 장형(張衡)의 〈서경부(西京賦)〉에 "대저 사람은 양(陽)의 때에는 서(舒)하고, 음(陰)의 때에는 참(慘)한다."라고 하였다.

오랑캐를 품어 덕을 닦으니 화친의 사절이 다투어 왔네

懷夷修德款爭先

동해의 파도 잔잔한 지 서른여섯 해 지났고[251]　　波安東海經三紀

〈남풍〉에 성난 마음 푸는 것은 오현금에 속하네[252]　惱解南風屬五絃

성수는 산가지 집안에 가득하듯[253] 보태지리라 생각했는데

聖壽擬添籌滿屋

국사에 근심하느라 도리어 꿈속에 늘어난 나이[254] 줄었어라

宸憂還減夢增年

단약이 헌정(軒鼎)[255]에서 이루어지자 배가 골짜기에서 옮겨가고[256]

丹成軒鼎舟移壑

---

251 동해의……지났고 :【譯注】기(紀)는 해를 헤아리는 단위로 12년을 1기라 한다. 3기, 36년은 중종의 재위 기간 39년을 어림잡아 말한 것이고, 동해의 물결 편안해졌다는 것은 중종 재위 중 왜구의 소요가 없었던 걸 말한다.

252 남풍에……속하네 :【譯注】남풍은 옛날 순 임금이 오현금(五絃琴)을 만든 다음 지어 불렀다는 〈남풍가(南風歌)〉를 말하고, 오현은 오현금을 이른다. 남풍의 가사는 치국부민(治國富民)을 기원하는 내용인데 "훈훈한 남쪽 바람이여, 우리 백성의 노여움을 풀 만하네. 제때 부는 남쪽 바람이여, 우리 백성의 살림살이 불릴 만하네.〔南風之薰兮, 可以解吾民之慍兮. 南風之時兮, 可以阜吾民之財兮.〕"라고 하였다. 《禮記集說 卷94》 《孔子家語 卷8 辯樂解》

253 산가지 집안에 가득하듯 :【譯注】오랜 시간이 더해진다는 뜻이다.【攷證 卷8 籌滿屋】세 노인이 만나서 서로의 나이를 물었다. 한 노인이 말하였다. "바닷물이 뽕나무로 변할 때면 내 문득 그때마다 산가지를 하나씩 집에 두었는데, 내 산가지가 이미 열 칸이나 되는 집안을 가득 채웠어.〔吾輒下一籌, 已滿十屋矣.〕"라고 말하였다. 《東坡志林 異事 上》

254 꿈속에서 늘어난 나이 :【攷證 卷8 夢增年】주(周)나라 문왕(文王)이 무왕(武王)에게 "네가 무슨 꿈을 꾸었느냐?"라고 묻자, 무왕이 "꿈에 상제께서 제게 아홉 개의 이를 주셨습니다.〔夢帝與我九齡〕"라고 대답하였다. …… 이에 문왕은 "아니다. 옛날에는 나이를 '영(齡)'이라 하였고 '치(齒)'도 '영'이다. 내 수명은 100세이고, 네 수명은 90세이니,

명협(蓂莢)이 요임금의 섬돌에 떨어지자 해가 서쪽에 진다[257]

蓂落堯階日捬淵

백관들 칠석날 비 같은 눈물[258] 흘리며 통곡하고　　　　慟哭臣工同淚雨

백성들 온 마음[259] 다하여 슬피 우누나　　　　　　　　悲號士女盡情田

어가는 돌아올 길 없으니 구름에 겹겹으로 막혀있고　　無緣返駕雲重隔

내가 네게 3년의 수명을 주겠다." 하였다. 《禮記 文王世子》

255 헌정(軒鼎) : 【譯注】 여기서는 황제(黃帝) 헌원(軒轅)이 주조하였다는 세 발 솥을 가리키는데, 임금의 승하를 상징하는 말로도 쓰인다. 황제가 형산(荊山) 아래에서 솥〔鼎〕을 주조하여 완성하자 하늘에서 용이 내려와 황제를 태우고 승천하였는데, 이때 신하와 후궁 70여 명이 용을 타고 함께 하늘로 올라가고, 나머지 사람들은 용의 수염을 잡으니 수염이 뽑혀 떨어지면서 황제의 활과 검(劍)이 함께 떨어졌다. 이에 남은 백성들은 그 활과 검을 끌어안고 우러러 하늘을 바라보았다. 《史記 封禪書》

256 배가 골짜기에서 옮겨가고 : 【譯注】 장수하리라 믿던 중종이 덧없이 죽은 것을 말한 것이다. 《장자》〈대종사(大宗師)〉에 "골짜기에 배를 숨기고 그 산을 다시 못 속에 숨기고서 안전하다고 여긴다. 그러나 밤중에 힘센 자가 지고 달아나는데도 어두운 사람은 알지 못한다.〔夫藏舟於壑, 藏山於澤, 謂之固矣, 然而夜半有力者, 負之而走, 昧者不知也.〕"라고 하였다.

257 명협(蓂莢)이……진다 : 【譯注】 중종의 죽음을 말한다. 명협(蓂莢)은 요 임금 때 조정의 뜰에 난 서초(瑞草)의 이름인데, 달마다 초하룻날부터 매일 한 잎씩 나서 자라고, 16일째부터는 그믐까지 매일 한 잎씩 떨어졌으므로, 이것으로 날을 계산하여 달력으로 삼았다. 《竹書紀年 卷上 帝堯陶唐氏》

258 칠석날……눈물 : 【攷證 卷8 淚雨】 7월 7일에 내리는 비를 쇄루우(灑淚雨)라고 한다. 《荊楚歲時記》【校解】 7월 7일 칠석(七夕)날 내리는 비를 쇄루우라고 한 《고증》의 설명은 오류인 듯하다. 남조(南朝) 양(梁)나라 송름(宋懍)의 《형초세시기》에 따르면, 칠석날 내리는 비를 세거우(洗車雨), 칠석 하루 전 내리는 비를 쇄루우라고 한다. 쇄루우는 견우(牽牛)와 직녀(織女)가 서로를 그리워하여 흘리는 눈물이고, 세거우는 견우와 직녀가 만나기 위해 타고 가는 수레를 씻은 물이라고 한다.

259 마음 : 【攷證 卷8 情田】《예기》〈예운(禮運)〉에 "성왕은 사람이 유념해야 할 의리와 따라야 할 예법을 강명(講明)하여 인정으로 다스렸다. 그러므로 인정은 성왕의 전답이다.〔人情者, 聖王之田也.〕"라고 하였다.

이미 인산(因山)에 가까우니 다섯 달이 지났어라　　　已迫因山月五弦

천 명의 의장행렬 성을 나서 궁궐을 비우고　　　千仗出城虛紫禁

백령(百靈)이 뒤따라 호위하여 황천까지 보내드리네　百靈陪衛送黃泉

어찌 금경(金莖)[260]의 장생하는 비결 있으리오　　金莖詎有長生訣

유명을 전하던 옥궤는 아직도 남았어라[261]　　　玉几猶存末命傳

무덤에 상(象)을 설치하니 기러기나 바다[262] 아니요　象設園陵非鴈海

종묘사직에 끼친 계책은 건곤과 같이 커라　　　貽謨宗社等坤乾

훗날 경횡(庚橫)의 조짐[263] 몹시 생각날 터이니　他時苦憶庚橫兆

후세에 〈석고편〉[264]을 깊이 의지하리라　　　後世深憑石鼓篇

---

260 금경(金莖) :【譯注】한 무제(漢武帝)가 신선 세계의 감로(甘露)를 받기 위해 20개의 기둥 위에 승로반(承露盤)을 놓았다. 구리 기둥〔銅柱〕과 쇠기둥〔金莖〕은 승로반의 받침 기둥이다.《史記 孝武本紀》

261 유명을……남았어라 :【譯注】《서경》〈고명(顧命)〉에 "위대한 임금님께서 옥궤에 기대어 말명(末命)을 말씀하시어, 너에게 명하노니 문왕 무왕의 교훈을 잇도록 하라.〔皇后憑玉几, 道揚末命, 命汝嗣訓.〕"라고 하였다.

262 기러기나 바다 :【攷證 卷8 雁海】남조(南朝)시대 양(梁)나라 하손(何遜)의 〈길을 가다가 손씨의 묘소를 지나다〔行經孫氏陵〕〉시에 "은해에는 결국 물결이 일지 않고, 금부는 응당 날지 못하지.〔銀海終無浪, 金鳧會不飛.〕"라고 하였는데, 그 주석에 "진 시황(秦始皇)의 무덤에는 수은으로 바다를 만들고 황금으로 오리와 기러기를 만들어 넣었다.〔水銀爲海, 金爲鳧雁.〕"라고 하였다.

263 경횡(庚橫)의 조짐 :【譯注】중종이 반정으로 왕위에 오른 것을 말한다. 한 문제(漢文帝)가 대왕(代王)으로 있다가 대신(大臣)들에게 황제로 추대될 적에 거북점을 쳤는데, '크게 가로놓은 무늬〔大橫庚庚〕'를 보고 자신이 천자가 될 조짐이라고 말하였다.《史記 孝文本紀》

264 석고편 :【譯注】여기서는 중종에 관한 기록들을 이른다.【攷證 卷8 石鼓】석고는 주나라 선왕(宣王)이 사냥한 일을 새겨 놓은 돌로, 태사(太史) 주(籒)가 글씨를 썼다.【校解】북 모양의 돌을 처음에는 기양현(岐陽縣)에 세웠는데, 당(唐)나라 때 정여경(鄭餘慶)이 섬서성(陝西省) 진창산(陳倉山)에 흩어져 있던 석고를 봉상현(鳳翔縣)의 공자

선정전에서 어좌를 모시던 일 막 그치자　　　　握座纔停宣政侍

단심으로 〈해가편〉265 읊는 것을 견딜 수 없어라　　葵心叵耐薤歌編

백발의 몸으로 이 만사를 슬피 읊조리니　　　　哀吟一曲頭渾雪

춘산에 피를 토하는 두견새 울음에 화답하고자 하네 欲和春山口血鵑

<hr />

묘(孔子廟)로 옮겼다. 당(唐)나라 한유(韓愈)가 이 사실을 읊은 〈석고가(石鼓歌)〉가
있다.

265 해가편 :【攷證 卷8 䕫】'해'는 훈채(葷菜)의 한 종류로, '薤'라고 쓰기도 하며, 독음
은 해(亥)이다.【校解】해가(薤歌)는 해로가(薤露歌)로, 만사를 이른다. 진(晉) 나라
최표(崔豹)의 《고금주(古今註)》에 "해로(薤露)와 호리(蒿里)는 모두 초상 때 부르는
노래로, 전횡(田橫)의 문인(門人)에게서 나왔다. 전횡이 자살하자 문인들이 상심하여
비가(悲歌)를 지었으니, 그 내용은 사람의 목숨은 염교[薤]에 맺힌 이슬처럼 덧없고
사람이 죽으면 혼백이 호리산(蒿里山), 즉 묘지로 돌아간다." 하였다.

달빛 아래 북쪽 동산의 꽃나무 아래에서 산보하면서 비
선²⁶⁶이 지은 시의 운자를 사용하여 시를 지어 남경림²⁶⁷에
게 부쳐 병중에 애오라지 마음을 달래다【을사년(1545, 인종1, 45
세) 3월 추정. 서울】

月下散步北園花樹下 用肥仙韻 寄南景霖 病中聊以遣懷

이때 남경림은 나아가는 것을 보류하고 있었다.

흐릿한 안개 속 버들가지는 축축 드리워졌고	柳條烟暝不勝垂
골목 안엔 수레와 말발굽 소리 드물게 들리누나	街裏稀聞響轂蹄
나 그윽한 매화 향기 좇아 나무 아래로 왔는데	我逐暗香來樹下
그대는 밝은 달 읊으며 담 너머 서편에 있겠지	君吟明月隔墻西
병중에 시는 안타깝게도 잘 지어지지 않고	病中詩律嗟成障
나와 상관없는 벼슬은 흙덩이 같은 줄 알아라	身外榮名覺似泥
늘 생각하노니 농가에 봄이 저물려 할 때에	每憶田家春欲暮
청산백수에 제방이 둘러져 있는 것을	青山白水繞陂隄

---

266 비선 :【攷證 卷8 肥仙】비선은 송(宋)나라 고자돈(顧子敦)으로, 비만증을 앓고
있었기 때문에 사람들이 비선이라 불렀다.【校解】비선을 고자돈이라고 한《고증》의
설명은 오류인 듯하다. 고자돈(顧子敦 고림(顧臨))의 시 가운데 이황의 이 시와 같은
운자를 쓴 시가 없다. 비선은 송나라 문인 장뢰(張耒)로, 그의 〈주염언의 시에 화답하다
〔和周廉彦〕〉가 이 시와 운자가 같다.

267 남경림 :【譯注】남응룡(南應龍, 1514~1555)으로, 본관은 의령(宜寧), 자는 경림
(景霖), 호는 이요당(二樂堂)이다.

다시 앞 시²⁶⁸의 운자를 사용하여 시를 지어 요산재 주인²⁶⁹ 에게 답하다 【을사년(1545, 인종1, 45세) 3월 추정. 서울】

再用前韻 答樂山齋主人

-원문 2자 결락- 좋은 절기에 슬픔만 더할 뿐	□□佳節但增悲
바람에 날리는 꽃을 누가 말발굽 아래로 들였는가²⁷⁰	誰遣風花人馬蹄
온 뜰은 절로 향세계²⁷¹로 둘러싸여 있고	一院自籠香世界
삼춘에 옥동서²⁷²를 전혀 들지 않는다네	三春都閣玉東西

---

268 앞 시 : 【譯注】 바로 앞에 실린 〈달빛 아래 북쪽 동산의 꽃나무 아래에서 산보하면서 비선이 지은 시의 운자를 사용하여 시를 지어 남경림에게 부쳐 병중에 애오라지 마음을 달래다〉 시를 말한다.

269 요산재 주인 : 【譯注】 남응룡(南應龍, 1514~1555)이다. 요산이라는 서재 이름은 《논어》의 '인자요산, 지자요수(仁者樂山, 知者樂水)'에서 가져온 것이다. 그의 호는 이요 당(二樂堂)이다.

270 바람에……들였는가 : 【攷證 卷8 風花人馬蹄】'人' 자는 아마도 '入' 자일 듯하다. 살펴보건대, 《정본 퇴계전서》권3 〈병으로 영천 공관에 머물며 이굉중에게 답하다[榮川 公館病留答李宏仲]〉 시의 원주에서 인용한 당(唐)나라 시인의 시 두 구절, "내일 눈보라 속에 길 떠나려 하는데, 먼저 시를 부쳐올 줄 누가 알았으랴?[明日馬蹄風雪裏, 知誰先有 寄來詩?]"라는 구절이 이 대목의 출처인 듯하다.

271 향세계 : 【攷證 卷8 香世界】 송(宋)나라 양만리(楊萬里)의 〈응로당의 목서[凝露堂 木犀]〉 시 2수 중 제2수에 "몸은 광한궁의 향기로운 세계에 있었는데, 깨어보니 주렴 바깥의 목서에 바람이 이네.[身在光寒香世界, 覺來簾外木犀風.]"라고 하였다.

272 옥동서 : 【譯注】 술잔 이름이다. 한(漢)나라 고조(高祖)가 태상황(太上皇)을 위해 옥잔으로 축수하였는데, 술잔이 가로로 길쭉하여 후대 사람들이 옥동서라고 하였다. 《考古圖》【攷證 卷8 玉西東】 송나라 황정견(黃庭堅)의 〈길로가 지은 짧은 시 10수에 차운하다[次韻吉老十小詩]〉 시 10수 중 제6수에 "미인은 남북으로 헤어졌고, 미주는 옥동서에 따르도다.[佳人斗南北, 美酒玉東西.]"라고 하였는데, 사용(史容)의 주석에 "옥

나는 벌은 기둥 틈에 한가로이 벌집 지어 꿀 떨어지고

遊蜂柱隙間成溜

새로 날아온 제비는 침상 머리에 짐짓 진흙을 떨어뜨리네

新燕牀頭故落泥

그야말로 유마거사의 방장실[273]과 같으니　　　　正似維摩方丈室

파도 금제[274]의 오두막을 더는 허물지 못하리[275]　波濤無復壞金隄

동서는 술잔 이름이다."라고 하였다. 【校解】원문은 '옥동서'인데 《고증》에 '옥서동'으로
되어 있다.

273 유마거사의 방장실 : 【攷證 卷8 維摩方丈室】당나라 왕현책(王玄策)이 인도에 사
신 갔을 적에 유마거사(維摩居士)의 석실(石室)이 있으므로 수판으로 가로와 세로를
쟀더니 10홀(笏)이 되었다. 이에 그 석실을 방장실이라 이름하였다. 《古今事文類聚 前集
卷35》

274 금제 : 【攷證 卷8 金隄】한나라 왕존(王尊)이 동군(東郡) 태수일 적에 하수(河水)
가 범람하여 호자(瓠子)와 금제까지 물이 넘쳤다. 왕존이 흰 말을 강에 던져넣고 신에게
제사를 지내면서 자기의 몸으로 금제를 채울 것을 청하고는 제방 곁에 오두막을 짓고
머물자, 이윽고 물이 조금씩 빠졌다. 《漢書 王尊傳》

275 그야말로……못하리 : 【譯注】거처는 유마거사의 방장실처럼 작고 허름하지만, 세
파가 침범하지 못하리라는 말이다.

송규암[276] 선생에게 부쳐 드리다 을사년(1545, 인종1, 45세)

【10~12월 추정. 서울】

寄呈圭庵宋先生 乙巳

규암이 옛날 도성의 풍진 속에 있을 때	圭庵昔在風塵中
소쇄하여 풍진 속의 모습이 아니었지	蕭灑不作風塵容
이제 청성[277]으로 돌아가 농사일 배운다니	今歸淸城學耕稼
청성은 -원문 2자 결락- 막고야[278]의 선경 같아라	淸城□□如姑射
어찌 세상 영욕을 마음속으로 생각하리오	肯將榮辱入靈臺
단사와 표음으로 안회를 본받누나[279]	一簞一瓢師顏回
내 들건대 천하에 지극한 즐거움 있으니	吾聞天下有至樂
금·석·사·죽 갖은 음악 모두 아니어라	非金非石非絲竹
함께 공부하던 사람 나를 떠나 멀리 있으니	同志之人與我違
홀로 서책을 보면서 시비를 잊노라	獨抱塵編荒是非

---

276 송규암 : 【譯注】송인수(宋麟壽, 1499~1547)로, 본관은 은진(恩津), 자는 미수(眉叟)·태수(台叟), 호는 규암(圭菴)이다.

277 청성 : 【攷證 卷8 淸城】청주이다.

278 막고야 : 【譯注】《장자》〈소요유(逍遙遊)〉에 "막고야산(藐姑射山)에 신인(神人)이 사는데 살결은 빙설과 같고[肌膚若冰雪] 오곡을 먹지 않으며 바람을 호흡하고 이슬을 마신다."라고 하였다.

279 단사와……본받누나 : 【譯注】공자가 안회(顏回)에 대하여 "한 그릇의 밥과 한 표주박의 물[一簞食一瓢飮]로, 누추한 시골에 있는 것을 딴 사람들은 그 근심을 견뎌 내지 못하는데, 안회는 그 즐거움이 변치 않으니, 어질다, 안회여."라고 하였다.《論語 雍也》

SNP0935(詩-續卷1-130)

성절사가 되어 연경으로 조회 가는 동지중추부사 형님[280] 을 삼가 보내다 【을사년(1545, 인종1, 45세) 4월 22일 추정. 서울】

奉送同知兄聖節使朝京

동방의 사신이 빛나는 사절 행차 거느리고	東方使節擁煒煌
오색구름 아래 북궐 그 황제의 도성으로 조회 가시니	五雲北闕朝帝鄉
수천 리 멀리 아득히 보이는 황제의 도성	帝鄉遙望幾千里
물길에서 풍찬노숙이 걱정입니다	風餐露宿愁關梁
황제의 조정에서 황제의 생신 축하할 때	玉皇大庭賀聖節
예복 입은 만국의 사신들과 함께 추창하겠지요	衣冠萬國同趨蹌
상호의 큰 뜻을 대략이나마 펼 수 있으니	桑弧壯志粗可酬
어찌 이별한다고 눈물을 흘리겠습니까	何用臨歧涕泗滂
생각건대 우리 집은 유서 깊은 선성[281]에 있는데	憶我家在古宣城
어려서 부친 여의고 가세가 기울었습니다	少小失怙門祚涼
엄한 가르침은 모친이 짜던 베 자른 것[282]과 같고	教嚴慈母斷織機
감동적인 훈계는 숙부가 향낭 태운 것[283]과 같았지요	誨感叔父焚香囊

---

280 성절사가……형님 : 【譯注】 이황의 넷째 형님 이해(李瀣)는 1545년(인종1) 윤1월 동지중추부사가 되고 5월 성절사(聖節使)로 중국에 가서 8월 10일 명(明)나라 세종(世宗)의 생일을 축하하였다. 귀국하던 중 9월에 북경 외곽의 통주(通州)에서 수행하던 맏아들 이복(李宓)이 세상을 떠나고 10월에 복명하였다. 《溫溪先生逸稿年譜》

281 선성(宣城) : 【譯注】 경북 예안(禮安)의 옛 이름이다.

282 모친이……것 : 【譯注】 이황의 모친이 엄하게 자식들을 가르쳤다는 뜻이다. 【攷證 卷8 慈母斷織機】 맹자가 공부하다가 중도에 돌아오자, 그 모친이 칼로 짜던 베를 자르고는 "네가 배움을 그만두는 것은 내가 베를 자르는 것과 같다."라고 하였다. 《列女傳 鄒孟軻母》

힘들게 일해도 모친 봉양할 작은 녹봉 필요했으니	辛勤尚須微祿養
소과(小科)에 우리 형제 나란히 합격했는데[284]	翰墨場中聯鴈行
못난 이 아우[285]는 느닷없이 병에 걸려	阿奴碌碌遽嬰疾
중도에 과거 공부 접고 깊이 숨으려 했습니다	中道輟業思深藏
노둔한 저를 이끌고 격려해주신 형님 덕분에	賴兄湔拔策駑蹇
벼슬길에서 형님 이어 입신양명 기약했건만	接武靑雲期立揚
어찌 알았겠습니까, 삼부와 오정[286] 받아	豈知三釜與五鼎
국은으로 모친의 은혜 미처 갚지 못할 줄[287]을	國恩不曁慈恩償

---

283 숙부가……것 :【譯注】이황의 숙부 이우(李堣)가 이황 형제들을 자상하게 훈계했다는 뜻이다.【攷證 卷8 叔父焚香囊】진(晉)나라 사현(謝玄)은 어릴 때 자줏빛 비단으로 만든 향주머니를 차기를 좋아했는데, 숙부인 사안(謝安)이 이를 걱정했으나 그의 마음을 아프게 하지 않으려고 장난삼아 내기하자고 해서 그것을 취하여 태워버렸다.《世說新語 假譎》

284 소과(小科)에……합격했는데 :【譯注】이해는 1525년(중종20) 봄 소과에 합격하고, 이황은 1528년 소과 회시에 합격하였다.《溫溪先生逸稿年譜》《退溪先生年譜 卷1》

285 못난 이 아우 :【攷證 卷8 阿奴】진(晉)나라 주의(周顗)의 모친인 낙수(絡秀)가 세 아들에게 "너희들이 모두 고관대작이 되어 내 눈앞에 늘어서 있으니 내가 더 이상 무엇을 걱정하겠느냐."라고 하니, 둘째 아들 주숭(周嵩)이 "백인(伯仁) 형님은 남의 약점 이용하기를 좋아하고 저는 성질이 강경하고 곧으니 모두 틀림없이 세상에 용납되지 못할 것입니다. 오직 아노는 보잘것없으니〔阿奴碌碌〕의당 어머니 눈앞에 있을 것입니다."라고 하였다. 아노는 셋째 아들 주모(周謨)의 어릴 때 이름이다.《晉書 周顗母李氏列傳》【校解】'아노'는 신분이 높은 사람이 낮은 사람에게, 연장자가 연소자에게 친근하게 부르는 호칭이기도 하다.

286 삼부와 오정 :【譯注】벼슬하여 받는 많고 적은 녹봉을 이른다. '삼부(三釜)'는 매우 적은 녹봉으로, 부(釜)는 6두(斗) 4승(升)이다. '오정(五鼎)'은 고대에 대부(大夫)가 제례(祭禮) 때 양·돼지·저민 고기·생선·포를 나누어 담던 다섯 개의 솥으로, 고관대작의 성찬을 뜻한다.

287 국은으로……줄 :【譯注】이황의 모친이 1537년(중종32) 10월 세상을 떠난 것을 이른다.

중유가 부미의 슬픔 속절없이 품은 것[288]과 같고	仲由空懷負米痛
고어가 풍수지탄 그치지 않은 것[289]과 같았지요	皐魚不盡風木傷
지난해에 함께 성묘할 수 없었는데	去年不得同上壟
올해에 또 마음먹었던 일 실천하지 못했습니다	今年心事又乖張
정호에서 활을 안고 한창 통곡하는 중[290]에	抱弓方在哭鼎湖
은하수 건널 뗏목이 이미 준비되었습니다[291]	乘槎已戒超銀潢
본래 공의가 사적인 집안일보다 우선이니	由來公義奪家私
우로에 두려워하고 풍상에 처연해지네요[292]	怵惕雨露凄風霜

288 중유가……것 :【譯注】어버이가 살아 계실 때 녹봉으로 봉양하지 못하여 슬프다는 뜻이다. '중유(仲由)'는 춘추 시대 자로(子路)로, 그가 양친을 봉양할 때 항상 명아주와 콩만 먹으면서 부모를 위해 100리 밖에서 쌀을 져 오곤 했는데〔爲親負米百里之外〕, 양친 사후에는 초나라의 고관대작이 되어 부유해졌으나 양친을 위해 쌀을 져 오고 싶어도 더 이상 할 수 없었다. 《孔子家語 致思》

289 고어가……것 :【譯注】어버이가 세상을 떠나 더 이상 봉양할 수 없어 슬프다는 뜻이다. 춘추 시대 공자가 길을 가는데 고어(皐魚)라는 사람이 슬피 울고 있자 그 까닭을 물었더니, 그는 "나무는 가만히 있고자 하여도 바람이 그치지 않고, 자식은 봉양하고 싶어도 어버이가 기다려 주지 않는다.〔樹欲靜而風不止, 子欲養而親不待.〕"라고 하고는 울다가 말라 죽었다. 《韓詩外傳 卷9》

290 정호에서……중 :【譯注】임금이 승하하여 애통해한다는 뜻으로, 여기서는 중종(中宗)이 1544년(중종39) 11월 15일 세상을 떠난 것을 이른다. 황제(黃帝)가 정호(鼎湖)에서 솥에 단약(丹藥)을 구워 먹고 신선이 되어 하늘로 올라가자, 신하들이 그 관(棺)을 열어보니 황제의 시신은 없고 군주가 쓰던 활과 칼만 남아 있었으므로 이것을 안고 울었다. 《史記 封禪書》

291 은하수……준비되었습니다 :【譯注】중국으로 사신 갈 행차가 준비되었다는 뜻이다. 한(漢)나라 장건(張騫)이 무제(武帝)의 명을 받들어 황하의 근원을 찾기 위해 배를 타고 가다가 은하수 위로 올라가 하늘 궁궐을 구경하였다. 《天中記 卷2》

292 우로에……처연해지네요 :【譯注】성묘하지 못하여 슬프다는 뜻이다. 《예기》〈제의(祭義)〉에 "가을에 서리와 이슬이 내리거든 군자가 그것을 밟아보고 반드시 슬픈 마음이 생기니, 이는 날이 추워져서 그런 것이 아니다. 또 봄에 비와 이슬이 내려 땅이 축축해지

욕되게 하지 않음²⁹³ 밤낮으로 유념해야만 하니	夙夜惟當念無忝

욕되게 하지 않음²⁹³ 밤낮으로 유념해야만 하니　　夙夜惟當念無忝

어찌 현로를 꺼려 쉴 겨를 없다고 생각하겠습니까　　賢勞肯憚懷靡遑

지금 사왕²⁹⁴께서 어질고 효성스러우시니　　當今嗣王仁且孝

천자께서 조칙으로 곤룡포를 하사하시겠지요　　自天鳳詔頒龍章

제후의 법도 경건히 닦아 예법에 어긋남 없으니　　虔修侯度禮無違

태평성대의 해와 달 환히 거듭 빛납니다²⁹⁵　　太平日月昭重光

우리 임금님의 성의는 사신이 받들어 가는 바이고　　吾君誠意使所將

많은 예의 표현한 예물은 현황의 폐백입니다　　多儀及物玄與黃

예로부터 중화인은 우리나라 중시해왔는데　　自昔華人重我國

지금은 오랑캐 다루듯 우리를 속박하니　　如今束縛同胡羌

이익을 도모하고 자신을 하찮게 여겨　　秖緣規利不自貴

본인과 국가 모욕하며 창피함을 달게 여겼기 때문이지요²⁹⁶

　　　　　　　　　　　　　　　　　　　　　戕身辱國甘披猖

거든 군자가 그것을 밟아보고 반드시 섬뜩하게 두려운 마음이 생겨 마치 죽은 부모를 곧 만날 것 같은 생각이 들게 된다.〔霜露旣降, 君子履之, 必有悽愴之心, 非其寒之謂也. 春雨露旣濡, 君子履之, 必有怵惕之心, 如將見之.〕”라고 하였다.

293 욕되게 하지 않음 :【譯注】조상이나 부모를 욕되게 하지 않는다는 뜻인데, 여기서는 국가를 욕되게 하지 않는다는 뜻이다. 《시경》〈소아(小雅) 소완(小宛)〉에 “일찍 일어나고 밤늦게 자면서, 너를 낳아주신 분들을 욕되게 하지 말라.〔夙興夜寐, 無忝爾所生.〕”라고 하고, 《서경》〈주서(周書) 군아(君牙)〉에 “그대의 조고가 옛날에 하던 일을 이어, 조고를 욕되게 하지 말라.〔纘乃舊服, 無忝祖考.〕”라고 하였다.

294 사왕(嗣王) :【譯注】중종의 뒤를 이어 등극한 인종(仁宗)을 이른다.

295 태평성대의……빛납니다 :【譯注】여러 세대의 훌륭한 덕이 이어져 태평성대를 이루고 있다는 뜻이다.

296 이익을……때문이지요 :【譯注】연경(燕京)에 가는 통사(通使)들이 많은 은을 가지고 가서 마음대로 무역하는데, 사신들은 그 사실을 알면서도 제대로 규찰하지 못하여

그 사이에 어찌 계자[297] 같은 현자 없었겠습니까마는　其間豈無季子賢
결국 탁한 황하로 맑은 장수 흐리게 한 꼴[298] 되었으니

遂以濁河溷淸漳

사나이 큰 절개 스스로 변치 않고　　　　　　男兒大節自不撓
쥐새끼 같은 간신배들 준엄히 막아야 합니다　鼠輩微奸須峻防
복[299]이는 우뚝 두각을 나타내고 있으니　　　宓也嶄然出頭角
의지와 기개 다지려면 간난신고 맛봐야 하고　要堅志氣艱難嘗
신씨 생질[300]의 기예도 볼 만하며　　　　　辛甥小道亦可觀
박 서방[301]의 뛰어난 활 솜씨는 버들잎 꿰뚫지요　朴郎絶藝誇穿楊
떠나실 땐 붉은 햇빛이 여름 하늘에 퍼지는데　去時朱光遍炎宇
돌아오실 땐 하얀 눈이 행장을 덮겠지요　　　歸來白雪欺行裝
신의 도움 받으면 한서의 피해 없을 거고　　　將神莫受寒暑侵

더욱 거리낌이 없어 폐단이 쌓인다고 대간(臺諫)들이 논핵하면서 성절사(聖節使) 윤원형(尹元衡)과 서장관(書狀官) 민전(閔荃), 천추사(千秋使) 김만균(金萬鈞)·원혼(元混)과 서장관 이홍남(李洪男), 통사 박장련(朴長連) 등을 엄히 문책하라고 요청하였다. 《中宗實錄 39년 2月 12·13·14·17·21·22·23日, 3月 1·14日》

297 계자(季子) : 【譯注】 춘추 시대 오나라 임금 수몽(壽夢)의 넷째 아들 계찰(季札)로, 왕위를 전해 주려 해도 받지 않고 연릉(延陵)에 봉해진 뒤 여러 나라를 다니면서 현자들과 교유하였다. 《史記 吳太伯世家》

298 탁한……꼴 : 【譯注】 황하의 지류인 장수(漳水)는 본래 맑은데, 황하의 물이 유입되어 흐려지는 것처럼 훌륭한 신하가 간신배에게 물들었다는 뜻이다.

299 복 : 【譯注】 이황의 넷째 형님인 이해의 맏아들 이복(李宓)이다.

300 신씨 생질 : 【譯注】 이황의 누님이 신담(辛耼)에게 시집가서 낳은 아들 신홍조(辛弘祚)로, 그는 본관이 영월(寧越), 자가 이경(而慶), 호가 이계(伊溪)·고촌(高邨)이다.

301 박 서방 : 【攷證 卷8 朴郎】 박세현(朴世賢, 1521~1594)이다. 【校解】 박세현은 이황의 다섯째 형님 이징(李澄)의 둘째 사위로, 자가 공보(公輔)이고, 무과에 급제하여 병사(兵使)를 역임하였다.

고적 답사하면 울적한 심사 더욱 솟을 겁니다	訪古益發磊磈腸
아 구구한 저는 아무 쓸모 없으니	嗟我區區百無用
인생살이 늘 양병방[302]에 있는 셈이지요	生涯長付養病坊
송별연의 한 편 시로는 마음 다하지 못하니	離筵一篇意不盡
떨쳐 일어나 함께 가지 못하는 게 한스럽습니다	恨未決起參翶翔

-지난해(1544, 중종39) 가을 우리 형제는 동시에 휴가를 받아 예안(禮安)에 가서 성묘하려 하였는데, 출발할 즈음에 형님은 어떤 일이 생겨 행차를 멈추고 나만 다녀왔다.[303] 형님은 다시 올해 봄에 가려고 계획하시고, 나도 장인의 상을 당하여 안동(安東)에 가서 장사지내려 하였기에 함께 성묘할 수 있을 듯하였다.[304] 그러나 국상(國喪)[305]과 명나라 조사의 내방이 연달아 이어져 성묘 가는 일이 지연되던 차에 형님께 사행가는 일이 생기고 나는 또 병을 앓느라 결국 계획대로 하지 못하였다. 인생사를 헤아릴 수 없음이 매번 이와 같으니, 이번의 이별로 인해 옛일을 떠올리자 탄식을 금치 못하였다. 시에서 내 마음을 대략이나마 드러내어 옛사람의 '비바람 치는 날 침상을 마주한 회포'[306]를 붙였다.-

---

302 양병방(養病坊) : 【譯注】 당(唐)나라 개원(開元) 연간에 설치하여 절의 승려를 소속시켜 운영하게 한 곳으로, 유리걸식하는 사람과 병자를 수용했는데, 여기서는 병을 요양하는 곳이라는 뜻이다.

303 지난해……다녀왔다 : 【譯注】 이황은 1544년(중종39) 9월 휴가를 받아 귀향했다가 10월에 조정으로 돌아왔다. 《退溪先生年譜 卷1》

304 나도……듯하였다 : 【譯注】 《퇴계선생연보(退溪先生年譜)》 권1에 의거하면, 1546년(명종1) 2월 휴가를 얻어 귀향한 뒤 3월에 두 번째 장인 권질(權礩)의 장례를 치렀으니, 이 내용에는 오류가 있는 듯하다.

305 국상(國喪) : 【譯注】 중종의 상으로, 그는 1544년(중종39) 11월 15일 창경궁 환경전(歡慶殿)에서 세상을 떠났다.

306 옛사람의……회포 : 【譯注】 형제가 침상을 마주하고 잘 때의 기쁜 마음이다. 송나라 소철(蘇轍)의 〈소요당에서 만나 함께 묵다[逍遙堂會宿]〉 시 2수 중 제1수에 "소요당 뒤 천길 나무, 한밤중 비바람 소리 길게 보내누나. 침상 마주하고 옛 약속 다진 걸 잘못 기뻐했으니, 떠돌며 팽성에 있을 줄 몰랐던 거지.〔逍遙堂後千尋木, 長送中宵風雨聲. 悮喜對床尋舊約, 不知漂泊在彭城.〕"라고 하였다.

관음원³⁰⁷에서 비를 피하다 병오(1546, 명종1, 46세) 【3월 4~10일 추정.

문경(聞慶)】

觀音院避雨 丙午

주흘산³⁰⁸ 정상엔 구름 잔뜩 끼었고	主屹山頭雲漠漠
관음원 안에는 비가 쏟아진다	觀音院裏雨浪浪
그래도 좋은 건, 높은 재가 겹겹으로 가리지만	卻憐關嶺雖重蔽
임금님 생각하는 나의 촌심 막지 못하는 것	不隔思君一寸腸

---

307 관음원 : 【攷證 卷8 觀音院】 문경현(聞慶縣) 계립령(鷄立嶺) 아래에 있다.《新增東
國輿地勝覽 卷29 慶尙道 聞慶縣》

308 주흘산 : 【攷證 卷8 主屹】 문경현 북쪽에 있으니, 바로 문경현의 진산(鎭山)이다.
《新增東國輿地勝覽 卷29 慶尙道 聞慶縣》

SNP0937(詩-續卷1-132)

닭 우는 소리 【병오년(1546, 명종1, 46세) 3~6월 추정. 예안(禮安)】
雞聲

닭 울음에 서둘러 일어나 때맞춰 농사짓고 누에 치니   雞聲催起趁農蠶

일 년 내내 쉴 틈 없는 갑남을녀들   終歲無休婦共男

나만 처지 따라 한가하기도 바쁘기도 하니   獨我閒忙隨地換

대낮에 누운 채 조참했던[309] 일 떠올리네   日高枕上憶朝參

---

309 조참했던 : 【攷證 卷8 朝參】당(唐)나라 두보(杜甫)의 〈거듭 하씨의 집에 들르다 〔重過何氏〕〉시 5수 중 제4수에 "조회 참석에 더딘 것이 자못 괴이하니, 시골 정취에 푹 빠졌기 때문이리라.〔頗怪朝參懶, 應耽野趣長.〕"라고 하였다.

SNP0938(詩-續卷1-133~135)

사인 거사 노인보[310]가 방문하다. 앞 시의 운자를 사용하여 짓다 【시기 미상. 예안(禮安)】

四印居士盧仁父見訪 用前韻

(詩-續卷1-133)

봄 시냇가 버드나무 담황색[311] 띨 때	楊柳春溪弄麴塵
그대 와서 흉금 터놓으니 천성의 참됨 보는구나	君來披豁見天眞
그대여 전원생활의 정취 묻지 마시게	林居意趣君休問
원래부터 태평성대의 시골 사람일 뿐이라오	自是淸時隴畝人

(詩-續卷1-134)

| 그대의 온화함은 추율의 바람이 | 醞藉君同鄒律風 |
| 한곡을 따스한 봄으로 바꿀 수 있었던 것[312]과 같다 | 能令寒谷變春融 |

---

310 노인보 : 【譯注】 노경린(盧慶麟, 1516~1568)으로, 본관은 곡산(谷山), 자는 인보(仁甫), 호는 사인당(四印堂)이고, 이이(李珥)의 장인이다.

311 담황색 : 【攷證 卷8 麴塵】 당(唐)나라 양거원(楊巨源)의 〈버들을 꺾다[折楊柳]〉 시에 "물가의 버들은 가지마다 담황색, 그대여 말 세우고 가지 하나 꺾어 주게나.〔水邊楊柳麴塵絲, 立馬煩君折一枝.〕"라고 하였다. 당나라 백거이(白居易)의 〈산석류. 원씨네 아홉 번째 원진(元稹)에게 부치다[山石榴寄元九]〉 시에 "수많은 석류알과 석류잎 일시에 새로우니, 연한 자줏빛 짙은 붉은빛에 담황색 선명하네.〔千房萬葉一時新, 嫩紫殷紅鮮麴塵.〕"라고 하였다. 【校解】 국진은 누룩에서 생기는 균으로 담황색을 띤다. 《고증》에 '水'가 '江'으로 되어 있는데, 통행본 《전당시(全唐詩)》에 의거하여 수정하였다.

312 추율의……것 : 【譯注】 '추율(鄒律)'은 전국 시대 제나라 추연(鄒衍)의 피리이다. 추연이 연나라 소왕(昭王)의 초빙을 받아 연나라에 갔는데, 오곡이 자라지 않는 한곡(寒谷)에서 피리를 불자 따뜻한 기운이 넘쳐 기장을 자라게 할 수 있었다. 《論衡 定賢》

176 譯註 退溪全書 4

그대가 말해주는 최문헌[313]의 행적 또 들으니 　　　　更聞誦說崔文憲

해동에서 사문을 일으킨 일 더없이 감탄스럽구나 　　　絶歎斯文昉海東

　-노인보는 본관이 해주(海州)이다. 나에게 최문헌의 행적을 말해주었는데, 최
　문헌도 본관이 해주이다.-

(詩-續 卷1-135)

소강절(邵康節)의 숲속 술상 쓸쓸했으니[314] 　　　　寂寥林下邵杯盤

궁귀가 굳이 한창려(韓昌黎)를 떠날 필요는 없지[315] 　　窮鬼何須欲去韓

세상만사는 모두《주역》에 맡겼으니 　　　　　　　萬事人閒都信易

내 평생 가는 곳마다 내 삶을 살핀다네[316] 　　　　　一生隨處我生觀

　-소강절(소옹(邵雍))의 〈배반음(杯盤吟)〉시에 "숲속의 술상 너무 쓸쓸하니, 쓸

---

313 최문헌 :【譯注】고려 시대 최충(崔沖, 984~1068)으로, 본관은 해주(海州), 자는
호연(浩然), 호는 방회재(放晦齋)·성재(惺齋)·월포(月圃), 시호는 문헌(文憲)이다. 고
려 시대 목종(穆宗) 8년(1005) 문과에 장원하여 여러 관직을 역임하고 문종(文宗) 9년
(1055) 중서령으로 퇴직한 뒤에 구재학당(九齋學堂)을 열어 인재를 양성하고, '고려의
공자'라는 뜻으로 해동공자(海東孔子)라고 불렸다.《高麗史 崔沖列傳》

314 소강절(邵康節)의……쓸쓸했으니 :【譯注】부유한 자가 가난해졌을 때 사람들이
찾아오지 않는 것보다는 가난한 삶이 더 낫다는 뜻이다.《伊川擊壤集 卷18 杯盤吟》'강절'
은 송(宋)나라 소옹(邵雍, 1011~1077)의 시호로, 그는 자가 요부(堯夫)이다.

315 궁귀가……없지 :【譯注】가난한 삶을 달가워하여 굳이 벗어날 생각이 없다는 뜻이
다. '창려(昌黎)'는 당(唐)나라 한유(韓愈)의 호이다. '궁귀(窮鬼)'는 항상 사람에게 달라
붙어서 그 사람을 곤궁하게 만드는 귀신으로, 한유가 자신을 괴롭히는 지궁(智窮)·학궁
(學窮)·문궁(文窮)·명궁(命窮)·교궁(交窮)을 쫓아 버리겠다는 뜻으로 〈송궁문(送窮
文)〉을 지었다.

316 내 삶을 살핀다네 :【譯注】자신의 행실이 어떤지를 관찰한 뒤에 나아갈 만하면
나아가고 물러날 만하면 물러난다는 뜻이다.《주역》에 "나의 삶을 관찰한 뒤에 나아가고
물러난다.〔觀我生, 進退.〕"라고 했는데, 송나라 주희(朱熹)의 주석에 "나의 삶이란 내가
행한 바〔我之所行〕이다."라고 하였다.《周易本義 觀卦 六三 爻辭》

쓸함이 오늘 아침과 같기를 길이 바라노라.〔林下杯盤太寂寥, 寂寥長願似今朝.〕"
라고 하였다. 이날은 바로 정월 그믐이다.[317]-

---

317 이날은……그믐이다 :【譯注】한유가〈송궁문〉을 지은 날과 같은 날이라는 것을
밝힌 것이다.〈송궁문〉에 "원화(元和) 6년(811) 정월 그믐(을축일)에 주인이 노복인
성(星)을 시켜 버들가지를 엮어 수레를 만들고 풀을 묶어 선박을 만든 뒤에 건량(乾糧)과
식량을 싣고서 소를 멍에 아래에 매어놓고, 돛을 달고 돛대를 세우게 하고는 궁귀(窮鬼)
에게 세 번 읍하고 다음과 같이 말하였다."라고 하였다.

SNP0939(詩-續卷1-136~137)

계장³¹⁸에서 우연히 적다 【병오년(1546, 명종1, 46세) 5~6월 추정. 예안 (禮安)】

溪莊偶書

(詩-續卷1-136)

은거할 곳의 터를 잡고서	爲卜幽栖地
작은 채마밭에 우선 채소를 가꾼다	先栽小圃蔬
푸른 산은 바로 방문 앞에 보이고	靑山當對戶
파란 시내는 섬돌 아래 울리는 듯	碧澗擬鳴除
스무 해 만에야 역사(櫟社)의 나무³¹⁹ 되었는데	廿載方爲社
세 칸 작은 집도 아직 짓지 못했어라	三椽尙未廬
다만 평소의 뜻에 어긋나지 않을 뿐	但無違素志
빈궁한 생활을 내가 어쩌리오	貧窶我焉如

---

318 계장(溪莊) :【譯注】상계(上溪)에서 2Km 내려와 하계(下溪) 위 동암(東巖) 곁에 지은 양진암(養眞庵)이다. 한서암(寒栖庵)은 계장(溪庄), 계상서당(溪上書堂)은 계당 (溪堂), 제자들이 암(庵) 옆에 지어 공부한 곳은 계재(溪齋), 뒷날의 도산서당(陶山書堂)은 도사(陶舍)·산사(山舍)·산당(山堂)·정사(精舍)라고 불렀다.《권오봉, 퇴계시대관, 1992, 포항공대》

319 역사(櫟社)의 나무 :【譯注】세상에 쓸모없어서 천수를 누리는 나무인데, 여기서는 벼슬을 그만둔 자신을 비유한다. 장석(匠石)이라는 목수가 제자들을 데리고 제나라로 가다가 곡원(曲轅)에서 역사 앞에 있는 큰 상수리나무를 보고 "이 나무는 아무런 쓸모가 없기에 이렇게 수명이 길다."라고 하였는데, 그날 밤 꿈에 그 상수리나무가 나타나 장석에게 "나는 쓸모가 없기를 바란 지가 오래이다. 그래서 몇 번이나 죽을 고비를 넘긴 끝에 목적을 이룰 수 있었다."라고 하였다.《莊子 人間世》

(詩-續卷1-137)

또 한 수 又

장맛비가 오곡을 해치는 철	苦雨傷嘉穀
일상생활 속에 도심을 기른다	端居養道心
저물녘 구름은 먼 골짝에서 피어오르고	晚雲生遠壑
돌아가는 새는 깊은 숲속으로 날아가누나	歸鳥傍深林
빈 땅에는 삼경(三徑)을 낼 만하고	隙地堪開徑
호젓한 바위에선 흉금을 풀 만하여라	幽巖可散襟
손에 쥔 오죽 지팡이	手中烏竹杖
나를 가장 잘 알아주는 벗이지	與我最知音

동암에서 뜻을 말하다[320] 【병오년(1546, 명종1, 46세) 5~6월. 예안(禮安)】
東巖言志

잡초 베며 좋은 곳 찾다가 고암을 발견하니	剔蔚搜奇得古巖
나의 은거지 이제부터 더욱 비범해지겠지	幽居從此更非凡
집 짓느라 힘을 낭비한다 말하지 말고	休論費力開堂宇
심은 회나무 삼나무 그늘질 때를 잠시 기다리라	且待成陰植檜杉
이미 유여도 붙였으니 어찌 그 모습 그리랴[321]	已著幼輿安用畫
상호[322]도 은거할 만하니 더 욕심내선 안 되지	可藏商浩不應饞
참 즐거움 끝없는 곳을 하늘이 열어 주었으니	天開眞樂無涯地
집 지어 유유자적할 생각 막을 수 없노라	築室優游思莫緘

　-소강절(邵康節 소옹(邵雍))의 〈14일 복창 현청의 동헌에 시를 남기다〔十四日
留題福昌縣宇之東軒〕〉 시에 "이 바위 곁에 작은 서실 지으니,[323] 나의 참된 즐

---

320 동암에서 뜻을 말하다 : 【譯注】 퇴계(退溪)의 동암(東巖) 곁에 양진암(養眞庵)을
지으면서 지은 시로, 《정본 퇴계전서》 권1에 같은 제목의 시가 있다.

321 이미……그리랴 : 【譯注】 좋은 경치 속에 유유자적하니 그림으로 표현할 필요가
없다는 뜻이다. '유여(幼輿)'는 진(晉)나라 사곤(謝鯤)의 자로, 명제(明帝)가 그에게 유
량(庾亮)과 비교하면 어떤지 묻자, 조정에 있으면서 백관의 모범이 되는 것은 유량이
낫고 산과 골짜기를 즐기는 면에서는 자신이 낫다고 하였다. 뒤에 고개지(顧愷之)가
사곤의 초상을 그려 바위 사이에 두었는데 어떤 사람이 그 까닭을 묻자, 고개지가 "산과
골짜기를 즐기는 면에서는 유량보다 낫다고 사곤이 말했으니, 이 사람은 마땅히 골짜기
가운데 있어야 어울린다."라고 하였다. 《晉書 謝鯤列傳》《世說新語 工藝》【攷證 卷8
幼輿安用畫】 '화(畫)'는 모습을 그리는 것이다.

322 상호 : 【攷證 卷8 商浩】 상산사호(商山四皓)를 가리키는 듯한데, '호(皓)'가 '호
(浩)'로 되어 있는 것이 의심스럽다. 【校解】 '浩'와 '皓'는 통용자이다.

거움을 즐김에 즐거움이 끝없구나.〔築此巖邊小書室, 樂吾眞樂樂無涯.〕"라고
하였다.-

323 이……지으니 :【譯注】통행본《이천격양집(伊川擊壤集)》권5에는 "이 바위 곁엔
서실 짓기에 알맞으니.〔就此巖邊宜築室〕"라고 되어 있다.

만물을 관찰하다 【병오년(1546, 명종1, 46세) 5월 추정. 예안(禮安)】
觀物

천리의 낳고 낳는 특성[324] 뭐라 명명할 수 없으나	天理生生未可名
호젓한 거처에서 만물을 관찰하니 마음이 즐겁다	幽居觀物樂襟靈
그대여 이곳에 와 동쪽으로 흐르는 물을 보라	請君來看東流水
밤낮으로 이와 같아 잠시도 멈추지 않는다네[325]	晝夜如斯不暫停

---

324 천리의……특성 : 【譯注】 만물을 끊임없이 생성하는 이치를 가리킨다. 《주역》〈계사전 상(繫辭傳上)〉에 "끊임없이 낳는 것을 '역'이라 이른다.〔生生之謂易〕"라고 하였다.

325 밤낮으로……않는다네 : 【譯注】 송(宋)나라 주희(朱熹)가 "도체(道體)의 본연으로, 가는 것은 지나가고 오는 것이 이어져 한순간의 그침도 없는 것이다."라고 하였다. 《論語集注 子罕 子在川上章 注》

황중거[326]가 부쳐준 시에 차운하다 【병오년(1546, 명종1, 46세) 5월 추정. 예안(禮安)】

次韻黃仲舉見寄

우연히 시내 남쪽[327]에 와서 앉았는데	偶來坐溪陰
그대의 시 도착하여 한 번 길게 읊어본다	詩至一長吟
나도 병들고 그대도 병들었으니	我病君亦病
이 푸른 산의 봉우리를 오를 수 없구나	奈此碧山岑
시냇가 새는 원래 서로 즐거워하고	溪鳥自相樂
시냇가 구름은 본래 무심하여라	溪雲本無心
어찌하면 새와 구름처럼	安得如二物
삶을 마치도록 그윽한 흥금 보존할 수 있을까	終年保幽襟

－이때 황중거는 박중보(朴重甫)[328]와 함께 청량산을 유람하기로 약속했는데 계획대로 하지 못하였다.－

---

326 황중거 : 【譯注】 황준량(黃俊良, 1517~1563)으로, 본관은 평해(平海), 자는 중거(仲舉), 호는 금계(錦溪)이다.

327 시내 남쪽 : 【譯注】 퇴계(退溪)의 남쪽으로, 동암(東巖)이 있는 하계(下溪)를 이른다.

328 박중보(朴重甫) : 【譯注】 박승임(朴承任, 1517~1586)으로, 본관은 반남(潘南), 자는 중보, 호는 소고(嘯皐)이다.

샘을 치다 【병오년(1546, 명종1, 46세) 5~9월 추정. 예안(禮安)】
修泉

어제는 샘을 쳐서 그나마 맑아졌는데	昨日修泉也潔淸
오늘 아침엔 반쯤 흙탕물이 되었구나	今朝一牛見泥生
샘도 힘을 들여야 맑아지는 걸 이제야 알았으니	始知澈淨由人力
수신 공부 하루라도 멈추지 않게 해야지	莫遣治功一日停

시내를 치다 【병오년(1546, 명종1, 46세) 5~9월 추정. 예안(禮安)】
修溪

태곳적부터 시내에 돌덩이 어지럽게 널렸으니	浩劫溪中亂石稠
모조리 치우고 평탄한 물결 보고 싶구나	我求遷盡看平流
약간의 정성을 들이기만 한다면	但令一段精誠在
어찌 우공의 뜻[329]이 보답받지 못하랴	寧見愚公志未酬

---

329 우공의 뜻 : 【譯注】 어떠한 곤란한 상황이라도 강인한 의지로 극복하고 일을 반드시
성취하겠다는 뜻이다. 우공(愚公)이라는 노인이 집 앞을 가로막고 있는 산들을 깎아
없애버리고자 결심하고 쉬지 않고 노력했더니 상제가 감동하여 그 산들을 딴 곳으로
옮겨주었다. 《列子 湯問》

중양절에 머리를 빗다 【병오년(1546, 명종1, 46세) 9월 9일. 예안(禮安)】

九日梳髮

창문 틈의 빛도 좁은 방을 밝힐 수 있으니	甕牖能生斗室明
성근 머리털 수없이 빗질하자 비녀가 가볍구나	千梳稀髮一簪輕
쓸쓸한 사립문에 찾아오는 이 없으니	柴扉寂歷無人到
꾀꼬리의 수많은 지저귐만 누워서 듣는다	臥聽黃鸝百囀聲

절구 【병오년(1546, 명종1, 46세) 9월 10~29일 추정. 예안(禮安)】

絶句

낮에도 문 닫은 채 초가집에 앉아 조니　　坐睡茅齋晝掩關

꿈꾸기도 전에 훌쩍 괴안국에 이르렀네　　儵然無夢到槐安

잠 깰 때 문득 발걸음 소리 들려 반가우니　　覺來忽得跫然喜

거친 밥과 명아주 국에도 마음 절로 한가로워라　　疏飯藜羹意自閒

차운하여 김계진[330]에게 답하다 【병오년(1546, 명종1, 46세) 9월 10~29일 추정. 예안(禮安)】

次韻答季珍

그대와 헤어진 지 벌써 3년	作別已三歲
가을바람 또 쏴아 불어온다	秋風又颯如
그대는 지금 도성으로 돌아가는데	君今返京國
나는 본래 산골에 사는 걸 좋아하지	我本愛林居
꿈속의 그리움은 몸이 쇠잔해도 심해지니	夢想衰猶甚
교유의 마음이 어찌 병들었다 줄겠는가	交情病豈疎
험한 산 깊은 강 수천 리 길에	關河數千里
의지할 건 한 통의 편지뿐이구려	賴有一封書

---

330 김계진 : 【譯注】 김언거(金彦琚, 1503~1584)로, 본관은 광산(光山), 자는 계진(季珍), 호는 관포당(灌圃堂)·칠계(漆溪)·풍영정(風詠亭)이다.

양진암³³¹에서 오인원³³²의 편지를 받았는데, '양진'이라는 글자가 있기에 절구 1수를 부치다 【병오년(1546, 명종1, 46세) 11~12월 추정. 예안(禮安)】

養眞庵得吳仁遠書 有養眞字 因寄一絶

서둘러 엉성하게 집 지어 양진암이라 부르니	草草開庵號養眞
배산임수 형세는 정신을 수양할 만하지	依山臨水足頤神
천 리 먼 곳의 벗은 나의 마음 아는 듯	故人千里如相識
편지 첫머리에 쓴 '양진' 두 글자가 새롭구나	書面先題兩字新

---

331 양진암(養眞庵) : 【譯注】퇴계(退溪)의 동암(東巖) 곁에 지은 집이다.

332 오인원 : 【譯注】오언의(吳彦毅, 1494~1566)로, 본관은 고창(高敞), 자는 인원(仁遠), 호는 죽오(竹塢)이고, 이황의 숙부 이우(李堣)의 사위이다.

지난해 겨울에 눈이 오지 않은 채 비만 내리고 입춘 날에 추위가 심하기에 그 일에 대하여 적다 정미(1547, 명종2, 47세)

【1월 5일. 예안(禮安)】

去冬無雪而雨 立春日寒甚 書事 丁未

눈 없이 겨울 지나다가 섣달에 비 내렸는데	無雪經冬雨臘天
새해 정월에 어찌하여 처음 얼음이 어는가	新正何事始冰堅
혼자 덮는 이불은 새벽 되자 몹시 차갑고	孤衾到曉偏知冷
갖가지 화초는 봄인데도 고운 꽃 피지 않는다	百物迎春未放姸
장수(漳水) 가에서 요양하며 그럭저럭 빚을 갚고[333]	臥疾漳濱粗償債
양계(瀼溪) 기슭에 거처하며[334] 인연 따라 살지	卜居瀼岸且隨緣

---

333 장수(漳水)……갚고 : 【譯注】 칩거하여 요양하면서 명승지를 찾아다닌다는 뜻으로, '빚을 갚는다'는 것은 산천에 진 빚을 갚는다는 뜻이다. '장수'는 호북성 형문시(荊門市) 경산현(京山縣) 경내를 흐르는 강이다. 삼국 시대 위(魏)나라 유정(劉楨)은 성품이 오만하고 예법을 지키지 않았는데, 조비(曹丕)가 베푼 연회에서 조비의 아내 견씨(甄氏)를 무시했다가 조조(曹操)에 의해 노역형을 받고, 중용되지 못한 채 온역(溫疫)에 걸려 장수 가에서 요양하며 조비에게 보낸 〈오관중랑장에게 주다〔贈五官中郎將〕〉 시에 "내가 고질병에 심하게 걸려, 맑은 장수 가에 누워 있소.〔余嬰沈痼疾, 竄身淸漳濱.〕"라고 하였다.

334 양계(瀼溪) 기슭에 거처하며 : 【攷證 卷8 卜居瀼岸】 당(唐)나라 원결(元結)이 양계 가로 이사하고는 자칭 낭사(浪士)라고 하였다. 《安魯公文集 卷5 容州都督兼御史中丞本管經略使元君表墓碑銘》 송(宋)나라 소식(蘇軾)의 〈도인 장천기(張天驥)를 방문하여 '산' 자 운과 '중' 자 운으로 짓다〔訪張山人得山中字〕〉 시 2수 중 제2수에 "길은 산의 남쪽과 북쪽이 희미한데, 사람은 양수 동쪽과 서쪽에 있었네.〔路迷山向背, 人在瀼西東.〕"라고 하였는데, 송나라 왕십붕(王十朋)의 주석에서 정연(程績)의 해설을 인용하여 "당(唐)나라 두보(杜甫)는 양수 서편에 살다가 다시 양수 동편에 거주하였다."

어느 때에나 벗들과 함께 금난지계 맺어　　　　何當共結金蘭友
성현의 경전을 읽고 토론하며 노년을 마치려나　　討論遺經畢暮年

라고 하였다.

인일[335] 【정미년(1547, 명종2, 47세) 1월 7일. 예안(禮安)】

人日

인일인데도 나의 집 찾아오는 이 없으니	人日無人叩我廬
문 닫은 채 우선 옛사람의 책을 읽는다	閉門且讀古人書
쇠잔한 몸이니 어찌 속진의 일에 얽힐 만하랴	贏形豈合嬰塵累
편협한 성품이라 본래 고요한 거처 좋아하지	褊性從來愛靜居
참새는 숲속에서 떠들고 이내는 자욱하며	雀噪林閒烟漠漠
소는 울타리 아래서 졸고 해는 뉘엿뉘엿	牛眠籬下日舒舒
감히 뜻과 사업 말하는 건 나의 분수 아니거니와	敢論志業非愚分
이군삭거(離群索居)의 처지라 의혹 해소 못 하는 게 길이 걱정이지[336]	
	離索長憂惑未袪

---

335 인일(人日) : 【譯注】음력 1월 7일로, 일곱 가지 나물을 넣어 끓인 국을 먹고, 채색 천 또는 금박(金箔)으로 사람 모양을 만들어 병풍에 붙이거나 머리에 꽂으며, 높은 곳에 올라가 술을 마셨다. 《荊楚歲時記》

336 감히……걱정이지 : 【譯注】선현(先賢)들의 뜻과 사업에 대해 논평하는 것은 이황 본인의 분수를 넘는 일이지만, 벗들과 멀리 떨어져 혼자 살고 있기 때문에 본인의 의혹을 토론·질정하지 못하는 것이 걱정이라는 말이다.

이농암³³⁷ 선생께서 산중에서 만나자고 약속하셨기에 가서 기다렸는데 도착하지 않으셔서 결국 하산하여 어살내 가에 이르다 【정미년(1547, 명종2, 47세) 3월 추정. 예안(禮安)】

聾巖先生約於山中相見 往候未至 遂下山 至魚箭川上

소매로 가벼운 남기 떨치니 푸른 물방울이 차고	袖拂輕嵐滴翠寒
짚신 신고 이끼 낀 길로 물소리 속을 걷는다	芒鞋苔徑踏潺湲
해는 저무는데 영지산의 신선³³⁸ 못 만나니	日斜未遇芝仙伯
산중을 두루 걷다가 물가에 이르렀네	行盡山間抵水干

---

337 이농암 : 【譯注】이현보(李賢輔, 1467~1555)로, 본관은 영천(永川), 자는 비중(棐仲), 호는 농암(聾巖)·설빈옹(雪鬢翁), 시호는 효절(孝節)이다.

338 영지산의 신선 : 【譯注】이현보를 비유한다. '영지산(靈芝山)'은 예안(禮安) 북쪽에 있는데, 이황이 이곳에 있는 사찰에서 독서하고 산 뒤편에 작은 집을 짓고는 귀향하여 머물려고 하였으나 계획대로 하지 못한 채 영지산인(靈芝山人)이라고 자호하였다. 이현보가 이 집을 좋아하여 신축하고는 영지정사라고 명명하였다.《定本退溪全書 卷1 奉酬聾巖李先生靈芝精舍詩》

또 시를 읊어 황중거³³⁹와 이대용³⁴⁰에게 부치다. 이날 이 두 사람이 이농암³⁴¹ 선생을 모시고 오다 【정미년(1547. 명종2, 47세) 3월 추정. 예안(禮安)】

又賦寄黃仲擧李大用 是日兩君陪來

병석에서 일어나 나막신 꿰어 신고	病起能穿屐
거친 산길 찾다가 결국 봉우리 넘었네	荒尋遂度岑
이따금 바위에 앉아 쉬기도 하고	有時休石上
내키는 대로 소나무 그늘에 앉기도 했지	隨意坐松陰
병암³⁴²의 터가 어딘지 물으려다가	擬問屛庵址
어살내 가에서 농암 선생 맞이했어라	相迎箭水潯
맑고 시원한 물 한 잔 마시니	淸泠一勺飮
어찌 큰 술잔이 필요하랴	何用酒杯深

　-나는 병 때문에 음주를 경계하느라 물만 마셨다. 황중거가 말하였다. "주경유(周景遊)³⁴³가 이곳에 오자마자 물을 여러 바가지 마시고는 '이 맑고 시원한 물

339　황중거 : 【譯注】 황준량(黃俊良, 1517~1563)으로, 본관은 평해(平海), 자는 중거(仲擧), 호는 금계(錦溪)이다.

340　이대용 : 【譯注】 이숙량(李叔樑, 1519~1592)으로, 본관은 영천(永川), 자는 대용(大用), 호는 매암(梅巖)·병암(屛庵)이고, 이현보(李賢輔)의 다섯째 아들이다.

341　이농암 : 【譯注】 이현보(李賢輔, 1467~1555)로, 본관은 영천(永川), 자는 비중(棐仲), 호는 농암(聾巖)·설빈옹(雪鬢翁), 시호는 효절(孝節)이다.

342　병암(屛庵) : 【譯注】 서취병산(西翠屛山) 벼랑에 있는 집으로, 진사 이대용이 짓고 승려에게 지키라고 하였다. 예전에는 깨끗한 방이 있었는데, 근래에는 이곳을 지키던 승려가 그 방을 딴 곳에 다시 만들어 아름다운 경치를 완전히 잃었다고 한다.《定本退溪全書 卷1 又四絶》

을 어찌 마시지 않을 수 있겠는가.'라고 했습니다." 세속에서는 어량(魚梁)을 살
〔箭〕이라고 한다.-

---

343 주경유(周景遊) : 【譯注】 주세붕(周世鵬, 1495~1554)으로, 본관은 상주(尙州),
자는 경유, 호는 남고(南皐)·무릉도인(武陵道人)·손옹(巽翁)·신재(愼齋)이다.

〈분천의 속구로회〉시[344]에 차운하다 【정미년(1547, 명종2, 47세) 9월 10~14일 추정. 예안(禮安)】

次汾川續九老會韻

오백 년에 겨우 팔십 년일 뿐[345]이니	五百年纔八十年
고을 노인들이 이전의 좋은 모임 따르네	鄕耄高會慶追前
노래자(老萊子)처럼 공은 예전에 장수하신 부친 봉양하셨는데	
	萊衣昔奉靈椿樹
모의(毛義)처럼[346] 공의 아들이 지금 늙지 않는 신선 공양하누나	
	毛檄今供不老仙

---

344 분천의 속구로회 시 : 【譯注】 '구로회'는 그 시초가 향산구로회(香山九老會)로, 당(唐)나라 백거이(白居易)가 노년에 호고(胡杲)·길민(吉旼)·정거(鄭據)·유진(劉眞)·노진(盧眞)·장혼(張渾)·적겸모(狄兼謀)·노정(盧貞) 등 여덟 명의 벗과 낙양(洛陽)에서 결성한 모임인데, 이후로 송(宋)나라 문언박(文彦博)·부필(富弼)·사마광(司馬光) 등 낙양의 원로 13명이 낙양기영회(洛陽耆英會)를 결성하여 술을 마시면서 즐겼다. '〈속구로회〉시'는 이현보(李賢輔)의 넷째 아들 이중량(李仲樑)이 지었는데, 《농암집(聾巖集)》권1 〈분천의 속구로회 시에 차운하다[次汾川續九老會]〉 시의 원운시로 실려 있고, 아울러 이문량(李文樑)·이현보·이황·황준량(黃俊良)의 차운시도 실려 있다. '속구로회'는 이현보가 67세 때인 1533년(중종28)에 부친을 위해 결성했던 구로회를 이어 81세인 1547년(명종2)에 자신을 위하여 결성한 모임이다. 《聾巖先生年譜 卷1》

345 오백……뿐 : 【譯注】 긴 수명을 사는 나무에 비하면 80세는 짧은 시간이라는 뜻이다. 《장자(莊子)》〈소요유(逍遙遊)〉에 "초나라 남쪽에 명령(冥靈)이라는 나무가 있는데, 5백 년을 봄으로, 5백 년을 가을로 삼는다."라고 하였다. 이현보는 1547년 이때 81세였다.

346 노래자(老萊子)처럼……모의(毛義)처럼 : 【譯注】 '노래자'는 이흠(李欽)의 아들 이현보를, '모의'는 이현보의 아들 이중량을 비유한다. '모의'는 한(漢)나라 여강(廬江) 사람으로, 효행이 널리 알려져 안양 영(安陽令)에 임명한다는 격문(檄文)을 받자 매우 기뻐

고을 사람 모두 못의 국화 이슬[347] 먹고   閭境儘餐潭菊露

집안 식구 모두 우물의 단사 샘물[348] 마시지   全家應飲井砂泉

시에 화답할 제 홀로 끝없는 슬픔 품지만[349]   和詩獨抱無涯感

훌륭한 일 만방에 전하는 게 무슨 문제랴   奇事何妨萬口傳

  -지중추부사로서 관직에서 물러나신 이 상공 합하(李相公閤下)께서 고을의 70
세 이상 노인 10명을 모아, 계사년(1533, 중종28)에 결성했던 구로회[350]를 이으
셨다. 이 상공의 넷째 아들인 영천(永川 영양(永陽)) 군수 이공간(李公幹)[351]이

했는데, 부모가 세상을 떠나자 벼슬을 그만두었다. 《後漢書 劉平列傳》【攷證 卷8 萊衣…
毛橛】《농암집》권1 〈분천의 속구로회 시에 차운하다〉시의 서문에 "계사년(1533, 중종
28)의 구로회는 나의 부친을 위해 결성한 것이다."라고 하였다. 이때는 이공의 넷째 아들
이중량이 영양(永陽)의 수령이었다.

347 못의 국화 이슬 : 【譯注】 마시면 장수한다는 이슬이다. 【攷證 卷8 潭菊露】 남양(南
陽) 역현(酈縣)의 감곡(甘谷) 가운데 있는 못의 물맛이 달았는데, 그 위에 있던 큰 국화
가 못물에 떨어졌다. 감곡에 사는 20가구의 사람들이 이 물을 떠서 마셨는데, 최상은
130세를 살고 보통은 100세를 살며 70~80세의 수명은 요절에 해당하였다. 《藝文類聚
卷81 引用 風俗通》

348 우물의 단사 샘물 : 【譯注】 마시면 장수한다는 샘물이다. 임사현(臨沘縣)에 사는
요씨(廖氏)가 대대로 장수하였고, 그 뒤에 다른 사람이 요씨의 집에 이주했는데 또 대대
로 장수하였다. 그 원인을 모르다가 우물의 색깔이 붉은 것이 의심스러워 우물의 좌우를
파보니 옛사람이 묻은 단사(丹砂) 수십 가마니가 나왔다. 《搜神記 卷13》

349 시에……품지만 : 【譯注】 이황은 1502년(연산군8) 2세의 나이에 부친이, 1537년
(중종32) 37세의 나이에 모친이 세상을 떠났기 때문에 이현보의 구로회 축하연에서 화답
시를 지으면서 부모에 대한 그리움으로 슬픈 감정이 든 것이다.

350 계사년에 결성했던 구로회 : 【譯注】 이현보가 67세 때인 1533년(중종28) 9월 홍문
관 부제학으로 있다가 휴가를 받아 귀향하여 부친의 마음을 기쁘게 하기 위해 94세의
부친 이흠(李欽), 92세의 숙부 이균(李鈞), 82세의 외숙부 권수익(權受益)과 나이 많은
고을 노인 6명을 모아 결성한 모임이다. 《聾巖先生年譜 卷1》

351 이공간(李公幹) : 【譯注】 이중량(李仲樑, 1504~1582)으로, 본관은 영천(永川),
자는 공간. 호는 하연(賀淵)이다. 이현보(李賢輔)의 넷째 아들이고 황준량(黃俊良)의
처숙부이며, 1543년(중종38)에 양친(養親)을 위하여 영천 군수를 자원하였다.

이미 전성지양(專城之養)으로 이곳에 와서 수연(壽宴)을 베풀고 시를 지어 장수를 축원했는데, 정성스럽고 경애하는 마음이 언표에 넘쳐났다. 못난 나는 일찍부터 고어(皐魚)의 슬픔[352]을 품고 있었으니 시를 받들어 차운시를 짓는 끝에 탄식을 이기지 못하였다. 삼가 화답하고 거듭 절한 뒤에 올리니, 감히 시다운 시라고 말하는 것이 아니라 화답할 사람들의 선구가 되어 훌륭한 일을 널리 알리기를 바란 것이다.-

---

352 고어(皐魚)의 슬픔 : 【譯注】 어버이가 세상을 떠나 더 이상 봉양할 수 없어 슬프다는 뜻이다. 춘추 시대 공자가 길을 가는데 고어(皐魚)라는 사람이 슬피 울고 있자 그 까닭을 물었더니, 그는 "나무는 가만히 있고자 하여도 바람이 그치지 않고, 자식은 봉양하고 싶어도 어버이가 기다려 주지 않는다.〔樹欲靜而風不止, 子欲養而親不待.〕"라고 하고는 울다가 말라 죽었다. 《韓詩外傳 卷9》

차운하다 【정미년(1547, 명종2, 47세) 4월 추정. 예안(禮安)】

次韻

(詩-續卷1-152)

거센 바람이 비를 몰아 눈앞에 비끼더니	疾風驅雨望中橫
잠깐 사이 구름 걷히자 비단 병풍 펼쳐놓은 듯	頃刻雲收列綵屏
문득 전해온 아름다운 시 읽어보니	忽有瓊章來入眼
물소리와 산빛의 맑은 여운 자아내누나	水聲山色助餘淸

　　-이 시는 눈앞의 경치를 보고 내 마음을 서술한 것이다.-

(詩-續卷1-153)

유독 눈길 주시는 영광을 철쭉꽃만 누리니	躑躅偏承顧眄榮
작은 동산 깊은 곳이라 잘 자랄 수 있어서지	小園深處得栽成
정을 품고 날마다 기다린 듯	含情日日如相待
봄이 지났어도 눈부시게 선명하구나	春去猶能照眼明

　　-철쭉꽃을 옮겨 심는 날에 이 상공(李相公)[353]께서 마침 왕림하셨는데, 이는 꽃에게 영광이기 때문에 이 구절에서 철축꽃에 대해서만 언급하였다.-

---

353 이 상공(李相公) 【譯注】 이현보(李賢輔, 1467~1555)로, 본관은 영천(永川), 자는 비중(棐仲), 호는 농암(聾巖)·설빈옹(雪鬢翁), 시호는 효절(孝節)이다.

신묘년(1531, 중종26) 가을 구암 황경보[354]가 연경에 갈 때 내가 시 1수를 지어 주어 증별하였다. 17년이 지난 지금 내가 조정의 부름을 받아[355] 상경하는 길이 구성[356]을 경유하게 되었는데, 황경보가 그 시를 꺼내 보여주고 또한 차운시도 주기에 나도 그의 차운시에 화답하다【정미년(1547, 명종2, 47세) 9월 16일경 추정. 영주(榮州)】

辛卯秋 龜巖黃敬甫赴燕京 余有詩一首贈別 至今十有七年 而余被召 道經龜城 敬甫出詩示之 且次韻見贈 余亦和之

한 달이 지나 다시 만나 손을 맞잡으니	握手重看月一周
구계[357] 가의 정자에 국화 지는 가을일세	龜溪樓上菊殘秋
사당의 가죽나무 꼭 마룻대 되려는 건 아니니[358]	社樗未必思充棟
바다의 진주조개 어찌 굳이 술에 묶이고 싶으랴[359]	海蚌何須願綴旒

---

354 황경보 :【譯注】황효공(黃孝恭, 1496~1533)으로, 본관은 창원(昌原), 자는 경보(敬甫), 호는 구암(龜巖)이고, 1531년(중종26) 동지사의 서장관으로 연경에 다녀왔다.

355 조정의 부름을 받아 :【攷證 卷8 被召】이황은 정미년(1547, 명종2) 8월 홍문관 응교로 조정의 부름을 받았다.《退溪先生年譜 卷1》

356 구성(龜城) :【譯注】경북 영천(榮川)으로, 영주(榮州)라고도 한다.

357 구계(龜溪) :【譯注】소백산 고치령(古峙嶺)에서 발원한 시내로, 지금은 서천(西川)이라고 부른다.

358 사당의……아니니 :【譯注】'사당의 가죽나무'는 보잘것없는 사람을 비유하는 말로, 이황 자신은 쓸모없는 사람으로서 국가의 중요한 직책을 맡고 싶지 않다는 뜻이다. 가죽나무〔樗〕가 크기는 하지만 쓸모가 없기 때문에 목수도 거들떠보지 않고, 역사(櫟社)는 쓸모가 없기 때문에 이처럼 오래 살 수 있었다.《莊子 逍遙遊·人間世》

359 바다의……싶으랴 :【攷證 卷8 海蚌…綴旒】미상이다.【校解】'바다의 진주조개'는

세상만사가 이미 구름 밖에 노닐 생각 방해하니　　萬事已妨雲外想

하나의 술동이론 길손의 시름 풀기 어려워라　　一罇難解客中愁

생선 살지고 벼가 익어가는 강촌의 즐거움　　魚肥稻熟江村樂

외진 곳에서 한가롭게 지내는 그대에게 다 보낸다　　輸與君閒臥僻陬

뛰어난 재주를 지닌 사람을 비유하는 말로, 황효공은 깃대의 술이 깃대에 매달려 있는
것처럼 벼슬살이에 몸이 매이는 것을 원하지 않는다는 뜻이다. 황효공은 1537년(중종32)
관직에서 물러나 고향에서 후진양성에 힘썼다.

12월 20일 경청³⁶⁰ 형님이 떠나시려는데 온종일 비바람이 쳤다. 형님이 〈안서 객사에서 밤에 대화를 나누다〉 시, 〈이별에 임박하여 함허당에서 대화를 나누다〉 시 7수³⁶¹를 꺼내 보여주시기에 삼가 차운하여 감회를 서술하다【정미년 (1547, 명종2, 47세) 12월 20일. 서울】

臘月二十日 景淸兄將行 風雨盡日 仍出安西客舍夜話 及涵虛堂話別詩 七首 謹次韻敍感

안서성에서 한 달쯤 보내셨으니	安西城裏月周天
날던 기러기 나란히 눈 밟은 것과 같았겠지요³⁶²	應似飛鴻踏雪連
한 분은 떠나고 한 분은 남아 다시 천 리 멀리 헤어지셨으니	
	去住更分千里影

---

360 경청(景淸) : 【譯注】 이황의 다섯째 형님 찰방공 이징(李澄, 1498~1582)의 자이다.

361 안서⋯⋯7수 : 【攷證 卷8 安西】'안서는 안산(安山)이거나 안성(安城)인 듯하다. 【攷證 卷8 涵虛堂】'함허당'은 객관의 별당인 듯하다. 【校解】《고증》에서 '안서'를 안산이 나 안성이라고 한 것은 오류이다. '안서'는 황해도 해주(海州)의 옛 이름이다. 이황의 넷째 형님 이해(李瀣)가 1547년(명종2) 4월 황해도 관찰가 되었는데, 그 아우인 이징이 12월 해주에 가서 이해를 방문한 뒤에 홍문관 응교로서 서울에 있던 이황을 찾아왔다. 《溫溪先生年譜》〈안서 객사에서 밤에 대화를 나누다〉 시와 〈이별에 임박하여 함허당에 서 대화를 나누다〉 시는 이해의 《온계일고(溫溪逸稿)》 권1에 실려 있는 〈안서 객사에서 아우인 경청과 밤에 대화를 나누다[安西客舍與弟景淸夜話]〉 시 2수, 〈함허당에서 경청 과 밤에 대화를 나누다[涵虛堂與景淸夜話]〉 시 5수이다.

362 날던⋯⋯같았겠지요 : 【譯注】 떠도는 인생살이에서 형제가 잠시 만났다는 뜻이다. 송(宋)나라 소식(蘇軾)의 〈아우인 자유 소철(蘇轍)의 '민지에서 옛일 추억하다'에 화답 하다[和子由澠池懷舊]〉 시에 "인생이 이르는 곳 무엇과 같은 줄 아는가, 날아가는 기러기

이에 두 분 모두 심사가 허전하실 줄 잘 압니다　　從知心事兩茫然

(詩-續卷1-156)

아득한 타향에서 이별하는 심사 본래 억누르기 어려우니

　　　　　　　　　　　　　　　　　　　天涯離抱故難强

그 이별 뒤 다시 얼마나 많은 세월 지났나요　　此別還經幾燠凉

한성에 오셔서 우리 함께 밤을 보내거늘　　卻到漢城同旅榻

사흘 동안 음산한 날씨 아픔과 슬픔 자아냅니다　　愁陰三日助凄傷

(詩-續卷1-157)

비바람 소리에 이별의 시기 늦추었어도　　風雨聲中住別期

슬프게 마주한 채 떠나실 때를 염려합니다　　黯然相對念行時

고향은 여기서 천 리나 멀리 떨어져 있으니　　鄕關此隔猶千里

산 넘고 물 건널 때 피곤한 말과 하인 어쩌나요[363]　　跋涉何如馬僕疲

(詩-續卷1-158)

객지 생활 속의 이별 이미 서글픈데　　客中離別已悽然

와병 중이라 고향 생각 더욱 각별합니다　　病裏思鄕覺又偏

창밖의 빗소리가 석별의 아쉬움 잘 녹이건만　　牕外雨聲工碎恨

절로 흰 머리털 듬성듬성 머리 가에 흩어져 있네요　　自然霜雪點頭邊

눈 진펄을 밟는 것과 같지.〔人生到處知何似? 應似飛鴻踏雪泥.〕"라고 하였다.

363 산……어쩌나요 : 【譯注】 이황이 그 형님 이징의 귀향길이 멀고 험한 것을 걱정한
것이다.

(詩-續卷 1-159)

모진 비 거센 바람 속에 한 해가 저물려 하는데	苦雨盲風歲欲闌
우리 형제는 이별 앞에 몹시 심난합니다	鶺原情緖太多端
흉년이라 고향엔 굶주리는 이 많거늘	凶年故國多窮餓
은택 줄 길 없으니 눈에 눈물만 그렁그렁	河潤無由但眼潸

(詩-續卷 1-160)

몸 밖의 영달과 빈궁 결국 덧없지만	身外榮枯竟何有
세상의 갈림길에서 결국 길 잃을까 걱정입니다	世閒歧路恐終迷
어찌 견디겠습니까, 나그네 발길이라	那堪更遣萍蓬跡
형님은 동쪽으로 귀향하고 저는 서울에 남게 하는 걸	一逐東歸一在西

(詩-續卷 1-161)

소요당에 비바람 치던 날 두 소공은	逍遙風雨兩蘇公
청산에서 늙어가자는 숙원이 똑같았지요[364]	黃髮靑山宿願同
그들이 뜻을 이루지 못해 정말 안타까우니[365]	此志未酬眞可惜

---

364 소요당에……똑같았지요 : 【譯注】송(宋)나라 소식과 그의 아우 소철이 관직에서 물러나 자연 속에 한적히 살고자 한 뜻이 같았던 것처럼 이황과 그의 형 이징도 고향에서 함께 늙어가고 싶다는 뜻이다. 소철의 〈소요당에서 만나 함께 묵다〔逍遙堂會宿〕〉시의 서문에서 "사방으로 떠돌며 벼슬살이를 하게 되었을 때 당(唐)나라 소주 자사(蘇州刺史) 위응물(韋應物)의 시를 읽고는 슬퍼하면서 일찍 관직에서 물러나 한가롭게 지내는 즐거움을 누리자고 약속하고, 이후에 전주(澶州)와 복주(濮州) 사이에서 만나 이전의 약속을 추억하면서 이 시를 지었다."라고 하였다.

365 그들이……안타까우니 : 【譯注】이해의 〈함허당에서 경청과 밤에 대화를 나누다〉

고향의 전원 오래도록 떠오르게 합니다 　　　　　令人長憶畝南東

시의 차운시로 이황의 시가 실려 있는데, 그 발문에서 소식의 〈'아우인 자유가 제석과
설날에 관청에서 숙직하며 치재를 한다' 시에 화운하다〔和子由除夜元日省宿致齋〕〉시
3수 중 제1수의 '너나 나나 똑같이 신년인데도 고향에서 만나지 못하니, 이 몸도 여기
앉아서 귀향하지 못하누나.〔等是新年不相見, 此身應坐不歸田.〕'라는 구절을 인용한 뒤
에 "두 소공이 사직하고 고향에서 함께 살자는 약속을 끝내 이루지 못했으니 안타깝다."라
고 하였다.

길에서 윤사추[366]의 시에 차운하다 【무신년(1548, 명종3, 48세) 1월 10일경 추정. 광주(廣州)】

路上 次士推韻

이때는 단양(丹陽)으로 부임하는 중이었다.

들판은 넓고 산은 달빛을 머금었는데	曠野山銜月
갈 길이 멀건만 말이 진창에 빠졌네	長途馬蹴泥
강을 건너며 서울 향해 머리 돌리니	渡江回我首
궁궐 생각에 마음이 온통 심란하구나[367]	京闕意都迷

---

366 윤사추 : 【譯注】윤인서(尹仁恕, ?~?)로, 본관은 파평(坡平), 자는 사추(士推), 호는 타괴(打乖)이다.

367 궁궐……심란하구나 : 【譯注】조정의 상황이 좋지 않아 매우 걱정된다는 뜻이다. 정미년(1547, 명종26) 12월, 당시 국론이 더욱 괴이해져서 삼사(三司)에서 중종의 여덟째 아들 봉성군(鳳城君) 이완(李岏)에게 죄를 물어야 한다는 상소를 올리자 이황은 이를 멈출 힘이 없다는 것을 알고는 사직을 청하고, 이듬해 외직에 보임해 달라고 요청하여 단양 군수(丹陽郡守)가 되었다. 《退溪先生年譜 卷1》

이요루에 걸려 있는 시[368]에 차운하다 무신(1548, 명종3, 48세)

【4~5월 추정. 단양(丹陽)】

次二樂樓韻 戊申

큰 물결이 작은 물결 집어삼키고	大水雄呑小水流
사방 산의 푸른 남기가 붉은 누대에 와닿는다	四山嵐翠撲紅樓
깎아지른 벼랑에 바람 부니 빈 대자리 서늘하고	風生絶壁涼虛簟
사라지는 구름에 비 그치니 먼 모래섬 활짝 보이누나	
	雨罷歸雲豁遠洲
오래 앉아 있자니 처마 너머 해 기우는 줄 모르고	坐久不知簷日側
시 읊조린 끝에는 동천이 호젓한 걸 새삼 느끼노라	吟餘更覺洞天幽
동과 정이 모두 천리[369]라고 옛날에 들었으니	舊聞動靜皆天理

---

368 이요루에……시 :【譯注】'이요루(二樂樓)'는 단양군 서쪽 30보 지점에 있고, '시'는 김내문(金乃文)이 지은 것이다. 《新增東國輿地勝覽 卷14 忠淸道 丹陽郡》 '이요'는 《논어》〈옹야(雍也)〉의 "지혜로운 사람은 물을 좋아하고 어진 사람은 산을 좋아한다.〔知者樂水, 仁者樂山.〕"라는 구절에서 취한 것이다.

369 동과……천리 :【譯注】송(宋)나라 주돈이(周敦頤)의 〈태극도설(太極圖說)〉에 "무극이면서 태극이니, 태극이 동(動)하여 양(陽)을 낳고 동이 극에 달하면 정(靜)해지며 정하여 음(陰)을 낳고 정이 극에 달하면 다시 동한다.〔無極而太極. 太極動而生陽, 動極而靜, 靜而生陰, 靜極復動.〕"라고 하였는데, 이에 대하여 주희(朱熹)는 〈태극도설해의(太極圖說解義)〉에서 "태극에 동정이 있는 것은 천명이 유행하는 것이다.〔太極之有動靜, 天命之流行也.〕"라고 하고, 〈광중 호식(胡宓)에게 답하다〔答胡廣仲〕〉두 번째 편지에서 "동과 정 두 글자는 대대적인 관계로서 서로 없을 수 없으니, 이는 바로 천리가 본래 그러한 것〔天理之自然〕으로 사람의 힘으로 어떻게 할 수 있는 바가 아니다."라고 하였다. 이황은 '이요루'라는 명칭의 출전인 《논어》〈옹야〉의 "지혜로운 사람은 동적이고 어진 사람은 정적이다.〔知者動, 仁者靜.〕"라고 한 내용과 연계하여 '동정'을 언급한 것인

흉중에 어떤 근심도 붙게 하지 말아야지   莫遣胸中著許愁

데, 이 구절의 '동정'은 일상생활 속의 동정이 기(氣)의 움직임으로 보이지만 실은 모두
이(理)의 발현, 즉 그 속에 천리가 내재되어 있다는 뜻이다.

연경으로 가는 이계진³⁷⁰에게 부쳐 주다 【무신년(1548, 명종3, 48세) 7~9월 추정. 단양(丹陽)】

寄贈李季眞之燕

힘든 상황이라야 굳고 곧음 확인할 수 있는 법	侵撓可驗堅貞在
멀리 떨어져 있어도 지취가 같을 수 있지	乖隔猶能臭味同
만 리 길 아득히 뗏목이 은하수에 오르니	萬里迢迢槎上漢
돌아와선 굳이 엄공에게 물을 필요 없다네³⁷¹	歸來不必問嚴公

---

370 이계진 : 【譯注】 이후백(李後白, 1520~1578)으로, 본관은 연안(延安), 자는 계진 (季眞), 호는 청련(靑蓮), 시호는 문청(文淸)이다. 1573년(선조6) 종계변무사(宗系辨 誣使)로 명(明)나라에 다녀왔다. 1548년(명종3)에 사신으로 연경에 간 행적은 확인되지 않는다.

371 뗏목이……없다네 : 【譯注】 이계진이 사신의 임무를 띠고 중국에 갔기 때문에 무슨 돌인지 몰라서 엄군평(嚴君平 엄준(嚴遵))에게 물은 것과는 달리 물을 필요 없다는 뜻이 다. '뗏목이 은하수에 오른다'는 것은 사신의 행차가 출발하는 것을 비유한다. 한(漢)나라 엄준은 평생 벼슬을 사양하고 성도(成都) 시내에서 점을 쳐주며 살았는데, 하루에 몇 사람만 점을 쳐서 100전을 벌면 가게 문을 닫아 주렴을 내린 채《노자》를 강의하였다. 장건(張騫)이 뗏목을 타고 은하수로 올라가 직녀(織女)에게 돌을 받고는 성도로 가서 엄준에게 보이니, 직녀가 베틀을 괴던 돌[支機石]이라고 하였다.《漢書 嚴遵傳》《太平御 覽 卷8》

가을날 회포를 적다 【무신년(1548, 명종3, 48세) 7~9월 추정. 단양(丹陽)】

秋日書懷

(詩-續卷 1-165)

나는 산중에서나 살아야 할 무능한 사람인데	我是山中拙滯蹤
지금엔 모든 계획이 허사가 되었구나	如今百計墮虛空
의원 찾아선 수많은 처방 부질없이 시험하고	求醫浪試千方驗
관리 되어선 조금의 공효도 내지 못하였지	作吏難酬一寸功
기러기 보니 시름겨운 마음 하늘처럼 아득하고	鴈引愁心天共遠
바람이 부니 귀향하고픈 생각 강물처럼 끝없어라	風牽歸思水無窮
중양절 손꼽으며³⁷² 술 빚으라 집에 재촉하니	重陽屈指催家釀
곱게 핀 국화꽃 떨기 저버리지 말아야지³⁷³	莫負煌煌滿鈿叢

---

372 중양절 손꼽으며 : 【譯注】 9월 9일 중양절에 맞추어 고향에 간다는 뜻으로, 이황은 1584년 9월 휴가를 받아 고향에 가서 성묘하였다. 《退溪先生年譜 卷1》

373 곱게……말아야지 : 【譯注】 중양절에 수유(茱萸) 주머니를 차고 높은 곳에 올라 국화 꽃잎을 술잔에 띄워 마시며 장수를 기원하고 사기(邪氣)를 쫓는 풍속이 있었기 때문에 이렇게 말한 것이다. 한(漢)나라 환경(桓景)이 선인(仙人) 비장방(費長房)에게 가서 배웠는데, 하루는 비장방이 환경에게 "9월 9일 너의 집에 재앙이 있을 것이니, 급히 가서 집안사람에게 각각 붉은 주머니에 수유를 담아 팔뚝에 걸고 높은 산에 올라가 국화 주를 마시게 하라. 그러면 이 재앙을 피할 것이다."라고 하자, 환경이 그의 말에 따라 9월 9일에 온 가족을 데리고 산에 올라갔다가 저물녘에 내려와 보니, 닭·개·소·양 등의 가축만 일시에 다 죽고 사람은 끝내 무사하였다. 《續齊諧記》

하염없는 세월 사두마차처럼 너무 빠르니	荏苒年光劇駟馳
가을 되자 귀밑머리 먼저 세는구나	秋來先覺鬢霜欺
사슴 잡은 건 실제가 아님을 진즉 알았으니[374]	早知得鹿非眞境
갈림길 많아 양 잃었다는 걸 어찌 믿으랴[375]	寧信亡羊有衆歧
귀뚜리 분분한 국화 정원에 바람이 거세고	菊院亂蛩風勃窣
까치 나는 오동 숲에 달빛이 흐트러진다	梧林翻鵲月參差

맹교(孟郊)처럼 시구(詩句) 고심한다[376] 평소 스스로 비웃었는데

平生自哂詞郊苦

심약(沈約)처럼 야윈 내 모습[377]에 요즘 남들은 놀라누나

此日人驚貌沈羸

---

374 사슴……알았으니 : 【譯注】 관직이나 부귀영화가 꿈같이 허망하다는 것을 안다는 뜻이다. 정(鄭)나라 사람이 숲에서 사슴을 잡았는데 남이 볼까 걱정하여 깊은 구덩이에 감춰 두고 파초 잎으로 덮어놓고는 좋아서 어쩔 줄 모르다가 잠깐 사이에 감추어 둔 곳을 잊고는 꿈이라 여긴 채 길을 가면서 계속 그 사실을 혼자 중얼거리자, 곁에서 그 말을 들은 자가 그곳을 찾아가 사슴을 취하여 집에 돌아가서는 아내에게 "아까 땔나무 하던 사람은 꿈에 사슴을 얻고도〔夢得鹿〕 그곳을 알지 못하고 나는 지금 그 사슴을 얻었으니, 저 사람은 단지 정말 꿈을 꾼 사람〔眞夢者〕일 뿐이오."라고 하였다. 《列子 周穆王》

375 갈림길……믿으랴 : 【譯注】 학문의 길이 많기 때문에 일정한 성취를 이루지 못하는 것은 아니라는 뜻이다. 양자(楊子)의 이웃 사람이 양을 잃어 찾으러 갔다가 빈손으로 돌아와서는 "갈림길 속에 다시 갈림길이 있어 양이 어디로 갔는지 알 수 없었습니다."라고 하니, 양자의 제자 심도자(心都子)가 "큰길은 갈림길이 많아 양을 잃고〔多岐亡羊〕, 학자는 방도가 많아 방향을 잃는다.〔多方喪生〕"라고 하였다. 《列子 說符》

376 맹교(孟郊)처럼 시구(詩句) 고심한다 : 【攷證 卷8 詞郊苦】 미상이다. 【校解】 당 (唐)나라 맹교가 시를 짓는 데 각고의 노력을 기울였듯이 이황 자신도 그렇게 한다는 뜻이다. 송(宋)나라 소식(蘇軾)의 〈자옥 유근(柳瑾)에 대한 제문〔祭柳子玉文〕〉에 "맹교는 시의 풍격이 청한하고, 가도는 시의 풍격이 수척하다.〔郊寒島瘦〕"라고 하였다.

가련하여라 병든 뒤 찾아오는 이 없어 쓸쓸하니	可憐病後人岑寂
연래로 인간사 험하단 걸 대략이나마 알았지	粗識年來事嶮巇
헌함 앞에 대나무 심으니 속진이 이미 사라지고	種竹當軒塵已淨
채소 심어 고기 대신하니 그런대로 입맛에 맞는다	栽蔬替肉口堪資
호젓한 꽃은 저무는 계절이라 괜스레 생각 많은 듯	幽花晚節空多思
외로운 새는 썰렁한 이 집에서 또한 우롱치 않누나	獨鳥寒栖亦不欺
어젯밤 등불 아래 고향 편지 썼으니	昨夜燈前作鄕信
아이종 -원문 1자 결락- 수습하라 하기 위해서지	爲言收拾□童兒

---

377 심약(沈約)처럼……모습 : 【譯注】 남조 시대 양나라 심약이 병들어 야위었는데, 이황은 시구를 고심하느라 심약처럼 야위었다는 뜻이다. 심약이 자신의 벗 서면(徐勉)에게 준 편지에 "백여 일 동안에 허리둘레는 줄어 허리띠의 구멍을 늘 옮기게 되고 손으로 팔목을 쥐어 보면 한 달에 평균 반 푼씩 줄어드니, 이런 추세로 볼 때 어찌 오래 버틸 수 있겠는가."라고 하였다. 《梁書 沈約列傳》

권 이상에 대한 만사[378] 【무신년(1548, 명종3, 48세) 10월 추정. 단양(丹陽)】

挽權貳相

강직한 사람이 어찌 잔꾀를 쓰겠습니까	戇直寧容智巧營
이런 마음 평소에 저버리지 않으려 하셨습니다	此心要不負平生
오직 대덕에게 위기 닥치는 걸[379] 아파했으니	惟傷戴德危機迫
흉역에 연루되어 큰 재앙에 걸리실 줄[380] 어찌 생각이나 했겠습니까	
	豈料連兇巨禍嬰

---

378 권 이상……만사 : 【攷證 卷8 權貳相】 '권 이상'은 충재(沖齋)이다. 【校解】 '충재'는 권벌(權橃, 1478~1548)의 호로, 그는 본관이 안동(安東), 자가 중허(仲虛), 호가 송정(松亭)·훤정(萱亭), 시호가 충정(忠定)이다. 그가 1545년(인종1) 종1품직인 의정부 우찬성이 되었기 때문에 '이상'이라고 한 것이고, 이 만사는 《충재집》권9에 〈만장(挽章)〉이라는 제목으로도 실려 있다.

379 대덕에게……걸 : 【攷證 卷8 戴德危機迫】 미상이다. 【校解】 '대덕(戴德)'은 훌륭한 인물로, 여기서는 권벌을 이른다. 황제(黃帝)가 천로(天老)에게 봉황의 형상에 대해 묻자, 천로가 "머리에 덕을 이었고〔首戴德〕 목에 의(義)를 매달았습니다."라고 하였는데, 머리에 덕을 이었다는 것은 봉황 머리의 꽃무늬를 가리키는 것이다. 《藝文類聚 尙書部下 鳳凰條》 당(唐)나라 때 한원(韓瑗)과 저수량(褚遂良)이 무고를 입어 억울하게 죽은 뒤로는 두려워서 감히 과감하게 간언하는 자가 아무도 없었는데, 고종(高宗)이 봉천궁(奉天宮)을 짓는 것에 대하여 어사 이선감(李善感)이 처음으로 상소하여 극언하자, 당시 사람들이 기뻐하여 이를 "봉황이 조양에서 운다.〔鳳鳴朝陽〕"라고 하며 칭찬하였다. 1545년(인종1) 8월 윤원형(尹元衡)의 세력이 윤임(尹任)의 세력을 배척한 을사사화가 일어나자, 원상(院相)인 권벌이 적극적으로 윤임·유인숙(柳仁淑)·유관(柳灌) 등을 구원하는 계사(啓辭)를 올려 직간(直諫)하였고, 논공행상에서 추성위사 홍제보익 공신(推誠衛社弘濟保翼功臣)에 책록되었으나 정순붕(鄭順朋) 등이 삭훈(削勳)을 요청하여 윤허되었다. 《定本退溪全書 卷15 贈大匡輔國崇祿大夫議政府左議政兼領經筵監春秋館事行崇政大夫議政府右贊成兼判義禁府知經筵事權公行狀》

고향에 돌아가선 본인 허물 줄곧 생각하셨는데[381]　故里放歸方念咎

변방에 귀양 가선[382] 속마음 결국 못 드러내셨습니다　窮邊謫去竟含情

제가 와병 중에 눈물 흘리는 건 무엇 때문입니까　病中垂涕緣何事

관과지인의 뜻 밝혀지지 않은 듯해서입니다[383]　觀過知仁恐未明

---

380 흥역에……줄 : 【譯注】 권벌은 1547년(명종2) 양재역 벽서사건에 연루되어 태천(泰川)으로 유배되고, 이듬해 삭주(朔州)로 이배되었다가 그곳에서 세상을 떠났다. 《定本退溪全書 卷15 贈大匡輔國崇祿大夫……權公行狀》

381 고향에……생각하셨는데 : 【譯注】 권벌은 조광조(趙光祖)의 기호 사림파의 개혁 정치에 영남 지역 사림으로서 참여하면서 훈구파와의 조정을 시도했으나 1519년(중종14) 11월 기묘사화에 연루되어 파직당하고 귀향했다가 1533년 여름 밀양 부사(密陽府使)에 임명되었다. 《定本退溪全書 卷15 贈大匡輔國崇祿大夫……權公行狀》

382 변방에 귀양 가선 : 【譯注】 권벌은 1547년(명종2) 양재역 벽서사건에 연루되어 태천(泰川)으로 유배되고. 이듬해 삭주(朔州)로 이배되었다가 그곳에서 세상을 떠났다.

383 제가……듯해서입니다 : 【譯注】 '관과지인(觀過知仁)'은 《논어》〈이인(里仁)〉에 보이는 내용이다. 권벌은 사화가 일어날 때마다 선류(善類)를 구제하려고 노력했으니, 그의 과오라고 여겨지는 사안들이 남에게 너무 후한 데서 나왔는데도 해배(解配)되지 못하고 유배지에서 세상을 떠난 것이 아쉽다는 뜻이다.

SNP0962(詩-續卷2-1)

연첩¹하는 길에 상주에 도착했는데, 고향에 들르러 간 상주 목사 김계진²이 아직 돌아오지 않다 기유(1549, 명종4, 49세)

【1월 추정. 상주(尙州)】

沿牒到尙州 主牧金季珍歸鄕未返 己酉

사벌³은 지금까지도 크다고 이름난 고을	沙伐雄州擅至今
무지개다리 건넌 뒤에 큰 숲을 지난다	虹橋過了度長林
누대는 해에 빛나니 새 그림으로 단장하고	樓臺眩日粧新畫
버들은 봄을 맞으니 연한 금빛 퍼지누나	楊柳迎春擺嫩金
한 생각 사이에 천고의 자취 쉬이 묵었으나	一念易陳千古跡
다시 와보니 십 년 전 품은 마음 여전하여라	重來依舊十年心
어찌 알았으랴, 목사가 하늘 저편 멀리 떠나	那知主牧天涯去
술동이 놓고 마주 보며 취하여 시 읊지 못할 줄을	不作罇前對醉吟

---

1 연첩(沿牒) : 【譯注】 관원들이 관직에 임명하는 임명장을 따라서 여기저기 외직으로 돌아다닌다는 뜻이다. 이황의 넷째 형님 이해(李瀣)가 1548년 10월 충청도 관찰사가 되었는데 단양(丹陽)이 그 관할 지역에 속하기 때문에 단양 군수였던 이황이 풍기 군수(豐基郡守)로 전임되었다. 《溫溪逸稿年譜》《退溪先生年譜 卷1》

2 김계진 : 【譯注】 김언거(金彦琚, 1503~1584)로, 본관은 광산(光山), 자는 계진(季珍), 호는 관포당(灌圃堂)·칠계(漆溪)·풍영정(風詠亭)이다.

3 사벌 : 【攷證 卷8 沙伐】 상주(尙州)는 옛날 사벌국이다.

풍영루에 걸려 있는 시⁴에 차운하다 【기유년(1549, 명종4, 49세) 1월 추정. 상주(尙州)】

次風詠樓韻

내가 왔는데 그대⁵ 없건만	我來君不在
성곽엔 오히려 달이 밝구나	城郭月猶明
예전 꿈속에서 오려 할 땐 산이 겹겹으로 막더니	夢裏山重阻
지금은 시름에 빠져 있는데 풀이 돋으려 한다	愁邊草欲生
남은 추위가 봄인데도 여전히 매섭고	餘寒春尙峭
병든 몸이라 밤인데도 되레 정신이 맑아라	病骨夜還淸
풍영루에 걸려 있는 시에 세세히 화운하노니	細和州樓句
같은 이름의 그대 정자 감상하는 듯⁶	家亭賞共名

---

4 풍영루에……시 : 【譯注】'풍영루(風詠樓)'는 상주(尙州) 관아 객사 근처에 있었던 누각이다. 1487년(성종18)에 지어진 김종직(金宗直)의 〈풍영루중영기(風詠樓重營記)〉에 의거하면, 1370년(공민왕19) 목사 김남득(金南得)이 관아 동북쪽에 정자를 짓고 이색(李穡)이 '풍영'이라 명명하고 기문을 지었고, 1408년(태종8)에 목사 송인(宋因)이 중건하고 권근(權近)이 기문을 지었고, 1487년에 목사 설순조(薛順祖)가 중건하고 김종직이 기문을 지었다고 하였다. 시는 이숭인(李崇仁)의 〈상주의 풍영정에 제하다[題尙州風咏亭]〉이다.

5 그대 : 【譯注】김언거(金彦琚, 1503~1584)를 가리킨다. 그는 본관이 광산(光山), 자가 계진(季珍), 호가 관포당(灌圃堂)·칠계(漆溪)·풍영정(風詠亭)이다. 이때 상주 목사로 재직 중이었는데, 귀향했다가 아직 상주에 돌아오지 않았다.

6 같은……듯 : 【攷證 卷8 家亭賞共名】김계진의 집에 있는 정자의 이름도 풍영이다. 【校解】풍영정은 현재 광주시 광산구 극락강(極樂江) 가에 있다.

4월 22일 유생들을 만나러 백운동 서원으로 가는 길에 말 위에서 지은 즉흥시 【기유년(1549, 명종4, 49세) 4월 22일. 풍기(豐基)】

四月二十二日 將見諸生於白雲書院 馬上卽事

서늘한 금수[7]에 밤비 더해졌는데	錦水寒添夜雨淸
아침 구름 막 걷히니 산들이 푸르다	朝雲新捲衆山靑
길에 가득한 야당화 그 향기 풍겨오고	野棠滿路吹香霧
꺼엉꺼엉 장끼 울음 이따금 들리누나	角角時聞雄雉鳴

---

7 금수(錦水) : 【譯注】 소백산에서 발원하여 순흥(順興) 일대를 흐르다가 낙동강으로 흘러 들어가는 금계천(錦溪川)이다.

순흥 향교의 옛터에 들르다【기유년(1549, 명종4, 49세) 4월 23일. 풍기 (豐基)】

過順興鄕校舊址

지필봉(紙筆峯)과 연묵지(硯墨池)[8]가 있었다.

몇몇 집 있는 마을 그 울타리 쓸쓸한데	蕭條籬落數家村
뽕밭 삼밭에 계견 뛰놀고 낮에도 문 닫혀 있다	雞犬桑麻晝掩門
지필봉 앞 연묵지 그 물 말랐으니	紙筆峯前池水涸
당시 향교의 현송[9]을 다시 누가 말하랴	當時絃誦更誰論

---

8 지필봉(紙筆峯)과 연묵지(硯墨池) :【譯注】주세붕(周世鵬)이 "안회헌(安晦軒 안향 (安珦)) 선생이 살던 옛 마을 찾아가니, 연당에 벼가 심어져 있어 안타깝구나.〔咨晦軒之 故里兮, 悶穳稏於硯塘.〕"라고 하였는데, '연당(硯塘)'에 대한 소주에 "연묵지는 지금 없어 지고 논이 되었다."라고 하였다.《武陵雜稿 卷1 ○ 別集 白雲洞次朱文公白鹿洞賦》

9 현송(絃誦) :【譯注】《시경》을 배울 때 거문고와 비파 등 현악기에 맞추어 노래로 부르는 것을 현가(絃歌)라 하고 악기의 반주 없이 낭독하는 것을 송(誦)이라 하는데, 수업하고 송독하는 것을 이른다. 공자가 그 제자 자유(子游)가 읍재로 있는 무성(武城) 에 갔을 때, 현악에 맞추어 부르는 노랫소리를 듣고는〔聞絃歌之聲〕 빙그레 웃으면서 "닭을 잡는데 어찌 소 잡는 칼을 쓰랴."라고 하였다.《論語 雍也》

SNP0966(詩-續卷2-5)

광풍대 【기유년(1549, 명종4, 49세) 4월 23일. 풍기(豐基)】
光風臺

석륜사(石崙寺) 서쪽에 있으며 주경유(周景遊)가 이렇게 명명하고 시를 지었다.[10]

아름다운 이름에 내 마음 감동하여	美名感余衷
지팡이 짚고 유서 깊은 광풍대 찾아오니	策杖尋古臺
승려의 말로는 주경유(周景遊)가 다녀간 뒤로	僧言周去後
이곳에 오가는 사람 없다고 한다	遊人莫往來
깎아지른 벼랑은 사다리 타면 오를 수 있고	絶壁梯可升
우거진 덤불은 베어내면 제거할 수 있거니와	荒榛翦可開
다만 광풍제월의 경지는	秖恐光霽處
남해에도 없고 술잔에도 없을 듯하니[11]	不在南溟杯

---

10 석륜사(石崙寺)……지었다 : 【譯注】'석륜사'는 소백산 태봉(胎峰)의 서쪽에 있었던 사찰이다. 이황이 1549년(명종4, 49세) 소백산을 유람하던 중 4월 임술일에 석륜사에서 유숙했는데, "석륜사 북쪽에 매우 기이한 바위가 있는데 마치 머리를 들고 있는 큰 새가 날아가려는 듯 모양이었기 때문에 옛날부터 봉두암(鳳頭巖)이라고 불렀다. 그 서쪽에 우뚝 솟은 바위가 있으니 사다리를 타야만 오를 수 있는데, 주경유(周景遊)가 이를 광풍대(光風臺)라고 명명했다."라고 하였다.《定本退溪全書 卷14 遊小白山錄》'주경유'는 주세붕(周世鵬, 1495~1554)으로, 본관이 상주(尙州), 자가 경유, 호가 남고(南皐)·무릉도인(武陵道人)·손옹(巽翁)·신재(愼齋)이고, 그가 지은 시는《무릉잡고(武陵雜稿)》별집 권1에〈광풍대〉라는 제목으로 실려 있는데, 이는 1544년(중종39) 5월 소백산에 올랐을 때 지은 것이다.《武陵雜稿附錄 卷2 愼齋先生年譜》

11 광풍제월의……듯하니 : 【譯注】'광풍제월(光風霽月)'은 송(宋)나라 황정견(黃庭堅)이 주돈이(周敦頤)의 인품을 평론한 말로, 높은 인품과 탁 트인 흉금은 큰 바다나 멀리 있는 북두성에 있는 것이 아니라는 뜻이다. 주세붕의〈광풍대〉시에 "나는 남해를 술동이로 삼고, 북두성을 술잔으로 삼고 싶노라.〔我欲樽南海, 北斗以爲杯.〕만고의 흉금

묻고 싶노라. 무극옹[12]의 참모습을 　　　　　　　欲問無極翁

참으로 아는 사람은 필경 누구인가 　　　　　　　眞知竟誰哉

한 번 씻어내고, 취하여 누우면 얼마나 상쾌할까."라고 하였다.

12 무극옹 : 【譯注】 주돈이를 이르는 말로, 그가 〈태극도설(太極圖說)〉에서 "무극이면서 태극〔無極而太極〕이다."라고 하였기 때문에 그의 별칭이 되었다.

자개봉[13] 【기유년(1549, 명종4, 49세) 4월 24일. 풍기(豊基)】

紫蓋峯

주경유(周景遊)의 〈자개봉〉 시[14]에 "산 정상에 자라는 나무는 모두 청풍나무, 7월에 와서 보았을 땐 그 나무 반쯤 붉었었지. 곧장 깊은 가을 되자 붉은 일산처럼 난만하니, 내가 와서 채색 구름 속에서 붓을 휘두른다.〔峯頭生樹盡青楓, 七月來看楓半紅. 直到深秋如紫蓋, 我來揮筆彩雲中.〕"라고 하였다.

견여 타고 반공을 가로질러 갈 때	肩輿橫度半天中
끝없이 눈에 비치는 붉은 철쭉꽃	照眼無邊躑躅紅
시옹[15]에게 말하노니 자개봉을 읊는 것이	寄語詩翁吟紫蓋
어찌 굳이 상풍이 난만한 가을이어야 하리오	清秋何必爛霜楓

---

13 자개봉(紫蓋峯) : 【譯注】《정본 퇴계전서》권1에 같은 제목의 시가 있다.

14 주경유(周景遊)의 자개봉 시 : 【譯注】'경유'는 주세붕(周世鵬, 1495~1544)의 자로, 그는 본관이 상주(尙州), 호가 남고(南皐)·무릉도인(武陵道人)·손옹(巽翁)·신재(愼齋)이다. 그의 〈자개봉〉 시는 《무릉잡고(武陵雜稿)》 원집 권3에 실려 있다.

15 시옹(詩翁) : 【譯注】 주세붕을 이른다.

SNP0968(詩-續卷2-7)

상가타 암자[16] 【기유년(1549, 명종4, 49세) 4월 25일. 풍기(豐基)】
上伽陁

고려 시대 희선 장로(希善長老)와 불일보조 국사(佛日普照國師)가 머물던 곳이다.[17]

천 길 벼랑에서 굽어보니 구름이 펼쳐졌는데	俯瞰千崖雲一頃
쓸쓸한 판잣집은 고요히 바위 곁에 있다	蕭條板屋依巖靜
고승이 선정(禪定)에 들었던 이곳에는	云是高僧入定處
도력이 여전히 맹수를 굴복시킬 만하고	道力猶堪服頑猛
아홉 해 동안 좌선하며 산을 나서지 않았으며[18]	九年宴坐不出山
지금에도 바리때 씻던 차가운 우물 남아 있다 하네	至今洗鉢餘寒井
그가 공부한 심법 어떠한지 물을 필요 없으니	不須心法問如何
그의 고행이 나를 깊게 반성하게 하누나[19]	苦行令人發深省

---

16 상가타(上伽陁) 암자 : 【譯注】 소백산에 있던 암자로, 이황이 1549년(명종4) 4월에 소백산을 유람할 때 갑자일에 찾은 곳인데, 이외에 중가타와 하가타도 있다. 《定本退溪全書 卷14 遊小白山錄》

17 희선 장로(希善長老)와……곳이다 : 【譯注】 승려 종수(宗粹)가 이황에게 해준 말이다. 《定本退溪全書 卷14 遊小白山錄》 희선 장로는 미상이고, 고려 시대 불일보조 국사(佛日普照國師, 1158~1210)는 속성이 정씨(鄭氏), 법명이 지눌(知訥), 호가 목우자(牧牛子), 시호가 불일보조이다.

18 아홉……않았으며 : 【譯注】 승려 종수가 "보조 국사가 여기에서 좌선 수도(坐禪修道)하여 9년 동안 밖에 나가지 않고, 목우자라고 자호했다."라고 하였다. 《定本退溪全書 卷14 遊小白山錄》

19 그의……하누나 : 【譯注】 승려 종수가 보조 국사의 시 몇 구절을 외우자, 이황은 정신이 번쩍 들면서 '오곡이 제대로 익지 않으면 피만도 못하다'는 맹자의 경계를 떠올렸다. 《定本退溪全書 卷14 遊小白山錄》

묘봉암²⁰ 팔경 경술(1550, 명종5, 50세)【5~6월 추정. 예안(禮安)】

妙峯庵八景 庚戌

(詩-續卷2-8)

병풍처럼 에워싸고 있는 바위산 巖嶂遠屛

연꽃 모양으로 깎인 철벽 그 모습 괴이한데	鐵削蓮敷詭狀姿
높디높은 곳의 암자를 병풍처럼 에워싼다	高高蘭若作屛圍
알지 못하겠네 좌선하여 공(空)을 관하여	不知宴坐觀空妙
선가(禪家)의 몇 조사 의발을 전하였는지²¹	傳得渠家幾祖衣

(詩-續卷2-9)

옥 소리 울리듯 흘러가는 계곡물 溪澗漱玉

암천이 무심히 내달려²² 산꼭대기에서 내려오니	巖泉虛駃下雲巓
밤낮으로 쟁그랑 울리는 소리 패옥이 걸려 있는 듯	日夕鏘鳴玉玦縣
산창 가에 고요히 앉아 있자 마음 절로 즐거우니	靜坐山牕心自悅

---

20 묘봉암 :【譯注】이황이 1549년(명종4) 4월에 소백산을 유람할 때 안내해주었던 승려 종수(宗粹)가 거처하는 암자이다.《정본 퇴계전서》권14〈소백산 유람록(遊小白山錄)〉에 "초암(草庵)에 도착하였다. …… 승려 종수는 내가 왔다는 말을 듣고 묘봉암(妙峯庵)에서 이곳으로 찾아왔다."라고 하였다.《定本退溪全書 卷14》

21 알지……전하였는지 :【譯注】〈소백산 유람록〉에 "고려 시대 희선 장로(希善長老)와 불일보조 국사(佛日普照國師)가 소백산의 상가타(上伽陁) 암자에 머물며 수도했다."라고 하였다. 묘봉암에 주석하는 종수 승려가 좌선 수행을 하여 그 선지(禪旨)를 이었을 것이라고 말한 것이다.

22 내달려 :【攷證 卷8 駃】독음이 쾌(快)이니, 질주한다는 뜻이다.

어찌 굳이 그 소리를 부처의 광장설²³로 여기랴 　　何須認作廣長禪

(詩-續卷2-10)

넘실대는 바다처럼 피어오르는 연무 洩霧漲海

연무가 자욱히²⁴ 피어올라 모든 걸 멋대로 삼키니 　　煙騰霧鴻恣吞幷

눈 아래 산과 냇물이 대해(大海)처럼 아득하다 　　眼底山川渺渤溟

바람결에 한 번 웃자 순식간에 연무가 사라지니 　　一笑臨風俄變滅

봉래산 맑은 물결 얕아진들²⁵ 어찌 굳이 놀라랴 　　蓬萊淸淺詎須驚

(詩-續卷2-11)

비를 뿌리고 돌아가는 구름 歸雲拖雨

먼 곳엔 띠 모양 구름이 옆으로 펼쳐있거늘 　　遠勢橫拖帶樣雲

한쪽에선 도리어 빗속의 천지가 된다 　　一方猶作雨乾坤

용공²⁶이 피곤한지 비 거두어 깊은 굴로 돌아가니 　　龍公倦罷歸深洞

---

23 광장설(廣長舌) : 【譯注】 본래 부처의 32가지 대인상(大人相)의 하나인데, 불법을
설하는 소리를 뜻한다. 【攷證 卷8 廣長禪】 송(宋)나라 소식(蘇軾)의 〈동림사의 총 장로
에게 주다〔贈東林總長老〕〉 시에 "시냇물 소리가 바로 부처의 넓고 긴 혀이니, 산빛이
어찌 비로자나불의 청정 법신 아니랴.〔溪聲便是廣長舌, 山色豈非淸淨身?〕"라고 하였다.
【校解】《고증》에 '便是'가 '恰似'로 되어 있는데, 통행본《동파전집(東坡全集)》에 의거하
여 수정하였다.

24 자욱히 : 【攷證 卷8 鴻】 '홍'은 상성(上聲)으로, 홍(澒)과 같으니, 원기(元氣)가
나뉘지 않아 뒤섞여 있는〔濛鴻〕 것이다.

25 봉래산……얕아진들 : 【譯注】 많은 세월이 흐르거나 큰 변천이 발생한 것을 비유한
다. 마고(麻姑)가 왕방평(王方平)에게 "동해가 뽕밭으로 변하는 것을 세 번 보았다. 일전
에 봉래산에 이르렀는데, 물이 이전보다 얕아졌다."라고 하니, 왕방평이 "동해가 장차
말라 다시 먼지가 일 것이다."라고 하였다. 《神仙傳》

늘 문 닫은 채 한가로운 승려 되레 부러워라　　　　却羨僧閒長閉門

(詩-續卷2-12)

보일락 말락 짙푸른 산 隱見濃蛾

떠다니는 남기 속에 푸른 산이 절로 겹겹이니　　　浮嵐積翠自重重
고운 눈썹 그려 놓은 듯 산색이 매우 짙어라　　　抹畫愁眉抵死濃
사람 마음에 괜스레 번뇌 생겨 그렇게 보일 뿐　　只爲人心枉生惱
군자 같은 높은 산이 어찌 아녀자의 모습 지으랴　高山寧作女兒容

(詩-續卷2-13)

고르게 멀리 퍼지는 낙조 平遠落照

돌아가는 까마귀 그 등에 번쩍 섬광이 눈에 드는데　入望歸鴉背閃紅
구름 낀 산 아득하고 강물은 끝없어라　　　　雲山迢遞水無窮
시인도 이곳 경치의 하나일 뿐이니　　　　　簡中物色詩人在
환영처럼 허공에 그려진 그림 자랑하지 말아야지[27]　莫詫丹靑幻掃空

(詩-續卷2-14)

처마에 걸린 달과 별 月星掛簷

산사(山寺)는 총총 느릅나무[28] 주변에 있고　　　招提種種白楡邊

26　용공 : 【譯注】 눈과 비를 관장하는 용신(龍神)이다. 소식의 〈취성당의 눈[聚星堂
雪]〉 시에 "창 앞에 은은한 소리 메마른 잎 울리더니, 용공이 솜씨 부려 첫눈을 쏟아내누
나.[窓前暗響鳴枯葉, 龍公試手行初雪.]"라고 하였다.

27　시인도……말아야지 : 【譯注】 이곳에 있는 시인, 즉 이황도 경물 가운데 하나일 뿐이
니 아름다운 시를 지어 자랑하면 안 된다는 뜻이다.

28　총총 느릅나무 : 【譯注】 빛나는 별을 이른다. 【攷證 卷8 種種白楡】 〈농서행(隴西

은궐[29]은 허공에 나직이 천 리를 둥글게 비춘다 　　　　銀闕低空千里圓

꼭 산이 높아 하늘이 가까워진 게 아니라 　　　　　　未必山高天便近

다만 신선 되어 하늘에 오른 게 아닐까 하네 　　　　只疑身化已騰天

(詩-續卷2-15)

허공에 울리는 종경 소리 鍾磬響空

상방[30]의 종경 소리 구름 낀 하늘에 울리거늘 　　　　上方鍾磬夏雲空

홍진 속 사람들은 모두 귀가 먹은 듯 　　　　　　塵界人人摠若聾

허공에 메아리치니 맑은 밤에 고금[31]이 우는데 　　　響空皋禽淸夜唳

바람 불어 이 소리들 함께 광한궁에 들여보내누나 　風吹同入廣寒宮

　-승려 종수(宗粹)가 소백산의 높은 곳에 암자를 짓고는 묘봉암이라고 명명하였
다. 묘봉암 주변의 여덟 경치에 대하여 시를 지어달라고 하기에 애오라지 이상
의 시를 적어 주어 예전에 찾아와 유람했던 경치를 서술하였다. 경술년 하지가
지난 며칠 뒤에 퇴계병수(退溪病叟)가 쓰다.-

行)〉에 "천상에 무엇이 있는가, 역력히 심어진 흰 느릅나무 있지.〔天上何所有? 歷歷種白
楡.〕"라고 하였다.《文選補遺 卷34》당(唐)나라 두보(杜甫)의 〈대각사의 고승인 난야
스님〔大覺高僧蘭若〕〉시에 "향로봉 빛깔이 맑은 호수에 잠기고, 살구꽃 심은 신선의
집 별나라에 가깝네.〔香爐峰色隱晴湖, 種杏仙家近白楡.〕"라고 하였다.

29 은궐(銀闕) :【譯注】밝은 달을 비유한다. 소식의 〈중추절에 달을 보면서 아우인
자유 (蘇轍)의 시에 화답하다〔中秋見月和子由〕〉시에 "한 잔 술 채 마시기도 전에 밝은
달 솟아나니, 어지러운 구름이 무너지는 파도처럼 흩어지누나.〔一杯未盡銀闕涌, 亂雲脫
壞如崩濤.〕"라고 하였다.

30 상방 :【譯注】주지승이 거처하는 방인데, 여기서는 높은 곳에 있는 사찰을 이른다.
【攷證 卷8 上方】상숭(常崇)이 수(隋)나라 양제(煬帝)를 모시고 보산(遊寶)에 갔는데,
양제가 "어느 때에 상방에 이를 수 있을까?〔何時到上方?〕"라고 물었다.《韻府群玉 卷6》

31 고금(皋禽) :【譯注】학을 이른다.《시경》〈소아(小雅) 학명(鶴鳴)〉에 "학이 구고에
서 울자, 그 소리가 하늘에까지 들린다.〔鶴鳴于九皋, 聲聞于天.〕"라고 하였다.

SNP0970(詩-續卷2-16~23)

대나무를 옮겨 심다. 소강절의 〈큰 대나무. 8수〉 시³²에 차운하다 【경술년(1550, 명종5, 50세) 6월~윤6월 추정. 예안(禮安)】

移竹 次韻康節高竹八首

(詩-續卷2-16)

어린 대나무 두세 떨기	穉竹兩三叢
옮겨 심으니 생기가 돈다	移來見其生
게다가 새로운 싹 돋아 기쁘니	且喜新萌抽
편행의 때 놓친들 어떠리³³	何妨逸鞭行
대나무는 은거하는 나를 만나고	物遇人之幽
나는 태평성대 만났지	人荷時之明
한 이랑 산골 정원에서	山園一畝內
서로 정을 나누니 다행이어라	幸矣相娛情

(詩-續卷2-17)

앞뜰에 어린 대나무 심으니	穉竹種前庭
나의 창문 맑고도 호젓하여라	我囪淸且幽

---

32 소강절의……시 : 【譯注】 '소강절'은 송(宋)나라 소옹(邵雍, 1011~1077)으로, 그는 자가 요부(堯夫), 시호가 강절(康節)이다. 그의 〈큰 대나무. 8수〔高竹八首〕〉 시는 《이천격양집(伊川擊壤集)》 권1에 실려 있다.

33 편행의……어떠리 : 【譯注】 '편행(鞭行)'은 대나무의 뿌리가 땅속에서 뻗어 자란다는 뜻으로, 죽취일(竹醉日) 또는 죽미일(竹迷日)이라고 부르는 5월 13일에 대나무를 옮겨 심으면 무성하게 자란다고 하는데, 이날이 지났어도 무방하다는 뜻이다. 《天中記 卷53 引用 藝苑雌黄》

무성한 모습은 여름에 보고	猗猗見長夏
늠름한 자태는 가을에 기약한다	凜凜期高秋
들어와선 차군을 마주하고	入而對此君
나가서는 시냇물로 양치질하지[34]	出而漱溪流
맑고 시원한 경물은 많아도 싫지 않으니	清寒不厭多
만나는 곳마다 마음껏 거두노라	遇境恣所收

(詩-續卷2-18)

나의 뜰에 어린 대나무 심었으니	穉竹種我庭
그곳은 역시 호젓한 바위 아래이다	亦在幽巖下
소나무도 매화도 함께 있으니	有松併有梅
지조의 풍모 그 세 나무는 충분한 자랑거리지	三節足成詫
탈속한 이가 때로 찾아오거니와	畸人有時來
속인의 방문을 어찌 대놓고 사절하랴	俗駕寧對謝
참으로 이곳에서 늙어갈 만하니	誠堪老此閒
육식 끊은 지 이미 오래되었지[35]	肉食久已罷

---

34 시냇물로 양치질하지 : 【譯注】은거 생활을 뜻한다. 진(晉)나라 손초(孫楚)가 은거하려고 하면서 "돌을 베고 물로 양치질한다.〔枕石漱流〕"라고 말해야 하는데, "물을 베고 돌로 양치질한다.〔枕流漱石〕"라고 잘못 말하였다. 왕제(王濟)가 그 말을 듣고는 잘못을 지적하자, 손초가 "물을 베는 것은 속진에 찌든 귀를 씻어 내기 위한 것이요, 돌로 양치질하는 것은 연화(煙火)에 물든 치아의 때를 갈아서 없애기 위한 것이다."라고 하였다. 《晉書 孫楚列傳》

35 육식……오래되었지 : 【譯注】대나무의 모습에 심취하여 고기 맛을 잊었다는 뜻이다. 송(宋)나라 소식(蘇軾)의 〈어잠현 적조사(寂照寺)에 있는 승려 혜각(惠覺)의 녹균헌〔於潛僧綠筠軒〕〉시에 "밥상에 고기는 없어도 되지만, 거처에 대나무가 없어선 안

어린 대나무 이제 막 줄을 이루었는데   穉竹始成行

이미 백이의 청렴한 절조[36] 풍기는 듯   已似伯夷淸

여러 화초 중에 우뚝하니   挺然衆卉中

절로 풍교를 세울 만하여라   自可樹風聲

임금 자리 양보한 건[37] 한때의 의리이고   讓國一時義

주나라 곡식 부끄러워한 건[38] 백 대의 마음이지   恥粟百世情

〈채미가〉[39] 길게 불렀으나   長歌採薇曲

불평한 마음 드러냈다 그 누가 말하랴   孰云鳴不平

어린 대나무 옮겨 심어 살리기 어려우니   穉竹移難活

되지. 고기 없으면 사람이 여위게 되지만, 대나무 없으면 사람이 속되게 되니.〔可使食無肉, 不可居無竹. 無肉令人瘦, 無竹令人俗.〕"라고 하였다.

36 백이의 청렴한 절조 :【譯注】《맹자》〈만장 하(萬章下)〉에 "백이는 성인 가운데 청렴한 분이다.〔伯夷, 聖之淸者也.〕"라고 하였다.

37 임금……건 :【譯注】은(殷)나라 때 고죽국(孤竹國) 임금이 생전에 숙제(叔齊)를 후사로 삼으려 했으나 숙제가 형인 백이에게 왕위를 사양하자, 백이는 부친의 명령이라고 하면서 도망가니 숙제도 도망갔다. 《史記 伯夷列傳》

38 주나라……건 :【譯注】주(周)나라 무왕(武王)이 은(殷)나라를 멸망시키자, 백이는 그 아우 숙제와 함께 의리상 주나라의 곡식을 먹을 수 없다고 하면서 수양산(首陽山)에 들어가 고사리를 캐어 먹다가 굶어 죽었다. 《史記 伯夷列傳》

39 채미가 :【譯注】백이와 숙제가 수양산에 은거하여 고사리를 캐어 먹으면서 지어 부른 노래로, "저 서산에 올라, 그 고사리를 캐도다.〔采其薇矣〕 포악함으로써 포악함을 바꾸거늘, 그 잘못을 모르누나. 신농씨와 우(虞)·하(夏) 갑자기 사라지니, 나는 어디로 가야 하나. 아, 슬프도다, 천명이 쇠하였구나."라고 하였다. 《史記 伯夷列傳》

밤낮으로 부지런히 물주고 북돋워 주었지	日夕勤灌漑
땅에 뿌리 내리자 기뻐하는 듯하더니	托地如有欣
꼿꼿이 서서 의젓하게 나를 마주하누나	植立儼相對
소쇄하고 청진한 그 의취	蕭灑淸眞意
어느새 나의 마음에 맞는다	忽與我心會
군자의 덕에 비유해 〈기욱〉⁴⁰ 시 읊었으니	譬德詠淇澳
그 시인은 대나무 좋아할 줄 제대로 안 거지	詩人眞知愛

(詩-續卷2-21)

어린 대나무 아름다운 자태 지녔으니	穉竹有美姿
뾰족한 새순 이제 막 껍질에서 나왔네	尖新脫籜初
있던 곳 옮긴 줄도 술 취하여⁴¹ 모르고	遷地醉來忘
춤추는 가지는 웃을 때마다 흔들흔들⁴²	舞梢笑時舒
맑은 새벽 뒤엔 이슬에 함뿍 젖고	重露淸晨後
적은 비 내린 끝엔 서늘한 기운 서린다	微涼小雨餘

---

40 기욱 : 【譯注】 군자의 덕을 대나무에 비유한 시의 명칭이다. 《시경》〈위풍(衛風) 기욱(淇澳)〉에 "저 기수의 모퉁이를 보니, 푸른 대나무가 무성하도다.〔瞻彼淇澳, 菉竹猗 猗.〕 문채 빛나는 군자여, 절차탁마하누나."라고 하였다

41 술 취하여 : 【譯注】 죽취일인 5월 13일 즈음에는 대나무가 많은 비를 머금어 취한 모습과 같기에 이렇게 말한 것이다.

42 웃을 때마다 흔들흔들 : 【譯注】 대나무가 바람을 만나 흔들리는 모습이 사람의 웃는 모습과 같기 때문에 이렇게 말한 것이다. 대나무가 바람을 만나면 그 몸이 휘는데, 이를 죽소(竹笑)라고 한다. 《竹譜詳錄 竹態》 소식의 〈석실 선생 문동(文同)이 그린 대나무에 대한 찬송〔石室先生畫竹贊〕〉에 "대나무도 바람을 맞으면, 몸을 굽히며 웃는다.〔竹亦得 風, 天然而笑.〕"라고 하였다.

어찌 굳이 봉명관 열두 개[43]　　　　　　何須鳳鳴管

그 길이를 세세히 계산하랴　　　　　　　長短算分銖

(詩-續卷 2-22)

어린 대나무 땅을 뚫고 나올 때　　　　　　稺竹拔地生

그 기세가 구름 위로 솟을 듯하지　　　　　意欲干雲上

단혈산의 오색 빛깔 봉황이　　　　　　　丹穴五色禽

조화로운 울음 울며 어디로 가랴[44]　　　　離離去何向

소슬한 대나무가 호젓한 거처와 짝하니　　蕭蕭伴幽居

사립문이 나날이 맑아지고 널리 트인다　　柴門日淸曠

이를 보면 충분히 알 수 있지, 계상의 늙은이는　足明溪上翁

제후에 봉해질 관상[45] 원하지 않음을　　不願封侯相

(詩-續卷 2-23)

어린 대나무 절로 숲을 이루니　　　　　　稺竹自成林

---

43 봉명관 열두 개 : 【譯注】 십이율(十二律)을 만든 대나무 관이다. 황제(黃帝)가 영륜(伶倫)에게 음률을 만들라고 명하니, 영륜이 해곡(嶰谷)에서 길이 9촌인 대나무를 취하여 황종궁(黃鍾宮)을 만들고 차례로 12개의 율관(律官)을 만든 뒤에 곤륜산 아래에서 들리는 봉황의 울음소리에 따라 십이율을 구분하여 만들었다. 《說苑 脩文》

44 단혈산의……가랴 : 【譯注】 이황 자신이 사는 곳에 대나무를 심었으니 죽실(竹實)을 먹고 산다는 봉황이 다른 곳으로 갈 필요 없다는 뜻이다. '단혈산(丹穴山)'은 전설상의 산 이름으로, 오색영롱한 봉황새가 산다고 한다. 《山海經 南山經 鳳皇》

45 제후에 봉해질 관상 : 【譯注】 신분이 높아질 관상을 이른다. 한(漢)나라 반초(班超)가 젊었을 때 관상쟁이가 그에게 "그대는 제비의 턱에 범의 머리라 날아서 고기를 먹는 모습이니, 이는 곧 만리후에 봉해질 관상〔萬里侯相〕이다."라고 하였다. 《後漢書 班超列傳》

상쾌한 바람이 차가운 댓잎에서 인다   爽籟生寒葉

번천이 어찌 너를 제대로 알았으랴   樊川豈爾知

갑사 만 명에 너를 비유했으니[46]   比之萬夫甲

또한 도가 너무 외로울까 걱정스러워[47]   亦恐道太孤

국화 심어 주위를 둘렀지   栽菊繞成匝

잡초를 제거해야만 하니   除害不可無

때때로 친히 삽을 드노라   時時親操鋙

---

46 번천이……비유했으니 : 【譯注】 청아한 모습의 대나무를 갑사(甲士)에 비유한 것은 대나무를 제대로 이해하지 못했다는 뜻이다. '번천(樊川)'은 당(唐)나라 두목(杜牧)의 호로, 그가 대나무에 대해 지은 〈만청부(晩晴賦)〉에 "대숲이 밖에서 둘러싸니, 십만 장부와 같구나.[竹林外裹兮, 十萬丈夫.] 갑옷과 칼날 뒤섞어, 빽빽이 진 치고 빙 둘러 시립한 듯."이라고 하였다.

47 도가……걱정스러워 : 【譯注】 유학의 도리가 고립되는 것이 걱정스러운 것처럼 절개를 상징하는 대나무가 홀로 있으면 외로울까 걱정스럽다는 뜻이다. 당나라 관휴(貫休)의 〈가을이 저물어가는 산속 거처[秋晩野居]〉 시에 "궁벽한 거처라 사람이 오지 않으니, 우리의 도는 본래부터 외롭지.[僻居人不到, 吾道本來孤.]"라고 하였다. 송(宋)나라 주희(朱熹)가 장식(張栻)에게 보낸 편지에서 "근래 동지들 가운데 인재가 없지는 않지만, 갖가지 많은 일을 겪다 보니 이 도가 외롭다[此道之孤]는 것을 깊이 느끼고 있습니다. 그러나 하소연할 곳이 없어 항상 우울하게 지내지만 그대의 편지를 받을 때마다 문득 마음이 편해지고 눈이 밝아집니다."라고 하였다. 《晦庵集 卷32 答張敬夫》

경술년 윤6월 보름에 상공을 모시고 뱃놀이를 하며 달을 감상하다[48] 【경술년(1550, 명종5, 50세) 윤6월 15일. 예안(禮安)】

庚戌閏六月望 陪相公泛舟賞月

강 절반쯤 흐린 기운을 석양이 재촉해 보내니	夕陽催送半江陰
술 들고 배에 올라 푸른 물결 따라간다	攜酒登船傍碧潯
무더운 기운 홀연 사라지니 벌써 가을인가 놀라고	炎氣忽收秋節警
저물녘 구름 문득 흩어지니 달빛이 쏟아지누나	暮雲俄散月光臨
호공[49]의 연회에서 진귀한 음식 기쁘게 맛보고	欣嘗異味壺公宴
〈적벽부〉노래 속에 나는 신선[50] 취한 채 짝하지	醉挾飛仙赤壁吟
어찌하면 넓은 강에서 웅크리고[51] 잠들어	安得聯拳長水宿

---

48 경술년……감상하다 : 【攷證 卷8 相公】'상공'은 이농암(李聾巖)을 이른다. 【校解】 '농암'은 이현보(李賢輔, 1467~1555)의 호로, 그는 본관이 영천(永川), 자가 비중(棐仲), 호가 설빈옹(雪鬢翁), 시호가 효절(孝節)이다. 이현보의《농암집》권1에 이 시에 대한 차운시가 〈윤6월 뱃놀이를 하며 달을 감상하며 이퇴계의 시에 차운하다[閏六月望泛舟賞月次退溪]〉라는 제목으로 실려 있다.

49 호공(壺公) : 【譯注】한(漢)나라 비장방(費長房)에게 신선술을 전해준 선인(仙人)인데, 여기서는 비장방의 별천지처럼 아름다운 곳에 사는 이현보를 비유한다. 비장방이 시장에서 약을 파는 호공의 총애를 받아 그의 호리병 안에 들어갔는데, 그 안에 해와 달이 걸려 있고 별천지가 펼쳐져 있었다.《後漢書 費長房列傳》

50 나는 신선 : 【譯注】이현보를 비유한다. 송(宋)나라 소식(蘇軾)의 〈전적벽부(前赤壁賦)〉에 "나는 신선을 짝하여 맘껏 노닐고, 밝은 달을 품어 오래 살고자 한다.[挾飛仙以遨遊, 抱明月而長終.]"라고 하였다.

51 웅크리고 : 【攷證 卷8 聯拳】당(唐)나라 두보(杜甫)의 〈괜스레 절구 1수를 짓다[漫成一絶]〉시에 "모랫가엔 잠자는 백로 고요히 웅크린 모습, 배의 뒤편엔 뛰노는 물고기 철퍼덕철퍼덕 소리.[沙頭宿鷺聯拳靜, 船尾跳魚潑剌鳴.]"라고 하였다.

더없이 맑은 경치 속에 물새와 함께 노닐까   十分淸景共沙禽

　-이날은 입추였다.-

어제 이농암 선생을 배알하고 물러난 뒤 감흥이 일어 시를 짓다. 2수[52] 【갑진년(1544, 중종39, 44세) 10월 3일 추정. 예안(禮安)】

昨拜聾巖先生 退而有感作詩 二首

(詩-續卷2-25)

숲속 높은 곳의 누각 조각배처럼 작은데[53]	林間高閣小如舟
저물녘 평대[54]에 올라 푸른 물결 굽어보았다	晚上平臺俯碧流
나뭇잎이 지니 소나무 마디 굳센 걸 비로소 알고	木落始知松節勁
서리 차가우니 국화 향기 짙은 걸 새삼 느꼈노라	霜寒更覺菊香稠
산동은 찻물 거품 구별할 줄 알고[55]	山童解辨茶湯眼
금비는 〈수조두〉를 제대로 불렀지[56]	琴婢能歌水調頭

---

52 어제……2수 : 【譯注】 '농암(聾巖)'은 이현보(李賢輔, 1467~1555)의 호로, 그는 본관이 영천(永川), 자가 비중(棐仲), 호가 설빈옹(雪鬢翁), 시호가 효절(孝節)이다. 이 시에 대한 이현보의 차운시가 《농암집》 권1에 〈점석에서의 유람. 응교 이황의 시에 차운하고 이를 적어 행헌에 드리다[簟石遊次李應敎錄呈行軒]〉라는 제목으로 실려 있다.

53 높은……작은데 : 【譯注】 누각이 높은 곳에 있어 그 크기가 작아 보인다는 뜻이다. 송(宋)나라 소식(蘇軾)의 〈한식날 비 내리다[寒食雨]〉 시 2수 중 제2수에 "작은 집이 고깃배인 양, 아득히 비구름 속에 있네.[小屋如漁舟, 濛濛水雲裏.]"라고 하였다.

54 평대(平臺) : 【譯注】 먼곳을 조망하기에 알맞은 대사(臺榭)를 이른다.

55 산동(山童)은……알고 : 【譯注】 이현보가 데리고 있는 아이종이 찻물을 제대로 끓인다는 뜻이다. 송(宋)나라 방원영(龐元英)의 《담수(談藪)》에 "찻물이 아직 끓지 않은 것이 맹탕(盲湯), 막 끓기 시작할 때의 거품이 해안(蟹眼), 거품이 점점 커진 것이 어안(魚眼)이다."라고 하였다.

56 금비(琴婢)는……불렀지 : 【譯注】 이현보가 데리고 있는, 금(琴)을 연주하는 계집종이 금(琴)을 타면서 노래를 잘한다는 뜻이다. 【攷證 卷8 水調頭】 '수조두'는 수조가두(水調歌頭)로 악부(樂府)의 이름이니, 우조(羽調)가 오행의 수(水)에 속하기 때문에 이렇

절로 부끄러워라, 속세 마음 전혀 끊지 못했거늘　　　自媿塵心渾未斷
상암⁵⁷의 선경에서 모시고 노닐 수 있었으니　　　商巖仙境得陪遊

(詩-續卷2-26)

동이 술 지니고 배에 들어가게 하시고는　　　罇酒相攜許入舟
높은 자리에서 웃으며 물결 굽어보셨지　　　仍於高座笑臨流
영롱한 신선 세계 그 창살 고요하고　　　玲瓏玉界囱櫳靜
아스라한 선녀 그 풍악 소리 풍부했어라　　　縹緲仙娥鼓笛稠
지난날엔 세상 길에 발을 실로 헛디뎠는데　　　世路向時眞失脚
요즘에는 국화꽃을 머리에 가득 꽂는다네⁵⁸　　　菊花今日滿簪頭
어찌하면 허명에 매이는 일에서 벗어나　　　何因得脫浮名繫
날마다 와서 세상 밖에서 노닐 수 있을까　　　日日來從物外遊

게 부른 것인데, 수(隋)나라 양제(煬帝)가 강도(江都)에 행차했을 때 처음 지은 것이다.
【校解】《고증》에서 말한 악부는 악부시가 아니라 사(詞)를 이른다.

57 상암 : 【攷證 卷8 商巖】 미상이다. 【校解】 상나라 부암(傅巖)으로, 초야에 묻혀
있는 어진 인재가 있는 곳을 비유하는데, 여기서는 이현보의 거처를 이른다. 상나라
고종(高宗)이 꿈에 상제가 어진 보좌관을 내려 주었는데, 꿈속에서 보았던 형상을 그림
으로 그려 천하에 널리 구한 끝에 부암이란 곳에서 부열(傅說)을 얻어 그를 재상으로
삼았다. 《書經 說命》

58 국화꽃을……꽂는다네 :【譯注】세상사에 관심을 끊고 한적하게 산다는 뜻이다. 【攷
證 卷8 菊花滿簪頭】당(唐)나라 두목(杜牧)의 〈9월 9일 제산의 높은 곳에 오르다[九日齊
山登高]〉 시에 "속세에선 크게 웃을 일 만나기 어려우니, 국화를 머리 가득 꽂고 돌아가야
지.[塵世難逢開口笑, 菊花須揷滿頭歸.]"라고 하였다.

SNP0973(詩-續卷2-27)

차운하여 황금계[59]가 사명을 받들어 영남에 가서 장기현[60]에 도착한 뒤에 부쳐준 시에 답하다 신해년(1551, 명종6, 51세)

【3월 3일. 예안(禮安)】

次韻答黃錦溪奉使到長鬐見寄 辛亥

1수는 별집에 보인다.[61]

그대는 바닷길 따라 청총마[62] 타는 사신	並海靑驄客
나는 구름 속에 깃든 백발 성성한 늙은이	栖雲白髮翁
그대 그리워 달만 바라보던 차에	相思惟見月
편지가 홀연히 바람결에 전해왔어라	有信忽傳風
그대는 온갖 경치 두 눈에 담거늘	萬景雙眸裏
나는 봄 석 달을 와병 중에 보낸다	三春一病中
예로부터 남자의 일이란	由來男子事
빈궁과 현달 아랑곳하지 않는다네	不識有窮通

---

59 황금계 :【譯注】황준량(黃俊良, 1517~1563)으로, 본관은 평해(平海), 자는 중거(仲擧), 호는 금계(錦溪)이다. 그는 1551년 2월 경상도 감군 어사(監軍御史)에 제수되었다. 《錦溪集 卷9 行狀》

60 장기현(長鬐縣) :【譯注】경상좌도에 속하는 현으로, 지답현(只沓縣)·기립현(鬐立縣)·봉산현(峯山縣)이라고도 한다. 《新增東國輿地勝覽 卷23 慶尙道 長鬐縣》 지금의 경북 포항시 장기읍이다.

61 1수는 별집에 보인다 :【譯注】《정본 퇴계전서》권2에 〈3월 3일 비를 마주하다……〔三月三日對雨……〕〉라는 제목으로 실려 있다.

62 청총마(靑驄馬) :【譯注】청백색의 털이 섞인 말로 강직한 어사를 비유하는데, 여기서는 감군 어사 황준량을 이른다.

이농암[63] 상공을 모시고 월란암[64]에서 노닐다【신해년(1551, 명종6, 51세) 3월 추정. 예안(禮安)】

陪聾巖相公 遊月瀾菴

한거하는 중에도 여전히 인사에 얽매이니	閒居人事尙遭牽
마침 좋은 모임에 가려던 일 또 이루지 못했지	適赴佳期又未全
못가에 앉아 읊조릴 때 꽃이 기슭에 떨어지고	潭上坐吟花落岸
누대 -원문 1자 결락- 올라 조망하니 비로 하늘이 어둑해라	
	臺□登眺雨昏天
고금의 일 담론하노라니 흥금이 더욱 트이고	談今說古襟逾豁
고사리 삶고 생선 익히니 흥취 역시 무르익누나	煮蕨烹魚興亦圓
조물주가 사람 놀리는 것[65]도 되레 즐길 만하니	造物戲人猶足樂
구름 뚫고 돌아갈 땐 더욱 초연하여라	穿雲歸袂更超然

---

63 이농암 : 【譯注】이현보(李賢輔, 1467~1555)로, 본관은 영천(永川), 자는 비중(棐仲), 호는 농암(聾巖)·설빈옹(雪鬢翁), 시호는 효절(孝節)이다.

64 월란암(月瀾庵) : 【譯注】안동시 도산면 단천리 자하봉(紫霞峯) 아래에 있었던 사찰로, 월안사(月安寺)로 일컬어지다가 월란암으로 개칭되고 월란정사(月瀾精舍)라고도 하는데, 이황과 이현보 등이 이곳에서 월란척촉회(月瀾躑躅會)를 열어 경치를 즐기고 강학하였다.

65 조물주가……것 : 【譯注】날씨가 맑았다가 흐려진 것을 이른다.

숭묵⁶⁶의 시축에 있는 관물재⁶⁷의 시에 차운하다 【신해년(1551, 명종6, 51세) 4~6월 추정. 예안(禮安)】

崇默詩軸次觀物韻

시축에서 관물재의 시 보니 그 얼굴 마주한 듯	卷中觀物如逢面
어사 되어 세상 밖에 다니니 멀리서도 어여뻐라	物外遙憐仗節遊
내가 그분 위해 화답시를 지어주면	我爲此翁題和句
가져가서 그분에게 보여 줄 수 있으려나	可能持去示翁不

---

66 숭묵(崇默) : 【譯注】 승려의 법명(法名)인데, 자세한 이력은 미상이다.

67 관물재(觀物齋) : 【譯注】 민기(閔箕, 1504~1568)의 호로, 그는 본관이 여흥(驪興), 자가 경열(景說), 호가 호학재(好學齋), 시호가 문경(文景)이다. 그는 1548년(명종3) 11월 11일 경상도 어사에 임명되었다. 《明宗實錄》

SNP0976(詩-續卷2-30)

《금화집》을 읽다가 〈가을밤 책을 읽다〉 시[68]의 운자를 사용하여 짓다 【신해년(1551, 명종6, 51세) 7~9월 추정. 예안(禮安)】

讀金華集 用秋夜觀書詩韻

옛 성현께서는 유독 무슨 마음이었을까	古聖獨何心
세상 구원하는 데 온 힘을 쏟으셨다네	捄世無遺功
우리 학문은 책 속에서 빛나니[69]	斯文煥簡策
큰 도리가 후대에 무궁히 드리워졌다	大道垂無窮
진나라 때 육경(六經)을 불태웠는데	遭秦滅六籍
송나라에 이르러 유학을 숭상하자	及宋崇儒風
큰 학자들 대대로 부족하지 않았으니	大雅世不乏
혼몽한 이들을 환하게 깨우쳐 주었지	炳炳開羣蒙
금화 선생은 발분하여	金華發幽憤
학문도 깊고 명성도 높았어라	學邃名亦隆
홀로 문단에 올랐으니	獨登風騷壇
외로운 보루 굳건해 쉬이 공격하지 못하였지	偏壘未易攻
단지 동이를 합한다고 말한 것[70]	唯言合同異

---

68 금화집을……시 : 【攷證 卷8 金華】'금화'는 송(宋)나라 왕노재(王魯齋 왕백(王柏))
이다. 【校解】《고증》에서 금화를 왕백이라고 한 것은 오류이다. 금화는 원(元)나라 황진
(黃溍, 1277~1357)으로, 그는 본관이 무주로(婺州路) 의오(義烏), 자가 진경(晉卿)·문
잠(文潛), 시호가 문헌(文獻)이다. 〈가을밤 책을 읽다[秋夜觀書]〉 시는 《금화황선생문
집(金華黃先生文集)》 권1에 실려 있다.

69 우리……빛나니 : 【譯注】성현들의 글 속에 유학의 이치와 도리가 드러나 있다는
뜻이다.

이 말은 퍽 납득하지 못하겠으니	此論頗未通
귀결이 같다면 본래 다름이 없거니와	同歸固無異
지향이 다르다면 어찌 같아질 수 있으랴	異趣焉能同
이 이치 명확히 알아야만 하니	但當明此理
그러면 백가의 장단점 절로 드러나리라	百家自薔豐
가을바람이 한밤중에 휘장을 흔들고	秋風撼夜幌
수많은 책 속에 등불 하나 비칠 때	孤燈萬卷中
나직이 읊조리며 짧은 시로 화답하노니	沈吟和短章
애오라지 명확히는 모르는 일 말하고자 한 것일 뿐	聊欲語鴻濛

---

70 단지……것 : 【譯注】 나의 견해와 다른 주장은 보지 않고 같은 점만 본다는 뜻으로, 황진의 〈가을밤 책을 읽다〉 시에서 여러 학파에 대해 "나는 장차 주장을 버리리니, 그들의 동일한 점만 보고 싶기 때문이지.〔吾將離言說, 庶以觀其同.〕"라고 하였다. 【攷證 卷8 合同異】《장자(莊子)》〈칙양(則陽)〉에 "다른 것을 합하여 같은 것이라 하고, 같은 것을 흩어 다른 것이라 한다.〔合異以爲同, 散同以爲異.〕"라고 하였다.

독서하러 청량산으로 들어가는 금문원[71]을 보내면서 예전에 지었던 시의 운자를 사용하여 시를 짓다. 금문원은 바로 남경중의 생질이고 김택경과 남경중[72]이 지금 모두 세상을 떠난 터에 금문원이 청량산으로 들어간다는 소식을 듣자 그들을 그리워하는 마음이 들기에 예전 시에 차운하여 주다[73] 【신해년(1551, 명종6, 51세) 7월 추정. 예안(禮安)】

送琴聞遠讀書淸凉山　用前韻　蓋聞遠乃敬仲之甥　而澤卿敬仲今皆下世因聞遠之行　而有懷其人　故次前韻以贈云

나의 벗들 이젠 황천에 떨어진 사람[74]인데　　　　　故人今作墜泉人

---

71 금문원 : 【譯注】 금난수((琴蘭秀, 1530~1604)로, 본관은 봉화(奉化), 자는 문원(聞遠), 호는 고산주인(孤山主人)·성재(惺齋)이다. 금난수는 1551년(명종6) 가을에 청량산(淸凉山) 연대사(蓮臺寺)에서 독서하였다. 《性齋集 惺齋先生年譜》

72 김택경과 남경중 : 【攷證 卷8 敬仲澤卿】 두 명 모두 미상이다. 【校解】 '남경중'은 남식(南軾)의 아들 남국신(南鞠臣, 1507~?)인 듯하다. 그는 본관이 영양(英陽), 자가 경중이고, 남치리(南致利)의 숙부이자 금난수의 외삼촌으로, 1531년(중종26) 식년시에 진사가 되었다. 《英陽南氏譜》《한국역대인물 종합정보시스템》

73 독서하러……주다 : 【譯注】 이 시는 금난수의 《성재집》 권1 〈청량산에서 독서하다. 퇴계 선생의 시에 공경히 차운하다[讀書淸凉山敬次退溪先生韻]〉 시의 원운시로도 실려 있는데, 그 시의 원주에 "지난 기축년(1529, 중종24)에 김택경과 남경중이 함께 청량산에 갔는데, 나는 병들어 함께 가지 못한 채 시를 보내 인사를 전하였다. 두 사람이 지금 모두 세상을 떠났는데, 금문원이 독서하러 청량산으로 들어간다는 소식을 듣고는 그들을 그리워하는 마음이 들기에 예전 시에 차운하여 준다. 금문원은 남경중의 생질이다."라고 하였다. 이황이 기축년에 지은 시는 확인되지 않는다.

74 황천에 떨어진 사람 : 【攷證 卷8 墜泉人】 남경중과 김택경이 이미 세상을 떠난 것을 이른다. 남조 시대 양나라 유효표(劉孝標)의 〈변명론(辨命論)〉에 "물고기가 깊은 못에 떨어진 것은 하늘이 성내서 그렇게 한 것이 아니고, 새가 높은 하늘로 올라간 것은 하늘이

다시 이번에 산에 가는 그대 보낸다	送子遊山復此巡
별천지에서 세상사 갈무리해야 하고	好向壺天藏世界
학문의 바다에서 그 근원 찾아야지	要從學海究源濱
흘러가는 세월 우리를 기다려 주지 않으니	流光不與吾相待
성현의 자취는 자신이 가까이할 일이라네	往躅無非己所親
한창 괴화가 필 무렵[75] 다들 바쁜 때인데	正是槐黃爭走日
그대는 진득이 앉아 경전 읽는다니 사랑스럽구나	愛君堅坐翫書塵

　-금문원은 자신의 학문이 아직 부족하다는 이유로 향시(鄕試)에 응시하지 않은 채 경전을 들고 산에 들어갔으니 그 뜻이 가상하다.-

---

기뻐해서 그렇게 한 것이 아니다.〔墜之淵泉非其怒, 升之霄漢非其悅.〕"라고 하였다.《文選 卷54》고시에 "저 저승에 내려간 사람을 이해한다.〔悟彼下泉人〕"라고 하였다.《古詩紀 卷25》【校解】《고증》에서는 '황천에 떨어진 사람'과 연계하여 고시의 '하천인'을 '사망한 사람'이라고 여긴 듯한데, 이는 오류이다. 고시의 구절은 한(漢)나라 왕찬(王粲)의 〈칠애시(七哀詩)〉에 있고, '하천'은 《시경》〈조풍(曹風)〉의 편명으로서 멸망한 왕조를 사모하여 지은 시이므로 〈칠애시〉는 "저 〈하천〉의 작자 그 마음 이해하니, 탄식하며 마음 아파한다.〔悟彼下泉人, 喟然傷心肝.〕"라는 뜻이다.

75 괴화가 필 무렵 : 【攷證 卷8 槐黃】과거시험 장소가 가까워지면 "회화나무의 노란 꽃이 점점 눈에 들어온다.〔槐黃逼眼〕"라고 하였다.《稼村類藁 卷5 衡州安仁興德鄕義約 序》또, 과거시험을 보는 때가 되면 "회화나무꽃이 노랗게 변하면〔槐花黃〕 과거시험 응시생이 바빠진다."라고 하였다.《說郛 卷51》

호남 감군 어사로 부임하는 박자열 정랑[76]을 보내다 임자

(1552, 명종7, 52세) 【서울】

送朴子悅正郎赴湖南監軍御史 壬子

(詩-續卷2-32)

악어가 물고기 삼키듯 탐부는 약한 군졸 해치는데	貪夫贏卒鰐吞鮮
어사 된 그대는 하늘로 솟는 송골매[77]와 같지	衣繡君同鶻擊天
해적 때문에 요즘 다급한 경보 많으니	海寇卽今多警急
더없이 굳건히 방비하지 않을 수 있으랴	可無防戍十分堅

(詩-續卷2-33)

| 엄벌과 관대함 실로 만민의 존경과 관계되나[78] | 剛柔眞係萬夫望 |
| 너무 자세히 조사하는 건 또 좋지 않다네[79] | 察見淵中又不祥 |

---

76 박자열 정랑 : 【攷證 卷8 子悅】'자열'은 박승간(朴承侃, 1508~1588)의 자로, 그는 본관이 반남(潘南), 호는 인암(忍庵)이다. 1540년(중종35) 아우인 소고(嘯皐) 박승임 (朴承任)과 함께 식년문과에 급제하였다. 【校解】박승임은 1547년(명종2) 6월에 예조 정랑에 임명되었다.

77 하늘로 솟는 송골매 : 【譯注】집법관이나 어사 등의 기세가 맹렬함을 비유한다. 당(唐)나라 두보(杜甫)의 〈악주 사마 가씨 집안 여섯째 가지(賈至) 어르신과 파주 자사 엄씨 집안 여덟째 엄무(嚴武) 어르신 두 각로에게 부치다. 50운〔寄岳州賈司馬六丈巴州 嚴八使君兩閣老五十韻〕〉 시에 "갈매기는 머리 깨지는 걸 방어하지만, 송골매는 사냥에 실패하지 않지.〔浦鷗防碎首, 霜鶻不空拳.〕"라고 하였다.

78 엄벌과……관계되나 : 【攷證 卷8 剛柔…萬夫望】《주역》〈계사전 하(繫辭傳下)〉에 있는 말이다. 【校解】〈계사전 하〉에 "군자는 기미를 알고 드러남을 알며 유순함을 알고 강함을 아나니〔知柔知剛〕 만인이 우러러본다.〔萬夫之望〕"라고 하였다.

가장 중요한 건 본인이 더러움에 물들지 않는 것　　最是自身無點染

그래야 군졸 위무 포장(暴將) 주벌 그 방법 알게 되지

撫軍誅暴始知方

---

79 너무……않다네 :【攷證 卷8 察見…不祥】《사기》〈오왕비열전(吳王濞列傳)〉에 "깊은 못 속의 물고기를 살펴보는 것은 상서롭지 않다.〔察見淵中魚不祥〕"라고 하였다.

SNP0979(詩-續卷2-34)

조송강의 시[80]에 차운하여 반구정[81]에 부쳐 제하다【신해년

(1551, 명종6, 51세) 5월 25일 추정. 예안(禮安)】

次韻趙松岡 寄題伴鷗亭

큰 들판 끝에 아환[82] 같은 천 개 봉우리	千點蛾鬟大野頭
홍옥[83] 같은 한 아름 물결 성을 감싸며 흐른다	一圍虹玉抱城流
평평한 들판 드넓으니 하늘이 더욱 높아진 듯	平郊莽蒼天逾逈
아득한 물가 희미하니 수목이 더욱 빽빽한 듯	極浦霏微樹更稠
반구정에서의 조망 그 묵은 빚[84] 언제나 갚을까	眺望幾時償宿債

80 조송강의 시 :【譯注】'송강(松岡)'은 조사수(趙士秀, 1502~1558)의 호로, 그는 본관이 양주(楊州), 자가 계임(季任), 시호가 문정(文貞)이다. 그의 시는 〈이 수재의 강가 누각에 제하다〔題李秀才江閣〕〉라는 제목으로 반구정(伴鷗亭)에 걸려 있다.

81 반구정 :【攷證 卷8 伴鷗堂】안동부 동남쪽 5리 지점에 있으니, 예빈시 별제(禮賓寺 別提) 이굉(李肱)이 지은 것이다.【校解】임청각(臨淸閣)을 지은 이명(李洺)의 여섯째 아들 반구옹(伴鷗翁) 이굉이 아버지의 뜻을 이어받아 사직하고 낙향하여 지은 정자이다. 처음 지은 연대는 1530년대 초기로 추정되고, 이굉의 아들 어은(漁隱) 이용(李容)도 이곳에 돌아와 은거하여 고성이씨(固城李氏) 삼세(三世)가 잇따라 은둔한 장소가 되었다. 이곳은 당시 안동 지역 유림의 시회(詩會) 장소로 자주 이용되어 지금까지도 조사수 등 제현(諸賢)의 시판이 걸려 있다. 1740년(영조16)에 이시항(李時沆)이 중건하고, 1945년에 정자가 소실되어 1946년에 다시 중건하였다.

82 아환(蛾鬟) :【譯注】여자들이 머리털에 덧드리는 다리, 또는 그것으로 틀어 만든 큰머리로, 발개(髮鬏)·발계(髮髻)·체발(髢髮)이라고도 한다.

83 홍옥(虹玉) :【譯注】무지개의 빛처럼 여러 빛깔이 섞여 있는 아름다운 옥인데, 여기서는 물살이 햇살에 비쳐 아름답게 빛나는 모습을 비유한다.

84 그 묵은 빚 :【譯注】오래전부터 반구당에 올라 주변 경치를 완상하려고 한 계획을 이른다.

번화한 풍광은 예로부터 무단한 시름 띠게 하지　　　繁華終古帶閒愁
그 가운데 본래 풍류 아는 벗 있으니　　　　　　　　箇中自有風流伴
멀리 떠나 길들이기 어렵고 넓은 물결에 노니는 백구[85]라네

　　　　　　　　　　　　　　　　　　　　浩蕩難馴萬里鷗

---

85 멀리……백구 :【譯注】얽매임 없이 자연 속에서 자유롭게 살아가는 사람을 비유한
다. 당(唐)나라 두보(杜甫)의 〈상서성 좌승 위제(韋濟) 어른께 삼가 드리다. 22운〔奉贈
韋左丞丈二十二韻〕〉 시에 "백구가 아득한 물결 속에 숨으니, 만 리 멀리 떠나는 걸 누가
길들일 수 있으랴.〔白鷗沒浩蕩, 萬里誰能馴?〕"라고 하였다.

희환정[86] 【계축년(1553, 명종8, 53세) 추정. 서울】

喜還亭

성산(星山)의 권사우(權士遇)와 권경우(權景遇) 두 분이 정자의 이름을 이렇게 지어 기쁨을 표하였다.[87]

골짜기에 감추어둔 배[88] 이미 알았을 테니	已識藏舟壑
말 잃어버린 노인[89]을 말하지 마시게나	休談失馬翁
괜스레 근심스러운 건 늘어난 하얀 살쩍이고	閒愁餘鬢雪
정말 즐거운 건 옷깃에 스미는 바람[90]이지	眞樂當襟風

---

86 희환정(喜還亭) : 【譯注】권응정(權應挺)의 정자로, 성주(星州)에 있었다.

87 성산(星山)의……표하였다 : 【譯注】'사우(士遇)'는 권응정(1498~1564)의 자로, 그는 본관이 안동(安東), 호가 묵암(默菴)이고, '경우(景遇)'는 권응정의 아우 권응창(權應昌, 1505~1568)의 자로, 그는 호가 지족당(知足堂)이다. 1547년(명종2) 양재역 벽서 사건에 연루되어 형제가 함께 호남에 유배되고 다시 서북으로 이배되었다가 1553년(명종8)에 해배(解配)되어 고향으로 돌아온 뒤에 그 기념으로 희환정을 지은 듯하다.

88 골짜기에 감추어둔 배 : 【譯注】덧없는 인생사를 비유한다.《장자(莊子)》〈대종사(大宗師)〉에 "사람들이 깊은 골짜기 속에 배를 숨겨 두고〔藏舟於壑〕산을 못 속에 숨겨 두면 안전하다고 여기지만, 한밤중에 힘센 자가 등에 지고 달아나면 어리석은 사람은 알아채지 못한다."라고 하였는데, '한밤중'은 사람들이 알지 못하는 세계를, '힘센 자'는 조화옹을 가리킨다.

89 말 잃어버린 노인 : 【譯注】인생의 길흉화복이 변화불측하다는 새옹지마(塞翁之馬)의 고사에 나오는 노인인데, 여기서는 권응정과 권응창 형제를 이른다.

90 옷깃에 스미는 바람 : 【譯注】해배되어 고향으로 돌아와 근심 없이 지내는 삶을 비유한다. 【攷證 卷8 當襟風】전국 시대 초나라 송옥(宋玉)의 〈풍부(風賦)〉에 "초나라 양왕(襄王)이 난대궁(蘭臺宮)에서 노닐 때 바람이 거세게 불어오자, 옷깃을 풀어 헤치고 바람을 맞으면서〔披襟而當之〕말하였다. '상쾌하구나, 이 바람이여.'"라고 하였다.《文選 卷13》

복사꽃과 버들 그 경치 좋을 거고   桃柳光陰好

매화꽃과 대나무 그 절조와 같으리   梅筠節韻同

매번 아득히 그리워하는 그곳   每於遙想處

구름 저편 날아가는 기러기 보낸다[91]   雲際送飛鴻

---

91 날아가는 기러기 보낸다 : 【譯注】 희환정이 있는 곳을 본다는 뜻이다. 진(晉)나라 혜강(嵇康)이 종군(從軍)하는 그의 형 혜희(嵇喜)를 전송하면서 지은 〈사언시. 군대에 들어가는 수재 형님에게 드리다〔四言贈兄秀才入軍詩〕〉18수 중 제14수에 "돌아가는 기러 기를 눈으로 보내고, 오현금을 손으로 연주하리라.〔目送歸鴻, 手揮五絃.〕"라고 하였다.

장남헌[92] 【계축년(1553, 명종8, 53세) 추정. 서울】

南軒

도동천리[93]라 주자와 서로 절차탁마할 뜻 두었으니　道同千里志交修

말은 기어코 실천하고 잘못은 마음에 남겨 두지 않았지

言必相符過不留

의와 이로 사람들 깨우친 건[94] 밝은 해 같았으니　義利曉人如白日

상학(湘學)이 바로 민학(閩學)이란 걸 이제야 알겠노라[95]

始知湘派卽閩流

---

92 장남헌 : 【譯注】송(宋)나라 장식(張栻, 1133~1180)으로, 본관은 한주(漢州) 면죽(綿竹), 자는 경부(敬夫)·흠부(欽夫)·낙재(樂齋), 호는 남헌(南軒), 시호는 선(宣)이다. 호상학파(湖湘學派)의 대표 인물로, 주희(朱熹)·여조겸(呂祖謙)과 더불어 '동남(東南)의 삼현(三賢)'이라 불렸다.

93 도동천리 : 【譯注】멀리 떨어져 있어도 추구하는 도리가 같다는 뜻이다. 송나라 한기(韓琦)가 범중엄(范仲淹)에 대하여 "추구하는 도도 같고 의기도 합치하니, 천 리 멀어도 서로 부합한다.〔道同氣合, 千里相符.〕"라고 하였다.《安陽集 卷43 祭文正范公文》

94 의와……건 : 【攷證 卷8 義利曉人】장남헌이 "내 생각에 의리와 이익의 구분을 밝히는 것이 가장 우선이다. 목적이 없이 하는 것은 의리이고, 목적이 있어 하는 것은 이익이다.〔無所爲而爲者, 義也; 有所爲而爲者, 利也.〕"라고 하였다.《西山讀書記 卷8》

95 상학(湘學)이……알았노라 : 【譯注】호상학파인 장식의 학문이 민중학파(閩中學派)인 주희의 그것과 같다는 뜻이다. 호상은 호남성 일대로 장식의 활동지이고 민중은 복건성 일대로 주자의 활동지이다.

여동래[96] 【계축년(1553, 명종8, 53세) 추정. 서울】
東萊

주자께선 여공과 강습하며 역시 많은 도움 받았으나	呂公麗澤亦資深
지극한 부분에선 오히려 추향이 다르다 여기셨지	極處猶嫌異賞音
어찌 알았으랴, 《박의(博議)》는 길이 어긋나	博史豈知差路陌
결국 공리가 사람들 마음 취하게 할 줄[97]을	竟看功利醉羣心

---

96 여동래 :【譯注】송(宋)나라 여조겸(呂祖謙, 1137~1181)으로, 본관은 무주(婺州)
금화(金華), 자는 백공(伯恭), 호는 (東萊), 시호는 성(成)·충량(忠亮)이다. 금화학파의
대표 인물로, 주희(朱熹)·장식(張栻)과 더불어 '동남(東南)의 삼현(三賢)'이라 불렀다.

97 박의는……줄 :【譯注】《박의》는 여조겸의 《동래선생좌씨박의(東萊先生左氏博議)》
로, 《춘추좌씨전》의 중요한 기사 168개 항목을 뽑아 각각 제목을 붙이고, 그 역사적
사실에 대하여 득실을 평론한 책이다. 이 책은 과거시험 준비생을 위해 지어진 것으로,
사람들이 관직에 나아가 출세하는 도구로 이용하기만 했다고 비판한 것이다.

채서산⁹⁸ 【계축년(1553, 명종8, 53세) 추정. 서울】

西山

채서산의 높은 의론은 속진을 벗어났으니	西山高義脫塵煙
주자와 지란지교 맺고 오묘히 천리(天理)에 계합했지⁹⁹	
	氣味如蘭妙契天
한천에서 구자복(丘子服)이 눈물 흘린 뒤로¹⁰⁰	一自寒泉丘灑淚
유명을 달리한 슬픔 품은 듯 그 한이 깊었다네	恨深同抱隔重泉

---

98 채서산 : 【譯注】 송(宋)나라 채원정(蔡元定, 1135~1198)으로, 본관은 건주(建州) 건양(建陽), 자는 계통(季通), 호는 서산(西山), 시호는 문절(文節)이다. 그는 주희(朱熹)와 종유했는데, 주희가 그 학문의 깊이에 놀라 "이 사람은 나의 노우(老友)이다. 제자의 반열에 두는 것은 마땅치 않다."라고 할 정도로 존중하였다.

99 채서산의⋯⋯계합했지 : 【譯注】 송나라 채원정이 주희와 더불어《역학계몽(易學啓蒙)》을 편찬한 일을 이른다.

100 한천에서⋯⋯뒤로 : 【攷證 卷8 寒泉丘灑淚】 송나라 영종(寧宗) 경원(慶元) 3년 (1197)에 채서산이 도주(道州)로 귀양 갈 때 주문공(朱文公)이 종유하던 사람 수백 명과 함께 그가 머물던 정안사(淨安寺)로 찾아가 안부를 물었는데, 가만히 채서산을 바라보니 평상시와 다르지 않았다. 구자복(丘子服 구응(丘膺))이 그를 위해 눈물을 흘리자, 주문공이 "채서산이 곤궁함에 대처하는 것과 구자복이 환란을 우려하는 것이 모두 마땅함을 얻었다."라고 감탄하였다.《慶元黨禁》《宋史 蔡元定列傳》《朱子語類 卷107》 ○ 살펴보건대, 주문공이 정안사에서 채서산을 전별했으니, 본문에서 한천(寒泉)이라고 한 것은 다시 고찰해야 한다.

육상산[101] 【계축년(1553, 명종8, 53세) 추정. 서울】

象山

육상산은 아호[102]에서부터 고인을 능가하려 했으니	象山凌跨自鵝湖
한껏 토론한 뒤에도 고집이 더욱 심해졌지	狠執逾深極論餘
홍수[103]의 근심 애통해해도 어쩔 수 없었으니	痛惻無如洪水患
천하 사람 지금 모두 물고기 되었구나[104]	只今天下盡爲魚

---

101 육상산 : 【譯注】송(宋)나라 육구연(陸九淵, 1139~1192)으로, 본관은 무주(撫州) 금계(金溪), 자는 자정(子靜), 호는 상산(象山)·존재(存齋), 시호는 문안(文安)이다. 그는 오로지 실천에 힘쓰고 강학을 전부 폐하며 돈오(頓悟)를 종지로 삼았기 때문에 주희가 "육씨의 종지는 본래 선학(禪學)으로부터 나왔다."라고 비판하였다.

102 아호 : 【譯注】아호사(鵝湖寺)로, 강서성 연산현(鉛山縣)에 있다. 1175년 주희와 육구령(陸九齡)·육구연(陸九淵) 형제가 여조겸(呂祖謙)의 주선으로 이곳에서 사흘 동안《중용》의 존덕성(尊德性)과 도문학(道問學)에 대하여 토론했는데, 주희는 도문학을 통해 존덕성으로 나아가야 한다고 주장하고 육구연은 도문학을 도외시하고 존덕성만 중시하였다. 《朱子年譜 卷2》

103 홍수 : 【譯注】사람이 살 수 없는 환경을 비유한다. 맹자가 우(禹)의 치수(治水)를 이야기하면서 "요임금 때에 물이 역류하여 중원에 범람하여 뱀과 용이 웅거하니 사람들이 안정할 곳이 없었다."라고 하였다. 《孟子 滕文公下》

104 천하……되었구나 : 【譯注】홍수가 나서 사람들이 모두 물에 빠져 죽었다는 뜻으로, 송나라 때 육구연의 심학(心學)이 유행하다가 명(明)나라 진헌장(陳獻章)·왕수인(王守仁) 등에 이르러 도문학을 폐기하고 오로지 존덕성만 높여 학자들이 바른 학문을 찾지 못한 것을 이른다. 《춘추좌씨전》소공(昭公) 원년 조(條)에 "우임금이 없었다면 우리는 필시 물고기가 되었을 것이다.〔微禹, 吾其魚乎.〕"라고 하였다.

허순지[105] 【계축년(1553, 명종8, 53세) 추정. 서울】

許順之

허생은 자품이 뛰어나 일찍 주자에게 배웠으니	許生資美早從遊
정말 유곡에서 나와 교목으로 옮겨간 셈이지[106]	正似遷喬出谷幽
맑은 물과 하늘빛을 어찌 아랑곳하지 않고	活水天光胡不管
그릇되이 총령에서 작은 물줄기 찾았는가[107]	枉從蔥嶺覓涓流

---

105 허순지 : 【譯注】송(宋)나라 허승(許升, 1141~1185)으로, 본관은 천주(泉州) 동안(同安), 자는 순지(順之), 호는 존재(存齋)이다. 13세 때인 1153년에 주희(朱熹)가 동안 주부(同安主簿)였을 때 주희에게 수학하고, 주희가 동안을 떠나 건양(建陽)으로 돌아오자 다시 찾아와 종유하였다.

106 유곡에서……셈이지 : 【譯注】낮은 곳에서 높은 곳으로 옮겨간다는 뜻으로, 학문이 높아지거나 인품이 훌륭해졌음을 비유한다. 유학자인 진량(陳良)의 도를 배반하고 농가(農家)인 허행(許行)의 도를 배우는 진상(陳相)에 대하여 맹자가 《시경》〈소아(小雅) 벌목(伐木)〉의 "깊은 골짝에서 나와, 높은 나무로 옮겨 가네.〔出自幽谷, 遷于喬木.〕"라는 내용을 인용하여 책망하였다. 《孟子 滕文公上》

107 맑은……찾았는가 : 【譯注】송나라 허승이 불교에 빠졌다는 뜻이다. '맑은 물'과 '하늘빛'은 본래 주희의 〈글을 읽다가 감회에 젖다〔觀書有感〕〉시 2수 중 제2수에 보이는 표현으로, 마음의 본체가 맑게 드러나고 사물의 이치가 모두 드러나는 것을 비유하는데, 여기서는 주자학에서 강조하는 경(敬)을 이른다. 허승이 '경(敬)' 자가 활발하지 않다고 주장하자, 주희가 이에 대하여 "'경' 자의 일과는 도리어 상관이 없다. 오직 '경'하기 때문에 활발하니, '경'하지 않으면 곧 활발하지 못하게 된다."라고 비판하였다. 《朱子大全 卷39 答許順之》'총령(蔥嶺)'은 중국과 인도의 국경 근처에 있는 파미르고원 일대로, 불교가 인도에서 중국으로 들어온 길목이기 때문에 불교를 이른다.

진용천[108] 【계축년(1553, 명종8, 53세) 추정. 서울】

龍川

진용천의 씩씩한 기개 천지를 좁게 보더니[109]	龍川豪氣隘乾坤
되레 이욕의 동이에 스스로 몸을 던졌다[110]	卻自投身利欲盆
주자의 정문일침 몇 번이나 거부한 채	幾下頂門針不受
외람되이 포슬재에 대한 시만 간절히 부탁했지[111]	枉將抱膝懇求言

---

108 진용천 : 【攷證 卷8 龍川】 '용천'은 진동보(陳同父)의 호이다. 【校解】 진동보는 송(宋)나라 진량(陳亮, 1143~1194)으로, 본관이 무주(婺州) 영강(永康), 원명이 진여능(陳汝能), 자가 동보, 시호가 문의(文毅)이다. 영강학파의 대표 인물로, 공리공담을 비판하고 사공(事功)을 중시하였다.

109 진용천의⋯⋯보더니 : 【譯注】 진량이 웅대한 계책을 품고 병법의 담론을 좋아하며, 금나라와의 화의(和議)를 반대하고 적극적으로 항거를 주장한 것을 이른다. 《宋史 陳亮列傳》《宋元學案 卷56》

110 이욕의⋯⋯던졌다 : 【譯注】 진량을 비판했던 주희(朱熹)의 말을 인용한 것이다. 여조겸(呂祖謙)에 대한 진량의 제문에 "천하에는 하찮게 여길 만한 일이 하나도 없고, 인심에는 밝히기 어려운 천변만화가 있다."라고 하였는데, 주희가 "그렇다면 계명구도(鷄鳴狗盜)도 모두 없어서는 안 될 것이다. ⋯⋯ 진동보는 아교와 칠이 서로 엉켜 붙은 듯한 이욕의 동이 속에 있구나.〔同父在利欲膠漆盆中〕"라고 하였다. 《朱子語類 卷123 陳君擧》

111 포슬재에⋯⋯부탁했지 : 【攷證 卷8 抱膝懇求言】 주자의 〈진동보에게 보낸 답장〔答陳同父書〕〉에 보인다. 【校解】 진량이 포슬재(抱膝齋)를 짓고 주희를 비롯한 몇몇 사람에게 포슬재에 대한 시를 부탁했는데, 주희는 시가 잘 써지지 않아 당장은 보낼 수가 없다고 하였다. 《晦庵集 卷23 答陳同父書》

원매암[112] 【계축년(1553, 명종8, 53세) 추정. 서울】

梅巖

안타까워라, 원매암은 《주역》 공부 어긋났거늘	可惜梅巖易學愆
묘담에서의 자상한 말씀[113]에도 고집이 더 세졌지	諄諄妙湛執逾堅
지하에서 우레 한 번 칠 때 놀란 듯 깨닫는다면[114]	一聲雷處如驚起
천고에 환히 천리(天理) 보는 게 어찌 어려우랴	千古何難快覩天

---

112 원매암 : 【攷證 卷8 梅巖】원기중(袁機仲)이다. 【校解】'원기중'은 송(宋)나라 원추(袁樞, 1131~1205)로, 그는 본관이 건주(建州) 건안(建安), 자가 기중, 호가 매암이다.

113 묘담에서의 자상한 말씀 : 【攷證 卷8 妙湛】'묘담'은 《주자서절요(朱子書節要)》의 주석에 "사찰 이름인 듯하다."라고 하였다. 【校解】송나라 주희(朱熹)가 묘담사에서 원기중과 《주역》에 대하여 토론했던 일을 가리킨다. 《회암집(晦庵集)》 권38 〈원기중에게 보낸 답장의 별지〔答袁機仲別幅〕〉에 "일전에 묘담사에서〔向日妙湛〕 대면하여……견강부회하여 하나의 설명으로 만들면 안 된다."라고 하였다.

114 지하에서……깨닫는다면 : 【譯注】동짓달 자시(子時)에 하나의 양(陽)이 생기는 것을 안다는 뜻이다. 【攷證 卷8 一聲雷云云】주자의 〈원기중에게 보낸 답장〔答袁機仲書〕〉에 보인다. 《晦庵集 卷38》【校解】〈원기중에게 보낸 답장〉에 "오랫동안 사색하여……말로는 다 설명하지 못하니 우연히 지은 시로써 나의 마음을 부친다."라고 하고 시를 실었는데, 이 시는 《회암집》 권9의 〈역학계몽을 논한 원기중에게 답하다〔答袁機仲論啓蒙〕〉로, "갑자기 한밤중에 우레가 한번 치면, 8괘 36궁이 차례로 열려 봄의 기운 띠네. 아무것도 없는 속에 만상이 있음을 안다면, 그대가 복희씨의 뜻 직접 보았다고 인정하리라.〔忽然半夜一聲雷, 萬戶千門次第開. 若識無中含有象, 許君親見伏羲來.〕"라고 하였다. 《性理羣書句解 卷4 熊剛大 注》

황해도 관찰사로 부임하는 김방보[115]를 보내다 【계축년(1553,

명종8, 53세) 1월 24일 추정. 서울】

送金邦寶按黃海道

공은 지금 황해도 관찰사로 떠나는데	公今去按海西節
나는 영남으로 귀향할 생각만 한다	我正思歸嶺外州
예로부터 인생살이 남북으로 떠돌기 쉬우니	自古人生易南北
이제는 일신의 계획 각각 부침하누나	如今身計各沈浮
수양산에 관한 말 틀렸으나[116] 이름 되레 아름답고	首陽謬說名猶美
팥배나무 맑은 그늘엔 사랑 정말 남길만하지[117]	棠樹清陰愛正留
늘그막에 함께 노력하자 서로 약속했으니	歲晚相期俱努力
봄바람 속 이별에 아쉬움이 끝없어라	春風離袂恨悠悠

---

115 김방보 : 【譯注】 김개(金鎧, 1504~1569)로, 본관은 광산(光山), 자는 방보(邦寶), 호는 독송정(獨松亭)이다. 그는 1553년(명종8) 1월 24일 황해도 관찰사에 임명되었다. 《明宗實錄》

116 수양산에……틀렸으나 : 【譯注】 황해도 해주(海州)에 있는 수양산(首陽山)이 고죽 국(孤竹國)의 두 왕자인 백이와 숙제가 들어가 굶어 죽은 산이라고 하는 것은 옳지 않다 는 뜻이다. 《수서》〈배구열전(裴矩列傳)〉에 "고려(高麗)의 땅은 본래 고죽국이다."라고 하고, 《신증동국여지승람》 권43 황해도 해주목 수양산성 조목에 "산중에는 또 고죽군(孤 竹君)의 옛터가 있다."라고 하였다.

117 팥배나무……남길만하지 : 【譯注】 관찰사로서 어진 정사를 베풀어야 한다는 뜻이 다. 주(周)나라 소공(召公)이 관할지를 순행할 때 팥배나무가 있으면 그 밑에 앉아서 옥사를 판결하고 정사를 펼치며 선정(善政)을 베풀었다. 《詩經 召南 甘棠》《史記 燕召公 世家》

차운하다[118] 【계축년(1553, 명종8, 53세) 7~9월 추정. 서울】

次韻

(詩-續卷2-44)

바람이 거세게 부니 솔숲에 파도치는 듯	風作松濤殷
사람들 분주하니 개미가 진을 치는[119] 듯	人成蟻陣奔
늙은이의 마음은 작별하기 어렵고	老懷難作別
병든 이의 말은 헤어질 때 진중하다	病語重臨分
기러기는 넓은 하늘에서 짝을 부르고	鴈叫長空侶
양은 한쪽 비탈에서 무리를 따른다	羊隨一阪羣
술동이 앞에서 경물을 보노라니	罇前看物態
나무 베는 소리[120] 과연 -원문 1자 결락- 들려오누나	伐木果□聞

---

118 차운하다 : 【譯注】《정본 퇴계전서》권2의 〈반송원에서 연안 부사로 부임하는 계진 김언거(金彦琚)를 보내다〔盤松原上送金季珍赴延安府〕〉시를 지었을 때 함께 지은 시이다. 1553년(명종8) 11월 3일에 황해도 연안 부사 김언거가 상소를 올렸다는 내용이 있다. 《明宗實錄》

119 개미가 진을 치는 : 【攷證 卷8 蟻陣】송(宋)나라 황정견(黃庭堅)의 〈지현인 명숙 곽지장(郭知章)이 '집 근처 무덤을 지나다' 시 2편에 화답한 시를 보여주기에 즉시 다시 처음 운자를 사용하여 짓다〔明叔知縣和示過家上冢二篇輒復初韻〕〉시 2수 중 제1수에 "공명은 누런 기장밥 익는 것과 같고, 성패는 흰개미가 진을 치는 것과 같지.〔功名黃粱炊, 成敗白蟻陣.〕"라고 하였다. 【校解】황정견의 시에서 말한 '백의진'은 부질없다는 의미인데, 《고증》에서 이를 인용한 것은 '개미가 진을 치기 위해 바쁘게 움직인다'는 뜻을 취한 것이다.

120 나무 베는 소리 : 【譯注】벗을 찾는 것을 비유한다. 《시경》〈소아(小雅) 벌목(伐木)〉은 서로 벗을 찾는 새들의 울음소리로 흥을 일으켜 사람 사이의 우정을 노래한 시로, "나무 찍는 소리 쩌엉쩌엉……벗을 찾는 소리로다.〔伐木丁丁……求其友聲.〕"라고 하였다.

암담하여라 가을 경치 슬퍼하는 나의 심사　　　黯黯悲秋思

아득하여라 멀리 가는 벗 보내는 이내 마음　　　悠悠送遠情

그대는 도성의 궁궐 하직하고　　　中京辭鳳闕

진수하러[121] 붕정만리 서해로 떠나는구나　　　西海殿鵬程

그림자 두려워하는 건[122] 몸가짐의 경계이고　　　畏影持身戒

지친 백성 가엾게 여기는 건 보국의 진심이지　　　矜疲報國誠

어찌 문제 되랴, 칠계[123] 가에서 맺은　　　何妨漆溪上

백구와의 맹세[124] 잠시 늦추는 것이　　　暫緩白鷗盟

---

121 진수하러 : 【攷證 卷8 殿】'전'은 진수(鎭守)한다는 뜻이다. 당(唐)나라 한유(韓愈)의 〈남해신묘비(南海神廟碑)〉에 "헌종 원화(元和) 12년(817) 비로소 조서를 내려 전임 상서 우승(尙書右丞) 국자 좨주(國子祭酒) 노국(魯國) 공규(孔戣) 공을 광주 자사(廣州刺史) 겸 어사대부(御史大夫)에 임명하여 남방을 진수하게〔殿南服〕했다."라고 하였다.

122 그림자 두려워하는 건 : 【譯注】용렬한 자가 사리에 어두워 자신을 힘들게 한다는 뜻인데, 여기서는 무슨 일을 하다가 자취가 남으면 혐의를 받을 우려가 있기 때문에 혐의가 될 만한 일은 하지 않는다는 뜻이다. 【攷證 卷8 畏影】《장자(莊子)》〈어보(漁父)〉를 인용하여 "자기의 그림자를 두려워하고 자기 발자국을 싫어하여〔畏影惡迹〕그것을 떨쳐내려고 해를 향해 내달린 자가 있었다."라고 하였다. 【校解】《고증》에서 인용한 《장자》의 내용은 송나라 구양수(歐陽修)의 〈육일거사전(六一居士傳)〉에 보인다.

123 칠계 : 【攷證 卷8 漆溪】김방보(金邦寶 김개(金鎧))가 거주하는 곳인데, 어딘지는 미상이다. 【校解】《고증》에서는 바로 위의 시 〈황해도 관찰사로 부임하는 김방보를 보내다〔送金邦寶按黃海道〕〉와 연계하여 칠계를 김개의 거주지라고 하였는데, 여기서 말한 칠계는 김언거의 고향 광주(光州)에 있는 칠계이다. 《명종실록》에 의거하면, 김개는 1553년(명종8) 1월 24일 황해도 관찰사에 임명되었기 때문에 두 번째 수 수련(首聯)의 '가을 경치에 슬픈 생각 암담하다.〔黯黯悲秋思〕'라는 표현은 시점과 맞지 않는다.

124 백구와의 맹세 : 【譯注】자연을 벗 삼아 유유자적하게 살겠다는 맹세이다. 송나라 황정견(黃庭堅)의 〈쾌각에 오르다〔登快閣〕〉시에 "만 리 멀리 돌아가는 배에서 긴 젓대 부니, 이내 마음 백구와 맹세하였네.〔萬里歸船弄長笛, 此心吾與白鷗盟.〕"라고 하였다.

부담 【계축년(1553, 명종8, 53세) 추정. 서울】

釜潭

용문산(龍門山) 아래에 있는데, 전적 노연령(魯延齡)[125]이 사직한 뒤에 이곳에 자리 잡고 살았다.

들자니 가솔 데리고 부담으로 갔다던데	聞說攜家向釜潭
부담의 빼어난 경치 꿈에서 찾아간 적 있다네	釜潭形勝夢曾探
빙 두른 산 감도는 물결 곱게 단장한 듯	山環水繞工粧點
좋은 곡물 살진 생선 먹을 만하지	土沃魚肥可哺含
임천에서 맘껏 노닐며 혜초 핀 길 익숙하고	極意林臯諳蕙路
구름과 달에 마음 다하며 초가집 짝하겠지	盡情雲月伴茅庵
나는 홍진 속에서 날마다 무슨 일 하는가	塵中日日成何事
용문산 돌아보니 그리움 못 견딜레라	回首龍門思不堪

---

125 전적 노연령 : 【攷證 卷8 魯典籍延齡】 미상이다. 【校解】 노연령은 본관이 함평(咸平), 자(字)가 대춘(大春)이고, 노인산(魯仁山)의 아들이며, 죽산(竹山)에 거주하였다. 중종 26년(1531) 소과에 진사 3등 8위, 생원 1등 3위로 합격하고, 중종 35년 별시문과 병과 6위로 급제하였다.

동짓달 16일 눈이 내리다 【계축년(1553, 명종8, 53세) 11월 16일 추정. 서울】

至月十六日雪

북쪽 구름 갑자기 사방에서 모이고	朔雲奄四合
하늘의 문이 닫혀 열리지 않으니	玄關闔不啓
아스라이 끝도 보이지 않고	茫茫不見垠
아득히 바닥도 안 보인다	莽莽靡有底
흩날리는 싸락눈이	霏霏者維霰
기다렸다는 듯 먼저 뭉쳐	先集若有俟
잠깐 사이에 눈꽃이 되니	俄頃雪花作
순식간에 형세가 뒤바뀌네	倏忽勢相遞
온 하늘이 문득 어두워지고	漫空乍晻靄
땅을 덮어 이미 새하야니[126]	蓋地已瑳玼
하얀 난새 그 깃털이 날리는 듯	素鸞飄羽毛
예쁜 후궁[127] 그 질제가 분분한 듯	玉妃紛姪娣
수많은 나무 고요히 모여 있고	萬樹攢寂寂
모든 거리 온통 질펀한데	千街渾瀰瀰
궁궐의 모서리[128] 은빛으로 덮어 싸고	銀闕裹觚稜

---

126 새하야니 : 【攷證 卷8 瑳玼】 '차체'는 옥 빛깔이 곱고 하얀 모양이다.

127 예쁜 후궁 : 【譯注】 눈꽃을 비유한다. 【攷證 卷8 玉妃】 당(唐)나라 한유(韓愈)의 〈신묘년의 눈[辛卯年雪]〉 시에 "흰 무지개 먼저 길을 출발하니, 수많은 옥비가 그를 따라 내려오네.〔白霓先啓途, 從以萬玉妃.〕라고 하였다.

128 모서리 : 【攷證 卷8 觚稜】 한(漢)나라 반고(班固)의 〈서도부(西都賦)〉에 "벽문을

성곽의 성가퀴[129] 예쁘게 장식하니	瑤城裝堞堄
어찌 봇도랑과 길만 깨끗해지랴	豈唯淨溝塗
언덕과 비탈도 차츰 평평해진다	漸覺平隴坻
예로부터 섣달 이전에 내린 눈은	古來臘前白
풍년의 조짐이라 임금께 하례했는데	豐徵賀天陛
올해는 다행히 제때 눈 내리니	今兹幸及時
보리와 냉이 잘 자랄 수 있으리라	汔可潤麥薺
염려했던 건 저 호남과 영남이	念彼湖與嶺
두 해 연이어 흉년이 들어	二年遭凶瘠
백성이 극심한 고통 속에 빠진 건데	赤子在焚溺
성상께서 당신 몸인 양 아파하셨으니	聖心軫一體
하늘과 같은 은혜로운 마음으로	德意與天同
《주례》에 따라 널리 구휼하셨다네[130]	推行法周禮
지난해엔 여전히 비축한 곡물 있어	去年尚有蓄
그래도 그 덕분에 구제한 일 많았거늘	猶多賴以濟
올해는 비축한 곡물 이미 바닥났으니	今年蓄已竭
어디서 죽 끓일 쌀을 구할까	何處得饘米

설치한 봉궐, 처마 모서리 위에 금작을 두었네.〔設璧門之鳳闕, 上觚稜而棲金雀.〕"라고
하였는데, 당나라 여향(呂向)의 주석에 "고릉은 궁궐의 모서리이다."라고 하였다.《文選
卷1》

129 성가퀴 :【攷證 卷8 堞堄】'비예'는 성벽 위의 성가퀴인데, 본래는 비예(睥睨)라고
썼다. 당(唐)나라 두보(杜甫)의 〈남극(南極)〉시에 "성가퀴에 슬픈 딱딱이 소리 들려오
고, 깃발에 석양이 비치네.〔睥睨登哀柝, 蜃弧照夕曛.〕"라고 하였다.

130 주례에……구휼하셨다네 :【譯注】나라에 흉년이 들 때마다 곡식을 쌓아서 형편이
어려운 사람을 구휼하였다.《周禮 秋官 小行人》

백성을 굶주리게 한 책임 면치 못하니	未免責飢民
변죽만 울리다가 근본을 해쳤는데	補末戕其柢
이 또한 어쩔 수 없었으나	此亦無奈何
어떻게 원망과 비난 가라앉힐 수 있으랴	何由弭怨詆
오직 원하는 건, 하늘이 부민[131]의 마음으로	但願天覆閔
끝내 아름다운 상서 버리지 않아	嘉祥終不抵
온갖 곡물이 풍성히 익고	穰穰百穀登
우리 백성들은 형과 아우 서로 돌보며	我民兄保弟
여염집에선 〈홍안〉[132] 시 노래하고	閭閻歌鴻鴈
귀신은 올린 술 흠향하는 것이라네	鬼神享酒醴
한 번 배불리 먹는 것도 임금님 은혜이니	一飽亦君恩
모든 이들 만수무강 축원하며 계상재배하는데	萬壽咸拜稽
나는 병을 무릅쓰고 앉아 홀로 노래하노라니	力疾坐獨謠
줄줄 두 줄기 눈물만 흐르누나	潸然下雙涕

---

131 부민(覆閔) : 【譯注】하늘이 백성을 인(仁)으로 덮어주고 불쌍히 여긴다는 뜻이다.
《孟子集注 萬章上 旻天 注》

132 홍안 : 【攷證 卷8 鴻鴈】《시경》〈소아(小雅)〉의 편명으로, 주(周)나라 선왕(宣王)
이 먼 곳에서 온 자를 위로하고 떠나간 자를 돌아오게 하는 등 백성을 안정시켜 환과(鰥
寡)까지 모두 살 곳을 얻게 한 것을 찬미한 내용이다. 《毛詩 小雅 鴻鴈 序》《詩集傳
小雅 鴻鴈 注》

눈 내린 달밤에 읊다 【계축년(1553, 명종8, 53세) 11~12월 추정. 서울】
雪月夜吟

바람도 없이 눈과 밝은 달 어우러져 환하니	雪和明月皎無風
갠 경치도 차가운 빛도 모두 맑구나	霽色寒光也併空
하나의 침상이 얼음집에 놓여 있는 듯	一榻似安冰窖裏
수많은 집이 옥호[133] 속에 있는 듯	萬家如在玉壺中
닭은 새벽 물시계에 놀라 -원문 2자 결락- 재촉하고	雞驚曉漏催□□
계집종은 화로의 재 휘저어 붉은 불씨 찾는다	婢撥鑪灰覓火紅
늙어가며 허백이 망령이란 걸[134] 너무 잘 아니	向老極知虛白妄
고요함 속에 정말 새로운 공효가 있지	靜中眞箇有新功

---

133 옥호(玉壺) : 【譯注】 신선 세계의 별천지를 이른다. 한(漢)나라 비장방(費長房)이 시장에서 약을 파는 선인(仙人)인 호공(壺公)의 총애를 받아 그의 호리병 안에 들어갔는데, 그 안에 해와 달이 걸려 있고 별천지가 펼쳐져 있었다. 《後漢書 費長房列傳》

134 허백이 망령이란 걸 : 【攷證 卷8 虛白妄】 《장자(莊子)》〈인간세(人間世)〉에 "빈방에는 흰빛이 생긴다.〔虛室生白〕"라고 하였으니, 이는 마음이 청허하여 욕심이 없으면 도심(道心)이 생기는 것을 비유한 것인데, 허무(虛無)를 숭상하기 때문에 망령되다고 한 것이다.

SNP0993(詩-續卷2-49~50)

집승정[135] 【계축년(1553, 명종8, 53세) 7~9월 추정. 서울】
集勝亭

(詩-續卷2-49)

산수의 절경 먼 곳에서 찾지 마시라	山水休將遠討奇
하늘이 이곳을 아끼다가 그대 위해 펼쳤으니	天慳斯境爲君披
언덕의 이내 싹 걷힐 때 시내는 누인 명주 펼친 듯	墟烟埽盡溪鋪練
군의 호각 소리 잦아들 때 눈썹 모양 달이 뜬다	郡角吹殘月上眉
습지에서처럼 흠뻑 취하긴[136] 어려우나	酩酊難成習池醉
풍류에 젖어 현산[137]을 먼저 시로 읊는다네	風流先賦峴山詩
만남과 이별 그 덧없는 삶의 이치 생각하노니	因思聚散浮生理
들녘 사찰에서 나란히 누웠던 때[138] 늘 그리워하지	每憶聯牀野寺時

---

135 집승정(集勝亭) : 【譯注】 안승종(安承宗)의 정자로, 예천군(醴泉郡) 서쪽에 있다. 본래 이름이 없었는데 1541년(중종36) 이곳에 초대받은 최연(崔演)이 이름을 지었다. 집승정에 대한 시는 이 이외에《정본 퇴계전서》권2에〈집승정에 대한 절구 10수에 차운하다[次韻集勝亭十絶]〉,〈집승정 시에 차운하다. 2수[次集勝亭韻二首]〉라는 제목으로 실려 있다. 이황의 숙부 이우(李堣)의《송재속집(松齋續集)》권1에〈효사 안승종(安承宗)의 '집승정' 시에 차운하다[次安孝思集勝亭韻]〉시 2수가 실려 있는데, 이 시의 운자와 같다.

136 습지에서처럼 흠뻑 취하긴 : 【譯注】 좋은 경치를 감상하며 술에 흠뻑 취하는 것을 이른다. '습지(習池)'는 습가지(習家池)로, 습씨의 양어지(養魚池)를 이른다. 진(晉)나라 산간(山簡)이 양양 태수(襄陽太守)였을 때 현산(峴山) 아래에 있는 양어지의 경치를 좋아하여 매일 그곳에 가서 온종일 술을 마시고 만취하여 돌아오곤 하였다.《晉書 山簡列傳》

137 현산 : 【攷證 卷8 峴山】 예천(醴泉)이다. 군명으로 양양(襄陽)이라고도 하고 현산이라고도 한다.

예전 집승정 앞 지날 때 너무 아쉬웠으니　　　曾過亭前恨亦深

한 번 올라 구경할 길 없었기 때문이지　　　　無因一上爲探尋

어찌 알았으랴 산색이 나의 시선 잡아끌 줄　　豈知山色迎人眼

애오라지 기뻐라 물빛이 길손의 마음 비추니　聊喜溪光照客心

궁궐에서 관직 생활하느라 몸이 힘들지만　　　香土趨榮身役役

명승지가 꿈에 드니 마음이 가라앉누나　　　　名區入夢意沈沈

가을이건만 고향 갈 계획 이루지 못하고　　　　秋來未辦東行計

기러기 돌아갈 때 부질없이 시를 부친다　　　　鴻鴈歸時謾寄吟

---

138 나란히 누웠던 때 : 【譯注】형제나 벗 사이의 우의가 돈독한 것을 비유한다. 당(唐)
나라 위응물(韋應物)의 〈심전진(沈全眞)과 원상 조항(趙沆)에게 보이다[示全眞元常]〉
시에 "어찌 알았으랴 비바람 치는 밤에, 다시 여기서 침상 마주해 자게 될 줄.[寧知風雨
夜, 復作對牀眠?]"이라고 하였다.

홍원 현감으로 부임하는 김백순[139] 극일 을 보내다 【갑인년

(1554, 명종9, 54세) 10~12월 추정. 서울】

送金伯純赴洪原 克一

영남의 의젓한 후배 훌륭하니	嶺南擧擧後來英
글재주 뛰어나 일찍 이름 떨쳤지	文藝飛騰早播名
관각에서 오래도록 임금 보필의 직임 잘 수행하고	館閣久宜供袞職
민간에서 잠시 근심 어린 탄식 멈추는 일 맡았네	閭閻暫試輟愁聲
구름 바라볼 땐 삼춘의 그리움 참기 어렵겠지만[140]	看雲叵耐三春戀
마부 질책하며 구절판 지나는 걸 어찌 사양하랴[141]	叱馭何辭九折行

---

139 김백순 :【譯注】김극일(金克一, 1522~1585)로, 본관은 의성(義城), 자는 백순(伯純), 호는 약봉(藥峰)이고, 김성일(金誠一)의 형이다. 그는 1554년(명종9) 겨울 홍원 현감(洪原縣監)에 부임하였다. 《鶴峯集 附錄 卷1 年譜》

140 구름……어렵겠지만 :【攷證 卷8 看雲叵耐三春戀】살펴보건대, 당(唐)나라 적인걸(狄仁傑)이 병주 참군(幷州參軍)이 되었을 때 태항산(太行山)에 올라 하양(河陽) 방면의 흰 구름을 바라보면서 "나의 부모님이 저 흰 구름 아래에 계신다."라고 하고는 오랫동안 바라보았다. 《新唐書 狄仁傑列傳》이 구절의 의미는 아마 이 고사에 근거한 듯하다. 【校解】'삼춘'은 어머니의 사랑을 이른다. 당나라 맹교(孟郊)의 〈유자음(遊子吟)〉에 "한 치의 풀 같은 작은 마음으로, 봄볕 같은 어머니 사랑에 보답하기 어렵지.〔難將寸草心, 報得三春暉.〕"라고 하였다.

141 마부……사양하랴 :【譯注】국사(國事)를 위하여 지방관으로 부임하는 것을 사양하지 않는다는 뜻이다. 한(漢)나라 왕양(王陽)은 익주 자사(益州刺史)가 되어 공래현(邛崍縣)의 매우 험난한 구절판(九折坂)을 가다가 "어버이가 주신 소중한 몸으로 어떻게 자주 이 고개를 넘나들 수 있겠는가.'라고 하고는 병을 이유로 사직하였고, 뒤에 왕준(王尊)은 자사가 되어 이곳에 당도하여 "왕양은 효자이고 나는 충신이다."라고 하고는 마부를 질책하여 이곳을 지나갔다. 《漢書 王尊傳》

근래에 변경의 경보가 자못 다급하니   邇日邊烽頗警急
대비책¹⁴² 마련해 외딴 성 경계에 게으르지 말라   濡袽莫慢戒孤城

---

142 대비책 :【攷證 卷8 濡袽】'여'는 헌솜〔絮緼〕으로, 배의 새는 곳을 막는 데에 쓴다.
《주역》에 "물이 젖으매 옷과 헌 옷을 장만해 두고 온종일 경계한다.〔濡, 有衣袽, 終日
戒.〕"라고 하였다.《周易傳 旣濟 六四》【校解】《고증》에서 '袽'를 헌솜이라고 한 것은
오류인 듯하다.

SNP0995(詩-續卷2-52~54)

장수 현감으로 부임하는 조용문 욱에게 증별하다[143] 【갑인년

(1554, 명종9, 54세) 1월 19일 추정. 서울】

贈別趙龍門昱赴長水縣任

(詩-續卷2-52)

든건대 그대 일찍이 속세 밖에 깃들었다 하니	聞說君曾物外栖
바로 용문산 아래 백운계였지	龍門山下白雲溪
그 당시 몇 번이나 원했던가, 그대를 뒤따라가	當年幾欲追君去
앉아선 허름한 창 마주하고 나가선 함께 밭 갈기를[144]	
	坐對蓬囱出共犁

(詩-續卷2-53)

나는 본래 좋은 흥취 지닌 늙은 농부이거늘[145]	我本田翁有好懷

---

143 장수……증별하다 : 【攷證 卷8 長水】'장수'는 전라우도에 속한다. 군명으로 장천
(長川)·고택(高澤)이라고도 한다. 【校解】 조욱(趙昱, 1498~1557)은 본관이 평양(平
壤), 자가 경양(景陽), 호가 용문(龍門)·보진재(葆眞齋)·세심당(洗心堂), 시호가 문강
(文康)이다. 이 시는 조욱의 《용문집》 권6에도 〈장수 현감으로 부임하는 조경양에게
증별하다〔贈別趙景陽赴長水縣任〕〉라는 제목으로 실려 있다.

144 나가선……갈기를 : 【攷證 卷8 出共犁】 한(漢)나라 무제(武帝)가 조과(趙過)를
수속도위(搜粟都尉)로 삼아 백성에게 농사를 가르쳤는데, 3개의 쟁기를 한 마리 소에
묶고〔三犁共一牛〕 그것을 한 사람이 끌게 하였다.《事物紀原 卷9》

145 나는……농부이거늘 : 【譯注】 이황 자신은 본래 벼슬살이하지 않고 시골에서 농사
지으며 소소한 즐거움을 찾는 사람이라는 뜻이다. 진(晉)나라 도연명(陶淵明)의 〈술을
마시다〔飮酒〕〉 시 20수 중 제9수에 "찾아온 당신은 누구냐고 물었는데, 흥취가 도도하여
찾아온 늙은 농부였다네.〔問子爲誰歟, 田父有好懷.〕"라고 하였다.

반평생 깊은 소원 완전히 어그러졌지   半生深願苦成乖

그대 지금 관리 되어 우리와 같은 처지 되었으니[146] 君今束帶同吾輩

묻건대 인간 세상에서 무슨 일을 하겠는가   爲問人間底事諧

(詩-續卷2-54)

세상 사람은 분분하게 헐뜯기 좋아하니   塵世紛紛好議譏

예로부터 처사는 비방을 많이 받아 왔지   古來處士是兼非

그대는 노년에도 마음이 거울 같다는 걸 아니 歲寒看取心如鏡

고을 수령으로 나가 시달리지 마시라   莫把行藏困一麾

---

146 그대……되었으니 : 【譯注】조욱이 용문산에서 은거하면서 후학을 가르치고 벼슬길
에 나설 생각을 끊었었는데, 지금 결국 벼슬하게 되었다는 뜻이다.

손자 아몽의 이름을 안도라고 짓고 절구 2수를 지어 보이다[147] 【갑인년(1554, 명종9, 54세) 12월 8일. 서울】

孫兒阿蒙 命名曰安道 示二絶云

(詩-續卷2-55)

제대로 못 가르쳤는데 지금 벌써 태학에 들어갈 나이[148]

失敎今當大學年

이름을 '도'라고 지으니 기만한 듯하나 　　　　命名爲道若欺然

훗날 우리의 도가 구갈과 같다[532]는 걸 안다면 　　　　他時見此如裘葛

내가 함부로 과분한 이름 붙인 게 아니란 걸 비로소 알리라

始信吾非濫託賢

---

147 손자……보이다 : 【譯注】 '안도'는 이안도(李安道, 1541~1584)로, 자는 봉원(逢原), 호는 몽재(蒙齋)이고, 이황의 맏아들 이준(李寯)의 아들이자 이황의 장손이다. 이황은 이 시를 짓고 아들 이준(李寯)에게 편지를 보내 손자 이안도에게 시의 의미를 가르치라고 하면서 "대체로 우리의 이 도(道)는 일상생활에서 목마르면 마시고 배고프면 먹으며 겨울에 가죽옷을 입고 여름에 삼베옷을 입는 것과 같으니, 이미 잠시라도 없을 수 없고 역시 평범하고 일반적인 이치가 아님이 없다. 지금 사람들은 도(道)라는 글자를 말하기만 하면 대뜸 이상한 일이라고 여기니, 오직 학문에 힘을 쏟은 뒤라야 이런 의미를 알 수 있기에 시에서 말한 것이다."라고 하였다. 《定本退溪全書 卷12 寄子寯》

148 태학에 들어갈 나이 : 【譯注】 15세를 이르는데, 이안도는 1554년(명종9)에 14세였다. 송(宋)나라 주희(朱熹)의 《대학장구》〈서문〉에 "15세가 되면 천자의 맏아들과 여러 아들로부터 공·경·대부·원사의 맏아들과 모든 백성의 준수한 자에 이르기까지 모두 태학에 들어간다."라고 하였다.

149 구갈과 같다 : 【譯注】 일상생활 속에 없을 수 없는 당연하고 자연스러운 일이라는 뜻이다. 당(唐)나라 한유(韓愈)의 〈원도(原道)〉에 "여름에 삼베옷을 입고 겨울에 가죽옷을 입으며〔夏葛而冬裘〕, 목마르면 마시고 배고프면 먹는 것이 그 일은 다르지만 지혜가

(詩-續卷2-56)

기송 공부는 유년에 하는 것이니	記誦工夫在幼年
지금부턴 격물치지 공부가 정말 마땅하지	從今格致政宜然
학문은 온 힘을 쏟아야 향상되는 줄만 알아야 하니	但知學問由專力
옛 성현을 배우기 어렵다고 말하지 말라	莫道難攀古聖賢

　-명나라 세종(世宗) 가정(嘉靖) 갑인년 12월 8일 서울에서 써서 부치다.-

되는 것은 동일하다."라고 하였다.

성청송[150]의 4언시 〈파산〉[151]에 차운하다 【을묘년(1555, 명종10, 55세)

2월 15일. 서울】

次聽松坡山四言詩韻

머리털이 뭉치지 않고 풀어지게 하려면	髮之求解
옻으로 머리 감지 말아야 하니[152]	毋漆以沐
산이 큰 나라의 교외에 있다가	山之郊國
결국 반질반질 민둥산 되었지[153]	乃成濯濯
저 덕망 높은 벗을 그리워하노니	睠彼碩人

---

150 성청송 : 【譯注】 성수침(成守琛, 1493~1564)으로, 본관은 창녕(昌寧), 자는 중옥(仲玉), 호는 우계한민(牛溪閒民)·죽우당(竹雨堂)·청송(聽松)·파산청은(坡山淸隱), 시호는 문정(文貞)이고, 성혼(成渾)의 부친이다.

151 파산 : 【攷證 卷8 坡山】 파평산(坡平山)으로, 파주(坡州)에 있다. 【校解】 〈파산〉 시는 성수침의 《청송집》 권1에 실려 있다.

152 머리털이……하니 : 【譯注】 원하는 것을 성취하려면 그에 알맞은 방법을 선택해야 한다는 뜻이다. 【攷證 卷8 髮之…以沐】 목칠구해(沐漆求解)의 고사인 듯하다. 【校解】 송(宋)나라 장뢰(張耒)의 〈임안 주부인 소장 진구(秦觏)를 보내는 글[送秦少章臨安簿序]〉에서 진구가 가족을 위해 관리 노릇을 벗어날 수 없는 자신의 신세를 한탄하여 "옻으로 머리를 감으면서 머리털을 풀려는 것과 같다.[如沐漆而求解]"라고 하였다.

153 산이……되었지 : 【譯注】 타고난 선한 성품이 물욕에 침해당하는 것을 비유한다. 맹자가 "우산의 나무[牛山之木]가 일찍이 아름다웠는데, 대국의 교외에 있기[其郊於大國] 때문에 도끼와 자귀로 매일 나무를 베어 가니 아름답게 될 수 있겠는가. 밤낮으로 바와 우로가 적셔 주어 싹이 나오기는 하지만 소와 양이 또 바로 방목되기 때문에 저와 같이 반질반질하게 되었다.[若彼濯濯] 사람들은 그 반질반질한 것만을 보고는 일찍이 훌륭한 재목이 있은 적이 없다고 여기니, 이것이 어찌 산의 본성이겠는가."라고 하였다. 《孟子 告子上》

이군삭거(離群索居)하는 내가 걱정이로세 　　　　　　離索是憂

난초를 허리에 차고[154] 우두커니 서 있으니 　　　　結蘭延佇

그대와 더불어 함께 노닐고 싶어라 　　　　　　　思與同遊

부기 : 성청송의 시 附聽松詩

　파산의 아래는 　　　　　　　　　　　　　　坡山之下

　편히 쉴 만하다 　　　　　　　　　　　　　　可以休沐

　옛 시내는 맑고 시원하니 　　　　　　　　　　古澗清泠

　나의 갓끈을 여기서 씻지 　　　　　　　　　　我纓斯濯

　이곳에서 먹고 마시는 생활 　　　　　　　　　飮之食之

　기쁨도 없고 근심도 없다 　　　　　　　　　　無喜無憂

　깊숙한 이 산속에서 　　　　　　　　　　　　　奧乎茲山

　누가 나와 종유할까 　　　　　　　　　　　　　孰從我遊

---

154 난초를 허리에 차고 : 【譯注】 은거하면서 고결하게 사는 사람의 모습이다. 전국
시대 굴원(屈原)의 〈이소(離騷)〉에 "어둑어둑 날이 지려하는데, 그윽한 난초 허리에 찬
채 우두커니 서 있네.〔時曖曖其將罷兮, 結幽蘭而延佇.〕"라고 하였다.

삼가 안우에 올리다[155] 【을묘년(1555, 명종10, 55세) 2월 15일 추정. 서울】
伏呈案右

우리 동방에 은자가 적다고 늘 이상하게 여겼는데	常怪東方少隱淪
반평생 이내 삶 이미 풍진에 떨어졌구나	半生吾已落風塵
솔바람 소리 듣는 고의[156] 어찌 경솔히 말하랴만	聽松高義那輕說
원량도 지금 우리처럼 관리 되었다오[157]	元亮今爲我輩人

  -신잠(申潛) 공은 자가 원량(元亮)으로, 물러나 아차산(峨嵯山)[158]에 머물다가 만년에 다시 출사(出仕)하였기에 마지막 구절에서 언급한 것이다.-

---

155 삼가 안우에 올리다 : 【譯注】 '안우(案右)'는 책상의 오른편이라는 뜻으로, 상대방을 직접 지칭하지 않고 상대방을 지칭하는 말로, 여기서는 성수침(成守琛, 1493~1564)을 이른다. 그는 본관이 창녕(昌寧), 자가 중옥(仲玉), 호가 우계한민(牛溪閒民)·죽우당(竹雨堂)·청송(聽松)·파산청은(坡山淸隱), 시호가 문정(文貞)이고, 성혼(成渾)의 부친이다. 이 시는 《청송집》 권3에도 실려 있다.

156 솔바람……고의 : 【譯注】 성수침의 뜻이 고상하다는 뜻으로, 그의 호가 청송이기 때문에 이렇게 말한 것이다. 남조 시대 제나라 도홍경(陶弘景)은 솔바람을 좋아하여 정원에 소나무를 가득 심고, 솔바람 소리를 들을 때마다 흐뭇해하며 즐거워하였다. 《南史 陶弘景列傳》

157 원량도……되었다오 : 【譯注】 성수침이 벼슬길에 나오기를 바라는 뜻에서 이렇게 말한 것이다. '원량(元亮)'은 신잠(申潛, 1491~1554)의 자로, 본관은 고령(高靈), 호는 아차산인(峨嵯山人)·영천자(靈川子)이다.

158 아차산 : 【攷證 卷8 峨嵯山】 한강의 북쪽, 양주(楊州)의 동쪽에 있으니, 영천자(靈川子 신잠(申潛))가 이른바 '이제부터 아차산 아래에서 살겠다.〔從此峨嵯山下臥〕'라고 한 그 산이다. 【校解】 《정본 퇴계전서》 권1 〈영천자의 묵죽도에 쓰다〔題靈川子墨竹〕〉 시의 《고증》에서는 "이제부터 높은 산 아래에서 늙어가고자 한다.〔從此嵯峨山下老〕"라고 하였다.

동호로 나가 하루를 머물렀는데[159] 정 상사 경석[160]이 눈이 내리는 속에 작별하러 오다 【을묘년(1555, 명종10, 55세) 2월 12일 추정. 서울】

出東湖留一日 丁上舍景錫雪中來別

성현의 학문을 여러 서적에서 찾으려 하니	欲將古學驗諸書
그대의 어리석음 나와 너무 똑같아 웃은 적 있지	嘗笑君愚劇似余
함께 강과 산 마주하여 춘설을 보노라니	共對湖山看春雪
이별의 수심 어찌 술로 몰아낼 수 있으랴	離愁何用酒驅除

---

159 동호로……머물렀는데 : 【譯注】 '동호(東湖)'는 두모포(豆毛浦)라고도 하는데, 도성 동남쪽 10리 지점에 있다. 《新增東國輿地勝覽 卷3 漢城府》 중랑천과 한강 본류가 만나는 지점을 중심으로 압구정동과 옥수동 사이의 한강 지역을 이른다. 이황은 1555년(명종10) 2월 11일, 병으로 여러 차례 사직을 요청하여 해직되자 자주 왕래하던 조정의 벗들과 작별도 하지 않은 채 황급히 도성을 나와 동호로 가서 배가 마련될 때까지 잠시 머물다가 배를 사서 고향으로 출발하였다. 《退溪先生年譜 卷1》

160 정 상사 경석 : 【譯注】 정윤희(丁胤禧, 1532~1589)로, 본관은 나주(羅州), 자는 경석(景錫), 호는 고암(顧庵)·순암(順庵)·해월헌(海月軒)이다.

차운하여 조경양의 시¹⁶¹에 답하다 【을묘년(1555, 명종10, 55세) 1월 추정. 서울】

次韻答趙景陽

조경양은 이때 장수 현감(長水縣監)이었다.

(詩-續卷2-60)

알겠어라, 그대가 다스리는 장수현 그 맑은 산수가	知君縣裏淸山水
금옥처럼 아름다운 시 짓게 도와준 것¹⁶²을	得助詩成比玉金
나의 이전 기롱¹⁶³ 말하며 애오라지 해명하니	說我前嘲聊自解
그대의 〈아양곡〉¹⁶⁴으로 정말 마음이 탁 트이는구려	峩洋眞覺豁幽襟

---

161 조경양의 시 : 【譯注】 '경양(景陽)'은 조욱(趙昱, 1498~1557)의 자로, 그는 본관이 평양(平壤), 호가 보진재(葆眞齋)·세심당(洗心堂)·용문(龍門), 시호가 문강(文康)이고, 1554년(명종9) 1월에 장수 현감(長水縣監)에 임명되었다. 그의 시는 《용문집》 권4에 〈경호 이퇴계에게 부채를 보내다〔送扇于李退溪景浩〕〉라는 제목으로 실려 있고, 이황의 시가 차운시로 실려 있다.

162 산수가……것 : 【譯注】 산수의 풍경이 좋아서 사람의 흥취를 돋우어 좋은 시를 짓게 한다는 뜻이다. 당(唐)나라 장열(張說)이 악주(岳州)로 귀양 간 뒤로 시가 더욱 처완(悽惋)하여 좋아지자 사람들이 "강산의 도움을 받았다.〔得江山助〕"라고 하였다. 《新唐書 張說列傳》

163 나의 이전 기롱 : 【攷證 卷8 前嘲】《정본 퇴계전서》 권3의 〈장수 현감으로 부임하는 용문 조욱에게 증별하다〔贈別趙龍門昱赴長水縣任〕〉 시를 가리키는 듯하다. 【校解】 이황은 〈장수 현감으로 부임하는 용문 조욱에게 증별하다〉 시에서 "그대 지금 관리 되어 우리와 같은 처지 되었으니, 묻건대 인간 세상에서 무슨 일을 하겠는가.〔君今束帶同吾輩, 爲問人間底事諧?〕"라고 하였다.

164 아양곡 : 【譯注】 자신의 마음을 잘 알아주는 벗을 비유하는 말인데, 여기서는 조욱이 보낸 시를 이른다. 〈아양곡(峩洋曲)〉은 춘추 시대 백아(伯牙)가 타고 그의 벗 종자기(鍾子期)가 들었다는 곡조로, 백아가 금(琴)을 타면서 높은 산에 뜻을 두면 종자기가

(詩-續卷2-61)

영화를 탐하면서 함부로 도원량[166]을 흠모하니	貪榮浪慕陶元亮
치자의 물로 칠해 황금빛 가장한 꼴[167]이지	何異將梔假作金
도성에서 병든 채 오랜 세월 보내던 터에	病臥城中多歲月
그대가 보낸 시 보니 부끄러운 마음 드누나	詩來令我媿生襟

　　-조욱(趙昱)의 《용문집(龍門集)》에 실려 있는 차운시에는 '영아(令我)'가 '불내(不奈)'로 되어 있다.-

---

"높디높기가 마치 태산과 같구나.〔峨峨兮若泰山〕"라고 하고, 흐르는 물에 뜻을 두면 "넓디넓기가 마치 강하와 같구나.〔洋洋兮若江河〕"라고 하였다. 《列子 湯問》

165 어떤……있다 : 【譯注】'어떤 판본'은 조욱의 《용문집》을 이르는데, 한국고전번역원 문집총간본 《용문집》에는 '助'가 '照'로 되어 있지 않고 '助'로 되어 있다.

166 도원량 : 【譯注】진(晉)나라 도연명(陶淵明, 365~427)으로, 자는 원량(元亮), 별호는 오류선생(五柳先生), 사시(私諡)는 정절(靖節)이다. 유유(劉裕)가 진나라를 찬탈하자 마침내 벼슬하지 않고 이름을 잠(潛)으로 고쳤다.

167 치자의……꼴 : 【譯注】본질은 형편없으면서 겉으로만 그럴싸하게 꾸민다는 뜻이다. 【攷證 卷8 將梔假作金】어떤 부자가 5만 냥으로 채찍을 사고는 유종원(柳宗元)에게 황금빛이 나고 윤택이 나는 것이 사랑스럽다고 하였다. 유종원이 그 채찍을 끓는 물에 불려 씻어내자 황금빛은 치자의 물을 바른 것이요, 윤택이 난 것은 밀랍을 칠했기 때문이었다. 지금 그 얼굴에 치자 물을 바르고 그 말에 밀랍을 칠하는 자가 많다. 《柳河東集 卷20 鞭賈》

김현경[168]이 술을 싣고 와서 나를 보내며 저자도[169] 아래에 까지 이르렀다. 그의 증별시에 차운하다 【을묘년(1555, 명종10, 55세) 2월 18일 추정. 서울】

顯卿載酒送余 至楮子島下 次贈別韻

동호[170]는 옛날 노닐던 곳	東湖舊遊處
하늘 저편 돛단배 하나 봄 강물에 떠 있다	春水一帆天
꿈속에서 늘 한가히 노닐었는데	夢裏常悠爾
술동이 앞에서 이미 멀어지누나	罇前已杳然
따르는 술은 낭원의 유하주(流霞酒) 같고	酒傳霞閬苑
지어준 시는 남전[171]의 옥 같아라	詩出玉藍田
떠나는 나 머무는 그대 그 정은 한량없거늘	去住情無限
저자도에서 따로따로 배 타고 헤어지는구려	分舟楮子邊

---

168 김현경 : 【譯注】 김귀영(金貴榮, 1520~1593)으로, 본관은 상주(尙州), 자는 현경 (顯卿), 호는 동원(東園)이다.

169 저자도(楮子島) : 【譯注】 도성 동쪽 25리 지점, 삼전도(三田渡)의 서쪽에 있다. 《新增東國輿地勝覽 卷3 漢城府》 서울 성동구 금호동·옥수동 남쪽 한강 본류와 중랑천이 만나는 지점에 자갈과 모래가 퇴적되어 형성된 삼각주 형태의 자연섬으로 닥나무가 많았 는데 지금은 사라졌다.

170 동호(東湖) : 【譯注】 '동호(東湖)'는 두모포(豆毛浦)라고도 하는데, 도성 동남쪽 10리 지점에 있다. 《新增東國輿地勝覽 卷3 漢城府》 중랑천과 한강 본류가 만나는 지점을 중심으로 압구정동과 옥수동 사이의 한강 지역을 이른다. 이황은 1555년(명종10) 2월 11일, 병으로 여러 차례 사직을 요청하여 해직되자 자주 왕래하던 조정의 벗들과 작별도 하지 않은 채 황급히 도성을 나와 동호로 가서 배가 마련될 때까지 잠시 머물다가 배를 사서 고향으로 출발하였다. 《退溪先生年譜 卷1》

171 남전(藍田) : 【譯注】 섬서성에 있는, 아름다운 옥의 산지로 유명한 곳이다.

다시 앞 시의 운자를 사용하여 짓다 【을묘년(1555, 명종10, 55세)
1월 추정. 서울】

復用前韻

(詩-續卷2-63)

도성의 속진 속에 눈 녹고 봄이 오니	雪消春動鳳城塵
후미진 골목에서 장자의 수레 기쁘게 맞이한다	窮巷欣迎長者輪
병세를 말하고 시를 논하고는 홀짝홀짝 술 마시니	說病論詩仍細酌
밝은 창과 엉성한 자리 모두 운치가 있어라	明囱疏席摠天眞

(詩-續卷2-64)

해 기우는 창문에 먼지 날릴 때	日斜牕裏見游塵
수창하며 바퀴 돌 듯 번갈아 시 짓는다	迭唱頻題似轉輪
문장이 작은 재주라고 비웃지 말지니	莫笑文章爲小技
흉중의 오묘한 곳이 참되게 표현된다네[172]	胸中妙處狀來眞

---

172 문장이……표현된다네 : 【譯注】 문장에 대하여 조충전각(雕蟲篆刻)이라고 경시하
지만, 시문은 마음속의 진실한 감정을 진술하게 표현하는 수단이 된다는 뜻이다.

금천¹⁷³에서 조송강¹⁷⁴의 하인과 우연히 만나 그편에 절구 3수를 부쳐 주다 【을묘년(1555, 명종10, 55세) 2월 20~21일 추정. 충주(忠州)】

金遷遇松岡蒼頭 寄贈三絶

(詩-續卷2-65)

내가 떠날 때 알리지 않았다고 하지 마시라	莫道吾行不告歸
화분 구할 때 이미 얼음 녹는 시절 기약했으니	泮冰時節索盆期
어찌하여 다정한 송강의 노인이	如何款曲松岡老
이별의 마음 담은 시 한 수 부치지 않았는가	不寄離情一首詩

(詩-續卷2-66)

송강을 돌아보니 이별의 아쉬움 새록새록	回首松岡別恨新
국화 화분 하나도 받을 길 없구나	一盆花種又無因
멀리서 알겠어라, 골짜기에 꽃피는 시절 되면	遙知洞裏花時節
함께 노닐던 살쩍 센 나를 떠올릴 것을	憶我同遊白鬢人

(詩-續卷2-67)

| 지난해 경치 좋은 골짜기에서 신선놀음할 때 | 巖洞仙遊憶去年 |
| 운연 속에서 많은 시 읊어 행협¹⁷⁵에 넣었지 | 百篇行篋裹雲烟 |

---

173 금천(金遷) : 【譯注】 충주 서쪽 10리에 있는데, 북진(北津)의 하류이다. 《新增東國輿地勝覽 卷14 忠淸道 忠州牧》

174 조송강 : 【譯注】 조사수(趙士秀, 1502~1558)로, 본관은 양주(楊州), 자는 계임(季任), 호는 송강(松岡), 시호는 문정(文貞)이다.

춘풍에 동쪽으로 돌아오는 무한한 그리움을 　　　春風無限東來意

돌아가는 기러기 편에 한 장 종이로 부쳐 보내노라　付與歸鴻一紙傳

-지난해에 내가 조송강에게 국화 종자를 부탁하면서 시를 지어 "그 가운데 으뜸
은 금은황(金銀黃)¹⁷⁶ 품종이니, 어찌하면 고향 정원에 옮겨 심을까.〔箇中第一
銀黃品, 安得移根向故園?〕"라고 하였다. 조송강은 화분 채로 보내주겠다고 약
속한 뒤에 "어떻게 하면 멀리 보낼 수 있는가?"라고 묻길래, 내가 "강의 얼음이
녹았을 때 배로 실어 보내면 되니 어찌 멀다고 보내지 못하겠는가."라고 대답하
였다. 지금 내가 조송강에게 보낸 편지에서 '얼음이 녹는다', '화분을 구한다'라는
말을 하였는데, 이는 내가 서둘러 떠난 것을 조송강이 알지 못하여 미처 작별
인사를 하지 못하였기에 이렇게 말한 것이다.-

---

175 행협(行篋) : 【譯注】 여행이나 유람할 때 가지고 다니는 상자이다.

176 금은황(金銀黃) : 【譯注】 국화의 한 종류이다. 《해동잡록(海東雜錄)》〈본조(本朝)〉
에 "금은황이라는 것은 옅은 황색으로 다소 일찍 피는데, 서울 사람들이 다투어 심는다."
라고 하였다.

이농암 선생의 시¹⁷⁷에 차운하다 【을묘년(1555, 명종10, 55세) 4월 10일 추정. 예안(禮安)】

次聾巖先生韻

꽃 만발한 신선의 화단에 고운 해 빛나니	花發仙壇麗日華
천고의 좋은 경치 이 계절에 많구나	千春光景此時多
옥 술동이엔 유하주(流霞酒)가 찰랑찰랑	玉罇瀲灩流霞液
구름 장막엔 안개인 양 엷은 깁이 희미하다	雲幔依俙薄霧紗
낭원의 요지에서 선생 따라 좋은 경치 감상하니	閬苑瑤池追勝賞
동안의 백발노인 취하여 얼굴이 발그스름하다	童顔鶴髮帶微酡
나는 지금 도원의 나그네¹⁷⁸를 되레 비웃으니	我今卻笑桃源客
한번 돌아올 길도 없는데 어떻게 다시 이르랴	一返無由再到何

---

177 이농암 선생의 시 : 【譯注】 '농암(聾巖)'은 이현보(李賢輔, 1467~1555)의 호로, 그는 본관이 영천(永川), 자가 비중(棐仲), 호가 설빈옹(雪鬢翁), 시호가 효절(孝節)이다. 그의 시는 《농암집》 권1에 〈병석에서 일어나 시를 지어 퇴계에게 드리다[病起吟呈退溪]〉라는 제목으로 실려 있고, 이황의 시가 차운시로 실려 있다.

178 도원의 나그네 : 【譯注】 무릉도원(武陵桃源)의 고사에 등장하는 어부를 이른다.

SNP1005(詩-續卷2-69)

조송강¹⁷⁹이 부쳐 준 시에 차운하다 【을묘년(1555, 명종10, 55세) 4월

28일 추정. 예안(禮安)】

次韻趙松岡見寄

조송강은 이때 이조 판서로 재직하면서 여러 차례 나를 관직에 의망(擬望)했으니, 이는
나를 알아주는 뜻이 전혀 아니다.

천 리 먼 산하라 소식 오는 게 정말 더딘데　　　　千里關河信苦遲

편지 한 통 도착하니 그리워하던 내 마음 위로한다　一封書到慰相思

하찮은 신하 도성 떠난 건 모두 병 때문이고　　　微臣去國都緣病

벗과 마음 주고 받는 건 정히 시에 의지하누나　　宿契論心正賴詩

석홍(石洪)을 그물로 잡은 건¹⁸⁰ 오히려 원망스러우니

　　　　　　　　　　　　　　　　　　　致石羅中猶可怨

사곤(謝鯤)을 바위 사이에 둔 게 제대로 알아준 거지⁵⁶⁴

　　　　　　　　　　　　　　　　　　　留鯤巖裏乃眞知

---

179 조송강 : 【譯注】 조사수(趙士秀, 1502~1558)로, 본관은 양주(楊州), 자는 계임
(季任), 호는 송강(松岡), 시호는 문정(文貞)이다.

180 석홍(石洪)을……건 : 【譯注】 조사수가 이황을 관원으로 추천한 일을 이른다. 【攷
證 卷8 致石羅中】 당(唐)나라 한유(韓愈)의 〈하양군으로 부임하는 처사 온조(溫造)를
보내는 글〔送溫處士赴河陽軍序〕〉에 "대부 오공(烏公)이 하양을 다스릴 때 석홍을 인재
라고 여겨 예를 그물로 삼아〔以禮爲羅〕 석생을 그물질해 막하로 데려갔다.〔羅而致之〕"라
고 하였다.

181 사곤(謝鯤)을……거지 : 【譯注】 이황을 관원으로 추천하지 않고 고향에 머물 수
있게 하는 것이 이황의 마음을 제대로 이해하는 것이라는 뜻이다. 사곤(謝鯤)은 진(晉)
나라 때 인물로, 고개지(顧愷之)가 "산과 골짜기를 즐기는 면에서는 유량(庾亮)보다 낫
다고 사곤이 말했으니, 이 사람은 마땅히 골짜기 가운데 있어야 어울린다."《晉書 謝鯤列

바라건대 공께서는 나의 평소 마음 헤아려 　　　　祝公聽我平生臆

노나라 연회에서 슬퍼한 원거 신세 면하게 하시게[182] 免使鶢鶋魯饗悲

　-석홍과 사곤이다.-

傳》《世說新語 工藝》

182 노나라……하시게 : 【譯注】이황 자신을 관원으로 의망하지 말라는 뜻이다. '원거
(鶢鶋)'는 해조(海鳥)의 이름으로, 춘추 시대 노(魯)나라 교외에 날아와 앉자 임금이
그 새를 모셔와 종묘에서 성대히 환영연을 베푸니, 그 새는 근심과 슬픔으로 고기 한
점도 먹지 못하고 술 한 잔도 마시지 못한 채 3일 만에 죽었다. 《莊子 至樂》

남시보¹⁸³의 향산 유람록¹⁸⁴ 뒤에 쓰다 【무오년(1558, 명종13, 58세)

1~2월 추정. 예안(禮安)】

書南時甫遊香山錄後

호방한 조물주가 신이한 산 마련했거늘	造物雄豪辦神嶽
병든 이 몸은 괴벽하여 깊은 숲에 은거한다	病夫孤僻隱深林
그대가 결연히 신령한 곳 찾아가지 않았다면	非君決去搜靈境
도대체 내가 어찌 멀리 가서 구경하고픈 마음 풀 수 있었으랴	
	顧我何由豁遠襟
주름 많은 남산¹⁸⁵ 보고픈 숙원 기쁘게 이루고	衆皺南山欣副願
작게 보이는 동로¹⁸⁶ 아마도 마음 -원문 1자 결락-	小看東魯想□心

---

183 남시보 : 【譯注】남언경(南彦經, 1528~1594)으로, 본관은 의령(宜寧), 자는 시보(時甫), 호는 동강(東岡)·정재(靜齋)이다.

184 향산 유람록 : 【攷證 卷8 香山】'향산'은 평안도 묘향산(妙香山)이다.【校解】《정본 퇴계전서》권5의 〈남시보에게 보낸 답장[答南時甫]〉 네 번째 편지에 관련 내용이 보이고, 남시보의 유람록은 현전하지 않는다.

185 주름 많은 남산 : 【譯注】묘향산 정상에서 바라보면 높은 언덕과 깊은 골짜기가 주름이 겹쳐져 생긴 파문처럼 보인다는 뜻으로 한 말이다. 당(唐)나라 한유(韓愈)의 〈남산시(南山詩)〉에 "어제 맑게 갠 날 만나니, 남산 유람의 숙원 이제야 기쁘게 이루어졌네……산 앞의 나직이 열린 곳 드넓은데, 여기저기 쌓인 것들 여러 주름 겹쳐진 듯.[昨來逢淸霽, 宿願忻始副……前低劃開闊, 爛漫堆衆皺.]"라고 하였다.

186 작게 보이는 동로 : 【譯注】'동로(東魯)'는 동쪽의 노(魯)나라라는 뜻으로 공자의 가르침을 따르는 조선을 이르니, 묘향산 정상에서 바라보면 조선의 강역이 작게 보인다는 뜻으로 한 말이다. 공자가 동산에 올라 노나라를 작게 여기고[登東山而小魯], 태산에 올라 천하를 작게 여겼다.《孟子 盡心上》

이 글이 완성되면 금강록[187]을 이을 만하니 　　　　編成許續金剛錄

수미를 더욱 유의하여 자세히 쓰시게 　　　　　　首尾尤須用意深

　-남시보가 예전에 홍응길(洪應吉)[188]과 함께 금강산을 유람한 적이 있는데 홍응
길은 금강산 유람록을 남겼다. 지금 남시보의 이 유람록을 읽었는데 다만 처음
부분과 끝부분이 갖추어지지 않았다.-

187　금강록(金剛錄)：【譯注】홍인우(洪仁祐)가 1553년(명종8) 4월에 남언경·허충길
(許忠吉)과 함께 금강산을 유람하고 지은《관동일록(關東日錄)》으로,《정본 퇴계전서》
권15에 〈상사 홍응길의 금강산 유람록에 대한 글〔洪應吉上舍遊金剛山錄序〕〉이 있다.

188　홍응길(洪應吉)：【譯注】1515~1554. 홍인우로, 본관은 남양(南陽), 자는 응길,
호는 경재(敬齋)·치재(恥齋)이다.

차운하다 【시기 미상. 장소 미상】

次韻

전갈 같은 왜적이 하늘의 질서 침범하니	蠆毒干天紀
호남 지역 백성들 몹시 애통해하누나[189]	湖南痛震如
예봉 꺾어 잠시 잦아들었으나	挫鋒雖暫息
금혁(金革) 깔고 지내니 어찌 편안히 거처하랴	衽革豈寧居
조정의 계책은 응당 신묘할 터이나	廟筭應神妙
서생인 나는 본래 오활하고 엉성할 뿐	書生本闊疎
다만 오래도록 안정되고 고요하게 하여	但令長晏謐
전원 속에서 다 읽지 못한 책 읽게 했으면	巖下讀殘書

---

189 전갈……애통해하누나 : 【譯注】1555년(명종10) 5월에 왜구가 선박 70여 척으로 일시에 전라남도 남해안 쪽에 침입하면서 발생한 을묘왜변(乙卯倭變)을 이른 듯하다.

SNP1008(詩-續卷2-72~73)

계상에서 김신중[190]·김돈서[191]·김사순[192]·금훈지[193]·우경선[194]
과 함께《역학계몽》[195]을 읽은 뒤에 절구 2수를 지어 뜻을
보이고, 아울러 손자 안도[196]에게도 보이다【을축년(1565, 명종20,
65세) 8월 15일. 예안(禮安)】

溪上與金愼仲惇敍金士純琴壎之禹景善同讀啓蒙 二絶示意 兼示安道孫兒

(詩-續卷2-72)

소강절(邵康節)이 천지의 이치 밝힌 일 우리 주자에게 전해졌으니[580]

邵闢乾坤傳我朱

---

190 김신중 :【譯注】김부의(金富儀, 1522~1582)로, 본관은 광산(光山), 자는 신중 (愼仲), 호는 읍청정(挹淸亭)이고, 김부필(金富弼)의 아우이다.

191 김돈서 :【譯注】김부륜(金富倫, 1531~1598)으로, 본관은 광산(光山), 자는 돈서 (惇敍), 호는 설월당((雪月堂)이고, 김부신(金富信)의 아우이다.

192 김사순 :【譯注】김성일(金誠一, 1538~1593)로, 본관은 의성(義城), 자는 사순 (士純), 호는 학봉(鶴峰), 시호는 문충(文忠)이다.

193 금훈지 :【譯注】금응훈(琴應壎, 1540~1616)으로, 본관은 봉화(奉化), 자는 훈지 (壎之), 호는 면진재(勉進齋)이고, 금응협(琴應夾)의 아우이다.

194 우경선 :【譯注】우성전(禹性傳, 1542~1593)으로, 본관은 단양(丹陽), 자는 경선 (景善), 호는 추연(秋淵), 시호는 문강(文康)이다.

195 역학계몽(易學啓蒙) :【譯注】송(宋)나라 주희(朱熹)가 1186년《주역》의 의리학 과 상수학의 단점을 지양하는 차원에서 도식(圖式)과 수리(數理)를 위주로 하여 편찬한 《주역》해설서이다.

196 손자 안도 :【譯注】이안도(李安道, 1541~1584)로, 자는 봉원(逢原), 호는 몽재 (蒙齋)이고, 이황의 맏아들 이준(李寯)의 아들이자 이황의 장손이다.

197 소강절(邵康節)이……전해졌으니 :【譯注】'소강절'은 송나라 소옹(邵雍)으로,《주 역》의 원리를 이용하여 우주의 기원, 자연의 진화, 사회 역사의 변천을 수리적으로 고찰

《주역》의 정수가 이 책에서 환히 밝혀졌지   易中心髓洞玆書
몇 번이나 애써 연구하고 또 자문을 구했던가   幾加硏索兼咨訪
노년에 이르렀는데도 학문이 엉성한 듯하여라   到老猶嫌術業疎

(詩-續卷2-73)

짝이 없고 밖이 없는[198] 점은 말하기 어려우나   無倫無外縱難言
유거에서 조화의 근원 완미하니 그래도 흡족하다   尙愜幽居翫化原
게다가 오늘 제군들과 함께 읽으면서   此日況同諸子讀
환중[199]의 심법 그 정묘한 이치 토론함에랴   環中心法妙尋論

한《황극경세서(皇極經世書)》를 편찬했는데, 주희가 이에 많은 영향을 받아《역학계몽
(易學啓蒙)》을 저술하고, "소강절의 학문을 말하자면 그 골수는《황극경세서》에 있고
그 화초는 바로 시이다."라고 하였다.《朱子語類 卷100 邵子之書》

198 짝이……없는 :【譯注】송(宋)나라 주희가 1191년에 그 제자 진순(陳淳)에게 보낸
답장에서 마음의 허령하고 오묘한 근거를 설명하면서 "거대하기로는 밖이 없을 정도로
큰 것에 이르러도 관통하지 않음이 없고, 세미하기로는 짝이 없을 정도로 작은 것에
들어가도 관통하지 않음이 없다.〔大極於無際而無不通, 細入於無倫而無不貫.〕"라고 하
였는데, 여기서는《주역》의 이치가 무한하다는 뜻이다.《晦庵集 卷57 答陳安卿3》

199 환중(環中) :【譯注】고리 가운데의 공허한 곳으로, 시비를 초월한 절대적인 경지
를 이른다.《莊子 齊物論》여기서는《주역》선천도(先天圖)의 원심(圓心)으로, 마음을
가리키니, 소옹의〈한행음〔閒行吟〕〉에 "환중의 의미 깨우친 뒤로는, 가슴에 혼란한 생각
한 점도 없네.〔自從會得環中意, 閒氣胸中一點無.〕"라고 하였다.

관청동 폭포²⁰⁰ 【정사년(1557, 명종12, 57세) 4월 9일 추정. 예안(禮安)】
觀聽洞瀑沛

(詩-續卷2-74)

높이 솟은 큰 바위 벼랑 어느 해에 뚫렸는가	高崖巨壁鑿何年
천 길 물결 거세게 쏟아지니 흰 깁이 걸린 듯	怒瀉千尋白練縣
울리는 소리 숲을 흔들어 산 귀신 도망가니	響振巖林山鬼遁
한 구역 풍경이 신선의 몫이 되었구나	一區雲物屬靈仙

(詩-續卷2-75)

거세게 쏟아지는 흰 물결 천둥소리와 다투는 듯	崩雲瀉雪鬪轟霆
아래에서 맑은 웅덩이 되니 환한 거울 같아라	下作泓澄一鑑明
후곡의 폭포 그 장관은 정녕 어떠할까	後谷奇觀定何似
훗날 그 높이를 재서 자웅을 비교하리라	高尋他日較雄爭

(詩-續卷2-76)

높고 찬 푸른 벼랑 한 아름 옥 물결이	翠壁高寒玉一圍
우레 치듯 기세 좋게 백룡이 날아 내려오는 듯	白龍飛下挾雷威
모르겠구나, 만고의 향로봉 아래에서	不知萬古鑪峯下
멋진 시 지은 청련²⁰¹과 누가 같을지를	誰似靑蓮巨筆揮

---

200 관청동 폭포 : 【攷證 卷8 觀聽洞瀑沛】 봉화현(奉化縣) 남쪽 30리 지점에 있다.

201 향로봉……청련 : 【譯注】 '향로봉(香爐峯)'은 여산(廬山)에 있는 봉우리이고, '청련

(詩-續卷2-77)

점잖은 산신령 내가 온 걸 반기다가　　　　珍重山靈喜我來

병 많아 차가운 술 꺼리니 다시 가여워한다　　更憐多病忌寒酷

바위 갈라져 절구 같은 구멍 생기지 않았다면　不緣坼石爲窪臼

오늘 어찌 -원문 1자 결락- 한 잔 술 들 수 있었으랴　今日何□擧一杯

-'천 길'이라든가 '향로봉'이라든가 하는 말은 과장하여 실질을 지나치는 병통이
있음을 면치 못한다. 이는 조사경(趙士敬)이 꿈결에서 중얼거린 잠꼬대²⁰²와 다
르지 않으니 가소롭다. 청량산(淸凉山) 후곡(後谷)에 있는 폭포는 그 기세가
매우 웅장하고 급하여 관청동 폭포보다 나은데, 나는 아직 구경하러 가지 못하
였기에 '훗날 그 높이를 잴 것'이라고 말한 것이다. 나는 병 때문에 차가운 술을
마시지 못하였다. 이날 아이종이 산촌의 민가에서 술을 데우는 도구를 빌리려고
했는데 역병으로 꺼려 빌리지 못하고 돌아오니, 나는 우선 따라온 승려와 종들
에게 술을 마시게 할 뿐이었다. 잠시 뒤에 터지고 갈라지는 소리가 들렸는데
매우 특이하였다. 아이종이 따뜻한 술을 가지고 와서 바치길래 물었더니, 아이
종이 "돌을 달구어 술을 데우면 되겠다고 공연히 생각하고는 돌이 뜨거워진 뒤에
물을 뿌렸더니 뜻밖에 돌의 표면이 터지고 갈라져 우묵한 구멍이 생기길래 그
안에 물을 붓고 탕기(湯器)를 얹을 수 있었습니다. 그래서 술을 데워 가지고

(靑蓮)'은 당(唐)나라 이백(李白)의 호로, 그가 50세 전후에 여산에서 은거할 때 〈여산의
폭포를 바라보다[望廬山瀑布]〉시 2수를 지었는데, 제2수에 "향로봉에 해가 비쳐 붉은
이내 생길 때, 멀리 바라보니 폭포가 앞 시내 위에 걸려 있네. 쏟아지는 물결 삼천 자를
직하하니, 은하수가 하늘에서 떨어지는 듯.[日照香爐生紫煙, 遙看瀑布挂前川. 飛流直下
三千尺, 疑是銀河落九天.]"이라고 하였다.

202 잠꼬대 :【攷證 卷8 寢】살펴보건대, '예(寢)'는 부수가 면(宀)이어야 하니, 발음이
예(豫)이고, 잠꼬대라는 뜻이다. 《장자(莊子)》〈천운(天運)〉에 "악몽을 꾸지 않는다면
틀림없이 잠꼬대할 것이다.[必且寢]"라고 하였고, 당나라 원결(元結)이 〈예론(寢論)〉을
지었는데 이는 간관이 간쟁하지 않는 것을 비판한 내용이다.《康熙字典 卷7 宀部》【校
解】《고증》에는 《장자》라는 서명만 있고 내용이 없는데, 《강희자전》에 의거하여 보충하
였고, 이 내용은 통행본 《장자》에 "틀림없이 자주 가위에 눌릴 것이다.[必且數眯焉]"라고
되어 있다.

올 수 있었습니다."라고 하였다. 내가 가서 보고는 "이는 원결(元結)이 말한 '돌절구에 있는 술을 손으로 움키어 마신다'[203]는 격이로구나."라고 하고는 훼손하지 말고 잘 두게 하여 훗날 올 것을 기약하였다.-

---

203 원결(元結)이……마신다 : 【攷證 卷8 元結石臼抔飮】원결이 번상(樊上)에 거주할 때 우묵하게 패여 있는 돌이 있었는데, 이를 잘 정비하여 술을 담고는 부준(抔樽)이라고 명명하였다. 그의 〈부준명〉에 "누가 움키어 마시면서, 나와 함께 순박한 도리 지킬 수 있을까.〔誰能抔飮, 共守淳朴?〕라고 하였다. 송(宋)나라 소식(蘇軾)의 〈무창의 서산〔武昌西山〕〉 시에 "낭사(浪士) 원결 노인 취한 곳 아직 남아 있으니, 움키어 마셨던 돌절구만 있을 뿐 술동이는 없지.〔浪翁醉處今尙在, 石臼抔飮無罇罍.〕"라고 하였다.

고리점 아래에서 천석이 아름다운 곳을 찾아 청계라고 명명하고 장난삼아 짓다[204] 【정사년(1557, 명종12, 57세) 4월 9일 추정. 예안(禮安)】

古里店下得泉石佳處 名曰靑溪 戲題

거대한 석벽이 파란 하늘 위로 솟고	巨壁入靑天
차가운 냇물이 푸른 바위 사이로 달린다	寒流走翠石
녹색 여라가 둘러싸니 휘장을 친 듯	綠蘿擁成帷
푸른 이끼는 밟아도 흔적이 남지 않네	蒼苔踏無迹
푸른 옷 입은 도사가	藍衣一道士
우연히 왔다가 눌러앉아 밤을 지새운 뒤	偶來便終夕
웃으며 청계에 대해 시 쓰고는	笑寫靑溪詩
한 마리 학을 타고 돌아갔어라[205]	還騎鶴一隻

---

204 고리점……짓다 : 【譯注】 같은 때에 지은 시가 《정본 퇴계전서》 권3에 〈고리점 아래……〔古里岾下……〕〉라는 제목으로 실려 있다. 【攷證 卷8 靑溪】 '청계'는 청량산(淸涼山) 서남쪽 낙동강 가에 있는 고산정(孤山亭)의 상류 몇 리쯤에 있는데, 퇴계 선생이 일찍이 대를 쌓고 '청계'라고 명명하였다.

205 청계에……돌아갔어라 : 【譯注】 당(唐)나라 고변(高騈)의 〈보허사(步虛詞)〉를 차용한 구절로, 〈보허사〉에 "청계의 도사를 사람들 알지 못하니, 하늘에 오르락내리락 한 마리 학뿐이지.〔靑溪道士人不識, 上天下天鶴一隻.〕"라고 하였다.

금문원의 동계 성성재[206] 【을묘년(1555, 명종10, 55세) 7~9월 추정. 예안 (禮安)】

琴聞遠東溪惺惺齋

(詩-續卷2-79)

전수되어온 정일 심법은 경이 요체이니[207]	精一心傳敬是要
참으로 정신이 깨어 있으면 마음 절로 밝아진다	儘惺惺地自昭昭
다만 일용공부[208]에 힘쓰는 게 중요하니	但加日用工夫在
밭에 가서 멍청히 싹을 뽑은 일[209] 배우지 말게나	莫學芒芒去揠苗

(詩-續卷2-80)

쉼 없이 흐르는 물은 멈추면 더욱 맑으니	活水源源止更清

---

206 금문원의 동계 성성재 : 【譯注】 '문원(聞遠)'은 금난수((琴蘭秀, 1530~1604)의 자로, 그는 본관이 봉화(奉化), 호가 고산주인(孤山主人)·성재(惺齋)이다. 같은 제목의 시가 《정본 퇴계전서》권1에 2수, 권2에 1수가 실려 있다. 금난수가 갑인년(1554, 명종9) 2월에 동계(東溪) 가에 서실을 지었는데, 이황이 손수 '성재'라는 편액의 글씨를 써서 주고 아울러 여러 편의 시를 지어주자, 금난수가 차운시를 지었다. 《性齋集 卷1 甲寅仲春 築書室於東溪之上……》

207 전수되어온……요체이니 : 【譯注】 '정일 심법(精一心法)'은 유학에서 전수한 심법 으로 "인심은 위태롭고 도심은 은미하니, 오직 정밀하게 살피고 오직 전일하게 지켜야 진실로 중도를 잡을 수 있다.〔人心惟危, 道心惟微, 惟精惟一, 允執厥中.〕"는 것인데, 이를 완벽히 수행하려면 마음을 전일하게 해서 다른 잡념이 없게 하는〔主一無適〕 경(敬) 공부가 가장 중요하다는 뜻이다. 《書經 虞書 大禹謨》《論語集注 學而 注》

208 일용공부(日用工夫) : 【譯注】 부모님께 효도하고 어른을 공경하는 등 일상생활 속에서 평범하게 하는 공부이다.

209 밭에……일 : 【譯注】 알묘조장(揠苗助長)의 고사를 이른다. 《孟子 公孫丑上》

모든 형상 비추는 맑은 거울과 정말 똑같다　　　　端如明鏡寫羣形

어여뻐라, 오묘히 비추는 것이 이와 같을 수 있어　　可憐妙應能如許

사물이 사라지면 전처럼 담일[210]의 기상 드러나지　　物去依然湛一呈

　위의 시는 활원당(活源塘)을 읊은 것이다.

(詩-續卷2-81)

누대에 오르면 마음 씻기는 걸 정말 느끼니　　　　上臺眞覺洗心腸

환한 거울 같은 허명한 이 마음 마주한다　　　　對此虛明一鏡光

만약 마음이 외물에 물든다면　　　　　　　　　若使襟靈干物累

방당처럼 천광(天光)과 운영(雲影) 비출 수 있으랴[211]

　　　　　　　　　　　　　　　　　　　　天雲那得似方塘

　위의 시는 임경대(臨鏡臺)를 읊은 것이다.

(詩-續卷2-82)

봄빛 비치는 총춘대에 꽃이 활짝 피니　　　　灼爍中臺照一春

옅고 짙은 홍화 백화 모두 마음에 든다　　　　淺深紅白總宜人

꽃이 피고 지는 걸 별일 아니라 말하지 말라　　莫言開落渾閒事

---

210 담일 :【譯注】송(宋)나라 장재(張載)가 "담일(湛一)은 기(氣)의 근본이고, 공취 (攻取)는 기의 욕구이다."라고 하였는데, 주희(朱熹)가 이에 대해 "담일이란 외물에 감촉 하기 전의 담연하고 순일한 상태이니, 이는 기의 근본이다."라고 하였다. 《張子全書 卷2 正蒙 誠明》《朱子語類 卷98》

211 방당처럼……있으랴 :【譯注】마음에 사욕이 있으면 물(物)의 본모습 그대로 인식 하지 못한다는 뜻이다. 주희의 〈글을 읽다가 감회에 젖다[觀書有感]〉시 2수 중 제1수에 "반 이랑 방당이 거울처럼 맑으니, 하늘빛과 구름 그림자 함께 오락가락.[半畝方塘一鑑 開, 天光雲影共徘徊.]"이라고 하였다.

천지의 조화 각양각색으로 새로우니 　　　　　　造化乾坤色色新

　위의 시는 총춘대(總春臺)를 읊은 것이다.

(詩-續卷2-83)

맑은 물에 씻고 이곳에 올라 기쁘게 어울리니 　　濯淸來上喜追隨

얼굴에 불어오는 맑은 바람에 겹옷이 펄럭인다 　　吹面光風泛袂衣

이는 봉황이 천 길 위에서 나는 형상[212]이니 　　底是鳳凰千仞象

온종일 길게 노래하며 모두 돌아가길 잊누나 　　長吟終日共忘歸

　위의 시는 풍호대(風乎臺)[213]를 읊은 것이다.

---

212 봉황이⋯⋯형상 : 【譯注】현자가 세상이 태평함을 보고 나아갈 때라는 뜻인데, 여기
서는 태평성대를 이른다. 한(漢)나라 가의(賈誼)의 〈조굴원부(弔屈原賦)〉에 "봉황이 천
길 높이에서 날다가, 빛나는 덕을 보고 내려오네.〔鳳凰翔于千仞兮, 覽德輝而下之.〕"라고
하였다.

213 풍호대(風乎臺) : 【譯注】공자의 제자 증점(曾點)의 말에서 취한 이름이다. 공자가
제자들에게 장차 어떻게 쓰이겠냐고 묻자, 증점이 "늦봄에 봄옷이 완성되면 그것을 입고
여러 사람들과 함께 기수(沂水)에서 목욕하고 무우단에서 바람 쐬고〔風乎舞雩〕한 곡조
읊고서 돌아오겠습니다."라고 대답하여 공자의 인정을 받았다. 《論語 先進》

김제²¹⁴의 소를 그린 화첩에 제하다 병진년(1556, 명종11, 56세)

【1~2월 추정. 예안(禮安)】

題金禔畫牛帖 丙辰

(詩-續卷2-84)

들판에 소를 풀어 한가로이 기르니	野外放閒牧
발굽 들어 스스로 가려운 곳 긁는다	擧蹄自摩痒
천 년 전 도공의 뜻²¹⁵이	千載陶公意
나로 하여금 길이 감탄하게 하누나	令人感歎長

(詩-續卷2-85)

도림²¹⁶에 봄 풀 자라니	桃林春草長
실컷 먹고는 누워서 되새김질²¹⁷한다	飽食臥呞時

---

214 김제 :【攷證 卷8 金禔】1524~1593. 본관은 연안(延安), 자는 계수(季綏), 호는 양송당(養松堂)·양송헌(養松軒)·양송거사(養松居士)·취면(醉眠)이다.

215 도공의 뜻 :【譯注】얽매임 없이 자유롭게 살고자 하는 뜻이다. '도공(陶公)'은 남조 시대 양나라 도홍경(陶弘景)으로, 모산(茅山)에 은거하면서 여러 차례 무제의 초빙에 응하지 않은 채 소 두 마리를 그려서 벽에 걸었는데, 하나는 수초(水草) 사이에서 한가로이 풀을 뜯고 있었고 하나는 머리에 금롱(金籠)을 덮어쓴 채 채찍을 맞고 있는 그림이었다. 무제가 이 소식을 듣고는 "이 사람은 부를 수 없겠다."라고 하였다.《南史 陶弘景列傳》

216 도림(桃林) :【譯注】주(周)나라 무왕(武王)이 주(紂)와 싸워 이기고 전쟁을 끝낸 뒤에 다시는 전쟁하지 않겠다는 뜻으로 소를 풀어 놓은 곳이다.《書經 周書 武成》

217 되새김질 :【攷證 卷8 呞】《이아》에 "소의 되새김질을 치(齝)라고 한다. 먹은 지 한참 뒤에 다시 음식물을 꺼내 씹는 것이 '치'이니, 시(呞)와 같은 뜻이다."라고 하였다.

지금부턴 잠든 뒤에 놀라 깨지 말고   從今眠不動

군졸 쫓는 꿈 꾸지 말거라   無夢逐戎衣

《五百家注昌黎文集 卷5 贈劉師服 孫汝聽 注》당(唐)나라 한유(韓愈)의 〈유사복에게 드리다〔贈劉師服〕〉시에 "숟가락으로 무른 밥 떠서 조심조심 입에 넣고, 입 다물고 살살 씹으니 소의 되새김질 같네.〔匙抄爛飯穩送之, 合口軟嚼如牛咽.〕"라고 하였다.

이굉중의 시[218]에 차운하다 【병진년(1556, 명종11, 56세) 3월. 예안(禮安)】
次李宏仲韻

화창한 봄기운 시냇가에 가득하니	融融生意滿溪濱
버드나무 색 꽃 빛깔 날마다 새로워지누나	柳色花光日日新
그 옛날 기수 가의 즐거움[219]을 안다면	若識當年沂上樂
가슴속에 참으로 모종의 봄기운이 있으리	胸中信有一般春

---

218 이굉중의 시 : 【譯注】 굉중(宏仲)은 이덕홍(李德弘, 1541~1596)의 자로, 이덕홍은 본관이 영천(永川), 호가 간재(艮齋)이다. 종묘서 직장·세자익위사 부수·영춘 현감(永春縣監) 등을 지냈다. 이덕홍의 원시는 《간재집(艮齋集)》 권1에 〈봄을 찾아[尋春]〉라는 제목으로 실려 있다.

219 기수 가의 즐거움 : 【譯注】 증점(曾點)의 고사를 가리킨다. 공자가 제자들에게 각자 포부를 말해 보라고 하자, 증점이 "늦은 봄에 봄옷이 이루어지거든 어른 대여섯 사람, 동자 예닐곱 사람과 함께 기수(沂水)에서 목욕하고 무우(舞雩)에서 바람을 쐬고 시를 읊으면서 돌아오겠습니다."라고 하자, 공자가 감탄하며 "나는 점을 허여하노라."라고 하였다. 《論語 先進》

경류정[220]에 제하다. 3수 【병진년(1556, 명종11, 56세) 8월 15일. 예안(禮安)】
題慶流亭 三首

(詩-續卷2-87)

선을 쌓으면 본래 복이 불어나는 법이니	善積由來福慶滋
몇 대에 걸쳐 인후한 가풍 이어 자손이 번성했는가	幾傳仁厚衍宗支
그대에게 권하노니, 더욱 힘써 가문을 지켜	勸君更勉持門戶
꽃나무 아래 모인 위씨 집안[221] 대대로 따르라	花樹韋家歲歲追

(詩-續卷2-88)

산 아래 하늘로 솟은 높은 정자	山下高亭勢入冥
종친들 연회에 모여 맘껏 즐거워하누나	合宗筵席盡歡情
더욱 어여뻐라, 달 밝은 중추절 밤에	更憐明月中秋夜
텅 빈 난간 방당이 유난히 맑아라	虛檻方池分外淸

---

220 경류정(慶流亭) :【譯注】진성이씨(眞城李氏) 주촌파(周村派)의 종택에 딸린 별당으로, 안동(安東) 주하리(周下里)에 있다. 이황의 족질(族姪)인 이연(李演)이 지었다고 한다. 《要存錄 外集 辛亥早春…》

221 꽃나무……집안 :【譯注】친족들이 화목하게 지내는 것을 비유한 말이다.【攷證 卷8 花樹韋家】당(唐)나라 잠삼(岑參)의 〈위 원외랑 집의 꽃나무 노래〔韋員外家花樹歌〕〉 시에 "그대 집안 형제들 당할 수 없으니, 열경과 어사와 상서랑 즐비하여라. 조회에서 돌아와 꽃나무 아래 늘 모이니, 옥 항아리에 꽃이 떨어져 봄 술이 향기롭네.〔君家兄弟不可當, 列卿御史尙書郎. 朝向花底恒會客, 花撲玉缸春酒香.〕"라고 하였다.

(詩-續卷2-89)

높은 정자 술자리에 달이 비추니	美酒高亭月正臨
어찌 꼭 술 한 말에 시 백 편 읊조릴 것 있으랴	何須一斗百篇吟
작은 방당이 차가운 거울처럼 소쇄하니	小塘灑落如寒鏡
참으로 유인의 마음을 잘 비유했구나	眞覺幽人善喩心

백납과 푸른 종이로 매화와 대나무를 만들고 채색 종이를
오려 만든 홍도화를 간간이 섞어 놓은 것을 벗이 시로 지어
서 보여주기에 차운하다 【정미년(1547, 명종2, 47세) 9월 하순 추정. 서울】
白蠟靑紙作梅竹 閒以翦綵紅桃 友人作詩示之 次韻

천기를 묘하게 드러낸 대나무와 매화가　　　　　妙發天機竹倂梅
실로 궤안에 먼지를 말끔히 없애거늘　　　　　　端令几案辟纖埃
무슨 마음으로 게다가 일을 더하여　　　　　　　何心更有工夫在
부질없이 비단 오려 홍도화를 만들었단 말인가　　枉把廳桃費翦裁

청음석[222]. 완[223]의 시에 차운하다 정사년(1557, 명종12, 57세)

【월일 미상. 예안(禮安)】

清吟石 次完韻 丁巳

졸졸 흐르는 시냇물 맑고 깨끗해 즐길 만하고	溪水潔淸堪樂泌
골짜기 숲이 빙 둘러 있으니 반곡(盤谷)[224]이라 할 만하네	
	谷林環繞可名盤
풍진 속에서 몇 해나 취한을 생각했던가[225]	風塵幾歲思寒翠

---

222 청음석 : 【譯注】 도산면(陶山面) 온계(溫溪) 하류에 있는 반석(盤石)으로, 1511년 (중종6)에 이황의 숙부 이우(李堣)가 이곳에 와서 시를 지을 적에 당시 11세였던 이황이 배석하였는데, 이우의 시에 "맑게 읊조리려다 도리어 뜻이 어긋나니, 누가 독우를 보내왔는가.〔淸吟還敗意, 誰遣督郵來?〕"라고 하였다. 훗날 1547년(명종2) 3월에 이황이 형제 조카들과 온계에 왔을 때 옛일을 회상하며 이우의 시구에서 의미를 취해 반석의 이름을 '청음석'이라 지었다. 《定本退溪全書 卷1 淸吟石 幷序》

223 완 : 【譯注】 이완(李完, 1512~1596)으로, 자는 자고(子固), 호는 요산(樂山)·기 암(企庵)이다. 이황의 둘째 형 이하(李河)의 아들이다.

224 반곡(盤谷) : 【譯注】 태항산(太行山) 남쪽에 있는 골짜기로, 은자의 거처를 비유한 다. 당(唐)나라 한유(韓愈)의 〈반곡으로 돌아가는 이원을 전송하는 서〔送李愿歸盤谷 序〕〉에 다음과 같은 내용이 있다. "어떤 이는 '두 산으로 둘러싸인 사이이기 때문에 반(盤) 이라 한다.'라고 하고, 어떤 이 '이 골짜기는 터가 깊숙하고 지세가 막혀 있으니 은자가 배회〔盤旋〕하는 곳이다.'라고 한다." 《古文眞寶後集 卷4》

225 취한을 생각했던가 : 【譯注】 취한(翠寒)은 소나무·잣나무와 대나무를 가리키는 말로, 산수 자연 속에 은거하기를 생각했다는 의미이다. 이황이 1549년(명종4) 영주(榮 州) 소수서원(紹修書院) 앞에 있는 죽계(竹溪) 남쪽의 기이한 바위 주변에 소나무·잣나 무와 대나무를 심고 터를 닦아 '취한대(翠寒臺)'라 이름하였다. 《雲院雜錄 竹溪南畔有石 奇峭夷其上爲臺植松栢與竹名曰翠寒以示同登諸友》《定本 退溪全書 卷2 栢與竹名曰翠 寒贈同遊諸彦》

술자리에서 지금 흐르는 시내 마주하고 있노라 　　　　樽酒如今對咽潺

지난 일에 대한 슬픈 마음 구름과 함께 아득해지고 　　往事傷心雲共杳

흐르는 세월 별안간 지났는데 바위는 길이 한가로워라

　　　　　　　　　　　　　　　　　　　　　　流光瞥眼石長閒

매번 올 때마다 지난 일이 떠오르곤 하건만 　　　　　每來不禁追前韻

요동 학은 천년 뒤에 다시 돌아오지 않는구나[226] 　　遼鶴千年不復還

---

226 요동……않는구나 : 【譯注】세상을 떠난 숙부 이우가 돌아오지 않는다는 의미이다.
한(漢)나라 때 요동(遼東) 사람인 정영위(丁令威)가 도를 닦아 신선이 되었는데, 천
년 뒤에 학으로 변하여 요동에 돌아와서 화표주(華表柱) 위에 앉아 시를 지었다는 고사가
있다. 《搜神後記 卷1》

SNP1017(詩-續卷2-92)

권 사또²²⁷가 정직재²²⁸에게 준 근체시 1수를 정직재가 부쳐 보여주고 매우 간절히 화답해 달라고 하기에, 효빈하여 드리니 한번 웃으실 듯하다【정사년(1557, 명종12, 57세) 2월 추정. 예안(禮安)】

鄭直哉寄示權使君贈渠近體詩一首 索和甚勤 效顰呈似 可發一笑

오십 년 전에 함께 죽마 타던 이들	五十年前竹馬同
지금은 모두 백발노인 되었네	如今同作白頭翁
그대는 술을 좋아하는 정 박사²²⁹요	君爲愛酒鄭博士
나는 집안에 틀어박힌 풍경통²³⁰이라	我是閉門馮敬通
속무에 얽매여 만나지 못한 것 매양 탄식하고	每歎乖逢塵冗裏

---

227 권 사또 :【攷證 卷8 權使君】사우(士遇)인 듯하다.【校解】사우는 권응정(權應挺, 1498~1564)의 자로, 권응정은 본관이 안동(安東), 호가 묵암(默菴)이다. 안동 부사(安東府使)·동지중추부사 등을 지냈다.

228 정직재 :【譯注】정이청(鄭以淸, 1498~1579)으로, 본관은 청주(淸州), 자는 직재(直哉), 호는 죽사(竹舍)이다. 석성 교수(石城敎授)·진보 교수(眞寶敎授) 등을 지냈다.

229 정 박사 :【攷證 卷8 鄭博士】당(唐)나라 정건(鄭虔)이 광문관 박사(廣文館博士)가 되었다.【校解】정건은 몹시 빈한하였으나 술을 매우 즐겨서, 두보가 정건에게 〈취시가〉를 지어주기도 했다.《杜少陵詩集 卷3 醉時歌》정이청과 정건이 성(姓)이 같은 데다가 정이청 역시 술을 좋아했으므로, 정이청을 정건에 비유한 것이다.《栢潭集卷9 宣敎郞江界敎授鄭公墓碣銘》

230 집안에 틀어박힌 풍경통 :【攷證 卷8 閉門馮敬通】경통(敬通)의 이름은 연(衍)이다.【校解】풍연(馮衍)은 한(漢)나라 정치가로, 자가 경통이다. 한나라 광무제(光武帝)가 외척을 처벌할 때, 풍연이 자신과 친한 외척들이 법망에 걸렸다는 이유로 스스로 죄를 아뢰어 하옥되었다. 풍연은 곧바로 풀려났으나 도성에 머물지 않고 고향으로 돌아가 사람들과 교유를 끊고 두문불출하며 지냈다.《後漢書 馮衍列傳》

회포를 풀고 담소 나누길 항상 생각했노라   常思開抱笑談中

그대 편지 보내어 나를 찾아와 주겠다 하였으니   馳書許欲來相訪

산 꽃이 바람에 어지러이 떨어지길 기다리지 마오   莫待山花亂落風

정직재[231] 경장[232]이 찾아와 주신 것에 감사하여, 붓을 놀려
장난삼아 지어 드려서 한 번 웃으시게 하다 【정사년(1557, 명종
12, 57세) 2월 추정. 예안(禮安)】

謝鄭直哉庚長見訪 縱筆戲奉博粲云

나이도 같고 뜻도 같고 -원문 2자 결락- 같으니	同庚同志□□同
백발에 쇠한 얼굴의 두 늙은이라	白髮蒼顏兩老翁
교분을 나눔에 신의가 분명해야 할 뿐	交契但當明信義
벼슬에 오르고 말고는 굳이 비교할 것 있으랴	功名何必較窮通
흠뻑 술 마시고 크게 -원문 1자 결락- 사양하지 말라	莫辭大□杯罇裏
덧없는 인생 한바탕 꿈인 줄 알아야 하네	須識浮生夢寐中
청명에 꽃 흐드러지게 피길 기다려	待得淸明花爛熳
검지[233] 소나무 뜰에서 봄바람에 춤추세	劍池松院舞春風

---

231 정직재 : 【譯注】 정이청(鄭以淸, 1498~1579)으로, 본관은 청주(淸州), 자는 직재
(直哉), 호는 죽사(竹舍)이다. 석성 교수(石城敎授)·진보 교수(眞寶敎授) 등을 지냈다.

232 경장 : 【譯注】 동경(同庚)이나 연배가 비슷한 사람에 대한 존칭이다.

233 검지 : 【攷證 卷8 劍池】 아마도 정직재(鄭直哉 정이청(鄭以淸))가 학업을 닦던
곳인 듯하다.

광뢰[234] 【정사년(1557, 명종12, 57세) 3월 추정. 예안(禮安)】
廣瀨

광뢰 다리 곁에 흰 돌 많으니	廣瀨橋邊白石多
우는 갈매기 오고감에 푸른 물결 비껴 흐르네	鳴鷗來往碧波斜
봄바람 불 제 날마다 노닐러 나가고	春風日日尋遊屐
안개비 내릴 제 때때로 낚싯대 도롱이 손질한다	烟雨時時理釣簑

---

234 광뢰 : 【攷證 卷8 廣瀨】월란암(月瀾庵)의 서쪽, 자하봉(紫霞峯)의 동쪽에 있다.

차운하다 【계해년(1563, 명종18, 63세) 8월. 예안(禮安)】

次韻

(詩-續卷2-95)

이 몸 일 년 동안이나 병석에 누웠노라니	病夫期月臥頹然
시의 원천 메말라 버린 것 문득 느껴지네	陡覺詞源等涸泉
그대 선조의 덕행을 내 어찌 감히 서술하랴	先德揄揚吾豈敢

당세의 훌륭한 문장 받아서 세상에 전하시길 바라노라

願求當世盛文傳

(詩-續卷2-96)

벼슬길과 은거 양쪽 길 전전했으니	宦途隱處雙輪轉
도성과 청산 하룻밤 꿈에서 깬 듯하여라	紫陌靑山一夢醒

태평성세에 가만히 지내는 것 고인이 부끄러워했는데[235]

聖世端居古所恥

다만 병 많은 탓에 스스로 소리를 감추었노라[236]   只緣多病自藏聲

---

235 태평성세에……부끄러워했는데 :【譯注】성군(聖君)이 다스리는 시대에 벼슬하지 못하는 것은 부끄러운 일이라는 말이다. 당(唐)나라 맹호연(孟浩然)의 〈동정호를 바라보며 장 승상께 드리다[臨洞庭湖贈張丞相]〉 시에 "물을 건너려 하나 배와 노가 없고, 가만히 지내는 것 성명에 부끄럽노라.[欲濟無舟楫, 端居恥聖明.]"라고 하였다.

236 소리를 감추었노라 :【譯注】벼슬길에 나가지 않고 은거한다는 의미이다. 한(漢)나라 양웅(揚雄)의 〈해조(解嘲)〉에 "타오르는 불길은 다할 때가 있고 울리는 천둥소리도 끊어질 때가 있다. 천둥과 불을 보건대, 천둥과 불이 가득 차면 하늘이 그 소리를 거두어들이고 땅은 그 열을 감추어둔다.[炎炎者滅, 隆隆者絶. 觀雷觀火, 爲盈爲實, 天收其聲, 地藏其熱.]"라고 하였다. 《文選 卷45 解嘲》

조사경²³⁷·이인중²³⁸·금문원²³⁹이 난사²⁴⁰에서 독서하다【무오년
(1558, 명종13, 58세) 5월 29일 추정. 예안(禮安)】

趙士敬李仁仲琴聞遠 讀書瀾寺

비 그치고 구름 돌아가 산골짜기 맑아지니	雨罷雲歸巖壑淸
시냇가에 한가로이 누워 시냇물 소리 듣노라	溪邊閒臥聽溪聲
멀리서 알겠노라, 월란대에 둘러앉은 세 사람	遙知鼎坐瀾臺客
산수 경관이 눈에 환하게 비칠 줄을	水色山光照眼明

---

237 조사경 :【譯注】조목(趙穆, 1524~1606)으로, 본관은 횡성(橫城), 자는 사경(士敬), 호는 월천(月川)이다. 이황의 문인으로, 누차 조정에서 내린 벼슬을 사양하고 학문에 전념하였다.

238 이인중 :【譯注】이명홍(李命弘, ?~1560)으로, 본관은 영천(永川), 자는 인중(仁仲), 호는 곤재(坤齋)이다. 농암(聾巖) 이현보(李賢輔)의 종손으로, 이황 문하에서 수학했다.

239 금문원 :【譯注】금난수(琴蘭秀, 1530~1604)로, 본관은 봉화(奉化), 자는 문원(聞遠), 호는 성성재(惺惺齋)이다. 이황의 문인이다. 봉화 현감(奉化縣監)을 지냈다.

240 난사(瀾寺) :【譯注】월란암(月瀾菴)을 가리킨다. '월란정사(月瀾精舍)'라고도 하는데, 안동시 도산면 원촌리(遠村里) 내살미 왕모산(王母山) 기슭에 있다.

SNP1022(詩-續卷2-98)

황중거²⁴¹의 시에 차운하다 【정사년(1557, 명종12, 57세) 7~9월 추정. 예안 (禮安)】

次韻黃仲擧

황중거가 이때 단양 군수(丹陽郡守)가 되었으니, 백성의 곤궁함을 구제하기 위해 제수한 것이다.

무릉도원이 가시덤불로 변했다는 말 들었는데　　　聞說桃源化棘榛

하늘이 강하²⁴²로 하여금 신음하는 백성 위무하게 하였네

天敎江夏撫顰呻

다만 사나운 범²⁴³의 포악함 없앨 수 있다면　　　但將苛虎能除暴

떠난 기러기 인후한 곳에 모이지 않는다 누가 말하랴⁶²⁷

誰道離鴻不集仁

---

241 황중거 :【譯注】황준량(黃俊良, 1517~1563)으로, 본관은 평해(平海), 자는 중거(仲擧), 호는 금계(錦溪)이다. 신녕 현감(新寧縣監)·단양 군수(丹陽郡守)·성주 목사(星州牧使) 등을 지냈다.

242 강하 :【譯注】한(漢)나라 황향(黃香)을 가리킨다. 황중거가 황향과 성이 같으므로 황중거를 황향에 비유한 것이다. 황향은 강하(江夏) 안륙(安陸) 사람으로, 어렸을 때부터 박학하고 문장에 능하여 '천하에 둘도 없는 강하의 황동[天下無雙江夏黃童]'이라 불렸는데, 위군 태수(魏郡太守)로 있을 적에 백성을 구휼하는 데 힘썼다.《後漢書 黃香列傳》

243 사나운 범 :【譯注】백성을 괴롭히는 가혹한 정치를 비유한 말이다.【攷證 卷8 苛虎】공자가 "가혹한 정치는 호랑이보다 사납다.[苛政猛於虎]"라고 하였다.《禮記 檀弓下》

244 떠난……말하랴 :【攷證 卷8 誰道離鴻不集仁】당(唐)나라 양희통(楊希通 양사도(楊師道))의 〈연회에서 모시고 완적(阮籍) 시의 '기좌탄명금(起坐彈鳴琴)' 구절을 읊다[侍宴賦得起坐彈鳴琴]〉시 2수 중 제1수에 "떠나간 기러기 울음소리로 변했다가, 다시 〈사귀인〉곡조로 들어오네.[變作離鴻聲, 還入思歸引.]"라고 하였다. ○ 살펴보건대, 떠돌던 단양(丹陽) 백성이 이때에 이르러 모두 다시 모였기 때문에 이렇게 말한 것이다.

정반과 단사 지금 시험해 볼 만하니 精飯丹砂今可驗

파란 시내 푸른 산이 문득 응당 새로우리[245] 碧溪靑嶂頓應新

그대 통해 구담 주인에게 말 부치노니 憑君寄語龜潭主

모름지기 삼화수에 가서 함께 두건 걸어두리라[246] 會向三花共掛巾

　-구담 주인은 이이성(李而盛)[247]이다.-

---

245 정반과……새로우리 : 【譯注】 단양 군수로 부임하는 황중거를 구루 현령(句漏縣令)으로 부임한 진(晉)나라 도사 갈홍(葛洪)에 비유하여, 앞으로 단양이 잘 다스려질 것임을 말한 것이다. 갈홍은 단양군(丹陽郡) 구용(句容) 사람으로 신선의 도양술(導養術)을 좋아했는데, 교지(交趾)에서 단사(丹砂)가 난다는 말을 듣고 단사를 구하기 위해 조정에 청하여 구루 현령으로 가기를 자원했다. 《晉書 葛洪列傳》【攷證 卷8 精飯】 양동(楊桐)은 잎이 가늘고 겨울에 푸른데, 한식에 그 입을 따서 밥에 물을 들이니 도가(道家)에서 이를 '정반'이라 한다. 《古今事文類聚 前集 卷8 靑精飯》

246 삼화수에……걸어두리라 : 【譯注】 이황이 가서 구담(龜潭) 주인과 함께 은거하고 싶다는 의미이다. 【攷證 卷8 三花共掛巾】 송(宋)나라 형돈부(邢敦夫 형거실(邢居實))의 〈이백시가 그린 그림[李伯時畫圖]〉 시에 "죽장망혜로 돌아와, 두건을 삼화수에 걸어두었네.[竹杖芒鞋歸去來, 頭巾好掛三花樹.]"라고 하였다.

247 이이성(李而盛) : 【譯注】 이지번(李之蕃, ?~1575)으로, 본관은 한산(韓山), 자는 이성(而盛), 호는 구옹(龜翁)·사정(思亭)·성암(省菴)이다. 명종 때 윤원형(尹元衡)이 권력을 잡고 횡포를 부리자, 이지번은 벼슬을 버리고 물러나 구담(龜潭)에 집을 짓고 은거하였다.

권생 응인[248]의 〈산거〉 시에 차운하다 【정사년(1557, 명종12, 57세) 4월 추정. 예안(禮安)】

次韻權生應仁山居

(詩-續卷2-99)

학사 끝내 푸른 산을 저버리지 않았으니[249]	學士終非負碧山
도문을 세워 두었으나 또한 늘 잠겨 있네[250]	陶門雖設亦常關
비 온 뒤 정원에는 사람 자취 없고	雨餘庭院無人迹
참새는 쑥대 우거진 곳에서 온종일 한가롭구나	鳥雀蓬蒿永日閒

(詩-續卷2-100)

누군들 외진 시골에서 단사표음[251]함이 없으랴마는	誰無窮巷一簞瓢

---

248 권생 응인 : 【譯注】권응인(權應仁, 1517~1588)으로, 본관은 안동(安東), 자는 사원(士元), 호는 송계(松溪)이다. 이황의 문인이다. 시에 뛰어났으며, 특히 그가 지은 이황의 만사(挽詞)가 사람들에게 회자되었다.

249 학사……않았으니 : 【譯注】벼슬을 그만두고 은거함을 비유한 말이다. 당(唐)나라 두보(杜甫)의 〈제백학사모옥(題柏學士茅屋)〉 시에 "푸른 산의 학사가 은어를 불태우고, 백마를 타고서 달려가 산야에 은거했네.〔碧山學士焚銀魚, 白馬却走身巖居.〕"라고 하였다.

250 도문을……있네 : 【譯注】벼슬을 버리고 전원에 은거함을 비유한 말로, '도문(陶門)'은 '도연명(陶淵明)의 문'을 가리킨다. 진(晉)나라 도연명이 팽택 영(彭澤令)으로 있다가 벼슬을 버리고 전원으로 돌아가 은거했는데, 도연명의 〈귀거래사(歸去來辭)〉에 "전원을 날마다 거닐어 취미를 이루고, 문은 비록 설치해 두었으나 늘 닫혀 있다.〔園日涉以成趣, 門雖設而常關.〕"라고 하였다. 《晉書 陶潛列傳》《古文眞寶 後集 卷1 歸去來辭》

251 외진 시골에서 단사표음 : 【譯注】가난한 살림에도 분수를 지켜 살아가는 것을

즐거워한 곳은 지금에 홀로 서성인다 탄식하노라[252]　　樂處如今歎獨逞

안회를 바라면 된다[253]는 옛 가르침 외람되이 믿어　　錯信睎顏前古訓

심재하느라 종일토록 적막하게 앉아있다[254]　　心齊終日坐寥寥

(詩-續卷2-101)

자손들은 경전 공부 날마다 하는데　　　　　　　　經籍兒孫日課程

이 몸 학업은 늙을수록 쇠퇴하는 것 부끄럽구나　　自慙身業老凋零

지금 어찌 오천자[255]를 뵙고서　　　　　　　　只今那得烏川子

말한다. 공자의 제자 안회(顏回)가 누추한 시골에서 안빈낙도(安貧樂道)하자, 공자가 이를 칭송하여 "어질도다, 안회여! 한 대그릇의 밥과 한 표주박의 물로 누추한 시골에 있는 것을 다른 사람들은 그 근심을 견뎌내지 못하는데, 안회는 그 즐거움을 변치 않는구나. 어질도다, 안회여![賢哉, 回也! 一簞食, 一瓢飮, 在陋巷, 人不堪其憂, 回也不改其樂. 賢哉, 回也.]"라고 하였다. 《論語 雍也》

252 즐거워한……탄식하노라 : 【譯注】단사표음을 하는 사람은 많지만, 안회의 안빈낙도를 진정으로 깨우친 사람은 권응인뿐이라는 의미이다. 송(宋)나라 정호(程顥)가 주돈이(周敦頤)에게 받은 가르침에 대해 이야기하며 "예전에 주무숙(周茂叔)에게서 수학하였을 때 매양 공자와 안자가 즐거워한 곳을 찾게 하였으니, 즐거워한 바는 어떤 일이었는가.[每令尋仲尼顏子樂處, 所樂何事?]"라고 하였다. 《宋名臣言行錄 外集 卷1》

253 안회를 바라면 된다 : 【攷證 卷8 睎顏】한(漢)나라 허신(許愼)의 《설문해자(說文解字)》권4 상에 "희(睎)는 '바라다[望]'는 뜻이다."라고 하였으니, '희(希)'와 통용된다. 한나라 양웅(揚雄)의 《법언(法言)》권1〈학행(學行)〉에 "천리마처럼 되기를 바라는 말은 또한 천리마의 무리가 되고, 안회처럼 되기를 바라는 사람은 또한 안회의 무리가 된다.[睎驥之馬, 亦驥之乘也, 睎顏之人, 亦顏之徒也.]"라고 하였다.

254 심재하느라……앉아있다 : 【譯注】안회가 심재(心齋)를 터득한 것을 배우고자 한다는 의미이다. 심재는 잡념을 없애 마음을 비우는 것으로, 안회가 공자에게 심재에 대해 물었을 때 공자가 "텅 빈 것이 바로 심재이다.[唯道集虛. 虛者, 心齋也.]"라고 하였다. 《莊子 人間世》훗날 송나라 여대림(呂大臨)은 심재를 터득한 안회를 배우고자 하여 시에서 "홀로 공자의 문하에 서서 한 가지 일도 없었으니, 안씨가 심재를 얻은 것만 못하다.[獨立孔門無一事, 只輸顏氏得心齋.]"라고 하였다. 《近思錄 卷2 爲學》

강석에서 횡설수설[256] 직접 들을 수 있으랴　　　　函丈親承說竪橫

-'承'은 어떤 본에는 '聞'으로 되어 있다.-

(詩-續卷2-102)

안개비 속에 표범이 숨고[257] 땅에 용이 숨은 듯　　霧藏文豹地藏龍

한 조각 한가로운 구름이 만 길 봉우리에 걸려 있네

　　　　　　　　　　　　　　　　　一片閒雲萬丈峯

물상과 사람 다 놀랄 만큼 훌륭하니　　　　物象與人皆可警

푸른 소나무만이 세한의 자태[258] 간직할 뿐이 아닐세　蒼蒼不獨歲寒松

(詩-續卷2-103)

병이 점차 찾아드니 늙어감을 어이하리오　　　疾病侵尋柰老何

---

255 오천자 : 【攷證 卷8 烏川子】 포은(圃隱)이다. 【校解】 포은은 고려 시대 충신 정몽주 (鄭夢周, 1337~1392)의 호로, 정몽주의 본관인 연일(延日)의 옛 지명이 오천이기 때문 에 오천자라 한 것이다.

256 횡설수설 : 【譯注】 사람을 깨우치기 위해 직설(直說)하기도 하고 우회해 말하기도 하는 것을 말한다. 고려 시대 이색(李穡)이 정몽주의 강학을 칭찬하여 "횡설수설이 이치 에 맞지 않은 것이 없다.〔橫說竪說, 無非的當.〕"라고 하였다. 《東文選 卷89 圃隱奉使藁 序》《三峯集 卷3 圃隱奉使藁序》

257 안개비에……숨고 : 【譯注】 세상에 나가 벼슬하지 않고 산림에 은거하여 몸을 깨끗 이 닦는 것을 비유하는 말이다. 남산(南山)의 검은 표범이 안개비가 계속되는 7일 동안 산 아래로 먹이를 찾으러 내려오지 않는 것은, 자신의 털 무늬를 아름답게 보존하기 위해 숨어서 해로움을 피하는 것이라고 한다. 《列女傳 卷2 陶答子妻》

258 세한의 자태 : 【譯注】 소나무가 추위를 꿋꿋이 견디듯이 어려움 속에서도 절조를 지키는 것을 말한다. 공자가 "날씨가 추워진 뒤에야 소나무와 잣나무가 뒤늦게 시듦을 알게 된다.〔歲寒, 然後知松柏之後彫也.〕"라고 하였다. 《論語 子罕》

그렇지만 인연 따라 한가롭게 사는 즐거움 끝이 없어라

隨緣猶自樂無涯

마음 멀어져 땅도 궁벽해지는 경지²⁵⁹ 내 어찌 감히 바라랴

地偏心遠吾何敢

속세에서 세상 물결 따르는 건 면했을 뿐 　　　免向人間逐浪波

(詩-續卷 2-104)

초여름 숲에 해가 기니	首夏園林白日長
무성한 초목이 다 향기를 풍기누나	蔥瓏草木盡生香
무단히 선현의 말 기억하노니	無端記得前修語
둥근 구멍엔 본래 모난 자루 넣을 수 없다네²⁶⁰	圓鑿從來不入方

---

259 마음……경지 : 【譯注】 진(晉)나라 도연명(陶淵明)이 세상에 마음을 두지 않고 은거한 고사를 가리킨다. 도연명의 〈음주(飮酒)〉 시 20수 중 제5수에 "사람 사는 경내에 오두막 지었으나, 수레나 말의 시끄러운 소리 없도다. 그대에게 묻노니, 어찌 그럴 수 있는가? 마음이 멀면 땅은 절로 궁벽해진다오.〔結廬在人境, 而無車馬喧. 問君何能爾? 心遠地自偏.〕"라고 하였다.

260 둥근……없다네 : 【譯注】 이황 자신이 세상의 벼슬살이와는 맞지 않음을 비유한 말이다. 전국 시대 초(楚)나라 송옥(宋玉)의 〈구변(九辯)〉에 "둥근 구멍에 네모난 장부를 끼워 넣으려 함이여, 서로 맞지 않아 꽂기 어렵다는 것을 나는 잘 안다네.〔圓柄而方鑿兮, 吾固知其鉬鋙而難入.〕"라고 하였다.

수재 이숙헌²⁶¹에게 주다 무오년(1558, 명종13, 58세)【4월 추정. 예안 (禮安)】

贈李秀才叔獻 戊午

전원에 돌아와 오랫동안 길 헤맸음을 스스로 탄식하노니²⁶²

歸來自歎久迷方

고요한 곳에서 비로소 틈 사이 빛을 엿보네　　　　　靜處纔窺隙裏光

권하노니, 그대는 제때에 바른길을 따르고　　　　　勸子及時追正軌

떠돌다 궁벽한 시골에 들어가 탄식하지 말라　　　　莫嗟行脚入窮鄕

---

261 이숙헌 :【譯注】이이(李珥, 1536~1584)로, 본관은 덕수(德水), 자는 숙헌(叔獻), 호는 율곡(栗谷)이다. 부교리·병조 판서·이조 판서 등을 지냈으며, 학문에도 매진하여 《성학집요(聖學輯要)》 등 많은 저술을 남겼다.

262 전원에……탄식하노니 :【譯注】고향으로 돌아와서, 벼슬길에서 헤매던 지난날의 잘못을 탄식한다는 의미이다. 진(晉)나라 도연명(陶淵明)의 〈귀거래사(歸去來辭)〉에 "실로 길을 헤맸으나 아직 멀리 가진 않았으니, 지금이 옳고 지난날은 잘못된 것을 깨달았 노라.〔實迷途其未遠, 覺今是而昨非.〕"라고 하였다.

사문 법련에게 주다 병서 【무오년(1558, 명종13, 58세) 9월 20일경 추정.

예안(禮安)】

贈沙門法蓮 幷序

내가 도산(陶山)의 남쪽 골짜기에 정사(精舍)를 짓고자 하여 용수사
(龍壽寺) 승려 법련으로 하여금 그 일을 주관하게 하였다. 법련은
내가 물자를 넉넉히 대지 못한다는 이유로 난색을 표하지 않았으니,
그 뜻이 가상하다. 세상일에 얽매여 지금 서울로 가게 되었는데,[263]
법련이 와서 "계림(雞林)에 가려 하니, 처리할 일이 있습니다."라고
고하기에, 느낀 바를 써서 그에게 준다.

한 이랑 유궁[264]에 발우 하나 든 승려	一畝儒宮一鉢僧
내 뜻 이루어주려 하니 너는 어디에 도움받으려는가	欲成吾志汝安憑
이 일 동고(童羖)를 내는 격[265]이라 쉽지 않으나	事同出羖雖非易

---

263 세상일에……되었는데 : 【譯注】1558년(명종13) 6월에 조정에서 이황에게 관각(館
閣)의 관직을 제수하려 하자, 이황이 이 소식을 듣고 사직상소를 올렸다. 명종(明宗)이
사직을 윤허하지 않는다는 비답을 내리자, 이황은 곧장 서울로 떠나서 9월 그믐에 도성에
들어갔다. 《退溪先生年譜 卷1》

264 한 이랑 유궁 : 【譯注】선비의 소박한 집을 가리키는 말로, 여기서는 이황의 도산정
사(陶山精舍)를 가리킨다. 《예기》〈유행(儒行)〉에 "유자는 한 이랑의 작은 집과 한 장
높이의 담을 두른 좁은 방을 소유한다.〔儒有一畝之宮, 環堵之室.〕"라고 하였다.

265 동고(童羖)를 내는 격 : 【譯注】'동고'는 뿔이 없는 숫양으로 결코 있을 수 없는
사물을 비유하는데, 여기서는 도산정사를 짓는 일이 매우 어려움을 말한 것이다. 《시경》
〈소아(小雅) 빈지초연(賓之初筵)〉에 "취중에서 나오는 대로 말하는 자에겐, 뿔이 없는
숫양을 내놓게 하리라.〔有醉之言, 俾出童羖.〕"라고 하였다.

진실로 산을 옮기는 것²⁶⁶과 같으니 어찌 할 수 없으랴

誠似移山詎不能

시내 가득한 바람과 달 모름지기 주인 있을 것이고　風月滿川須有主

운하가 눈에 들어오는 것이 좋이 벗이 되리라　雲霞入眼好爲朋

내년에 나의 길 잃었던 발길 돌려 돌아오리니　明年返我迷行駕

형비²⁶⁷에서 한가로이 지내는 것보다 더한 즐거움 없으리

衡泌端居樂莫勝

---

266 산을 옮기는 것 : 【譯注】 꾸준히 노력하면 일을 이룰 수 있다는 의미이다. 북산(北山)에 사는 우공(愚公)이라는 노인이 집 앞을 가로막고 있는 산들을 깎아 없애버리기 위해 쉬지 않고 노력했더니 상제(上帝)가 감동하여 그 산들을 딴 곳으로 옮겨 주었다는 고사가 있다. 《列子 湯問》

267 형비(衡泌) : 【譯注】 은자의 거처를 비유하는 말이다. 《시경》 〈진풍(陳風) 형문(衡門)〉에 "사립문의 아래여, 쉬고 놀 수 있도다. 샘물이 졸졸 흐름이여, 굶주림을 즐길 수 있도다.〔衡門之下, 可以棲遲. 泌之洋洋, 可以樂飢.〕"라고 하였다.

차운하다 【연월 미상. 예안(禮安)】
次韻

찾아오는 객이 몹시 비를 맞건만	來客偏衝雨
우는 비둘기는 맑은 날씨 불러오지 않는구나[268]	鳴鳩未喚晴
황량한 숲에 나뭇잎 적시는 소리 들리고	林荒聞葉潤
오래된 바위에 구름 피어나는 것 보이네	巖古看雲生
곧 이웃이 되고자 하니	卽欲爲隣計
어찌 꼭 땅이름을 물을 것 있으랴	何須問地名
주인은 한거하는 맛 무르익으니	主人閒味熟
빼어난 경치는 청성산[269]에서 으뜸이네	奇勝擅靑城

---

268 우는……않는구나 : 【譯注】비가 개면 비둘기가 기뻐한다는 말이 있으므로 이렇게 말한 것이다. 송(宋)나라 심여구(沈與求)의 〈청명일 저물녘에 날이 개다〔淸明日晩晴〕〉 시에 "담장 그늘의 풀빛 기댈 곳 없다 하지 말라, 절로 우는 비둘기 있어 맑은 날씨 불러올 줄 아네.〔牆陰草色休無賴, 自有鳴鳩解喚晴.〕"라고 하였다.

269 청성산(靑城山) : 【譯注】경상북도 안동시(安東市) 풍산읍(豊山邑)에 있는 산으로, 성산(城山)·성산(星山)·청산(靑山)이라고도 한다. 《永嘉誌》

남시보[270]를 보내다 【기미년(1559, 명종14, 59세) 3월 4일경 추정. 충주(忠州)】

送南時甫

《대학》 공부는 일상생활 중에 있으니	大學工夫日用間
곧장 공력을 들여야 단서를 구할 수 있네	直須功力可求端
지선이 참된 것임을 잘 알아야	能知止善爲眞的
성신이 큰 관건임을 비로소 알게 되네[271]	始識誠身是大關
차제는 비록 나뉘지만 함께 공부해 가야 하고	次第縱分當互進
규모는 비록 크지만 융통해서 보아야 하지	規模雖大在融看
함께 공부해 가고 융통해서 보는 것은 아, 나는 늙었으니	
	融看互進嗟吾老
청컨대 그대는 종신토록 어려워하지 마오[272]	請子終身不作難

---

270 남시보 : 【譯注】 남언경(南彦經, 1528~1594)으로, 본관은 의령(宜寧), 자는 시보(時甫), 호는 동강(東岡)·정재(靜齋)이다. 전주 부윤(全州府尹)·여주 목사(驪州牧使)·공조 참의 등을 지냈다.

271 지선이……되네 : 【譯注】 지선(止善)은 《대학》의 세 강령(綱領) 중 하나인 '지극한 선에 머무는 것[止於至善]'을 말하고, 성신(誠身)은 자신을 성실하게 하는 것을 말한다. 지(知) 공부에 해당하는 명선(明善)과 행(行) 공부에 해당하는 성신이 병행되어야 함을 말한 것이다.

272 어려워하지 마오 : 【攷證 卷8 不作難】 당(唐)나라 이백(李白)의 〈예전에 놀던 것이 떠올라, 초군 참군사 원연에게 부치다[憶舊遊寄譙郡元參軍]〉 시에 "그중에 그대와는 마음 어긋나지 않으니, 산과 바다를 돌리는 것도 어렵지 않네.[就中與君心莫逆, 迴山轉海不作難.]"라고 하였다. 【校解】 《고증》에 '轉'이 '倒'로 되어 있는데, 통행본 《이태백문집(李太白文集)》에 의거하여 수정하였다.

《고경중마방》[273]에 제하다 【기미년(1559, 명종14, 59세) 9월 추정. 예안(禮安)】

題古鏡重磨方

옛 거울 오랫동안 묻혀 있었으니	古鏡久埋沒
거듭 닦아도 빛내기 쉽지 않아라	重磨未易光
본래의 밝음은 그래도 어둡지 않으니	本明尙不昧
선현들이 학문할 방법 남겨 놓았다네	往哲有遺方
사람이 살아감에 노소를 불문하고	人生無老少
이 학문은 스스로 힘쓰는 게 귀한 법이지	此事貴自彊
위공은 아흔다섯 나이로	衛公九十五
〈억〉 시의 경계에 훌륭한 인품을 남겼구나[274]	懿戒存圭璋

---

273 고경중마방 : 【攷證 卷8 古鏡重磨方】선생이 고금의 잠(箴)·명(銘)·찬(贊) 중 몸과 마음에 절실한 것을 모아서, 《고경중마방》이라 명명하였다. 【校解】《고경중마방》이라는 명칭은 송(宋)나라 주희(朱熹)의 〈임희지를 보내다〔送林熙之〕〉시에 "오래된 거울을 거듭 닦으려면 고방이 필요하니, 그렇게 하면 안광이 햇빛과 밝음을 다투리.〔古鏡重磨要古方, 眼明偏與日爭光.〕"라고 한 것에서 뜻을 취한 것이다.

274 위공은……남겼구나 : 【譯注】위공은 춘추 시대 위 무공(衛武公)을 가리킨다. 위무공이 95세 때 스스로를 경계하는 내용의 〈억(抑)〉시를 지어, 신하들로 하여금 매일 자신의 곁에서 읽어 주도록 하였다. 《詩集傳 大雅 抑》

조사경²⁷⁵이 홍도 분재를 구한 것을 놀린 이대성²⁷⁶의 절구에 삼가 차운하다 을축년(1560, 명종15, 60세) 【4월 4일. 예안(禮安)】

奉次大成調士敬覓紅桃栽絶句 乙丑

줄곧 화려한 꽃에서는 애욕이 생기는 법이니	一向繁華生愛欲
곧 굳센 절개에 있어 예전의 지조를 -원문 1자 결락-	便於苦節□前操
그대가 조군을 놀린 것을 보고 나도 깊이 반성하노니	因君調趙發深省
나도 계상에 찾아간 것은 복사꽃을 보기 위해서였지	我亦尋溪爲賞桃

계상의 집 동쪽 동산에 홍백도(紅白桃) 한 그루가 있는데, 아이가 꽃이 활짝 피었다고 알려왔기에 도산에 들어가 며칠 머무르다가 나왔다. 곧 보내온 시를 보니 나도 모르게 경계하는 마음이 생기므로 이렇게 말하였다. 도화를 감상하고 지은 절구 1수를 감히 숨길 수 없기에 아래에 기록하고, 아울러 조사경(趙士敬)에게 보여주니 한 번 웃으시라.

(詩-續卷2-111)

봄이 온갖 꽃 거두어들여 이미 텅 비었는데	春卷千花去已空

---

275 조사경 : 【譯注】 조목(趙穆, 1524~1606)으로, 본관은 횡성(橫城), 자는 사경(士敬), 호는 월천(月川)이다. 이황의 문인으로, 누차 조정에서 내린 벼슬을 사양하고 학문에 전념하였다.

276 이대성 : 【譯注】 이문량(李文樑, 1498~1581)으로 본관은 영천(永川), 자는 대성(大成), 호는 벽오(碧梧)·녹균(綠筠)이다. 농암(聾巖) 이현보(李賢輔)의 차남이다.

동산의 도화 한 그루 비단 구름처럼 붉어라   園中一樹錦雲紅

동군도 교제하는 도리를 갖출 줄 알아서   東君也解修交際

이 봄 풍광을 남겨 축융에게 주었구나   留此韶華與祝融

취죽을 읊은 시에 차운하다 【경신년(1560, 명종15, 60세) 추정. 예안(禮安)】

次翠竹韻

마루 앞에 취죽 있어 더위 절로 사라지니	翠竹當軒暑自消
바람 맞고 비 맞아 그 형세 소쇄하구나	臨風擎雨勢飄蕭
이곳 추위에서 보호하려 움에 넣은 것 언짢아 말라	護寒此地休嫌窖
굳은 절조 해 바뀌어도 변치 않는 것 보게 되리라	苦節方看貫歲朝

김언우[277]에게 사철나무 한 떨기를 보내다 【경신년(1560, 명종15, 60세) 추정. 예안(禮安)】

送四季一叢于金彦遇

푸른 옥 같은 한 떨기 가지에 꽃 붉으니	碧玉叢枝萼艶丹
비 올 제 뿌리를 옮겨 그대가 보도록 보내노라	移根乘雨寄君看
이제부턴 염수주부들이	從今莫縱羍髯簿
함부로 뜯어먹어 꽃의 원한 사게 하지 말라	橫作花冤一啖閒

-《고금주(古今註)》[278] 중권 〈조수(鳥獸)〉에 "양(羊)을 일명 '염수주부(髯鬚主簿)'라 한다."라고 하였다. 지금 그대의 집에서 꽃을 뜯어먹을 것은 실제로는 염소[羔]이다. 양이 아닌데 양의 고사를 사용한 것은, 여러 책에서 모두 '고(羔)'의 뜻을 '새끼양'이라 했으니 '고'도 '염수주부'라고 부를 수 있기 때문일 뿐이다.-

---

277 김언우 :【譯註】김부필(金富弼, 1516~1577)로, 본관은 광산(光山), 자는 언우(彦遇), 호는 후조당(後凋堂)이다. 이황의 제자로, 조정에서 내린 벼슬을 누차 사양하고 학문에 정진했다.

278 고금주(古今註) :【攷證 卷8 古今註】진(晉)나라 최표(崔豹)가 지은 것이다. 【校解】《고증》에 '진나라'를 '당나라'라고 한 것은 오류이다.

새장 속의 기러기를 읊은 시에 차운하다 【경신년(1560, 명종15, 60세) 추정. 예안(禮安)】

籠鴈韻

생각은 먼 하늘을 날고 싶지만 번번이 방해를 받으니

思在冥冥屢掣飛

기러기 울지 못하면서[279] 기름진 벼 먹는 것 부끄러워라

不鳴慚得稻粱肥

누가 새장의 줄에서 시원스레 풀어주어 何人快解籠中絏

한 번 날아올라 바람 타고 만 리를 갈 수 있을거나 一擧凌風萬里歸

---

279 기러기 울지 못하면서 : 【譯注】 울지 못하는 기러기는 재능이 없는 자를 비유하는 말이다. 장자(莊子)가 옛 친구의 집에 들렀을 때 친구가 동자에게 기러기를 삶으라고 명하자 동자가 잘 우는 기러기와 잘 울지 못하는 기러기 중 어느 것을 잡을지 물었는데, 친구가 "잘 울지 못하는 놈을 죽여라.〔殺不能鳴者〕"라고 하였다.《莊子 山木》

목욕하고 돌아오겠단 일을 읊은 시에 차운하다[280] 【경신년

(1560, 명종15, 60세) 추정. 예안(禮安)】

浴歸韻

목욕하고 즐겁게 놀다 느긋하게 돌아왔으니	盥濯嬉遊任疾遲
이 잔잔한 물결 그 옛날과 무엇이 다르랴	當年何異此淪漪
어여뻐라, 천 년 전에 시 읊으며 돌아올 제	可憐千載歸來詠
바람이 흡족히 불어왔음을 그 누가 알랴	誰識天風滿意吹

---

280 목욕하고……차운하다 : 【攷證 卷8 浴歸韻】살펴보건대, 이는 송(宋)나라 주자(朱子)의 시에 차운한 것이다. 【校解】주자의 시는 《주자대전(朱子大全)》권2 〈증점(曾點)〉시를 가리킨다. 공자가 제자들에게 각자의 뜻을 물었을 때, 증점이 "늦은 봄에 봄옷이 이미 이루어지거든 관을 쓴 어른 5, 6명과 동자 6, 7명과 함께 기수에서 목욕하고 무우에서 바람을 쐬고 읊조리며 돌아오겠습니다.〔莫春者, 春服旣成, 冠童六七人, 浴乎沂, 風乎舞雩, 咏而歸.〕"라고 하였다. 《論語 先進》

조카 교[281]가 근래 《가례》·《소학》·《대학혹문》을 읽고 시
3수를 보내왔는데, 그 말에 감발한 것이 있는 듯하여 그
시의 운자를 사용하여 지어서 뜻을 보이다 신유년(1561, 명종16,
61세) 【5월. 예안(禮安)】

甯姪近讀家禮小學大學或問 以詩三首來 其言若有所感者 用其韻示意云
辛酉

(詩-續卷2-116)

인륜과 가법이 밝게 드러나 있건만	民彝家範揭昭明
나는 배워 노년에 이르러도 아직 흡족하지 못해라	學到殘齡未慊情
기쁘구나, 네가 어린 나이에 감발했으니	喜汝少年能感發
어른 되어 응당 가문의 명성 실추하지 않으리라	成人應不墜家聲

　　이상은 《가례(家禮)》를 읊은 것이다.

(詩-續卷2-117)

어릴 때 바름을 기르지 않으면 자라서 어찌 통하리오[282]

　　　　　　　　　　　　　　　　　　　　養蒙非正長奚通

외물 쫓아 천성을 해치면 금수와 마찬가지라네　　逐物戕天鳥獸同

---

281 조카 교 : 【譯注】 이교(李甯, 1531~1595)로, 본관은 진성(眞城), 자는 군미(君
美), 호는 원암(遠巖)이다. 이황의 넷째 형 이해(李瀣)의 아들이다.

282 어릴……통하리오 : 【譯注】 《주역》 〈몽괘(蒙卦)〉 단사(彖辭)에 "어릴 때 바름을
기름이 성인(聖人)이 되는 공부이다.〔蒙以養正, 聖功也.〕"라고 한 데서 온 말로, 여기서
는 어릴 때 《소학》 공부를 충실히 해야 함을 의미한다.

말세에 지나치게 조심하다 보면 참으로 자포자기하게 되니[283]

末俗過防眞自棄

지금부터 마음속에 깊이 새겨 두어라

從今銘刻在深衷

이상은 《소학(小學)》을 읊은 것이다.

(詩-續卷2-118)

격물치지 공부 깊으면 모든 이치에 통하나니

格致功深萬理通

자신을 수양함과 남에게 은택 베풂은 그 근본이 같다네

誠身澤物本因同

깨우쳐 준 선현의 공력 아니었다면

若非啓發前賢力

우리가 어떻게 성인의 마음을 알 수 있으랴

我輩何由識聖衷

이상은 《대학혹문(大學或問)》을 읊은 것이다.

---

283 말세에……되니 : 【譯注】당시에 《소학》 공부를 한다고 하면 세상 사람들이 비웃곤 하였는데, 이러한 말속의 풍조를 신경 써서 지나치게 조심하다 보면 결국 시속(時俗)을 따르고 자포자기하게 될 우려가 있다는 의미이다. 이황은 어려서 《소학》을 배워 독실히 지켜서 세상 사람들이 억제해도 뜻을 바꾸지 않았다. 훗날 성균관에서 공부할 때, 이황이 어릴 적 공부에 따라 몸가짐을 조심하자, 성균관 선비들이 기묘사화(己卯士禍)를 겪은 뒤 부화한 풍조를 좇았기에 이황의 행동을 보고 모두 비웃었다고 한다. 《退溪先生年譜 卷3 附錄 伊山書院奉安文》《退溪先生年譜 卷3 附錄 言行總錄》지나치게 조심하다〔過 防〕보면 절조를 잃는 지경에 이를 수 있다는 이황의 우려는 황준량(黃俊良)에 보낸 편지에서도 보인다. 《定本 退溪全書 卷7 答黃仲擧(KNL0676)》

제군이 청원대²⁸⁴의 성대한 모임에서 읊은 시에 차운하다

【신유년(1561, 명종16, 61세) 10월 24일. 예안(禮安)】

次諸君淸遠臺高會韻

높은 산에 노니는 모습 꿈속에 들어오니　　　　　絶巘遊蹤入夢來

구름 낀 산 내 낀 물가에서 술 마시는 광경 보노라　雲山烟水繞含杯

지금 병든 이 몸은 대에 올라 구경하지 못하니　　　只今病脚疎登覽

아름다운 대에 모인 신선 같은 그대들 그저 부러워하노라

　　　　　　　　　　　　　　　　　　　　　空羨仙曹集玉臺

---

284 청원대(淸遠臺) : 【譯注】 안동시 도산면 부용산(芙蓉山)에 있는 대로, 조목(趙穆)
이 1559년(명종14)에 축조했다. 조목은 이황에게 편지를 보내, 송(宋)나라 주돈이(周敦
頤)의 〈애련설(愛蓮說)〉에 "향기는 멀수록 더욱 맑다.〔香遠益淸〕"라고 한 것에서 뜻을
취해 대의 이름을 '청원(淸遠)'이라 짓고자 한다고 하였다. 《月川先生年譜》《月川集 卷3
上退溪先生》

금협지[285]가 청량산을 유람하고 돌아와 시를 가지고 와서
보여주기에 그 약간 수에 화운하다 【신유년(1561, 명종16, 61세) 5~6월
추정. 예안(禮安)】

琴夾之遊淸凉山回　攜詩來示　就和其若干首

(詩-續卷2-120)

세상 벗어남은 모름지기 혼몽에서 깨는 것과 같을지니

出世須同破夢昏

산 유람이 어찌 시끄러운 인적 피하는 데 그치랴　　　遊山何止避人喧

예전에 갔던 곳 중 연대사가 가장 기억나니　　　　　舊遊最憶蓮臺寺

수십 일간 눈보라 몰아쳐 고요히 들어앉아 있었지　　風雪連旬靜閉門

　　이상은 연대사(蓮臺寺)[286]를 읊은 것이다.

(詩-續卷2-121)

당나라에서도 신라에서도 모두 의지할 데 없어　　　唐季羅朝摠莫憑

돌아와서 가는 곳마다 층층 구름 속을 올랐네　　　歸來隨處躡雲層

어여쁘도다, 만 길 붉은 벼랑에서　　　　　　　　可憐萬丈丹崖上

그 당시에 흉금에 빙설 같은 고결함 간직했다네　　當日襟懷貯雪冰

　　치원대(致遠臺)[287]를 읊은 것이다.

285　금협지 : 【譯注】 금응협(琴應夾, 1526~1589)으로, 본관은 봉화(奉化), 자는 협지
(夾之), 호는 일휴당(日休堂)이다. 이황의 문인이다. 하양 현감(河陽縣監)을 지냈다.

286　연대사(蓮臺寺) : 【譯注】 청량산(淸凉山)의 자소봉(紫霄峯) 아래, 연화봉(蓮花
峯) 동쪽에 있는 사찰이다.《退溪先生文集攷證 卷2 蓮臺寺》 현재는 남아 있지 않다.

(詩-續卷2-122)

비범한 사람은 시대마다 나오지 않으니	異人不時出
지금 나는 옛사람이 남긴 풍모 생각하노라	今我想餘風
박옥 품고도 세상에 구하는 것 없었고[288]	抱璞無求世
구름 속 산사에 일찍이 몸을 의탁했네[289]	栖雲早託空
관성 속 우두머리 귀신이요	鬼雄管城裏
묵지에서 용이 뛰어올랐네[290]	龍躍墨池中
이름은 벼랑에 걸린 저 폭포와 같으니	名比縣崖瀑
천추에 어찌 다할 날 있으랴[291]	千秋詎有窮

---

287 치원대(致遠臺) :【譯注】청량산의 치원봉(致遠峰), 즉 지금의 금탑봉(金塔峰) 중턱에 있는 바위 이름이다. 《松巖集 卷5 遊淸涼山錄》

288 박옥……없었고 :【譯注】신라 시대 명필가 김생(金生)이 재주를 품고도 세상에 쓰이기를 바라지 않았다는 의미이다. 춘추 시대 초(楚)나라 변화(卞和)가 형산(荊山)에서 얻은 박옥(璞玉)을 임금에게 바쳤다가 임금을 속인다는 누명을 쓰고 두 차례나 발이 잘렸는데, 나중에 문왕(文王)에게 진가를 인정받아 천하제일의 보배인 화씨벽(和氏璧)을 만들었다. 《韓非子 和氏》

289 구름……의탁했네 :【譯注】김생이 불교에 의탁했다는 의미이다. 김생이 6~7세 적부터 불경(佛經) 2권을 부지런히 써서 글씨를 익혔으며, 충주의 절에서 두타행(頭陀行)을 하며 불도를 닦았다. 청량산의 연대사(蓮臺寺)에도 김생의 친필로 된 불경이 많이 있다고 한다. 《東國輿地志 卷3 忠淸道 忠州牧 金生寺》《五洲衍文長箋散稿 經史篇 金生事實辨證說》

290 관성……뛰어올랐네 :【譯注】김생의 글씨가 매우 빼어났다는 의미이다. 관성(管城)은 붓을 의인화한 말로, 당(唐)나라 한유(韓愈)의 〈모영전(毛穎傳)〉에 "진 시황이 장군 몽염(蒙恬)으로 하여금 붓에게 탕목읍(湯沐邑)을 내리고 관성에 봉해 주게 하여 관성자(管城子)라 불렀다."라고 하였다. 《韓昌黎文集 卷35》묵지에서 용이 뛰어오른다는 말은 글씨가 힘 있고 웅건함을 비유하는 말로, 진(晉)나라 왕희지(王羲之)의 글씨에 대해 "묵지에서 용이 날아오른다.〔墨池飛龍〕"는 평이 있었다. 《六硏齋筆記 卷1》

291 이름은……있으랴 :【譯注】폭포가 끝없이 떨어지듯이 김생의 이름도 영원히 남을

김생암(金生庵)[292]을 읊은 것이다.

(詩-續卷2-123)

백발이 성성하고 병든 이 몸	白髮星星一病身
산속에서 일찍이 독서인이었지	山中曾是讀書人
밤과 낮을 이어서 고요한 방에서 차가운 등잔 켜고	寒燈靜室夜還晝
가을이 가고 봄이 오도록 밝은 창가에서 작은 글씨 보았네	
	細字明窓秋復春
그리워서 몇 번이나 꿈속에 찾아갔던가	戀係幾番淸夢邈
힘 미약하지만 오히려 만년에 공부 새로워지길 바라노라	
	力微猶冀晚功新
어찌하면 다시 가고픈 바람 이루어서	何因得遂重遊計
그대와 함께 만 권 책 다시 볼 수 있을거나	與子重開萬卷親

　－산속에서 책을 읽던 것에 감회가 일었다.－

(詩-續卷2-124)

한 달 동안 적막한 물가에서 책 읽다가	一月攻書寂寞濱
돌아와 이내 학업 새로워지지 않은 것 탄식했었지	歸來身業歎靡新

것이라는 의미이다. 김생이 청량산 비폭굴(飛瀑窟)에 들어가서 글씨를 연마했기 때문에
이렇게 말한 것이다. 《松巖集 卷5 遊淸涼山錄》

292 김생암(金生庵) : 【攷證 卷8 金生庵】 아마도 김생굴(金生窟)인 듯하다. 지금은
없어졌다. 【校解】 김생굴은 청량산 내산의 자소봉(紫霄峯) 아래에 있는 굴로, 김생이
여기에서 글씨를 익혔기 때문에 '김생굴'이라는 이름이 붙었다고 한다. 《退溪先生文集攷
證 卷2 次韻惇敍云云 金生窟》

권하노니 그대 진보하려면 오래 공부해야 하니 　　勸君欲進須持久

공부를 서두르는 것은 도리어 사람을 망친다오 　　計較工程卻壞人

　　-집으로 돌아와 온습(溫習)하면서 스스로 탄식하였다.-

권장중[293]의 관물당[294]에 부쳐 제하다【경오년(1570, 선조3,70세) 추정.

예안(禮安)】

寄題權章仲觀物堂

사물을 살핌은 자신을 살피는 데서 시작해야 하니	觀物須從觀我生
《주역》의 깊은 뜻 소옹이 잘 밝혔도다[295]	易中微旨邵能明
만약 자신을 버리고 오직 사물만 살핀다면	若敎舍己惟觀物
하늘의 솔개 물속의 물고기도 마음에 누가 되리[296]	俯仰鳶魚亦累情

---

293 권장중 :【譯注】권호문(權好文, 1532~1587)으로, 본관은 안동(安東), 자는 장중 (章仲), 호는 송암(松巖)이다. 이황의 문인으로, 벼슬에 나아가지 않고 청성산(靑城山) 에 은거하며 학문에 정진했다.

294 관물당 :【譯注】권호문이 1570년(선조3)에 서재를 짓고 당의 이름을 '집경당(集競 堂)'이라 하였는데, 이황이 당 이름을 '관물(觀物)'로 고쳐주었다.《松巖集 卷5 觀物堂記》

295 사물을……밝혔도다 :【譯注】송(宋)나라 소옹(邵雍)이《황극경세서(皇極經世 書)》를 지어 상수역(象數易)에 기반해 천지만물의 생성과 변화를 설명했는데,《황극경 세서》권14〈관물외편(觀物外篇)〉에 "천리를 따라 동할 수 있는 자는 조화가 자신에게 있다.〔能循天理動者, 造化在我也.〕"라고 하였다.

296 하늘의……되리 :【譯注】'연비어약(鳶飛魚躍)'을 보아도 이치를 깨우치지 못한다 는 의미이다.《시경》〈대아(大雅) 한록(旱麓)〉에 "솔개는 날아서 하늘에 이르고 물고기 는 못에서 뛴다.〔鳶飛戾天, 魚躍于淵.〕"라고 하였는데,《중용장구》제12장에서 이 구절 을 인용하여 "이치가 상하에 밝게 드러나 있음을 말한 것이다.〔言其上下察也〕"라고 풀이 하였다.

달밤에 천연대²⁹⁷에 오르다. 김사순²⁹⁸에게 주다 임술년(1562,

명종17, 62세) 【9월 17일. 예안(禮安)】

月夜 登天淵臺 贈金士純 壬戌

한밤중에 신선 되어 노닐다 꿈에서 깨어	半夜游仙夢自回
일어나 벗을 불러 강가 대에 올랐노라	起呼幽伴上江臺
맑은 바람은 뜻이 있어 흉금에 불어오고	淸風有意迎懷袖
밝은 달은 다정하여 술잔을 비추누나	明月多情送酒杯

---

297 천연대 : 【譯注】천연대(天淵臺)는 도산서원(陶山書院) 동쪽의 탁영담(濯纓潭) 가의 높은 바위 위에 만든 대(臺)로, 《시경》의 "솔개는 날아서 하늘에 이르고 물고기는 못에서 뛴다.〔鳶飛戾天, 魚躍于淵.〕"라는 구절에서 이름을 취하였다. 《定本 退溪全書 卷1 陶山雜詠 幷記》

298 김사순 : 【譯注】김성일(金誠一, 1538~1593)로, 본관은 의성(義城), 자는 사순(士純), 호는 학봉(鶴峰)이다. 홍문관 수찬·통신부사(通信副使)·경상우도순찰사(慶尙右道巡察使) 등을 지냈다.

매화 그림에 제하다 【임술년(1562, 명종17, 62세) 3월 4~15일 추정. 예안(禮安)】
題畫梅

(詩-續卷2-127)

한 그루 비낀 가지²⁹⁹ 눈처럼 흰 꽃이 맺혔으니	一樹橫斜雪作團
향기로운 살결 다 여위었는데 옥빛이 추위 속에서 생겨나네	
	香肌瘦盡玉生寒
성근 가지 그림자 붓끝에서 나온 줄 알지 못하겠으니	不知疎影傳毫末
고산의 달 아래를 보는 듯하구나³⁰⁰	疑向孤山月下看

(詩-續卷2-128)

옥인의 붉은 뺨 매우 빼어난 자태이니³⁰¹	玉人頳頰出天姿

---

299 한……가지 : 【譯注】 매화 가지를 형용한 말로, 송(宋)나라 임포(林逋)의 〈산원소
매(山園小梅)〉 시에 "성긴 그림자는 맑고 얕은 물에 비끼어 있고, 은은한 향기는 황혼
달 아래 떠 움직이누나.〔疎影橫斜水淸淺, 暗香浮動月黃昏.〕"라고 하였다.

300 고산의……듯하구나 : 【譯注】 매화를 사랑한 임포의 고사를 인용하여, 고산(孤山)
에 핀 매화를 보는 듯하다고 말한 것이다. 임포가 서호(西湖)의 고산에 초막을 짓고
은거하면서 오직 매화와 학을 벗 삼았으므로 사람들이 그를 '매처학자(梅妻鶴子)'라고
불렀다. 《宋史 林逋列傳》

301 옥인의……자태이니 : 【攷證 卷8 玉人頳頰出天姿】 송(宋)나라 소식(蘇軾)의 〈홍매
3수(紅梅三首)〉 시 중 제3수에 "연단하는 솥에서 모습 변한 것이 어찌 보배랴. 옥인의
노한 얼굴이 더욱 다채로워라.〔丹鼎奪胎那是寶? 玉人頳頰更多姿.〕"라고 하였는데, 송나
라 조차공(趙次公)의 주석에 다음과 같이 말하였다. "'頳'은 독음이 '보(普)'와 '경(經)'의
반절이다. 전국 시대 초(楚)나라 굴원(屈原)의 《초사(楚辭)》〈원유(遠遊)〉에 '옥인의
안색 노하여 얼굴에 윤기 남이여, 정신이 순수하여 비로소 씩씩하도다.〔玉色頳以晼顏兮,
精醇粹而始壯.〕'라고 하였는데, '병(頳)'은 노한 기색이다. 옥인이 노하면 뺨이 붉어지므

빙설 같은 용모 시류에 맞지 않는다 어찌 걱정하랴　肯恐冰容不入時

우스워라, 동파 신선은 석 노인을 조롱하다가　　　　可笑坡仙嘲石老

도리어 매화 때문에 심란해져 스스로 바보가 되었구나[302]

　　　　　　　　　　　　　　　　　　却緣花惱自成癡

　　-홍매(紅梅)이다.-

───

로, 이로써 홍매를 비유한 것이다."

302 빙설······되었구나 : 【譯註】 동파(東坡) 신선은 송나라 시인 소식을, 석 노인은 석연
년(石延年)을 가리킨다. 소식이 〈홍매 3수〉 시에서 석연년의 매화시를 비평했던 고사를
인용한 것이다. 【攷證 卷8 肯恐···成癡】 송나라 소식의 〈홍매 3수〉 시 중 제1수에 "근심
두려워하고 잠을 좋아해 홀로 늦게 피었으니, 빙설 같은 용모 시류에 맞지 않을까 스스로
근심하네. ······ 노시인은 매화의 품격 있는 줄 모르고, 다시금 초록 잎과 푸른 가지만
보았구나.〔怕愁貪睡獨開遲, 自恐氷容不入時. ······ 詩老不知梅格在, 更看綠葉與靑枝.〕"
라고 하였는데, 소식의 자주(自註)에 다음과 같이 말하였다. "석만경(石曼卿 석연년)의
〈홍매(紅梅)〉 시에 '복숭아꽃인가 하니 초록 잎이 없고, 살구꽃인가 하니 푸른 가지 있
네.〔認桃無綠葉, 辨杏有靑枝.〕'라고 하였다." 소식이 일찍이 "이는 지극히 비루한 말이니,
시골 학당에서 쓰는 문제이다."라고 하였다. 《東坡志林 卷10》 또 소식의 〈진태허의 매화
를 읊은 시에 화운하다〔和秦太虛梅花〕〉 시에 "동파 선생은 세욕(世念)이 이미 식었으나,
그대 시 좋아하여 매화꽃에 빠졌네.〔東坡先生心已灰, 爲愛君詩被花惱.〕"라고 하였다.

조충남에게 주다[303] 【갑자년(1564, 명종19, 64세) 10월 추정. 예안(禮安)】
贈趙忠男

조정에서 상서로운 봉황 같은 모습[304] 늘 생각했는데

常思儀鳳瑞王庭

훌륭한 자손 지금 만나보니 선조의 모습을 보는 듯하여라

玉樹今逢尙典刑

그대 선조의 훌륭함을 내 어찌 감히 서술하랴　　盛美揄揚吾豈敢

눈서리 맞으며 먼 길 온 그대에게 부끄러워라　　雪霜千里愧君行

---

303 조충남에게 주다 : 【譯注】 조충남(趙忠男, ?~?)은 본관은 한양(漢陽), 호는 빈소 (顰笑)이고, 조광조(趙光祖)의 당손(堂孫)이다. 조충남이 이황에게 조광조의 행장(行 狀)을 지어달라고 청하자, 이황이 이 시를 지어주었다. 《己卯錄補遺 卷上 趙靜庵傳》

304 조정에서……모습 : 【譯注】 조광조를 봉황에 비유하여, 조광조가 조정에서 훌륭한 재덕을 펼쳤음을 말한 것이다.

SNP1041(詩-續卷2-130)

무제 계해년(1563, 명종18, 63세) 【1~2월 추정. 예안(禮安)】
無題 癸亥

한 겨울밤 베개 베고 편안히 잠들었는데	一枕寒更穩睡眠
꿈속에 정신이 왕성하여 선계에 오른 듯하였네	夢中神旺若登仙
일어나 손으로 남쪽 창을 열고 바라보니	起來手拓南窓看
빈 산엔 바람 잦아들고 시내엔 달빛 가득하여라	風定空山月滿川

참찬 권주³⁰⁵의 묘도에 제하다 【계해년(1563, 명종18, 63세) 3월 3일. 풍산 (豐山)】

題權參贊 柱 墓道

명이에 환난을 당한 것³⁰⁶ 어찌 하늘의 뜻 아니랴	明夷蒙難豈非天
측백나무 소나무 무성한 무덤에 푸른 안개 자욱하네	茂柏深松鎖翠烟
절행은 훗날 사책에 응당 실릴 것이나	節行他年應有史
문장이 천고에 전해지지 못하는 것 한스럽구나	文章千古恨無傳

---

305 참찬 권주 :【攷證 卷8 權參贊柱】1457~1505. 권주의 자는 지경(支卿)이고, 호는 화산(花山)이다. 연산군 갑자년(1504, 연산10)에 화를 입었다. 자세한 내용은《정본 퇴계전서》권15〈봉훈랑 행 광흥창 봉사 권공 묘갈명(奉訓郎行廣興倉奉事權公墓碣銘)〉에 보인다.

306 명이에……것 :【譯注】명이(明夷)는《주역》64괘의 하나로, 우매한 군주가 위에 있어 군자가 어려움을 당하는 혼란한 시절을 의미하는데, 여기서는 권주가 갑자사화(甲子士禍) 때 화를 입은 것을 가리킨다. 권주는 연산군 생모인 폐비 윤씨(尹氏)를 사사(賜死)할 때 승정원 주서로서 사약을 받들고 갔다는 이유로, 1504년(연산10) 갑자사화(甲子士禍) 때 파직되었다가 이듬해에 사사되었다.

월천을 지나며 【을축년(1565, 명종20, 65세) 9월 16일. 예안(禮安)】
過月川

풍월담[307] 서쪽 곁의 월천 마을	月潭西畔月川村
뭉게뭉게 푸른 구름이 사립문을 감싸고 있어라	鬱鬱蒼雲護蓽門
그 안에 책을 몹시 좋아하는 기인이 있어	中有畸人好書癖
객이 오면 입이 마르도록[308] 마주 앉아 토론하네	客來枯吻對牀論

---

307 풍월담(風月潭) : 【譯注】 경상북도 안동시 도산면 월천(月川) 마을 부용봉(芙蓉峯) 아래 있는 못이다. 월천은 바로 조목(趙穆)이 살던 마을이다. 《退溪先生文集攷證 卷2 贈趙士敬 滿潭風月》

308 입이 마르도록 : 【攷證 卷8 枯吻】진(晉)나라 육기(陸機)의 〈문부(文賦)〉에 "처음엔 입술이 말라 머뭇거렸는데, 끝에 가선 적신 붓에서 먹이 흘러나왔네.〔始躑躅於燥吻, 終流離於濡翰.〕"라고 하였다.

안견[309]이 그린 산수첩에 제하다 【계해년(1563, 명종18, 63세). 예안(禮安)】
題安堅所畫山水帖

(詩-續卷2-133)

산 앞의 띳집에 나무는 무성한데	山前茅店樹冥冥
강 굽어보는 사립문은 낮에도 닫지 않네	臨水柴門午不扃
저자에 물고기 팔러 간 어부는 돌아오지 않고	小市販鮮翁未返
집안사람이 펼쳐 놓은 그물 모래톱에 가득하여라	家人排網滿沙汀

(詩-續卷2-134)

산은 검과 방패처럼 비껴있고 소나무는 규룡 같은데	山橫盾劒樹虯龍
들판의 강 드넓어 멀리 하늘에 닿누나	野水漫漫接遠空
어디서 온 외로운 배가 저물녘에 와서 정박했는가	何許孤舟來晚泊
집도 머물 곳도 없는 어부 한 명 있어라	無家無住一漁翁

(詩-續卷2-135)

연악[310] 우뚝하고 대나무 정원은 텅 비었는데	蓮嶽峩峩竹院空
이곳에 은거하여 여생을 보내려는 이 누구인가	何人栖遯欲長終

---

309 안견 : 【攷證 卷8 安堅】?~?. 자는 가도(可度)이고, 지곡(池谷) 사람이며, 호는 현동자(玄洞子)이다. 세종조(世宗朝)에 그림으로 유명했다.

310 연악 : 【譯注】연악(蓮嶽)은 중국 오악(五嶽) 중의 하나인 화산(華山)의 별칭인데, 이황이 본 안견의 산수화가 무엇인지 알 수 없으므로 이 시에서는 어느 산을 가리키는지 미상이다.

이 골짜기에 양중과 구중 같은 이[311]가 아니면   洞門不是羊裘輩
어찌 속세를 멀리한 자취를 찾아오리오   那肯來尋絶世蹤

(詩-續卷2-136)
풍운이 계속 이어지고 비가 억수같이 쏟아지니   風雲陣陣雨翻盆
산천 모습 눈에 어지러워 마을 어딘지 모르겠네 亂眼山川失塢村
저녁 내내 물고기도 땔나무도 전혀 얻지 못했으니 一夕漁樵渾未得
현진자[312]의 심사가 완연히 자취로 남았구나   玄眞心事宛餘痕

(詩-續卷2-137)
하늘 저편 산들은 멀리 사라질 듯하고   天外羣山遠欲無
저 멀리 천 리를 바라보니 모두 강호로구나   眼窮千里盡江湖
태평세월 연화 속에 포구 정자는 날 저무는데 太平煙火漁亭晩
술 익자 배 돌아와 마음껏 술을 사네   酒熟船歸滿意沽

(詩-續卷2-138)
아름다운 곳의 초정이 강가 곁에 있으니   草亭佳處倚江濱
좋은 경치 찾는 이들을 아득히 부르네   縹緲相招趁景人

---

311 양중과……이 : 【譯注】은사의 벗을 비유하는 말이다. 한(漢)나라 장후(蔣詡)가
왕망(王莽)이 섭정하자 고향으로 돌아와 은거하여, 오직 절친한 벗인 양중(羊仲), 구중
(求仲) 두 사람과 왕래하며 지냈다.《三輔決錄 逃名》
312 현진자 : 【攷證 卷8 玄眞】당(唐)나라 장지화(張志和)는 호가 현진자(玄眞子)로,
낚시질을 함에 미끼를 끼우지 않았으니, 물고기를 잡는 데 뜻을 두지 않은 것이다.《唐書
張志和列傳》

벼랑길에 노새 몰아 숲속 마을 찾아가고　　　崖路策驢尋樹塢

작은 배 노 저어 이내 낀 나루 향하는구나　　　野船撓棹指烟津

(詩-續卷 2-139)

괴이한 나무 바위 곁에 있고 강은 산을 감싸 흐르니　怪樹依巖水抱山

인간 세상 어느 곳이 이처럼 한가로울거나　　　人間何境許寬閒

정자에 주인 없어 내가 주인이라　　　　　　野亭無主吾當主

달밤에 배 타고 도롱이 걸친 노인이 낚싯대 드리우네　月艇烟簑老一竿

(詩-續卷 2-140)

시야에 가득한 산천 선경이 차가우니　　　　一眼山川玉界寒

인가는 아스라이 보일락 말락 하네　　　　　人家遙認有無間

알지 못하겠구나, 나귀 타고 가며 시 읊는 객이　不知驢背行吟客

맑은 근심 요리하여 내가 보게 해줄지[313]　　料理淸愁許我看

---

313 나귀……해줄지 : 【譯注】당(唐)나라 맹호연(孟浩然)의 고사를 인용하여 그림 속
풍경을 읊은 것이다. 맹호연이 좋은 시를 지으려고 고심했는데, 눈이 내릴 때 나귀를
타고 파교(灞橋) 위를 지나갈 때 시상이 떠올랐다고 한다. 《東坡全集 卷6 贈寫眞何充秀才》

역락재 제군의 문회에 부치다 갑자년(1564, 명종19, 64세)【11월 추정. 예안(禮安)】

寄亦樂齋諸君文會 甲子

여러 사람이 서쪽 기슭에 띳집을 짓고 '역락'이라 이름하였다.

(詩-續卷2-141)

바위 곁 강 굽어보는 곳에 띳집을 지으니	依巖臨水刱茅齋
책 상자 지고 서로 어울려 몇 번이나 왕래했던가	負笈相從幾往來
병으로 독서하지 못하는 것 내 탄식하노니	病廢攻書吾所歎
백천의 공력[314]은 재주 있는 그대들에게 맡기노라	百千功力付羣才

(詩-續卷2-142)

묻노니, 함께 지내며 즐거운 일 무엇인가	羣居樂事問如何
또한 열심히 공부하며 함께 절차탁마하는 데 있겠지	亦在勗書共切磨
계장[315]에 홀로 누워 그리움 하염없으니	獨臥溪莊思不歇
시내에 풍월 가득하고 낚시터 우뚝하여라	滿川風月釣臺峨

---

314 백천의 공력 : 【譯注】 남보다 더 열심히 학문에 힘쓰는 것을 의미한다. 《중용장구》 제20장에 "남이 한 번에 능하거든 나는 백 번을 하며, 남이 열 번에 능하거든 나는 천 번을 해야 한다.〔人一能之, 己百之, 人十能之, 己千之.〕"라고 하였다.

315 계장 : 【譯注】 계장(溪莊)은 퇴계가에 지은 집으로, 권오봉은 계장이 곧 양진암(養眞庵)이라고 보았으나, 정석태는 양진암을 짓기 전에 이황이 임시로 거처하던 집을 계장이라고 불렀다고 보았다. 《권오봉, 퇴계의 연거와 사상형성, 포항공대, 1989, 13쪽》 《정석태, 퇴계선생연표월일조록1, 퇴계학연구원, 2001, 529쪽》

근래 듣자니 제군이 각자 돌아간다 하니	近聞諸子各言歸
돌아가서 구한다면 참으로 스승이 있으리[316]	歸去求之信有師
공부가 촌음을 아껴야 할 정도에 이르면	能到寸陰堪惜處
이 중에 참된 즐거움을 점차 알게 되리라	此間眞樂漸因知

---

316 돌아가서……있으리 : 【譯注】 집으로 돌아가 일상생활 사이에서 도를 구한다면, 어디서든 도를 발견하여 모두 스승으로 삼을 수 있을 것이라는 의미이다. 조교(曹交)가 맹자의 문하에 들어가서 요순(堯舜)의 도를 배우겠다고 청하였는데, 맹자가 "대저 도는 큰길과 같으니, 어찌 알기 어렵겠는가. 사람들이 구하지 않는 게 병통일 뿐이니, 그대가 집에 돌아가서 구한다면 스승은 얼마든지 있을 것이다.〔夫道若大路然, 豈難知哉? 人病 不求耳子歸而求之, 有餘師.〕"라고 하였다. 《孟子 告子下》

남명 조군 건중[317]과 청향 이군 군호[318]와 나는 모두 신유년
(1501, 연산7)에 태어났다. 근래에 이군이 남명의 절구
한 수와 아울러 자신의 절구 세 수를 부쳐와 보여주었는
데, 그 말을 보고 늙은 나의 마음에 깊이 느낀 바가 있어,
차운하여 이군에게 부치고 아울러 남명에게 보이다 【갑자년
(1564, 명종19, 64세) 6월 1일. 예안(禮安)】

南冥曹君楗仲清香李君君浩與余　皆生於辛酉　近李君寄示南冥一絶幷其
詩三絶　其言深有感於老懷　次韻寄李君　兼示南冥云

(詩-續卷2-144)

세 사람이 태어난 해[319] 그 누가 알리오	三人初度有誰知
갑자년 삼 년 앞인 신유년이로다	先甲三年酉是期
저 멀리 두류산과 배양리[320]에 떨어져 있으니	邈阻頭流與培養
서로 그리워하며 번갈아 시 전하지 않을 수 있으랴	可無相憶遞傳詩

---

317 남명 조군 건중 :【譯注】조식(曹植, 1501~1572)으로, 본관은 창녕(昌寧), 자는
건중(楗仲), 호는 남명(南冥)·산해(山海)이다. 평생 벼슬에 나아가지 않고 학문과 후진
양성에 힘썼다.

318 청향 이군 군호 :【譯注】이원(李源, 1501~1569)으로, 본관은 합천(陝川), 자는
군호(君浩), 호는 청향당(清香堂)이다. 평생 벼슬에 나아가지 않고 학문에 힘썼다.

319 태어난 해 :【攷證 卷8 初度】전국 시대 초(楚)나라 굴원(屈原)의《초사(楚辭)》
〈이소경(離騷經)〉에 "황고(皇考)는 나의 태어난 때에 헤아리시어, 비로소 나에게 아름다
운 이름을 주셨네.〔皇覽揆余于初度兮, 肇錫餘以嘉名.〕"라고 하였다.

320 배양리 :【攷證 卷8 培養】단성(丹城)에 있으니 이공(李公)이 살던 곳이다.

(詩-續卷2-145)

백발에 서로 알았지만 어찌 막 사귀었다 하리오	頭白相知豈謂新
시를 보내와 작은 집의 봄 잠을 깨우네	詩來驚破一軒春
스스로 부끄러워라, 근래 몹시 병들고 혼미해졌는데	自慚昏病年來甚
도리어 간배[321]에 공력 깊이 쏟은 사람이라 말한 것이	卻道功深艮背人

(詩-續卷2-146)

동갑인 벗들 머리 가득 눈 서리가 불어오니	同庚霜雪滿頭吹
우리 나이 합쳐 이제 백 아흔 남짓일세[322]	共歲今方百九奇
어찌하면 맹교와 한유처럼 함께 변화하여	安得孟韓俱變化
구름과 용처럼 서로 쫓아 떨어지지 않을 수 있을거나[323]	
	雲龍相逐不相離

(詩-續卷2-147)

세월이 늙어감을 재촉한다 한스러워하지 말라	莫恨光陰向老催

---

321 간배(艮背) : 【譯注】 물욕에 움직이지 않고 그쳐야 할 곳에 그친다는 말로, 벼슬에서 물러남을 의미한다. 《주역》〈간괘(艮卦)〉 괘사(卦辭)에 "그 등에 그치면 그 몸을 얻지 못하며, 그 뜰에 가면서도 그 사람을 보지 못하여 허물이 없으리라.〔艮其背, 不獲其身, 行其庭, 不見其人, 无咎.〕"라고 하였다.

322 우리……남짓일세 : 【攷證 卷8 共歲今方百九奇】 살펴보건대, 선생이 이때 나이가 예순넷이었으니, 두 공의 나이와 합하여 192세가 된다.

323 어찌하면……있을거나 : 【譯注】 절친한 벗들과 계속 함께 하고 싶다는 의미이다. 【攷證 卷8 孟韓云云】 당(唐)나라 한유(韓愈)의 〈취하여 맹동야를 만류하다〔醉留東野〕〉 시에 "이 몸은 구름이 되고 맹동야는 용으로 변하길 바라노니, 사방 상하로 맹동야를 쫓는다면 비록 이별하더라도 만날 길 없으랴.〔吾願身爲雲, 東野變爲龍. 四方上下逐東野, 雖有別離無由逢.〕"라고 하였다.

모두 속진에서 멀리 떨어진 운산에 있네　　　　　　雲山同是隔塵埃
도연명은 송죽을 좋아하여 삼익우로 삼았고[324]　　　陶欣松竹爲三益
두보는 가마우지와 친하여 백 번씩 오라 읊었지[325]　杜狎鸕鶿詠百回

---

324 도연명은……삼았고 : 【譯注】 진(晉)나라 도연명(陶淵明)이 은거할 적에 세 오솔길
〔三徑〕을 열고, 소나무와 대나무와 국화를 심었던 고사를 가리킨다. 도연명의 〈귀거래사
(歸去來辭)〉에 "삼경은 묵었으나, 소나무와 국화는 아직 남아 있네.〔三徑就荒, 松菊猶
存.〕"라고 하였고, 또 도연명의 〈귀원전거(歸園田居)〉 6수 중 제6수에 "평소의 마음 진정
이와 같으니, 삼경을 열고 삼익우(三益友)를 바라노라.〔素心正如此, 開徑望益友.〕"라고
하였다.

325 두보는……읊었지 : 【攷證 卷8 杜狎鸕鶿詠百回】 당(唐)나라 두보(杜甫)의 〈절구
3수〔三絶句〕〉 시 중 제2수에 "문밖에 가마우지 오랫동안 오지 않더니, 모래 가에서 문득
보고 눈으로 의심하는구나. 지금 이후로 사람의 뜻 알진대, 매일 반드시 오되 일백 번씩
하라.〔門外鸕鶿久不來, 沙頭忽見眼相猜. 自今以後知人意, 一日須來一百回.〕"라고 하
였다.

상사 김사순³²⁶에게 주다 을축년(1565, 명종20, 65세)【5월 하순 추정.

예안(禮安)】

贈金上舍士純 乙丑

내가 이때 퇴계에 거처하고 있었는데, 김사순이 무더위도 피하지 않고 도산으로부터 왕래
하였다.

젊을 때는 천행으로 학문에 조금 뜻을 두었는데	少日天開一念明
중간에 병이 많아 오래도록 길 헤매었네	中間多病久迷行
헤맬 적엔 길 험하다고 탄식할 만하였으나	迷時堪歎道途險
깨달은 뒤엔 높은 벼슬의 영화로움을 알지 못했노라	悟後不知軒冕榮
백발 가득한 뒤에야 이 몸 비로소 물러났으니	白髮滿頭身始放
청산이 문 앞에 있고 경영하는 일 없어라	靑山當戶事無營
감사해라, 그대가 왕래하며 글 이치 얘기하니	感君來往談名理
더위 식혀주는 얼음과 서리 구절마다 생겨나네	淸暑冰霜句句生

---

326 김사순 : 【譯注】 김성일(金誠一, 1538~1593)로, 본관은 의성(義城), 자는 사순
(士純), 호는 학봉(鶴峰)이다. 홍문관 수찬·통신부사(通信副使)·경상우도순찰사(慶尙
右道巡察使) 등을 지냈다.

고산 금문원[327]에게 시를 부쳐 묻다 【을축년(1565, 명종20, 65세) 4월 1~15일 추정. 예안(禮安)】

寄問孤山琴聞遠

멀리서 어여삐 여기노라, 천 길 절벽 아래	遙憐絶壁千尋下
강 굽어보는 띳집에서 옛 책 읽는 것을	茅屋臨流讀古書
고요히 함양하는 공부를 깨우쳤는가	靜養工夫能會未
글 속의 참맛 요즘은 어떠한고	書中眞味近何如

---

327 고산 금문원 : 【譯注】 금난수(琴蘭秀, 1530~1604)로, 본관은 봉화(奉化), 자는 문원(聞遠), 호는 성성재(惺惺齋)이다. 이황의 문인이다. 봉화 현감(奉化縣監)을 지냈다.

양성 이공 승소·사가 서공[328]·점필재 김공[329]이 금 동래 현령 휘[330]를 송별한 시첩 뒤에 제하다 【을축년(1565, 명종20, 65세) 4월 16일. 예안(禮安)】

題陽城李公 承召 四佳徐公佔畢金公 送別琴東萊 徽 詩帖後

금후의 재기 지략이 뛰어났으니	琴侯才氣蔚風雲
무예 뛰어나 장원을 하였고[331] 문재 또한 훌륭했도다	武捷魁科亦甚文
두 번 현령 된 것은 천리마가 발을 구부린 격이요[332]	兩邑分符驥跼足
세 공이 증별한 시 비단 무늬를 펼친 듯하여라	三公贈語錦攡紋
후대에 전해져 시축을 만들어 보배로 간직하고	傳貽作軸珍藏襲
병풍에 옮겨 실어 보고 듣는 이들에게 빛나게 하였네	轉上爲屛耀見聞

---

328 사가 서공 :【譯注】서거정(徐居正, 1420~1488)으로, 본관은 달성(達城), 자는 강중(剛中), 호는 사가정(四佳亭)·정정정(亭亭亭)이다. 홍문관 부수찬·예조 참판·형조 판서·좌찬성 등을 지냈다.

329 점필재 김공 :【譯注】김종직(金宗直, 1431~1492)으로, 본관은 선산(善山), 자는 계온(季昷)·효관(孝盥), 호는 점필재(佔畢齋)이다. 예문관 제학·홍문관 제학·이조 참판·공조 참판 등을 지냈다.

330 금 동래 현령 휘 :【攷證 卷8 琴東萊徽】금휘(琴徽, 1435~?)로, 은진 현감(恩津縣監)을 지낸 금회(琴淮)의 아들이다.

331 무예……하였고 :【譯注】1466년(세조12)에 무신 830인을 대상으로 치러진 발영시(拔英試)에서, 권지 훈련참군(權知訓鍊參軍) 금휘가 43인의 선발인 중 으뜸을 차지했다.《世祖實錄 12年 5月 12日》

332 두……격이요 :【譯注】천리마가 다리를 구부린 것은 재주 있는 자가 뜻을 펼치지 못함을 비유하는 말로, 금휘가 외직에 제수되는 데 그친 것이 안타깝다는 의미이다. 금휘는 영덕 현령(盈德縣令)과 동래 현령(東萊縣令)을 지냈다.

돌아보건대, 내가 어떤 사람이기에 붓을 잡고　　　　顧我何人堪屬筆

천추에 훌륭한 명성 전하는 데 참여한단 말인가　　　千秋能與播奇芬

-관직에 부임힐 때 증별(贈別)의 말을 주는 것은 오래되었다. 그러나 진실로 그 사람이 당시의 명류(名流)에게 인정받는 자가 아니라면, 얻는 것이 모두 하찮고 비루한 말[333]일 뿐이니, 어찌 귀하다 할 게 있겠는가. 지금 봉성(鳳城) 금응석(琴應石) 군[334]이 보여준 것을 살펴보니, 그의 선조고(先祖考) 현령공(縣令公 금휘(琴徽))이 관직에 부임할 때 써 준 말이었다. 현령공이 영덕(盈德)[335]에 부임할 적에 양성(陽城) 이 선생(李先生 이승소(李承召))이 먼저 읊고 달성(達城) 서 선생(徐先生 서거정(徐居正))이 화답하였으며, 현령공이 동래(東萊)에 부임할 적엔 점필재(佔畢齋) 김 선생(金先生 김종직(金宗直))이 또 앞의 운을 사용하여 시를 써주었다. 세 선생은 모두 문단의 맹주요 인물의 역량을 재는 저울인데, 현령공을 칭상한 것이 이와 같았으니, 금후(琴侯)의 사람됨은 묻지 않아도 범속한 부류가 아님을 알 수 있다. 그 족자 하나의 시 여섯 편이 사람으로 하여금 깜짝 놀라 탄식하게 하는데, 그대는 이 족자를 보배로 간직하고도 오히려 부족하게 여겨, 나에게 병풍 위에 베껴 쓰고 아울러 한마디 말을 써서 그 일을 드러내 줄 것을 부탁했다. 내가 사양해도 받아들여지지 않기에 이미 외람되이 율시 한 편으로 속초(續貂)하고, 아울러 뒤에 간략히 서문을 적으니, 보는 자들이 선배들의 유풍이 귀하다는 것과 금후가 얻은 것이 헛된 칭찬이 아님을 알게 되기를 바란다. 명나라 세종 가정(嘉靖) 44년 을축년(1565, 명종20) 4월 기망(旣望)에 진성(眞城) 이황은 삼가 쓰다.-

---

333 하찮고 비루한 말 : 【攷證 卷8 庸瑣竈婢之語】 미상이다.

334 금응석(琴應石) 군 : 【攷證 卷8 琴應石】 1508~1583. 자는 경화(景和)이고, 봉화(奉化) 사람이다. 관직은 주부를 지냈다.

335 영덕(盈德) : 【攷證 卷8 盈德】 경상좌도에 속해 있다. 군의 또 다른 이름은 야성(野城)이다.

삼가 성상의 은혜를 입어 벼슬에서 물러나게 되었으니 한
편으로는 감격하고 한편으로는 기뻐서 스스로 서술하다.
절구 8수³³⁶ 【을축년(1565, 명종20, 65세) 5월 4일 추정. 예안(禮安)】

伏蒙天恩 許遂退閒 且感且慶 自述 八絶

(詩-續卷2-151)

예전엔 임시로 물러난 것이라 잘 물러난 사람 아니었는데

假退曾非善退人

주제넘게 쓴 복건³³⁷이 지금에서야 진짜 복건이 되었네

濫巾今始著眞巾

운산도 임금의 은혜 큰 줄 알아서   雲山亦識君恩重

나에게 아침마다 반가운 기색 새롭게 보이네   向我朝朝喜色新

(詩-續卷2-152)

세 임금께 보탬이 되지 못한 이 미천한 신하   三朝無補一微臣

온갖 병 앓는 남은 목숨 머리털이 새었네   百病餘生兩鬢銀

---

336 삼가……8수 : 【譯注】 이황이 1565(명종20) 4월에 동지중추부사에서 물러나기를
청하는 상소를 올렸는데, 명종(明宗)이 사직을 허락해 주었으므로, 이황이 이 시를 짓게
되었다.《退溪先生年譜 卷3》

337 주제넘게 쓴 복건 : 【譯注】 이황이 지난날 산림에 물러난 것이 참된 은거가 아니었
다는 의미로 쓴 겸사이다. 【攷證 卷8 濫巾】 남조 시대 제(齊)나라 공치규(孔稚圭)의
〈북산이문(北山移文)〉에 "주옹(周顒)이 초당사에 몰래 살고 북악에서 주제넘게 복건을
쓰고서〔濫巾北岳〕……비록 강가에서 은자의 겉모습을 흉내냈지만, 마음은 좋은 벼슬에
매여 있었다."라고 하였다.

이제부터 손익의 이치를 알아서[338]　　　　　　　從此不妨知損益

호리병 속 별천지에서 요 임금 축원하는 백성 된들 어떠리[339]

　　　　　　　　　　　　　　　　　　　　　壺中天地祝堯民

(詩-續卷2-153)

못난 재주로 뛰어난 인재들 곁에 있는 것 부끄러웠는데

　　　　　　　　　　　　　　　　　　　　　自媿菲才厠盛才

높은 반열에서 물러나니 사람들이 또 의심하네　　　名班身退又人猜

지금은 알겠구나, 의심하는 이도 없고 부끄러움도 없어

　　　　　　　　　　　　　　　　　　　　　只今可信無猜媿

물고기 새들과 어울린 가운데서 우두머리가 되는 줄　魚鳥羣中與作魁

(詩-續卷2-154)

두어 칸 오두막이 흰 구름 가에 있는데　　　　　　數間矮屋白雲鄰

참되게 은거하지 못하는 것 여전히 한스러워라　　尙恨幽貞未甚眞

---

338 손익의 이치를 알아서 : 【譯注】세상의 부귀영화를 잊고 은거하고자 한다는 의미이다. 한(漢)나라의 은사(隱士) 상장(尙長)이 《주역》의 〈손괘(巽卦)〉와 〈익괘(益卦)〉를 읽고 "내가 부유함이 가난한 것만 못하고 귀함이 천한 것만 못하다는 것을 이미 알았다마는, 단지 죽음과 삶이 어떠한지는 아직 모르겠다."라고 탄식하고는, 마침내 오악(五嶽)의 명산을 유람하다가 생을 마쳤다. 《後漢書 向長列傳》

339 호리병……어떠리 : 【譯注】속세를 벗어난 곳에서 지내면서 임금을 위해 송축하고자 한다는 의미이다. 호리병 속 별천지는 선계(仙界)를 비유하는 말로, 한나라 비장방(費長房)이 우연히 선인(仙人) 호공(壺公)의 호리병 속에 들어갔더니, 그 안에 별천지가 펼쳐져 있었다고 한다. 《後漢書 費長房列傳》 요(堯) 임금을 축원한다는 것은 화(華) 땅의 봉인(封人)이 요 임금에게 수(壽)·부(富)·다남자(多男子) 세 가지를 축원한 고사에서 온 말로, 임금에 대한 송축을 나타내는 말로 쓰인다. 《莊子 天地》

온화한 성상의 말씀 궁궐에서 내려왔으니   一札溫言九天下

깊이 병든 이 몸 송죽 사이에서 지내게 되었네   沈痾羸得付松筠

(詩-續卷2-155)

재주도 덕도 없이 바보처럼 앉아있으니   無才無德坐成癡

세상에 어찌 나 같은 몰자비[340]가 필요하랴   應世何須沒字碑

묵은 서책에서 만년의 지혜 구하고자 하나   欲向塵編求晚智

어른거리는 안화가 몹시 가리는구나   眼中花霧苦相欺

(詩-續卷2-156)

행단[341]이 황폐해진 지 몇천 년이런가   杏壇蕪沒幾千年

사숙한 현인들도 이미 하늘로 가셨네   私淑諸賢亦已天

해동의 가련한 이 사람   東海東濱可憐子

귀 어둡고 말하지 못함이 마치 한선 같아라[342]   不聰喑默似寒蟬

---

340 몰자비 : 【譯注】 식견이 없는 사람을 비유하는 말이다. 【攷證 卷8 沒字碑】《신오대사》〈안숙천열전(安叔千列傳)〉에 "안숙천은 모습이 당당하였으나 글자를 몰랐으니, 사람들이 '글자 없는 비석〔沒字碑〕'이라고 불렀다."라고 하였다.

341 행단 : 【攷證 卷8 杏壇】 연주부(兗州府) 노성(魯城) 안의 선성묘(宣聖廟) 앞에 있다.

342 귀……같아라 : 【譯注】 제대로 듣지도 못하고 말해야 할 때 말하지도 못한다는 의미이다. 《후한서》〈두밀열전(杜密列傳)〉에 "유승(劉勝)은 지위가 대부(大夫)에 이르러 상빈(上賓)으로 예우받고 있지만 선한 사람이라는 것을 알면서도 천거하지 않고 악한 것을 듣고서도 말하지 않아 실정을 숨기고 자신만을 아꼈으니, 마치 울지 않는 가을 매미〔寒蟬〕와 같았다."라고 하였다.

(詩-續卷2-157)

푸른 하늘이 눈앞에 있다고 소옹이 말했고[343]	邵說青天在眼前
용광로 곁에서 쇳조각 찾는다고 주자가 비웃었지[344]	零金朱笑覓爐邊
백발이 학문하는 데 방해된다 하지 말라	莫言白髮妨人學
위 무공은 오히려 아흔에도 자신을 경계했네[345]	衛武猶箴九十年

(詩-續卷2-158)

미인[346]은 하늘 저편 그 어디에 계시는가	美人何許隔天涯
꿈속에서 옥황상제 궁궐에서 만났네	夢裏相逢玉帝家
홀로 깨어나 푸른 강 굽어보니	獨自覺來臨碧水
휘영청 밝은 달이 금빛 물결 비추고 있누나	一輪明月暎金波

-명나라 세종 가정(嘉靖) 44년 을축년(1565, 명종20) 5월 모일에, 퇴계도산노병한인(退溪陶山老病閒人)이 산속 집에서 쓰다.-

---

343 푸른……말했고 :【攷證 卷8 邵說青天在眼前】미상이다.【校解】송(宋)나라 소옹(邵雍)의 〈한행음(閑行吟)〉 3수 중 제2수에 "오나라로 갔다 월나라로 갔다 하며 푸른 하늘을 찾으니, 하늘이 눈앞에 있음을 전혀 알지 못하네.〔投吳走越覓青天, 殊不知天在眼前.〕"라고 하였다. 하늘이 눈앞에 있는데 멀리까지 찾으러 간다는 의미이다.

344 용광로……비웃었지 :【譯注】송나라 주희(朱熹)가 진량(陳亮)과 왕패(王霸) 논쟁을 벌이며 진량이 순정한 왕도를 추구하지 않은 것을 비판한 일을 가리킨다.【攷證 卷8 零金朱笑覓爐邊】송나라 주자(朱子)의 〈진동보에게 답하는 편지〔答陳同父書〕〉에 "지금 도리어 아무런 까닭 없이 반드시 자신의 빛나는 보배를 버리고 길에 달려 나가 용광로 주변에서 쇳돌 가운데를 뒤져 쇳조각을 얻으려고 하니〔向鐵爐邊查礦中, 撥取零金〕, 또한 잘못된 것이 아니겠습니까."라고 하였다.

345 위……경계했네 :【譯注】춘추 시대 위 무공(衛武公)이 95세 때 〈억(抑)〉 시를 지어 스스로를 경계한 것을 말한다.《詩集傳 大雅 抑》

346 미인 :【譯注】임금을 비유하는 말이다.《시경》〈패풍(邶風) 간혜(簡兮)〉에 "누구를 그리워하는가. 서방의 미인이로다. 저 미인이여 서방의 사람이로다.〔云誰之思? 西方美人. 彼美人兮, 西方之人兮.〕"라고 하였다.

어락대[347] 【을축년(1565, 명종20, 65세) 8~9월 추정. 예안(禮安)】
魚樂臺

대 아래 잔잔한 물결 깊어서 흐르지 않는데	臺下平波湛不流
무리 지어 노니는 물고기 천유를 얻었구나	洋洋羣隊得天游
도리어 생각하노니, 장주와 혜시가 함께 다리에 오른 날에	
	卻思莊惠同登日
물고기 즐거움을 도리어 자신의 즐거움에서 구했었지[348]	
	魚樂還從自樂求

---

347 어락대 : 【譯注】도산(陶山)의 갈천대(葛仙臺) 곁에 있는 바위로, 이황이 1565년 (명종20) 8월에 역동서원의 터를 살펴보기 위해 낙동강가를 거슬러 가던 중 찾아낸 곳이다. 《정석태, 퇴계선생연표월일조록3, 퇴계학연구원, 2005, 407쪽》

348 장주와……구했었지 : 【譯注】장주(莊周)가 혜시(惠施)와 물고기의 즐거움에 대해 논한 고사를 가리킨다. 장주와 혜시가 호수(濠水)의 다리 위에서 물고기가 강물에서 한가로이 헤엄치는 것을 보았는데, 장주가 "피라미〔儵魚〕가 나와서 조용히 노니, 이것이 물고기의 즐거움일세."라고 하였다. 혜시가 "그대는 물고기가 아닌데 물고기의 즐거움을 어떻게 아는가?"라고 반문하자, 장주가 "그대는 내가 아닌데 내가 물고기의 즐거움을 알지 못하는 것을 어떻게 알겠는가."라고 하였다. 《莊子 秋水》

조사경³⁴⁹의 시에 차운하다 【을축년(1565, 명종20, 65세) 5월 21일 추정.

예안(禮安)】

次韻趙士敬

학문 끊겼으니 지금 사람들 어찌 스승 있으랴	學絶今人豈有師
마음을 비우고 이치를 살펴보면 의문이 밝아지리	虛心看理庶明疑
풍편에 답하노니, 숲으로 가는 새	因風寄謝趨林鳥
다만 절로 알 때 있으리니 억지로 알려고 하지 말라	只自知時莫强知

부기 : 조사경의 원시 附趙士敬原韻

강 북쪽 산 남쪽에 계신 스승님 찾아뵈니	水北山南謁大師
벗들이 한 방에서 온갖 의문 변석하네	羣朋一室析千疑
돌아오는 십 리 강촌 길에	歸來十里江村路
보금자리 찾는 새 숲으로 나는 것을 다만 홀로 알 뿐⁷³³	宿鳥趨林只自知

---

349 조사경 : 【譯注】조목(趙穆, 1524~1606)으로, 본관은 횡성(橫城), 자는 사경(士敬), 호는 월천(月川)이다. 이황의 문인으로, 누차 조정에서 내린 벼슬을 사양하고 학문에 전념하였다.

350 돌아오는……뿐 : 【譯注】남들이 미처 알지 못한 이치를 조목(趙穆)이 홀로 깨달았다는 의미이다. 이황은 이 구절에 대해 조목에게 보낸 편지에서 "이 한 구절이 바로 공이 남이 미처 알지 못한 곳을 초연히 홀로 알았다고 스스로 말한 것일 테지. 시인의 흥취로 말한다면 이 구절은 매우 잘 되었다고 할 만하지만, 학문의 의사(意思)로 본다면 바로 병통이 되는 곳이 이 구절에 있지 않을까 생각되네."라고 하여, 학문하는 사람이 남이 모르는 이치를 안다고 스스로 만족하며 남의 좋은 점이나 옛 학자의 가르침을 배우지

-을축년(1565, 명종20) 겨울에 퇴계(退溪)에서 선생을 뵈었는데, 김언순 명일(金彦純明一)[351]·김사순 성일(金士純誠一)[352]·우경선 성전(禹景善性傳)[353]이 있었다. 《심경(心經)》과 《대학장구(大學章句)》를 변석하고 질정하였는데, 혹 견해가 맞지 않는 곳이 있었다.-

않는 세태를 비판했다. 《定本 退溪全書 卷8 與趙士敬(KNL0983)》

351 김언순 명일(金彦純明一) : 【譯注】 김명일(金明一, 1533~1569)로, 본관은 의성(義城), 자는 언순, 호는 운암(雲巖)이다. 김성일의 형으로, 이황 문하에서 수학하였다.

352 김사순 성일(金士純誠一) : 【譯注】 김성일(金誠一, 1538~1593)로, 본관은 의성(義城), 자는 사순(士純), 호는 학봉(鶴峰), 시호는 문충(文忠)이다.

353 우경선 성전(禹景善性傳) : 【譯注】 우성전(禹性傳, 1542~1593)으로, 본관은 단양(丹陽), 자는 경선, 호는 추연(秋淵)이다. 이황의 문인으로, 수원 현감(水源縣監)·대사성 등을 지냈다.

병인년 정월 26일에 병을 무릅쓰고 소명에 나아가 성천사에 가서 묵으며, 두 벗의 시에 차운하다 병인년(1566, 명종21, 66세) 【1월 26일. 예안(禮安)】

丙寅正月二十六日 力疾赴召 出宿聖泉寺 次二友韻 丙寅

김사호(金士浩)[354]와 박덕명(朴德明)[355]이다.

(詩-續卷2-161)

소명(召命)이 동쪽으로 와서 또 돌아오라 부르니[356]	尺一東來又喚回
저 멀리 북극에 오색구름 펼쳐진 것[357] 바라보노라	遙瞻北極五雲開
어찌 알았으랴, 병든 신하 돌아오는 학[358]과 같아	豈知臣病如歸鶴
임금 뵈러 가는 길 반도 못 가서 날개 접고 올 줄	未半朝天戢翅來

---

354 김사호(金士浩) : 【攷證 卷8 金士浩】김생명(金生溟, 1504~1577)으로, 본관은 안동(安東), 자는 사호, 호는 눌재(訥齋)이다. 이황의 문인이다.

355 박덕명(朴德明) : 【攷證 卷8 朴德明】박사희(朴士熹, 1508~1588)로, 본관은 함양(咸陽), 자는 덕명, 호는 묵재(默齋)이다. 이황의 문인이다.

356 소명(召命)이……부르니 : 【譯注】명종(明宗)이 1565년(명종20) 12월 26일에 이황을 동지중추부사에 제수하고 소명을 내렸는데, 이 소명이 1566년(명종21) 1월 14일에 이황에게 전해졌다.《退溪先生年譜 卷2》《정석태, 퇴계선생연표월일록3, 퇴계학연구원, 2005, 445~447쪽》

357 북극에……것 : 【譯注】북극과 오색구름은 모두 제왕이 있는 곳을 비유하는 말로, 임금이 계신 도성 궁궐을 의미한다.

358 돌아오는 학 : 【譯注】고향을 잊지 못하는 사람을 비유하는 말이다. 한(漢)나라 때 요동(遼東) 사람 정 영위(丁令威)가 신선이 되고 난 뒤 천년 만에 학으로 변해 다시 요동을 찾아와 화표주 위에 내려앉았다고 한다.《搜神後記 卷1》

사십 년이 일순간에 훌쩍 지났으니 　　　　　四十年遒一瞬回

다시 절 찾아와 옛 회포를 푸노라 　　　　　重尋佛刹舊懷開

알겠구나, 그대들이 경책이 담긴 시를 주어 　知君警策存詩句

매화와 소나무가 내가 오길 기다린다 말한 것을 　說著梅筠待我來

SNP1054(詩-續卷2-163~164)

영천 공관에서 병으로 머무르며 이굉중³⁵⁹에게 답하다 【병인년

(1566, 명종21, 66세) 1월 29일. 영주(榮州)】

榮川公館病留 答李宏仲 二十九日

(詩-續卷2-163)

이별하는 심정 배는 더 슬프니	離別情懷倍黯然
지금 다시 속세 인연에 얽매일 줄 어찌 알았으랴	那知今復縶塵緣
시가 옴에 도리어 제군들 뜻에 부끄러우니	詩來卻愧諸君意
눈 내린 뒤 매사³⁶⁰에 찾아갔지	梅社追尋雪後天

(詩-續卷2-164)

눈 내린 뒤에 이별의 정회를	離別情懷雪後天
군이 먼저 시를 부쳐 진중하게 보내준 데 감사하노라	
	寄詩珍重荷君先
그 언제나 임금께서 가엽게 여겨 허락해 주시어	何當得見天矜許
고향 집에 돌아와 누워 홀로 숨어 지낼 수 있을거나	歸臥蓬廬獨闃然

　　-이굉중이 유이득(柳而得)³⁶¹ 등 제군과 더불어 계상(溪上)에서 나를 송별하고,

---

359 이굉중 :【譯注】이덕홍(李德弘, 1541~1596)으로, 본관은 영천(永川), 자는 굉중, 호는 간재(艮齋)이다.

360 매사 :【譯注】절우사(節友社)를 가리킨다. 이황이 만년에 도산서당(陶山書堂) 동쪽에 단을 쌓아 소나무·대나무·매화·국화를 심고, 절개를 함께하는 벗이라는 뜻에서 '절우사'라고 이름 지었다.《定本 退溪全書 卷1 陶山雜詠 幷記》

361 유이득(柳而得) :【譯注】이득은 유운룡(柳雲龍, 1539~1601)의 자로, 훗날 응현

서로 함께 도산(陶山)을 넘어 절우사(節友社)에 찾아가 노닐고 도산정사(陶山精舍)에서 함께 묵은 뒤 떠났다. 당(唐)나라 사람의 시에 "내일 눈보라 속에 길 떠나려 하는데, 먼저 시를 부쳐 올 줄 누가 알았으랴?〔明日馬蹏風雪裏, 知誰先有寄來詩?〕"라고 하였다.-

(應現)으로 자를 바꾸었다. 유운룡은 본관이 풍산(豊山), 호는 겸암(謙菴), 시호는 문경(文敬)이다. 유성룡(柳成龍)의 형으로 풍기 군수(豐基郡守)·원주 목사(原州牧使) 등을 지냈다.

SNP1055(詩-續卷2-165)

산사의 달밤 【병인년(1566, 명종21, 66세) 3월 8~14일 추정. 안동(安東)】
山寺月夜

꽃이 피었단 말은 들었으나 꽃을 보지 못했으니	聞道花開不見花
이 봄이 비바람 속에서 병중에 다 지나갔구나	一春風雨病中過
오늘 밤 문득 고향 집 경치 생각나니	今宵陡覺山家景
땅에 가득한 맑은 달빛 물결처럼 잔잔하겠지	滿地淸光月似波

하서³⁶²의 시문을 보다 【병인년(1566, 명종21, 66세) 추정. 예안(禮安)】

見河西詩文

하서는 당시 자못 마음이 맑았고	河西當日頗清虛
만년에 공이 깊어지자 수초를 배웠네³⁶³	晚歲功深學遂初
지금은 늙고 병든 이 몸만 남아 있으니	老病祇今唯我在
남긴 글을 보배처럼 아끼는 마음 어이 견딜꼬	那堪珍惜訪遺書

---

362 하서 : 【譯注】김인후(金麟厚, 1510~1560)로, 본관은 울산(蔚山), 자는 후지(厚之), 호는 하서(河西), 시호는 문정(文正)이다. 세자시강원 설서·홍문관 부수찬 등을 지냈다.

363 수초를 배웠네 : 【譯注】수초(遂初)는 진(晉)나라 손작(孫綽)이 〈수초부(遂初賦)〉를 지어 산림에 은거하려는 자기의 뜻을 서술한 데에서 온 말로, 수초를 배운다는 것은 벼슬을 떠나 은거한다는 의미이다. 《晉書 孫綽列傳》 1545년(인종1)에 인종이 즉위한 지 9개월 만에 세상을 떠나고 을사사화(乙巳士禍)가 일어나자, 김인후는 병을 이유로 사직하고 고향으로 돌아가 학문에 매진했다.

산거에서 우연히 병중의 회포를 써서 조사경³⁶⁴과 금문원³⁶⁵에게 부치다 【병인년(1566, 명종21, 66세) 7월 8일. 예안(禮安)】

山居偶書病懷 寄士敬聞遠

산속 집에 근래 찾아오는 사람 없으니	山堂近日無來人
푸른 이끼와 푸른 대나무가 서로 어우러져 산뜻해라	蒼苔綠竹相映新
산옹은 온갖 병 앓고 머리털 눈처럼 셌는데	山翁百病頭似雪
쌓인 서책 속에서 여전히 촌음을 다투어 글을 읽노라³⁶⁶	
	書卷叢中猶競辰
심법은 본래 터럭 하나도 삼가야 하니	心法由來謹毫釐
일렁이기 쉬운 물과 같고 먼지 끼기 쉬운 거울과 같다오	
	如水易波鏡易塵
산 남쪽의 조군과 금군에게 보내노니	寄與山南趙與琴
힘쓰고 힘써 본연의 귀한 덕성 저버리지 마오	勉勉莫負良貴身

---

364 조사경 : 【譯注】 조목(趙穆, 1524~1606)으로, 본관은 횡성(橫城), 자는 사경(士敬), 호는 월천(月川)이다. 이황의 문인으로, 누차 조정에서 내린 벼슬을 사양하고 학문에 전념하였다.

365 금문원 : 【譯注】 금난수(琴蘭秀, 1530~1604)로, 본관은 봉화(奉化), 자는 문원(聞遠), 호는 성성재(惺惺齋)이다. 이황의 문인이다. 봉화 현감(奉化縣監)을 지냈다.

366 촌음을……읽노라 : 【譯注】 송(宋)나라 주희(朱熹)의 〈네 아우에게 보여주다〔示四弟〕〉 시에 "학문에 힘쓰고 몸을 닦는 것은 제때 해야 하니, 때를 다투어 부디 세월이 빨리 흐른다는 것을 생각하게.〔務學修身要及時, 競辰須念隙駒馳.〕"라고 하였다.

금문원[367]이 고산에서 절구 한 수를 부쳐 오며 '작은 배가
이미 갖추어졌으니 경치를 샅샅이 구경하면 즐거울 것이
다'라고 하였기에, 차운하여 도로 부치다 【병인년(1566, 명종21,
66세) 4월 초순 추정. 예안(禮安)】

琴聞遠自孤山寄詩一絕 言小舟已具 窮搜景致 可樂云 次韻卻寄

봄이 나를 저버린 게 아니라 내가 봄을 저버렸으니	春非孤我我孤春
비록 산으로 돌아왔으나 또한 얽매인 몸이어라	縱得歸山亦絆身
무릉도원 찾아갈 배 이미 마련했단 말 들었으니	聞道仙源舟已辦
장차 세상을 벗어나 진인을 찾고 싶어라	欲將逃世問眞人

---

367 금문원 : 【譯注】 금난수(琴蘭秀, 1530~1604)로, 본관은 봉화(奉化), 자는 문원
(聞遠), 호는 성성재(惺惺齋)이다. 이황의 문인이다. 봉화 현감(奉化縣監)을 지냈다.

조사경[368]이 술을 들고 찾아오다 【병인년(1566, 명종21, 66세) 9월. 예안 (禮安)】

士敬攜酒來訪

(詩-續卷2-169)

붉은 나뭇잎 푸른 소나무 눈앞 가득 가을이니	赤葉蒼筠滿目秋
감사하게도 그대가 술 가져와 곤궁한 시름 위로하네	感君攜酒慰窮愁
시름 속에 시구 떠올라도 굳이 말할 것 없으니	愁中有句不須說
푸른 산 바라보고 앉아 흰머리만 긁적이노라	坐對靑山搔白頭

(詩-續卷2-170)

벗이 보낸 편지 구름 사이에 떨어지니	故人飛札落雲間
미미한 나에게 태산 같은 중책을 지라 요구하네	責我如鼇使負山
진중한 뜻을 감당하지 못함을 길이 부끄러워하니	永媿不堪珍重意
강호에서도 도성에서도 모두 편안하기 어렵구나	江湖魏闕兩難安

　－이때 마침 박화숙(朴和叔)[369]의 편지를 받았기에, 마침내 뒤의 절구 한 수를 지었다.－

***

368 조사경 :【譯注】조목(趙穆, 1524~1606)으로, 본관은 횡성(橫城), 자는 사경(士敬), 호는 월천(月川)이다. 이황의 문인으로, 누차 조정에서 내린 벼슬을 사양하고 학문에 전념하였다.

369 박화숙(朴和叔) :【譯注】박순(朴淳, 1523~1589)으로, 본관은 충주(忠州), 자는 화숙, 호는 사암(思庵)이다. 시호는 문충(文忠)이다. 성균관 사성·대사헌·예조 판서·영의정 등을 지냈다.

조사경[370]이 눈 속에 찾아온 것이 반가워, 그가 근래 부쳐준 오언율시에 차운하다 【정묘년(1567, 명종22, 67세) 12월 20일. 예안(禮安)】

喜士敬雪中來訪 因次其近寄五言律詩韻

큰 눈 속에 그대 흥을 타고	大雪君乘興
물가 따라 시 읊조리며 왔네	行吟傍水濱
똑똑 문 두드리는 소리에 놀랐는데	敲門驚剝啄
마주 앉아 그대 가까이하는 것 기쁘구나	對榻悅薰親
새들은 이어 보금자리 못 찾고	鳥雀仍迷樹
용과 뱀은 다시 몸을 숨기네	龍蛇更蟄身
그대가 와서 풍년 들 조짐 알았으니[371]	憑君驗豐瑞
함께 태평세월의 백성 되겠구나	共作太平民

---

370 조사경 : 【譯注】 조목(趙穆, 1524~1606)으로, 본관은 횡성(橫城), 자는 사경(士敬), 호는 월천(月川)이다. 이황의 문인으로, 누차 조정에서 내린 벼슬을 사양하고 학문에 전념하였다.

371 그대가……알았으니 : 【譯注】 조목(趙穆)이 올 때 큰 눈이 내린 것을 보고 내년에 풍년이 들 것임을 알았다는 의미이다. 납일(臘日) 전에 세 차례 큰 눈이 내리는 것을 '납전삼백(臘前三白)'이라고 하여, 풍년이 들 상서로운 조짐으로 여겼다. 《農政全書 卷11 農事 占候》

김언순[372]이 왔었는데, 그날 그다지 회포를 풀고 학문을
이야기하지 못했다. 지금 김언순의 시 여섯 수를 받아보
고 그의 지향이 이러함을 알았는데, 병중이라 그 시에 화
운하지 못하여 다만 절구 두 수로써 뜻을 말한다 【병인년
(1566, 명종21, 66세) 1월 17일경 추정. 예안(禮安)】

彦純來 此日不甚開懷說學 今得其詩六首 知其志尙如此 病中不能和其
韻 只以二絶句道意云

(詩-續卷2-172)

그대는 산 남쪽에 나는 산 북쪽에 있으니	君住山南我山北
겨울에 찾아와 준 수고에 속절없이 부끄러워라	一冬空媿往來勤
이별한 뒤에 그대 마음 시를 통해 보았으니	別來肝膽因詩見
고아한 뜻 문장에 두지 않은 것 매우 가상하여라	雅志深嘉不在文

(詩-續卷2-173)

고아한 뜻 진실로 문장에 두지 않았으니	雅志誠能不在文
도는 몸 밖에 있는 게 아니니 어찌 알기 어려우랴	道非身外豈難聞
지금 가르치고 기르는 건 모두 명성과 이익이니	只今敎養皆聲利
성균관에서 잘못 물들지 말라[373]	莫向芹宮誤染薰

---

372 김언순 : 【譯注】김명일(金明一, 1533~1569)로, 본관은 의성(義城), 자는 언순,
호는 운암(雲巖)이다. 김성일의 형으로, 이황 문하에서 수학하였다.

373 성균관……말라 : 【攷證 卷8 莫向芹宮誤染薰】살펴보건대, 이때 김언순(金彦純
김명일(金明一))이 장차 성균관에 들어갈 것이기 때문에 말한 것이다.

윤 안동 대도호부사 복에게 부쳐 답하다[374] 【병인년(1566, 명종21, 66세) 12월 25일 추정. 예안(禮安)】

寄謝尹安東 復

주자 문하의 박문과 약례 두 가지 공부	朱門博約兩工程
성현의 연원이 이에 이르러 밝아졌도다	百聖淵源到此明
진중한 편지에 지극한 가르침 남겼으니	珍重手書留至敎
정미한 심법이 뭇 영재들을 일깨워 주었네	精微心法發羣英
아, 나는 온 힘 다했으나 속절없이 머리만 셌는데	嗟余竭力空頭白
그대가 이 책을 이미 출간해 준 것이 감사하여라[375]	感子收功已汗靑
다시 아들들을 보내 나의 견해 묻게 했으니	更遣諸郎詢瞽見
병중에 인정[376] 저버렸음을 깊이 깨닫노라	病中深覺負仁情

---

374 윤……답하다 : 【譯注】윤복(尹復, 1512~1577)은 본관이 해남(海南), 자가 원례(元禮), 호는 행당(杏堂)·석문(石門)이다. 윤복이 1565년(명종20)에 안동 대도호부사(安東大都護府使)로 부임하여 이황과 교유했는데, 1566년(명종21) 겨울에 윤복의 아들인 윤강중(尹剛中)·윤흠중(尹欽中)이 이황 문하에서 주자서(朱子書)를 읽고 돌아갈 때, 이황이 윤복에게 이 시를 보냈다. 《退溪先生言行錄 卷1 敎人》

375 그대가……감사하여라 : 【譯注】이익(李瀷)은 권상일(權相一)에게 보낸 편지에서, 이 구절을 근거로 윤복이 안동 대도호부사로 있을 때 《주자서절요(朱子書節要)》를 간행했다고 했다. 그런데 권상일은 이익에게 답한 편지에서 《주자서절요》 안동본을 본 적이 없으며 아마도 윤복이 간행하려 하다가 미처 간행하지 못한 듯하다고 하였다. 《星湖先生全集 卷13 與權台仲》《淸臺集 卷6 答李子新 瀷○辛酉》

376 인정 : 【譯注】학자를 엄하게 잘 가르치는 것을 의미한다. 【攷證 卷8 仁情】선생의 자주(自註)에 "주자(朱子)가 큰 인(大仁)과 작은 인(小仁)에 대해 사람 사이의 정리를 오래가게 하는 것(長久人情)이라는 말을 하였다."라고 하였다. 【校解】송(宋)나라 주희(朱熹)의 《주자대전(朱子大全)》 권49 〈왕자합에게 답하다(答王子合)〉에 "아직 머물러

있는 자에게 새로운 과정을 썼더니, 근래 도리어 자못 크게 진전했으니, 참으로 작은 인은 큰 인을 해치는 것이요, 면목이 없는 것이 도리어 인정을 장구히 하는 것입니다.〔其有尚宿留者, 用新法課程, 近日却頗長進, 信乎小仁者大仁之賊, 而無面目者, 乃長久人情也.〕"라고 하였다. 이황이 이에 대해 풀이하여 "배우는 자를 너그러이 가르치는 것은 작은 인이요, 배우는 자를 잘못되게 하는 것은 이른바 '큰 인을 해치는 것'이다. 배우는 자를 엄격하게 가르치는 것은 면목이 없으나, 그의 학문이 크게 진전하니 이른바 '사람 간의 정리를 오래 가게 하는 것'이다."라고 하였다.《定本 退溪全書 卷5 答李仲久問 朱子大全疑義(KNL0095)》

상사 순흥 안효사[377] 어르신이 사는 양양군 남쪽 노포촌의
정자[378]는 절경이다. 내가 올봄에 병으로 군관에 누워 있
었는데[379] 안 상사가 문안 인사를 와서 오랜 회포를 풀었으
니, 이때 상사의 나이가 여든넷이었다. 병이 심한 탓에 가
서 감사드리지 못하고 돌아오니 몹시 부끄럽고 한스러웠
는데, 근래에 또 편지를 보내와 그 정자를 읊은 시 중 최간
재[380]의 악부시 열 수에 화운해 달라고 부탁했다. 나는 평
소 사곡을 지을 줄 모르고, 더구나 일찍이 정자를 읊은 근
체시 3수를 외람되이 드렸으니, 지금 어찌 다시 억지로
짓겠는가. 병중에 그저 절구 세 수를 읊어 회포를 드러내,
상사가 왕림해주고 정성스레 부탁한 뜻에 조금이나마 답
한다【병인년(1566, 명종21, 66세) 10월 추정. 예안(禮安)】

順興安上舍孝思老丈所居襄陽郡南蘆浦村臺亭勝絶 今年春 滉病臥郡館

---

377 상사 순흥 안효사 :【譯注】안승종(安承宗, 1483~?)으로, 본관은 순흥(順興),
자는 효사, 호는 집승정(集勝亭)이다. 역학(易學)과 문학으로 이름이 났으며, 수직(壽
職)으로 통정대부(通政大夫)에 가자(加資)되었다.

378 정자 :【譯注】안승종의 정자인 '집승정'을 가리킨다. 안승종의 정자는 본래 이름이
없었는데, 1541년(중종36) 이곳에 초대받은 최연(崔演)이 '집승정'이라는 이름을 지어주
었다.

379 병으로……있었는데 :【攷證 卷8 病臥郡館】살펴보건대,《퇴계선생연보 권2》에
다음과 같은 내용이 있다. "병인년(1566, 명종21) 정월에 선생이 소명(召命)에 나아가는
길에 풍기(豐基)에서 머무르면서 병으로 사직하였으나 상께서 윤허해 주지 않으셨다.
풍기로부터 예천(醴泉)에 이르러 또 상소를 올려 사직을 청했다."

380 최간재 :【攷證 卷8 崔艮齋】최연(1503~1549)으로, 강릉(江陵)사람이고, 자는
연지(演之), 호는 간재(艮齋), 시호는 문양(文襄)이다. 과거에 합격하여 관직은 판윤(判
尹)을 지냈다.

上舍爲枉問敍舊 時年八十四矣 緣病甚不得往謝而來 媿恨良深 近又寄
書來 囑和其亭詠中崔艮齋樂府十首 滉素不解作詞曲 況曾有亭詠近體三
首浼呈 今何更强作耶 病中聊吟三絶見懷 以少答上舍辱枉勤索之意云爾

(詩-續卷2-175)

현산³⁸¹의 정자 몹시 빼어난데	峴首亭臺最絶奇

현산³⁸¹의 정자 몹시 빼어난데 峴首亭臺最絶奇

주인은 연로한 나이에도 더욱이 시를 잘 짓네 主人黃耇更能詩

백 편 제영시 모두 주옥같으니 百篇題詠皆珠玉

구구히 사곡을 더 지을 것 있으랴 不用區區剩作詞

(詩-續卷2-176)

양양의 추운 객사에서 병들어 누웠을 제 病枕襄陽客舍寒

다행히도 어르신 오시어 함께 반가워했지 幸蒙鳩杖與開顏

지금 고향 돌아와서도 오히려 몹시 한스러우니 只今歸臥猶多恨

상사의 정자에 올라 마음껏 구경하지 못한 것이 不作高亭一縱觀

(詩-續卷2-177)

상사의 정자엔 오르지 못했으나 내가 말은 할 수 있으니

高亭未躋我能言

아름다운 배와 강이 술자리와 어우러졌겠지 玉軸瑤川映對罇

---

381 현산(峴山) : 【譯注】중국의 호북성(湖北省) 양양현(襄陽縣) 남쪽에 있는 산 이름
이다. 안승종의 정자가 양양군(襄陽郡)에 있으므로, 정자가 있는 곳을 중국 현산에 비유
한 것이다.

여든 된 신선옹이 읊조리며 완상하는 곳　　　　　八十仙翁吟賞處

높은 벼슬과 비교해 어느 것이 더 존귀한지 모르겠구나

　　　　　　　　　　　　　　　　　　　　不知軒冕更誰尊

자하봉에 올라 이굉중³⁸²에게 부쳐 보이다 【병인년(1566, 명종21, 66세) 6월 추정. 예안(禮安)】

登紫霞峯 寄示李宏仲

소나무 더위잡고 자하봉에 오르니	攀松上紫霞
푸른 풀이 삼대처럼 무성하네	靑草茂如麻
바위 절벽엔 보금자리 찾는 새 날아오고	石壁趨歸鳥
이내 낀 숲엔 저물녘 까마귀 숨는구나	烟林隱暮鴉
청량산은 하늘 높이 우뚝 솟아있고	淸凉巉太碧
낙동강은 그늘진 벼랑을 감싸 흐른다	洛水繞陰崖
목동의 두어 가락 피리 소리에	牧笛數聲裏
꿈에서 깨니 석양이 기우는구나	夢回夕日斜

---

382 이굉중 : 【譯注】이덕홍(李德弘, 1541~1596)으로, 본관은 영천(永川), 자는 굉중, 호는 간재(艮齋)이다.

BYP1065(時調-遺內卷1-1~12)

도산육곡 첫 번째 【을축년(1565, 명종20, 65세) 3월 16일 추정. 예안(禮安)】

陶山六曲之一

(時調-遺內卷1-1)

하나 其一

이런들 어떠하며 저런들 어떠하랴

초야에 묻힌 어리석은 백성이 이렇게 산다 하여 어떠하랴

하물며 천석고황을 고쳐 무엇하랴

(時調-遺內卷1-2)

둘 其二

연하로 집을 삼고 풍월로 벗을 삼아

태평성대에 병으로 늙어 가네

이러한 가운데 바라는 일은 허물이나 없고자 하노라

(時調-遺內卷1-3)

셋 其三

순박한 풍속 죽었다 하니 진실로 거짓말이로구나

사람의 본성 어질다 하니 진실로 옳은 말이로구나

천하에 허다한 영재를 속여서 말씀했으랴

(時調-遺內卷1-4)

넷 其四

그윽한 난초가 골짜기에 있으니 자연히 듣기 좋구나

흰 구름이 산에 있으니 자연히 보기 좋구나

이러한 가운데 저 미인 한 사람을 더욱 잊지 못하는구나

　　-어떤 곳에는 "이러한 가운데 고운 한 임을 더욱 잊지 못하네"로 되어 있다.-

(時調-遺內卷1-5)

다섯 其五

산 앞에 대가 있고 대 아래 물이 흐르는구나

떼지은 갈매기는 오며 가며 하는데

어찌하여 새하얀 망아지[1]는 멀리 마음 두는가

(時調-遺內卷1-6)

여섯 其六

봄바람에 꽃이 산에 가득하고 가을밤에 달이 대에 가득하여라

사계절 아름다운 흥이 사람과 마찬가지라

하물며 어약연비(魚躍鳶飛) 운영천광(雲影天光)[2]이야 어찌 끝이 있을꼬

---

1 새하얀 망아지 : 【譯注】 현자(賢者)가 타고 다니는 말을 의미한다.《시경》〈소아(小雅) 백구(白駒)〉에 "깨끗한 흰 망아지가 내 밭곡식 먹었다 핑계 대고, 발을 동여매고 고삐를 묶어서, 오늘 아침 더 오래 있게 하여, 귀한 이 손님을 더 놀다 가게 하리라.〔皎皎白駒, 食我場苗, 縶之維之, 以永今朝, 所謂伊人, 於焉逍遙.〕"라고 하였다.

2 어약연비(魚躍鳶飛) 운영천광(雲影天光) : 【譯注】 자연 만물이 순리대로 있는 것을 묘사하는 말이다. '어약연비'는 하늘에 솔개가 날고 못에서 물고기가 뛴다는 뜻으로,《시경》〈대아(大雅) 한록(旱麓)〉의 "솔개는 날아서 하늘에 이르고 물고기는 못에서 뛴다.

도산육곡 두 번째 六曲之二

하나 其一

천운대(天雲臺)³ 돌아서 완락재(玩樂齋)⁴ 소쇄한데

많은 책 읽는 생애로 즐거운 일 끝 없어라

이 중에 오고 가는 풍류를 말해 무엇할꼬

둘 其二

벼랑이 산을 깨뜨려도 귀머거리는 못 듣나니

밝은 해가 중천에 떠 있어도 장님은 못 보나니

우리는 귀와 눈이 밝은 남자로 귀머거리나 장님처럼 되지 말리

〔鳶飛戾天, 魚躍于淵.〕라고 하였는데《중용장구》제12장에서 이 구절을 인용하여 "이치가 상하에 밝게 드러나 있음을 말한 것이다.〔言其上下察也〕"라고 풀이했다. '운영천광'은 마음의 본체가 맑게 드러나 사물의 이치가 다 드러남을 비유하는 말로, 송(宋)나라 주희(朱熹)의 〈글을 읽고 감회가 일다〔觀書有感〕〉시 2수 중 제1수에 "반 이랑 방당이 거울처럼 펼쳐져 있으니, 하늘빛과 구름 그림자가 함께 배회하네.〔半畝方塘一鑑開, 天光雲影共徘徊.〕"라고 하여, 심성을 수양하는 즐거움을 읊었다. 이황은 어약연비와 천광운영의 의미를 담아, 도산서당(陶山書堂) 앞 탁영담 가의 대(臺)를 '천연대(天淵臺)'와 '천광운영대(天光雲影臺)'라고 이름지었다.《定本 退溪全書 卷1 陶山雜詠 幷記》

3 천운대(天雲臺) :【譯注】천광운영대를 말한다.《定本 退溪全書 卷1 陶山雜詠 天光雲影臺》

4 완락재(玩樂齋) :【譯注】도산서당의 방 이름이다. 이황은 송나라 주희의 〈명당실기(名堂室記)〉의 "즐기며 완상하여, 평생토록 지내도 싫증나지 않을 만하다.〔而玩之, 足以終吾身而不厭.〕"라는 구절에서 의미를 취해, '완락재'라 이름지었다.

(時調-遺內卷 1-9)

셋 其三

옛사람도 나를 못 보고 나도 옛사람을 못 보네

옛사람을 못 봐도 옛사람 다니던 길 앞에 있네

다니던 길 앞에 있는데 가지 않고 어찌할꼬

(時調-遺內卷 1-10)

넷 其四

그 당시에 다니던 길을 몇 해를 버려두고

어디를 헤매다가 이제야 돌아왔는가

이제라도 돌아왔으니 다른 마음 먹지 않으리

(時調-遺內卷 1-11)

다섯 其五

푸른 산은 어찌하여 만고에 푸르르며

흐르는 물은 어찌하여 밤낮으로 그치지 않는가

우리도 그치지 말아 항상 푸르게 살아가리라

(時調-遺內卷 1-12)

여섯 其六

어리석은 이도 알아서 실천하니 그것이 쉽지 않으랴

성인(聖人)도 다하지 못하셨으니 그것이 어렵지 않으랴

쉽거나 어렵거나 간에 늙어가는 줄을 몰라라

갑진년 늦여름에 병으로 사헌부 직책을 벗고[5] 고성 군수
에 보임해주기를 청했는데 허락받지 못했다. 한가히 지내
는 중에 이 시를 짓고 안정연[6]으로부터《무이지》를 빌려
보려 하였는데, 이날 규암 송미수[7]가 안정연에게 방문하
여 머물러 술을 마시고 나의 시를 보고 나서 안정연과 함
께 화운하여 부쳐주었으므로, 뒤미처 이 시를 지어 삼가
드리다【갑진년(1544, 중종39, 44세) 6월 23일 추정. 서울】

甲辰季夏 病解臺務 求補高城郡 不得 閒中作此 擬從安挺然借看武夷志
是日圭庵宋眉叟 訪挺然留飮 見拙詩 因與挺然同和見寄 追此奉呈

고향 편지 받고도 돌아가지 못했거늘	故山書信負當歸
하물며 벗들과 해가 바뀌어도 만나지 못함에랴	況與同心隔歲違
지척에서 또 시주(詩酒)를 즐기는 자리 저버렸으니	咫尺又孤文字飮
관직에 매여서이지 세상 인정은 아닌 줄 아노라	遭牽知我俗情非

　　이상은 송규암에게 답한 것이다.

5　갑진년……벗고 :【譯注】이황은 1544년(중종39) 4월에 사헌부 장령에 제수되었는데,
6월에 병으로 사직했다.《退溪先生年譜 卷1》

6　안정연 :【譯注】안정(安挺, 1494~1548)으로, 본관은 순흥(順興), 자는 정연(挺然),
호는 죽창(竹窓)이다. 예문관 검열·성균관 전적·양성 현감(陽城縣監) 등을 지냈다. 글씨
와 그림에 뛰어났다.

7　규암 송미수 :【譯注】송인수(宋麟壽, 1499~1547)로, 본관은 은진(恩津), 자는 미
수(眉叟), 호는 규암(圭庵), 시호는 문충(文忠)이다. 예조 참판·대사성·대사헌 등을
지냈다.

산경⁸을 입수하여 돌아가지 못한 이 마음 위로하니　入手山經慰未歸

이제부터 운림에서 온전히 멀어지진 않겠구나　雲林從此不全違

밤 되어 꿈속에서 무이산 진군의 말 접했으니　夜來夢接眞君語

풍진 속에 거꾸러진 너 또한 가련하다고 하네　顚倒風塵汝亦悲

이상은 안정연이 《무이지》를 부쳐준 것에 답한 것이다.

---

8 산경 :【譯注】《무이지(武夷志)》를 가리킨다. 《무이지》는 송(宋)나라 유기(劉夔)가
복건성(福建省) 북쪽 무이산(武夷山)에 관해 쓴 책으로, 훗날 명(明)나라 양긍(楊亘)이
이 판본을 바탕으로 다시 《무이지》를 편찬했다. 이황이 본 것은 어떤 판본인지 확실하지
않은데, 유도원(柳道源)은 유기가 편찬한 것을 '구지(舊志)', 양긍이 편찬한 것을 '신지
(新志)'라고 불렀다. 《退溪先生文集攷證 卷1 聞讀武夷志云云》

이군호⁹가 절구 다섯 수를 보냈는데, 병으로 다 화운하지 못하고 삼가 절구 세 수에 화답하다 【병인년(1566, 명종21, 66세) 10월 초순. 예안(禮安)】

李君浩寄五絶 病未盡和 奉酬三絶云

(詩-遺內卷1-15)

곳감 백 개 받아보니 진귀한 것이요	百枚乾柿見來希
금귤에서도 아울러 향이 물씬 풍겨 오네	金橘幷吹香霧霏
멀리서 보내준 것에 묵죽으로 답하고자 하니	欲把墨君酬遠惠
내 붓끝이 무디어 도리어 부끄러워라	筆端還愧鈍鋒機

(詩-遺內卷1-16)

천 그루 대나무는 그대가 어여뻐하는 것이니	千挺琅玕子所憐
창가에서 날마다 마주하여 잠 못 들고 앉아 있지	軒窓日對坐無眠
우스워라, 세한의 나의 고향일	歲寒堪笑吾鄕事
움집 속 군이 그리워 다시금 정신 아득해라	窖裡思君却惘然

-'군(君)'은 차군(此君)이다. 나의 고향은 지역이 추워서 대나무를 심어도 잘 자라기 어렵기에, 매년 움집을 만들어 대나무를 조심스레 보호한다. 보내온 편지에서 대나무를 마주하고 그리워한다는 뜻을 말했으므로, 이렇게 말한 것이다.-

---

9 이군호 : 【譯注】이원(李源, 1501~1568)으로, 본관은 합천(陜川), 자는 군호(君浩), 호는 청향당(淸香堂)이다. 벼슬에 나아가지 않고 평생 학문에 정진했으며, 이황·조식(曹植) 등과 교유하였다.

허명을 분간하지 못하고 나를 뛰어난 인물이라 하지만

虛名不辨作人豪

선과 이 응당 털끝만큼도 어긋날 수 없지[10]   善利應難冒一毫

예순여섯 된 이 몸 온갖 병 앓고 있으니   六十六翁身百病

많은 구설 견디지 못해 평범한 백성으로 지내노라   不堪多口臥農陶

---

10 선과……없지 : 【譯注】《맹자》〈진심 상(盡心上)〉에 "순(舜)과 도척(盜跖)의 구분을 알고자 한다면 다른 것이 없다. 이와 선의 사이인 것이다.〔欲知舜與跖之分, 無他. 利與善之間也.〕"라고 하였다.

무제 【연월미상. 예안(禮安)】
無題

달 밝고 별 흐릿하며 하늘에 서리 가득한데   月明星繄滿霜空

먼 강에서 작은 소리 들려오고 바람 고요하네   遠水微聲沈瀯風

텅 빈 서재에 홀로 앉아 오직 삼가고 경계하노니 獨坐虛齋惟警惕

마음을 보존하고 놓아버리는 것 잠깐 사이지   心存心逸片時中

홍상[11] 섬이 보내준 시에 화운하다 【기사년(1569, 선조2, 69세) 3월 5일 추정. 서울】

和洪相 暹 贈詩

종남산 아직도 그리워서	尙戀終南山
맑은 위수 가에서 돌아보노라[12]	回首淸渭濱
하나의 하늘에 달빛 나눠 가지니	一天分月色
천 리 멀리서 흉금을 함께 하리	千里共心期

---

11 홍상 : 【譯注】 홍섬(洪暹, 1504~1585)으로, 본관은 남양(南陽), 자는 퇴지(退之), 호는 인재(忍齋)이다. 홍섬이 1568년(선조1) 5월에 우의정에 제수되었으므로, 홍상(洪相)이라 한 것이다.

12 종남산……돌아보노라 : 【譯注】 당(唐)나라 두보(杜甫)의 〈위 좌승 어른에게 삼가 드리다〔奉贈韋左丞丈〕〉 시의 "아직도 종남산이 그리워서, 맑은 위수 강에서 돌아보노라.〔尙憐終南山, 回首淸渭濱.〕"라는 구절을 차용한 것이다. 종남산과 위수는 당나라 수도 장안(長安)에 있는 산과 강인데, 여기서는 서울의 남산(南山)과 한강(漢江)을 의미한다. 이황은 1569년(선조2) 1월 판중추부사에 제수되자 궐에 나아가 벼슬에서 물러나 고향으로 돌아가길 청하였는데, 선조의 윤허를 받아 3월 5일에 배를 타고 서울을 떠났다. 《退溪先生年譜 卷2》《정석태, 퇴계선생연표월일조록4, 퇴계학연구원, 2006, 386쪽》

금협지[13]에게 부쳐 답하다 【연월미상. 예안(禮安)】

寄謝夾之

국생이 나를 멀리하여 머물지 않고 떠나가니	麴生踈我去無停
산골 술 단지에 먼지 일고 나만 홀로 깨어 있네	山甕塵生我獨醒
뜻밖에 보낸 세 관원이 문으로 들어오니	忽有三員來入戶
그대가 재촉하여 보낸 간곡한 뜻 감사하여라	荷君催送意丁寧

---

13 금협지 : 【譯注】 금응협(琴應夾, 1526~1589)으로, 본관은 봉화(奉化), 자는 협지 (夾之), 호는 일휴당(日休堂)이다. 이황의 문인이다. 하양 현감(河陽縣監)을 지냈다.

금사임 보 의 시에 차운하다[14] 【연월미상. 예안(禮安)】
次琴士任 輔 韻

얼음 서리 낀 추운 골짜기에 손님이 오게 하니	寒谷氷霜致客來
오늘 그대 덕분에 술자리 연 게 고마워라	一尊今日荷君開
진솔하게 자주 정을 나눈들 어떠리	不妨眞率頻相款
내년에 이른 매화 필 때 다시 만나길 기약하노라	更約明年趁早梅

---

14 금사임……차운하다 : 【譯注】 사임(士任)은 금보(琴輔, 1521~1584)의 자로, 금보는 본관이 봉화(奉化), 호는 매헌(梅軒)·백율당(柏栗堂)이다. 이 시는 금보의《매헌집(梅軒集)》부록에 수록되어 있는데, 시의 원주(原註)에 "무진년(1568, 선조1) 11월에 계당(溪堂)에서 사마회(司馬會)가 있었다."라고 하였다.

BYP1072(詩-遺內卷1-22)

조사경¹⁵에게 규계하다 【갑자년(1564, 명종19, 64세) 1월 7일. 예안(禮安)】
規士敬

언실에는 공사가 아니면 자주 가지 말고¹⁶　　　　偃室非公至莫頻

가더라도 모름지기 술을 경계하고 말을 삼가야 하네¹⁷

　　　　　　　　　　　　　　　　　　　至須戒酒謹喉唇

그대는 보라, 전분과 두영의 풍파 일어난 것이　　　君看田竇風波起

모두 당시에 좌중의 사람을 모욕한 데서 비롯했음을¹⁸

　　　　　　　　　　　　　　　　　　　盡自當時罵坐人

---

15 조사경 : 【譯注】 조목(趙穆, 1524~1606)으로, 본관은 횡성(橫城), 자는 사경(士敬), 호는 월천(月川)이다. 이황의 문인으로, 누차 조정에서 내린 벼슬을 사양하고 학문에 전념하였다.

16 언실에는……말고 : 【譯注】 사사로운 일로 관사에 가지 말라는 의미이다. 언실(偃室)은 지방 수령의 거처를 뜻하는 말로, 언(偃)은 공자의 제자 자유(子游)의 이름이다. 자유(子游)가 무성(武城)의 수령이 되었을 때 공자가 자유에게 인재를 얻었느냐고 묻자, 자유가 "담대멸명(澹臺滅明)이라는 이가 있는데 지름길로 다니지 않고, 공사가 아니면 제가 정무를 보는 곳에 온 적이 없습니다.〔有澹臺滅明者, 行不由徑, 非公事, 未嘗至於偃之室也.〕"라고 답했다. 《論語 雍也》

17 가더라도……하네 : 【譯注】 이때 조목(趙穆)이 예안 현감(禮安縣監) 곽황(郭趪)과 술자리를 함께하면서 실언했는데, 이황이 이 일을 듣고 조목에게 반성하기를 당부하는 편지를 보냈다. 《定本 退溪全書 卷8 與趙士敬(KNL0947)》

18 전분과……비롯했음을 : 【譯注】 무안후(武安侯) 전분(田蚡)과 위기후(魏其侯) 두영(竇嬰)은 한(漢)나라의 왕실 외척이다. 한 무제(漢武帝) 때 전분이 승상으로서 권력을 쥐고 있었는데, 전분이 두영 등 고관대작을 불러 베푼 연회에서 관부(灌夫)가 술에 취해 말을 함부로 하여 전분의 노여움을 샀다. 관부는 좌중을 모욕하고 불경한 죄〔罵坐不敬〕로 탄핵당해 멸족의 화를 입었고, 평소 관부와 친분이 깊던 두영 역시 이 일에 연루되어 죽었다. 《史記 魏其武安侯列傳》

BYP1073(詩-遺內卷1-23~25)

병으로 풍기에 머물 때 조사경이 시를 보내 내가 가는 것
을 기롱했는데, 마침 그가 공릉 참봉에 제수되었다는 말
을 들었으므로 시에서 말하였다[19]【병인년(1566, 명종21, 66세) 2월
9~12일 추정. 풍기(豐基)】

病留豐基時 士敬寄詩 頗譏余行 而適聞其恭陵參奉之除 故詩中云

(詩-遺內卷1-23)

구구하게 시문 짓는 일을 일삼지는 않으나	不作區區巧剪縫
경륜은 뉘라서 고인의 풍모를 이으리오	經綸誰繼古人風
바라노니, 태운을 만나서도 오히려 환란을 방비하여	願當泰運猶防患
마침내 기인으로 하여금 용속함을 스스로 감추게 하라	竟使畸人自屛傭

(詩-遺內卷1-24)

스스로 부끄러워라, 못난 이 한 모퉁이도 채우지 못하니[785]

自愧屛生不滿隅

---

19 병으로……말하였다 :【譯注】사경(士敬)은 조목(趙穆, 1524~1606)의 자이다.
1566년(명종21) 1월에 이황이 소명(召命)을 받고 서울로 가는 길에 풍기(豐基)에서
머물렀는데, 이때 조목이 이황에게 시를 보내 이황의 상경을 나무랐다. 그런데 이황을
나무라던 조목이 도리어 2월에 공릉 참봉(恭陵參奉)에 제수되어 부임하게 되자, 이황이
이 시를 보냈다. 이황이 보낸 시 3수 중 제2수는 조목의 〈삼가 퇴계 선생에게 드리다〔伏呈
退溪先生〕〉 시에 차운한 것이다. 《退溪先生年譜 卷2》《月川集 卷1 伏呈退溪先生》《月川
先生年譜》이 시와 관련된 내용이 《정본 퇴계전서》 권2 〈풍기관에서 진사 조사경에게
답하다〔豐基館 答趙上舍士敬〕〉 시에도 보인다.
20 못난……못하니 :【譯注】연약한 자는 아무리 많아도 쓸모가 없다는 말로, 이황이

병중이라 엄한 소명에 매양 나아가기 어렵네 　　　病中嚴召每難趨

그대가 바야흐로 내가 낭패 당했다 비웃으니 　　　君方笑我爲狼狽

그대도 낭패가 없지 않을 줄 알지 못했는가 　　　未識君無狼狽無

당우의 사업 뜬구름과 같다지만²¹

당우의 사업 뜬구름과 같다지만[21] 　　　唐虞事業等浮雲

실제로 해보면 응당 귀로 듣는 것과 다르리 　　　手著應殊耳所聞

근본 공부는 내가 이미 갖추었다고 말하지 말라 　　　莫說源頭吾已辦

그대도 실제 일을 만나면 또한 장차 혼란하리[22] 　　　恐君當局亦將紛

외람되이 소명을 받았다는 뜻의 겸사이다. 송(宋)나라 황정견(黃庭堅)의 〈차운양명숙(次韻楊明叔)〉 시에 "한 명의 훌륭한 선비는 능히 나라를 빛내지만, 세 명의 못난 사람은 한 모퉁이도 못 채우네.〔匹士能光國, 三孱不滿隅.〕"라고 하였다.

21 당우의……같다지만 : 【譯注】요순(堯舜)이 이룬 공업이 매우 훌륭하지만, 도(道)의 관점에서 본다면 공업이란 결국 사라져 버리는 뜬구름에 불과하다는 의미이다. 송나라 정호(程顥)가 "당우의 사업은 요순의 입장에서 보면 또한 한 점 뜬구름이 태허를 지나는 것과 같을 뿐이다.〔唐虞事業, 自堯舜觀之, 亦猶一點浮雲過於太虛耳.〕"라고 하였다. 《二程粹言 卷下 聖賢篇》

22 근본……혼란하리 : 【譯注】《퇴도선생집(退陶先生集)》 초초본(初草本) 19책에는 이 시 뒤에 다음과 같은 이황의 후서(後序)가 있다. "그대가 '동경의 절의를 숭상하는 선비들이 근본 공부가 없어 이 때문에 말류의 혼란함에 이른다'라고 하였으니, 이 말은 매우 합당합니다. 그러나 자고로 천지를 되돌릴 수단이 있지 않은데 구구히 근본 공부를 본받고자 하면, 또한 말류의 혼란함에 이르지 않는 자가 없습니다. 그러므로 근본에 뜻을 두는 것은 더욱 가벼이 나아가 할 수 있는 것이 아닙니다.〔君謂東京節義之士, 無源頭一着, 所以致末流紛紛, 此言甚當. 然自古非有旋乾轉坤手段, 而區區欲效源頭一着, 亦未有不致紛紛者, 故有志源頭者, 尤未可輕進而有爲也.〕"

20일에 조사경²³이 눈 속에 찾아와 준 것이 반가워, 이로 인해 그가 근래 부쳐 준 오언율시에 차운하다. 2수²⁴ 【정묘년

(1567, 명종22, 67세) 12월 20일. 예안(禮安)】

二十日 喜士敬來訪雪中 因次其近寄五言律詩韻 二首

문 닫고 외로이 눈 읊조리고 있었는데	閉戶孤吟雪
글 가지고 시냇가에 와 주었네	携書到澗濱
은 술잔은 그대 말을 따라오고²⁵	銀杯君馬逐
옥 발자취는 내 뜰에 가까워지네²⁶	瑤迹我庭親
득실은 수연구요	得失隨緣句
행장은 현재신이라²⁷	行藏見在身

---

23 조사경 : 【譯注】 조목(趙穆, 1524~1606)으로, 본관은 횡성(橫城), 자는 사경(士敬), 호는 월천(月川)이다. 이황의 문인으로, 누차 조정에서 내린 벼슬을 사양하고 학문에 전념하였다.

24 2수 : 【譯注】 나머지 한 수는 《정본 퇴계전서》 권3 〈조사경이 눈 속에 찾아와 준 것이 반가워, 이로 인해 그가 근래 부쳐 준 오언율시에 차운하다〔喜士敬雪中來訪因次其近寄五言律詩韻〕〉이다.

25 은……따라오고 : 【譯注】 눈이 오는 풍경을 비유한 말이다. 당(唐)나라 한유(韓愈)의 〈눈을 읊어 장적에게 주다〔詠雪贈張籍〕〉시에 "수레를 따르니 흰 띠가 뒤집히고, 말을 좇으니 은 술잔이 흩어지네.〔隨車翻縞帶, 逐馬散銀盃.〕"라고 하였다.

26 옥……가까워지네 : 【譯注】 눈을 밟아서 발자국이 생기는 것을 말한다. 당나라 한유의 〈왕 사인이 눈 속에 부쳐준 시에 수창하다〔酬王舍人雪中見寄〕〉시에 "오늘 아침 눈을 밟아 옥 발자국 만들어, 시가 중서성에서 날라 왔네.〔今朝踏作瓊瑤跡, 爲有詩從鳳沼來.〕"라고 하였다.

27 득실은……현재신이라 : 【譯注】 인생의 성패는 인연에 따르는 법이니 현 상황에 맞게 한가로이 지내면 된다는 의미로, 이 시 원주(原註)에 수록되어 있는 조목(趙穆)의

석 잔 술 마시고 글의 이치 토론하니　　　　　　　　三杯討名理
감개하여 선현을 생각하노라　　　　　　　　　　　感慨憶先民

　-조사경이 보내온 시에 "청운의 길에는 바람이 끊어졌고, 도로 푸른 강가에 몸을
　의탁하네.〔望斷靑雲路, 還投碧水濱.〕"라고 하고, 또 "농가에 술 익을 제, 애오라
　지 갈천씨의 백성[28]이 되었네.〔田家酒熟日, 聊作葛天民.〕"라고 하였다.-

원운(元韻)에 대해 말한 것이다.

28 갈천씨의 백성 :【譯注】갈천씨는 전설상 상고(上古) 시대의 제왕으로, 갈천씨가
다스리던 시절에 풍속이 순박하여 백성들이 의심할 줄 모르고 아무런 근심 걱정이 없었다
고 한다.

월천 조사경[29]이 근래의 시를 부쳐 보여주었기에 누차 읽음에 현란하였다. 읊조리며 완미한 뒤에 절구 몇 수를 화답하여 한 번 웃기를 바란다. 병으로 지쳐서 빠뜨린 것이 많으니, 헤아려 살펴주기를 바란다 병인년(1566, 명종21, 66세)

【5월 21일 추정. 예안(禮安)】

月川趙士敬寄示近詩 累讀爛絢 諷玩之餘 板和數絶 冀發一笑 病倦多闕 想蒙原察也 丙寅

한 편은 《속집》에 보인다.[30]

한탄스러워라, 신령스러워야 할 것도 신령스럽지 않으니[31]

　　　　　　　　　　　　　　　　堪嘆當靈或不靈

남에겐 모두 엄격히 요구하고 자신에겐 관대하네[32]　責人皆重待身輕

---

29 월천 조사경 : 【譯注】 조목(趙穆, 1524~1606)으로, 본관은 횡성(橫城), 자는 사경(士敬), 호는 월천(月川)이다. 이황의 문인으로, 누차 조정에서 내린 벼슬을 사양하고 학문에 전념하였다.

30 한……보인다 : 【譯注】 《정본 퇴계전서》 권3 〈조사경의 시에 차운하다[次韻趙士敬]〉를 가리킨다.

31 신령스러워야……않으니 : 【譯注】 성인의 도(道)가 행해지지 않는다는 의미이다. 송(宋)나라 주희(朱熹)가 채원정(蔡元定)에게 보낸 편지에서 다음과 같이 말했다. "전날에 논하였던 것은 용납되기를 구하고자 한 것이 아니라, 바로 응당 신령스러워야 할 것이 신령스럽지 못하다면 아마도 조물주 또한 장차 조물주가 되지 못할 것이기 때문입니다. 그러나 이 일이 이처럼 된 것이 이미 오래된 듯하니, 전국 시대에도 단지 맹자만 이해할 수 있었고 나머지 사람들은 술에 취한 듯 꿈을 꾸는 듯하였습니다.[前日所論, 非欲求容, 正爲當靈者不靈, 恐造物者亦將無以爲造物耳. 然此事如此, 似已多時, 戰國只孟子是理會得底, 餘人如醉如夢也.]"《朱子大全 卷100 答蔡季通》

32 남에겐……관대하네 : 【譯注】 당(唐)나라 한유(韓愈)의 〈원훼(原毀)〉에 "옛날의 군

훌륭하여라 그대, 영계기의 즐거움이   多君識破榮期樂

몹시 좋아하는 데 떨어져 군평을 사모할 것인 줄[33]을 알았구나

落在偏私慕漢平

자는 자기에 대한 요구는 엄격하고 주밀하였으며, 남에 대한 요구는 너그럽고 간략하였다.〔其責己也重以周, 其待人也輕以約.〕엄격하고 주밀하였기 때문에 나태하지 않았고, 너그럽고 간략하였기 때문에 사람들이 선을 하기 좋아하였다. …… 오늘날의 군자는 그렇지 않아, 남에 대한 요구는 상세하고, 자기에 대한 요구는 간소하다."라고 하였다.

33 영계기의……줄 :【譯注】영계기(榮啓期)처럼 은거하는 즐거움에 빠져 있는 것이 실은 엄군평(嚴君平)처럼 세상을 멀리하는 쪽에 치우친 것이라는 의미이다. 영계기는 춘추 시대의 은사(隱士)로, 공자가 태산에서 영계기를 만났을 때 공자에게 '삼락(三樂)'을 이야기했다는 고사가 유명하다.《孔子家語 卷4 六本》군평은 한(漢)나라 고사(高士) 엄준(嚴遵)으로, 벼슬하지 않고 은거하며 지냈다. 아마도 조목의 원운에서 이황에게 은거만 하지 말고 조정에 나오라 권유했기 때문에 이렇게 말한 것이라 추정된다.

25일에 조사경[34]의 시에 차운하다 【무진년(1568, 선조1, 68세) 1월 18일 추정. 예안(禮安)】

二十五日 次士敬

눈 속에 우뚝 선 봉우리들 눈을 어지럽히는데	雪立羣峯眩眼花
벗 찾아가는 강가 길 먼 줄도 모르네	訪人江路不知賒
산속 집에서 앉아 바라보며 그대 있는 곳을 생각하노니	
	山堂坐望思君處
다만 부용봉[35] 한 떨기만 보이느냐	只見芙蓉一朶麼

---

34 조사경 : 【譯注】 조목(趙穆, 1524~1606)으로, 본관은 횡성(橫城), 자는 사경(士敬), 호는 월천(月川)이다. 이황의 문인으로, 누차 조정에서 내린 벼슬을 사양하고 학문에 전념하였다.

35 부용봉 : 【譯注】 안동 도산면 월천(月川) 마을에 있는 부용산(芙蓉山)으로, 조목의 집이 부용산 아래에 있었다. 《定本 退溪全書 卷1 陶山雜詠 芙蓉峯》

답청일에 비를 마주하며 황중거[36]의 시에 차운하다 【신해년

(1551, 명종6, 51세) 3월 3일. 예안(禮安)】

踏靑日對雨 次黃仲擧

삼월 삼짇날 비에 발이 묶여	關雨重三日
병중에 종일토록 시름겨워라	終朝悶病翁
부질없이 부들자리 깔기를 생각하니[37]	空思藉茵草
안타깝게도 꽃을 시샘하는 바람 부네	有恨妬花風
날아가는 외로운 기러기 서글피 바라보는데	悵望孤鴻外
두어 글자 속에 정이 깊구나	深情數字中
저 멀리 초천[38]에 돌아가는 소리	回聲楚天遠
그 언제나 비로소 통할거나	何許始能通

---

36 황중거 :【譯注】황준량(黃俊良, 1517~1563)으로, 본관은 평해(平海), 자는 중거(仲擧), 호는 금계(錦溪)이다. 신녕 현감(新寧縣監)·단양 군수(丹陽郡守)·성주 목사(星州牧使) 등을 지냈다.

37 부질없이……생각하니 :【譯注】병으로 누워 삼짇날의 풍류를 즐기지 못한다는 의미이다. 진(晉)나라 왕희지(王羲之)가 삼월 삼짇날에 회계(會稽)의 난정(蘭亭)에서 명사들과 곡수(曲水)에 술잔을 띄고 모임을 한 고사가 전한다.《古文眞寶後集 卷1 蘭亭記》

38 초천(楚天) :【譯注】'남초(南楚) 지방의 하늘'이라는 뜻으로 남쪽 지역을 가리키는 말로 쓰이는데, 여기서는 황준량(黃俊良)이 있는 장기(長鬐)를 뜻한다. 황준량이 경상도 감군어사(慶尙道監軍御史)에 제수되어 1551년 2월에 장기에 이르렀다.《定本 退溪全書 卷2 三月三日對雨次韻答黃仲擧仲擧時奉使到長鬐》《定本 退溪全書 卷15 星州牧使黃公行狀》

이운장[39]에게 부치다 경인년(1530, 중종25, 30세) 【10~12월 추정. 용궁(龍宮)】

寄李雲長 庚寅

(詩-遺內卷1-30)

전부터 세모에 만나기로 계서의 약속[40] 하였더니	鷄黍從前約歲殘
달이 이지러졌다가 차는 동안에도 내 가지 못해 부끄러워라	我行還愧月虧團
눈 내리는 강가 승려를 만난 곳에서	江天雪裡逢僧處
학가산 찾아가지 못함을 서글퍼 하노라	惆悵難尋鶴駕山

(詩-遺內卷1-31)

눈보라 거센 강가에서 말을 멈추고서	立馬江邊風雪摧
우연히 산으로 돌아간다는 승려를 만났어라	偶逢僧著說山回
일찌감치 못 만날 일을 언급할 줄 알았다면	早知說到乖逢事
산과 함께 -원문 1자 결락- 왕래가 없는 것만 하랴	何似和山莫□來

　　-용궁(龍宮)으로 오는 길에 학가산 승려를 만났는데, 이운장이 산에 있다는 것을 듣고 시를 지어 보냈다.-

---

39　이운장 : 【譯注】 이원승(李元承, 1518~1572)으로, 본관은 영천(永川), 초명은 학수(鶴壽), 자는 운장(雲長), 호는 청암(靑巖)이다. 이문량(李文樑)의 아들이자 농암 이현보(李賢輔)의 손자로서, 이황 문하에서 수업하였다.

40　계서의 약속 : 【譯注】 절친한 벗과 만나기로 한 약속을 말한다. 한(漢)나라 범식(范式)이 장소(張劭)와 헤어질 때 2년 뒤에 만나기로 약속했는데, 장소가 약속한 날짜에 닭고기와 기장밥〔鷄黍〕을 지어 놓고 범식을 기다렸다는 고사가 있다. 《後漢書 范式列傳》

BYP1079(詩-遺內卷1-32)

기축년 봄에 이운장[41]과 성천사에 함께 있으면서 짓다 【기축년

(1529, 중종24, 29세) 1~3월 추정. 예안(禮安)】

己丑春 與李雲長 同在聖泉寺作

밥을 먹고 돌아오니 선방이 고요한데	食罷歸來丈室淸
책상머리에 서책이 어지러이 널렸어라	床頭書冊亂縱橫
좋은 시절은 비바람처럼 쉬이 지나고	良辰易過若風雨
정겨운 손 함께 오니 형과 아우 같아라	好客同來如弟兄
나는 세상일 많아 홀로 슬프지만	顧我獨悲多外事
그대 같은 이가 오랫동안 급제하지 못하다니	如君豈合久無名
꽃 지고 새 울어 바다처럼 시름 일어나니	落花啼鳥愁如海
어찌하면 봄 술 얻어 실컷 기울여 볼꼬	那得春醪萬斛傾

---

41 이운장 : 【譯注】이원승(李元承, 1518~1572)으로, 본관은 영천(永川), 초명은 학수(鶴壽), 자는 운장(雲長), 호는 청암(靑巖)이다. 이문량(李文樑)의 아들이자 농암 이현보(李賢輔)의 손자로서, 이황 문하에서 수업하였다.

BYP1080(詩-遺內卷1-33)

이군호[42]가 부쳐 준 시에 답하다 【을축년(1565, 명종20, 65세) 12월 29일. 예안(禮安)】

謝李君浩見寄

기억하노니 내가 일찍이 노닐었던 곳	記我曾遊地
듣건대 그대가 홀로 이르렀다 하네	聞君獨到時
벗을 찾아가자 다들 세상을 떠나서 놀라더니	訪人驚鬼錄
시구를 얻어 낚시터에 부쳐 주었구나	得句寄漁磯
나이 들어 용모 변한 것 함께 생각하노니	共想年顔改
듬성듬성한 머리털 탄식해 무엇하랴	何嗟鬢髮稀
귀중한 남쪽 물건 보내준 것에 부끄러우니	珍投愧南産
그저 부질없는 시로 보답할 뿐	報答只空詩

---

42 이군호 : 【譯注】 이원(李源, 1501~1568)으로, 본관은 합천(陜川), 자는 군호(君浩), 호는 청향당(淸香堂)이다. 벼슬에 나아가지 않고 평생 학문에 정진했으며, 이황·조식(曹植) 등과 교유하였다.

이군호⁴³가 의령에 가서 벗을 방문하고, 시를 지어 멀리서 부쳐주고 또 감과 귤을 보내주다 【을축년(1565, 명종20, 65세) 12월 29일. 예안(禮安)】

君浩來宜春 訪舊 有詩遠寄 且餉栋橘云

효우가 천성에서 나와 바라는 바 없었건만	孝友因心不有希
바닷가에 신기루가 높이 오를 줄 어찌 알았으랴	那知海蜃氣昇霏
조정의 상전이 외진 시골에 내려왔으니⁴⁴	朝家賞典來窮巷
마을에 얼마나 선한 마음 감발시켰나	感發鄕閭幾善機

---

43 이군호 : 【譯注】이원(李源, 1501~1568)으로, 본관은 합천(陜川), 자는 군호(君浩), 호는 청향당(淸香堂)이다. 벼슬에 나아가지 않고 평생 학문에 정진했으며, 이황·조식(曹植) 등과 교유하였다.

44 조정의……내려왔으니 : 【譯注】이원(李源)이 포상받은 것을 말한다. 이원은 양친(兩親)을 잘 섬긴 효행이 조정에 알려져 포상받았다.《小山先生文集 卷12 主簿淸香堂李公行狀》

어떤 사람에 대한 만사 【연월 미상. 예안(禮安)】
挽或人

문장은 도의에 비해 높지는 않지만 　　　　　　　文章於道未爲尊

도의는 문장에 담겼으니 또한 잘 알아야 하네 　　道義於文亦解惇

도를 음미하며 점차 사탕수수 씹듯 즐거워하였으며[45]

　　　　　　　　　　　　　　　　　　　　　　味道漸欣如噉蔗

문장 닦아 이윽고 등용문의 기쁨 겸하였지 　　攻文兼喜已登門

온 세상이 들끓는 듯한 음란한 소리에 빠져드는데 　淳漓競聽哇聲沸

흩어져 사라져버린 옛 보물이 남아 있을 줄 누가 알았으랴

　　　　　　　　　　　　　　　　　　　　　　撲散誰知古貨存

두어 편 작품 주고받았는데 그대 갑자기 돌아가시니 　往復幾篇君遽已

오히려 중망을 얻지 못해 깊이 한스럽도다 　　恨深猶未得重論

---

45 점차……즐거워하였으며 : 【譯注】진(晉)나라의 문인이자 화가인 고개지(顧愷之)가 사탕수수를 먹을 때 반드시 꼬리부터 먹었는데, 누군가가 그 까닭을 묻자 "점차 좋은 맛에 이를 수 있기 때문이다."라고 답했다.《晉書 顧愷之列傳》이로 인해 후대에는 이 말이 점점 더 좋아지는 점입가경(漸入佳境)을 뜻하는 말로 쓰였다.

무제 【연월 미상. 예안(禮安)】
無題

참으로 혹심하게 추울 때	政爾寒陰慘淡時
문득 허술한 울타리에 비치는 외론 꽃을 만났어라	忽逢孤豔映踈籬
금란의 기미를 알아주는 사람 없나니	金蘭氣味無人識
옥설 같은 흉금을 다만 스스로 알 뿐이라	玉雪襟懷只自知

편지의 끝에 써서 구경서[46]에게 보이다【갑인년(1554년, 명종9, 54세) 추정. 예안(禮安)】

書簡尾示具景瑞

섬나라 오랑캐가 나라를 욕보여 전투가 여러 번 벌어졌으며

島夷辱國兵屢交

칠월에 비가 내리지 않아 벼가 다 메말라 비틀어졌네

七月不雨禾盡焦

당상의 서생이 부질없이 백발로　　　　　　堂上書生空白髮

나라 걱정과 풍년 기원에 다만 마음만 -원문 1자 결락- 흔들리노라

憂國願豐心搖□

---

46 구경서 : 【譯注】 구봉령(具鳳齡, 1526~1586)으로, 본관은 능성(綾城), 자는 경서 (景瑞), 호는 백담(柏潭)이다. 이조 참판을 역임하였다.

BYP1085(詩-遺內卷1-38~39)

구경서[47]에게 보내다 【신유년(1561년, 명종16, 61세) 추정. 예안(禮安)】

寄具景瑞

(詩-遺內卷1-38)

사람들이 훌륭한 행실 칭송하여 포쇄관이 되었으니	人詑仙行曬史騑
임금의 은혜 환하여 산골 사립문에 빛나네	君恩焜耀照山扉
'총영' 두 글자는 먼저 모름지기 삼가야 하니	寵榮二字先須愼
한번 영대에 들면 만사가 다 그르치리라	一入靈臺萬事非

(詩-遺內卷1-39)

그대는 곁마에 있는 준마를 본 적이 있는가	君看駿馬在驂騑
한번 채찍 휘두르면 천리를 바람 같이 달려가누나	千里風蹄一策麾
만약 참으로 앞길에 가시나무가 있다면	若信前途有荊棘
차분하게 관단마를 타고 가도 늦지 않으리	穩騎款段未爲遲

이상은 그대에게 벼슬하지 말라고 권하는 것이 아니라, 선비가 된 자는 마땅히 이런 경계를 지녀야하기 때문에 그렇게 말한 것이다.

---

47 구경서 :【譯注】구봉령(具鳳齡, 1526~1586)으로, 본관은 능성(綾城), 자는 경서 (景瑞), 호는 백담(柏潭)이다. 1560년(명종15)에 별시문과에 급제하여 승문원부정자를 거쳐 이듬해 예문관 검열이 되었다. 밑에 보이는 포쇄관은 예문관 검열이 맡는다.

조사경[48]과 김신중[49]에게 답하다 【연월 미상. 예안(禮安)】

答趙士敬金愼仲

세 차례 편지를 보내왔는데 한번 답장하노니	三度書來一報書
근래 곤궁한 형편[50]은 어떠하신가	蘿鹽消息問何如
고향의 경치가 그대들을 기다리고 있으니	故山雲物如相待
연초에 맞게 돌아올 때를 저버리지 마시게	莫負歸期趁歲初

---

48 조사경 : 【譯注】 조목(趙穆, 1524~1606)으로, 본관은 횡성(橫城), 자는 사경(士敬), 호는 월천(月川)이다.

49 김신중(金愼仲) : 【譯注】 김부의(金富儀, 1525~1582)로, 본관은 광산(光山), 자는 신중(愼仲), 호는 읍청정(挹淸亭)이다. 후조당(後凋堂) 김부필(金富弼)의 아우이다.

50 근래 곤궁한 형편 : 【譯注】 당(唐)나라 한유(韓愈)의 〈송궁문(送窮文)〉에 "태학에서 4년을 공부하는 동안, 아침에는 푸성귀를 먹고 저녁에는 소금국을 먹었다.〔朝韲暮鹽〕"라고 하였는데, 여기에서 유래하여 '제염(韲鹽)'은 흔히 변변치 않은 음식 또는 청빈한 생활을 비유하는 말로 쓰인다.

퇴계선생문집

유집 외편 권1

가사 歌詞

BIP1087(詩調-遺外卷1-1)

청량산가 【연월 미상. 예안(禮安)】

清凉山歌

선생의 7대손 세원(世源)이 찬한 《도산지(陶山志)》 외편에 보인다.

청량산 육육봉을 아는 이는 나와 백구로다

백구야 어떠하랴 못 믿을 건 도화로다

도화야 물 따라 가지마라 뱃사공 알까 하노라

부賦

BIP1088(賦-遺外卷1-2)

이응(李膺)¹과 곽태(郭泰)²의 신선 배³를 노래한 부【연월 미상. 예안(禮安)】

李郭仚舟賦

동한의 고사로는	惟東漢之高士
이응과 곽태, 두 현인이 있었네	有李郭之雙美
아득하도다, 풍류의 으뜸이며	邈風流之所宗
명절이 이 분들에 의지하였다고 인정받았네	推名節之是倚

---

1 이응(李膺) :【譯注】110~169. 자는 원례(元禮)로, 후한(後漢) 환제(桓帝) 때의 정치가이다. 변경을 침입하였던 선비족을 물리쳤으며, 환관들의 악행을 단속하고 처벌하였다. 후에 환관들이 일으킨 당고(黨錮)의 화에 목숨을 잃었다. 젊은 사람들은 이응의 추천을 받으면 영광으로 여겼으니, 등용문(登龍門)의 고사가 여기에서 나왔다.

2 곽태(郭泰) :【譯注】128~169. 자는 임종(林宗)으로, 일찍이 낙양(洛陽)에서 노닐면서 하남 윤(河南尹) 이응(李膺)과 절친하게 교유했는데, 명성이 경사(京師)에 울렸다. 나중에 향리에 은거하여 수많은 제자를 가르쳤으며, 외척과 환관이 전횡(專橫)하는 세상에서도 절조를 굽히지 않았으나 언행이 신중하여 당고(黨錮)의 화를 면할 수 있었다.

3 이응과……배 :【譯注】곽태가 낙양(洛陽)에서 이름을 날리다가 고향으로 돌아갈 때 그를 전송하기 위해 나온 사류(士類)들의 수레가 수천 량이 늘어서서 성황을 이루었다. 곽태는 그들 중에서 오직 이응과 어울려 배를 타고 강을 건너가니, 수많은 손님들이 바라보고 그 모습이 신선 같다고 했다 한다.《後漢書 郭泰列傳》

저 황하가의 신선 배여	彼河上之仙舟
참으로 한 시대의 고상한 운치어라	眞一代之高致
당시 동한은 저물어가고 있었지만	時東京之欲末
천하에 훌륭한 선비가 가장 많았네라	最天下之多士
사람들은 다투어 절의를 존모하고	人爭慕於節義
세속에서 모두 청의를 높였으니	俗皆尙乎淸議
저 두 현인은 남들보다 빼어나서	伊兩君之挺秀
사해의 명성을 독차지 하였어라	擅四海之聲名
원례를 조정에 나아가게 하여	進元禮於朝端
기강을 바로잡아 엄숙하고 맑아졌네	振紀綱而肅淸
용문에 올라 마주하지 않았다면	非龍門之登接
그 누가 임종의 사람됨을 알랴	孰知林宗之爲人
두 현인의 만남은	仙兩美之相合
천하의 이목을 모았지.	動天下之瞻新
고향으로 돌아갈 때가 되어	當故里之言歸
전별연을 황하가에서 여니	設祖道於河上
경사들이 어지러이 와서 참여하고	卿士繽其來集
천 대의 수레가 몰려들었네.	車馬簇兮千兩
잔치에 참석한 사방의 뭇 손님은	列四筵之衆賓
모두 당대의 명사들인데	盡一時之名流
누군들 붙들어 잡지 않으련만 그럴 수 없으니	孰不願留而不得
이별의 정한과 수심을 품었다네	懷別恨與離愁
문득 떠나갈 배가 이별을 고하니	忽行舟之告逝
완연히 강물 가운데 있어라	宛在水之中洲

맑은 풍모 바라보노니 어디로 가는가	望淸塵兮何許
멀어진 자취를 따라잡고자 하나 머뭇거리누나	超絶跡而夷猶
고풍이 나에게 멀어져 슬프하니	悵高風之我遠
종유하고 싶어도 따를 길 없구나	思從遊兮無由
각자 탄식하며 경모하는 마음 아쉬워	各咨嗟而歎慕
모두 가리키면서 두 사람을 신선에 비기네	咸指擬於么僑
아! 마음을 빼앗겨 멍하니 바라보나니	謇心醉而自失兮
모두 부러워함을 그치지 않누나	莫不歆艶之無已也
저들이 어찌 신선에 뜻이 있으랴	彼豈有意於神么兮
보는 사람이 흠앙하여 비유했기 때문이지	由傍人高仰而取譬
당시의 분위기를 생각해보면	想當時之氣像
덕을 좋아함이 매우 지극함을 알 수 있어라	知好德之甚至
어찌 다만 한 때의 아름다운 일일 뿐이랴	豈徒爲一時之盛事
백세로 하여금 풍모를 듣고서 흥기하네	使百世聞風而興起
단지 애석한 건, 절의에 격발되어	獨惜乎節義所激
당고가 이에 일어나니	黨議斯作
당고의 재앙으로	黨議之禍
나라가 그로 인해 멸망하였구나	國隨以滅
비록 선을 좋아함은 숭상할 만하지만	雖好善之足尙
말류의 재앙은 어찌하란 말인가	奈末流之禍
그렇게 된 원인을 -원문 1자 결락- 따져 보면	□究厥致之所由
환관을 격앙시켜 일어난 것이라	將激昂之所發
이는 사람의 일이 우연히 잘못된 것으로	是人事之或失
하늘의 뜻은 헤아릴 수 없도다	抑天意之難測

신선 배 한 가지 일로만 본다면　　　　　　　覽舠舟之一事

당시에 더욱 아쉬움이 있어라　　　　　　　尤有慨於當日

만약 당시 임금이 제현을 등용하여 나라 일을 맡게 하여

　　　　　　　　　　　　　　　　　使時君用諸賢而當國

국가를 경영하는 여러 계책을 시행하였다면　　施經濟之羣策

곧 내 알겠어라, 황하의 배가　　　　　　　則吾知河上之舟

세상의 어려움을 건널 노가 되어　　　　　可以爲濟川之楫

사해의 횡류를 구제할 것이며　　　　　　　救四海之橫流

강물에 빠진 백성을 건져내어　　　　　　　拯蒼生於墊溺

이로써 천하를 태평성대로 올려놓을 것이며　以之措天下於壽域之中

백성을 화서국[4]에 들여놓으리니　　　　　納民物於華胥之國

또한 어찌 반드시 부질없이 황하의 배에 존모함을 일으켜

　　　　　　　　　　　　　　　　　又何必空起慕於河舟

신선 배를 가리키며 길이 안타까워하랴　　指神舠而永惜也哉

4　화서국(華胥國) : 【譯注】 황제(黃帝)가 낮잠을 자다가 꿈속에서 보았다는 이상 국가(理想國家)의 이름이다. 황제가 이 나라를 여행하면서 무위자연(無爲自然)의 이상적인 정치가 실현되는 꿈을 꾸고는, 여기에서 계발되어 천하에 크게 덕화(德化)를 펼쳤다는 전설이 전한다. 《列子 黃帝》

시 詩

BIP1089(詩-遺外卷1-3)

당고(唐皐)⁵와 사도(史道)⁶의 《황화집》⁷ 뒤에 쓰다 【정묘년

(1567년, 명종22, 67세) 8월 초순 추정. 서울】

書唐史皇華集後

비편(飛編)이다. ○ 선생의 사손인 중의(中懿)의 집안에 소장되어 있다.

명(明)나라가 천하를 차지하여 문운이 번창하니	大明當天文運昌
광악의 기운으로 그 상서로움 모았네.	光嶽之氣鍾厥祥
당시 당고와 사도 두 선생이	惟時唐史兩先生
빼어난 영기로 문장을 지었네	英氣俊發爲文章
혁혁한 성황이 보위에 올라서	聖皇荼荼登寶位
조서를 반포하매 응당 사신 선발되어 부상으로 왔네	頒詔應選來扶桑

---

5 당고(唐皐) :【譯注】 자는 수지(守之), 호는 심암(心庵)이다. 무종(武宗) 정덕(正德) 9년(1514)에 장원 급제하였다. 한림원 수찬(翰林院修撰)으로 1521년(중종16) 12월에 명(明)나라의 신황제등극 반조정사(新皇帝登極頒詔正使)로 다녀갔다.

6 사도(史道) :【譯注】 자는 극홍(克弘), 호는 녹야(鹿野)이다. 명(明)나라의 병과급사중(兵科給事中)으로, 1521년(중종16) 12월에 당고와 함께 부사(副使)로 다녀갔다.

7 황화집(皇華集) :【譯注】 1521년(중종16) 명(明)나라 사신 당고와 사도가 조선에 왔을 때 우리 측의 접반사 이행(李荇), 종사관 정사룡(鄭士龍)·소세양(蘇世讓) 등 당대의 저명한 시인들과 서로 많은 시를 수답하였는데, 그들이 돌아간 뒤에 그 시들을 엮어서 편찬한 책이다.

만 리 사신 길 해가 뜨는 곳을 가리키니	星軺萬里指日域
사행을 오며 늘 국사에 진력할 것 생각했네	觀風每自懷靡遑
공경히 덕음을 지니고 와 먼 나라에 선포하니	敬將德意布遐荒
동방 사람 눈을 씻고 은총을 바라보누나	東人拭目瞻恩光
사신은 때때로 흥이 일어 영탄을 발하니	時時遇興發咏歎
경거와 옥패 같은 시어[8] 왕양하여라	瓊琚玉佩辭汪洋
우리나라 예부터 소중화라	吾邦自古小中華
또한 재주 뛰어난 문사가 많아라	亦有文士多才良
곱고 아름다운 수창 편이 모두 한 질이라	唱姸酬麗共一帙
주나라 선왕의 풍아를 이을 만하니	風雅可繼周先王
어찌 한 시대의 걸출한 문장에만 그치랴	豈惟文章絶一代
교화의 덕업이 이로 창성하리라	風聲德業由玆昌
이전 중국 사신은 공들 만한 이 적으니	從前史華似公少
여단의 기개는 그나마 다소 굳세었지[9]	呂端氣槩差爲强
한 권의 《황화집》은 태산북두에 비견되니	一編皇華擬山斗
동방 사람들로 하여금 길이 우러러 보게 하리라	永使東人瞻仰長

---

8 경거와……시어 : 【譯注】옥패(玉佩)와 경거(瓊琚)는 모두 옥으로 만들어서 패용하는 장식물인데, 시문을 칭찬하는 말로 쓰인다. 당(唐)나라 한유(韓愈)의 〈유자후에게 올리는 제문〔祭柳子厚文〕〉에서 유종원(柳宗元)의 문장을 칭찬하며 "옥패와 경거로 그 소리를 크게 낸다.〔玉佩瓊琚, 大放厥辭.〕"라고 하였다.

9 여단의……굳세었지 : 【譯注】여단(呂端, 935~1000)의 자는 이직(易直)으로, 북송(北宋) 초기의 재상이다. 《해동역사(海東歷史)》〈교빙지(交聘志) 상국사(上國使)〉에 "988년(성종7)에 고공원외랑(考功員外郞) 여단을 고려에 사신으로 파견하였는데, 폭풍을 만나 돛대가 부러지자 뱃사람들이 두려워 떨었다. 그런데도 여단은 태연스레 독서하기를 마치 재각(齋閣)에 있는 것처럼 하였다."라고 하였다.

갑신년(1524년, 중종19) 칠월 보름에 용산[10]에서 달을 구경하며 연구를 짓다 【24세, 7월 15일. 예안(禮安)】

甲申孟秋十五日 龍山翫月聯句

73운이다. 이후의 작품들은 이해(李瀣)[11]의 《온계선생문집(溫溪先生文集)》에 보인다.

용수산 속의 절에	龍壽山中寺
벗들을 불러서 모았어라	招邀集友生

　-계호(季浩), 선생의 처음 자.-

서늘할 때가 이미 이르렀는데	初涼時已至
장맛비도 개니 더욱 산뜻하누나	積雨更新晴

　-경명(景明)-

골짜기에 저물녘 들어가려니	洞府昏將入
솔 산에 달이 밝게 비추어라	松巒月欲明

　-장경(長卿) ○ 민귀서(閔龜瑞)[12] 공의 자.-

상서로운 빛이 옥우[13]에 흐르고	瑞光流玉宇

---

10 용산(龍山) : 【譯注】 도산면 운곡리와 녹전면 매정리의 경계에 있는 용두산(龍頭山)을 말하는 듯하다. 이 산은 예안의 진산(鎭山)으로, 높이가 해발 593m이다. 용수산(龍首山), 혹은 산에 있는 용수사(龍壽寺)의 이름에서 취하여 용수산(龍壽山)이라고도 불렀다.

11 이해(李瀣) : 【譯注】 1496~1550. 본관은 진보(眞寶), 자는 경명(景明), 호는 온계(溫溪)이다. 이황(李滉)의 형이다. 대사헌을 지냈으며, 시호는 정민(貞敏)이다.

12 민귀서(閔龜瑞) : 【譯注】 본관은 여흥(驪興)으로, 영천(榮川)에 대대로 거주하였다.

13 옥우 : 【譯注】 전설상의 상제나 신선이 사는 옥으로 만든 집으로, 궁궐이나 하늘을 가리키는데 여기서는 후자의 뜻이다. 송(宋)나라 소식(蘇軾)이 신종(神宗) 희령(熙寧) 9년(1076)에 황주(黃州)로 귀양 가서 지은 〈병진년 중추절에 지어 아울러 자유를 그리워

밝은 달빛은 아로새긴 격자에 부서지누나   素彩散雕櫳

   -경명-

푸른 나무 비스듬한 계단에 그늘 드리우고   碧樹陰斜砌

먼 멧부리는 잎 지는 뜰에 그림자 늘어뜨리네   遙岑影落庭

   -장경-

여의주 같은 달 수국에 떠 있고   龍珠浮水國

신선 거울 같은 달은 구름 덮인 문에서 나오누나   仚鏡出雲扃

   -질부(質夫) ○ 김사문(金士文)[14] 공의 자.-

하얀 자태는 맑아 찌기가 없고   素態淸無滓

빙옥의 모습은 정수를 쏟아내네.   冰容瀉劇精

   -종지(宗之) ○ 정효종(鄭孝宗) 공의 자.-

은하수는 점차 희미해져 가니   星河漸明滅

섬계[15]는 그야말로 두둥실 떠올라라   蟾桂正輕盈

   -계호-

옥토끼가 걸터앉아 있는 모습이요   玉兎趺居樣

항아는 곱게 움직이는 모습이라   姮娥宛轉形

하다〔丙辰中秋作兼懷子由〕〉라는 가사(歌詞)에 "내가 바람 타고 돌아가고 싶으니, 경루
옥우 높은 곳이 추위를 이기지 못할까 또 걱정일세.〔我欲乘風歸去, 又恐瓊樓玉宇, 高處
不勝寒.〕"라고 하였다.

14 김사문(金士文) : 【譯注】 1502~1549. 본관은 예안(禮安), 자는 질부(質夫)이다.
윤원형(尹元衡)이 득세하자 관직에서 물러나 고향에서 한가롭게 지냈다. 사간원 정언,
형조 좌랑을 지냈다.

15 섬계 : 【譯注】 달을 가리킨다. 당(唐)나라 나은(羅隱)의 〈나그네 꿈〔旅夢〕〉 시에
"문을 나서서 애오라지 한번 바라보니, 섬계가 사람 향해 기울었네.〔出門聊一望, 蟾桂向
人斜.〕"라고 하였다.

-경명-

| 광한전에 쓸쓸하게 살면서 | 廣漢栖冷落 |
| 약절구를 홀로 빻고 있어라 | 藥臼擣伶俜 |

-계호-

| 백구도 이 달빛보다 흴 수 없고 | 白鷗難專色 |
| 반딧불이는 잠깐이면 보이지 않게 되네 | 寒螢乍奪熒 |

-질부-

몇 번이나 예리한 도끼로 다듬었던가[16]	幾修煩斧利
누가 맑은 황하물로 씻어내었나	誰洗費河清
둥그런 부채 천 년 그림자 드리우고	團扇千年影
외로운 수레바퀴 만 리 길 가누나	孤輪萬里程

-장경-

| 그믐과 초하루에 차고 기욺이 나눠지고 | 盈虛分晦朔 |
| 백도(白道)는 천구(天衢)에서 환하누나 | 躔度粲璣衡 |

-계호-

고금에 많이도 비췄으며	今古許多照
동서로 몇 번이나 다녔는가	東西知幾行
본래 희화(羲和)의 짝이요	本爲羲氏配
길이 옥황의 눈이 되었어라	長作玉皇睛

---

16 몇……다듬었던가 : 【譯注】당(唐)나라 단성식(段成式)의 《유양잡조(酉陽雜俎)》
〈천지(天咫)〉에 "달의 계수나무는 높이가 5백 길이다. 그 아래에서 한 사람이 항상 그
나무를 찍고 있는데 나무의 상처 난 부위는 바로 아문다. 그 사람은 성씨가 오(吳),
이름이 강(剛)으로 서하(西河) 사람인데, 신선술을 배우다가 죄를 지어 귀양 가서 나무
를 치게 되었다."라고 하였다.

-질부-

약목은 운행이 쉬는 곳이요	若木行休次
부상은 곧 여정을 시작하는 곳이라	扶桑卽啓征

　　-경명-

감과 리에 따라서 출입하나니[17]	坎離從出入
낮과 밤에 누가 재촉하여 명하는가	晝夜孰催令

　　-계호-

월식이 일어나면 재앙이 되며	薄蝕知爲沴
밝은 빛 드날리면 상서로운 일 생긴다네	揚明自應禎

　　-경명-

하늘 끝까지 차가운 빛을 쏘아대고	九霄寒色逈
사해에 고운 빛을 비추누나	四海鍊光橫

　　-종지-

아득한 허공에 형체를 의탁하고	托質遙空遠
드넓은 대지에 정기를 날리어라	飛精大地宏

　　-질부-

한 해가 정해져 월력이 정해지니	定周時序定
윤달 만들어 해가 완성되누나	成閏歲功成

　　-장경-

17　감과……출입하나니 : 【譯注】《주역전의(周易傳義)》〈복희팔괘방위지도(伏羲八卦方位之圖)〉에 "건곤(乾坤)은 상하의 자리를 정하고 감리(坎離)는 좌우의 문을 벌여놓았으니, 천지가 닫히고 열리는 것이며 일월이 나가고 들어오는 것이다. 춘하추동과 회삭현망(晦朔弦望)과 낮과 밤의 길고 짧음과 행도의 차고 기욺이 여기에 말미암지 않음이 없다."라고 하였다.

| 우주는 온통 텅 비어 밝으며 | 宇宙通虛白 |
| 산천은 맑은 수정처럼 환하구나 | 山川徹淑晶 |

    -대년(大年) ○ 이수령(李壽苓) 공의 자로, 선생의 종제이다.-

| 달그림자 운몽택에 잠기고 | 影沈雲夢澤 |
| 달빛은 악양성을 비추누나[18] | 光照岳陽城 |

    -서경(筮卿) ○ 민시원(閔蓍元) 공의 자.-

| 산실은 더욱 맑고 시원하며 | 山室愈淸冷 |
| 화당 또한 아름다워라 | 華堂亦麗英 |

    -장경-

| 숲의 나무에 환하게 비추니 | 樹林同一照 |
| 오작이 절로 깜짝 놀라누나 | 烏鵲自多驚 |

    -종지-

| 계단 아래 가을 쓰르라미 울고 | 砌下寒螿咽 |
| 솔가지의 이별한 학도 울어대누나 | 松梢別鶴鳴 |

    -대년-

| 두견새 울음 숲 저편으로 들리고 | 鵑聲林外送 |
| 원숭이 울부짖음 골짜기에 울리네 | 猿叫壑中聆 |

    -경부(敬夫) ○ 이인(李寅) 공의 자로, 선생의 조카이다.-

| 고요하게 경치 좋은 한 밤중에 | 寂寂良宵半 |
| 맑은 이슬 담뿍 내리누나 | 湛湛白露零 |

---

18 달그림자……비추누나 : 【譯注】당(唐)나라 맹호연(孟浩然)의 〈동정호를 바라보며 시를 지어 장승상에게 주다[望洞庭湖贈張丞相]〉 시에 "기운은 운몽택을 쪄 내고, 물결은 악양성을 뒤흔든다.[氣蒸雲夢澤, 波撼岳陽城.]"라고 하였는데, 이 구절은 이 시의 내용을 변용하였다.

-계호-

| 산은 텅 비어 바람 소리 맑고 | 山空靈籟爽 |
| 바람 거세어 걸어놓은 거문고가 우네 | 風警挂琴鏗 |

-질부-

| 외진 당에 맑은 달빛 쏘아대고 | 堂逈淸光透 |
| 텅 빈 창은 드넓은 기운 맞이하누나 | 囪虛灝氣迎 |

-경부-

| 분명할 땐 좀먹은 책을 읽고 | 分明尋蠹簡 |
| 흐릿할 땐 기왓골도 헷갈리네 | 暗淡錯連甍 |

-경명-

| 세상속의 절경이요 | 絶境寰中得 |
| 꿈속에서 요대를 지나는 듯 | 瑤臺夢裏經 |

-계호-

| 흉금에 항해를 쏟아 붓고 | 胸懷傾沆瀣 |
| 가슴에 맑고 시원함을 담네 | 襟抱襲淸泠 |

-경명-

| 청허부와 방불하고 | 怳惚淸虛府 |
| 백옥경과 비슷하구나 | 依俙白玉京 |

-경부-

| 멀리 생각하는 마음은 창공에 떠돌고 | 遙思飄碧落 |
| 빼어난 기운은 대해를 맴도누나 | 逸氣遶滄溟 |

-질부-

| 소문산의 휘파람과 비슷하며[19] | 似有蘇門嘯 |
| 왕자진이 피리 부는 것을 듣는 듯[20] | 如聆子晉笙 |

-계호-

| 장차 청학의 등에 올라타서 | 將騎靑鶴背 |
| 자색 구름의 수레를 모는 듯 | 可馭紫雲軿 |

　　-경명-

| 곤륜산의 정상에 오른 듯 의아하고 | 訝陟崐崙頂 |
| 서왕모의 잔치에서 노는 듯 의심드네 | 疑遊王母屛 |

　　-장경-

| 항아를 옥부에서 맞이하고 | 仙娥邀玉府 |
| 신선을 봉래와 영주에서 만났어라 | 羽客揖蓬瀛 |

　　-경명-

| 속진을 벗는 건 어렵지 않으나 | 脫蛻非難遂 |
| 황당함을 어찌하여 하겠는가 | 荒唐奈爾營 |

　　-질부-

| 모름지기 학업을 닦아야 하니 | 要須修志業 |
| 어찌 반드시 교팽²¹을 부러워하랴 | 何必羨喬彭 |

---

19 소문산의 휘파람과 비슷하며 : 【譯注】진(晉)나라 때 죽림칠현(竹林七賢)의 한 사람인 완적(阮籍)은 술을 매우 즐겨 마셨으며, 휘파람을 대단히 잘 불어서 금조(琴操)와 조화를 잘 이루었다고 전한다. 그가 일찍이 소문산(蘇門山)에 올라가 은사(隱士)인 손등(孫登)을 만나서 여러 가지 이야기를 해 보았으나 손등이 전혀 대꾸하지 않으므로 마침내 휘파람을 길게 불면서 내려가는데, 산 중턱쯤 내려갔을 때 마치 난봉(鸞鳳) 같은 아름다운 소리가 암곡(巖谷)에 울려 퍼졌다고 한다. 그게 바로 손등의 휘파람 소리였다고 한다. 《晉書 阮籍列傳》

20 왕자진이……듯 : 【譯注】왕자진(王子晉)이 생(笙)을 불어 봉황의 울음소리를 내면서 이락(伊洛) 사이에서 노닌 것을 가리킨다. 왕자진은 주(周)나라 영왕(靈王)의 태자인 진(晉)으로, 신선이 되어 백학(白鶴)을 타고 승천했다는 내용이 《열선전(列仙傳)》〈왕자교(王子喬)〉에 보인다.

-장경-

적벽의 소동파를 슬퍼하였고	赤壁悲蘇子
부용성의 석만경을 비웃노니[22]	芙蓉笑石卿
어찌 밝은 달을 대하여	何如對明月
함께 바람 부는 기둥에 기대어보는 것만 하리오	共自倚風楹

-경명-

지락을 어찌 구하여 얻으리오	至樂何求得
고상한 정회가 절로 넉넉하여라	高懷自在贏

-질부-

참으로 알겠어라, 고요할 때의 야기는	固知夜氣靜
다시 이욕의 맹아가 없다는 것을[23]	無復利根萌

-장경-

---

21 교팽(喬彭) : 【譯注】'교'는 왕자교로 바로 앞의 주에 보인다. '팽'은 팽조(彭祖)란 인물로 《장자》〈제물론(齊物論)〉에 800살을 산 것으로 나온다.

22 부용성의 석만경을 비웃노니 : 【譯注】송(宋)나라 석만경(石曼卿)은 소동파, 범중엄(范仲淹)의 벗이었던 석연년(石延年)의 자로, 이름보다 자가 더 잘 알려진 인물인데, 부용선인(芙蓉仙人)은 그의 별호이다. 통음(痛飮)을 즐겨한 석만경은 죽어서 선부(仙府)의 부용성 성주가 되었다고 한다. 당(唐)나라 이하(李賀)의 〈금동선인이 한나라를 떠나며 노래를 부르다〔金銅仙人辭漢歌〕〉시에 "쇠약한 몸으로 함양 길손 보내자니, 하늘이 정이 있다면 하늘도 늙으리라.〔衰蘭送客咸陽道, 天若有情天亦老.〕"라고 하였는데, 아래구가 명구로 전해져 이에 대구를 지으려는 시인이 많았지만 좋은 대구를 지은 자가 없었다. 석만경이 그 대구를 지어 "달이 만약 한이 없다면 달은 항상 둥글 것이라.〔月若無恨月常圓〕"라고 하였다.

23 고요할……것을 : 【譯注】야기(夜氣)는 《맹자》〈고자 상(告子上)〉에 보이는 말인데, 한밤에 사물의 생장(生長)을 돕는 맑은 기운으로, 인의(仁義)의 마음을 자라도록 돕는다고 한다. 야기를 잘 배양하면 인의가 양성되어 사람의 본성을 속박하는 이욕을 물리칠 수 있다고 하였다.

| 드넓은 운치에 고아한 풍모 생기고 | 浩致生風標 |
| 맑은 담론 옥구슬이 부서지는 듯 | 清談碎屑瓊 |

-경명-

| 하늘이 좋은 만남 이뤄주니 | 天教成會合 |
| 마음으로 허여한 벗들 반드시 은자²⁴로세 | 心許必幽貞 |

-계호-

선을 돕는 데는 유익한 삼익이 있나니²⁵	輔善存三益
견고한 마음으로 일성을 지켜야 하네²⁶	堅心守一誠
자상히 권면함을 두텁게 하고	偲偲敦勉意
간절한 정으로 돌아보누나²⁷	切切眷懃情

-질부-

| 송백은 서로 절개를 기약하는 듯 | 松栢相期節 |

---

24 은자 : 【譯注】《주역》〈이괘(履卦) 구이(九二)〉효사(爻辭)에 "행하는 도가 평탄하니, 은거하는 사람이라야 정하고 길하리라.〔履道坦坦, 幽人貞吉.〕"라고 하였다.

25 선을……있나니 : 【譯注】《논어》〈계씨(季氏)〉에 "유익한 세 가지 유형의 벗이 있고 해로운 세 가지 유형의 벗이 있는데, 정직한 벗을 사귀고 진실한 벗을 사귀고 식견이 많은 벗을 사귀면 유익할 것이다."라고 하였다.

26 견고한……하네 : 【譯注】《심경》권2〈성의장(誠意章)〉에 유 충정공(劉忠定公 유안세(劉安世))이 사마온공(司馬溫公)을 뵙고는 마음을 다하고 몸을 행하는 요점 중에 종신토록 행할 만한 것을 묻자, 공은 "성일 것이다.〔其誠乎〕"라고 대답하였다. 또다시 "이것을 행하려면 무엇을 먼저 해야 합니까?'"라고 묻자, 공은 "말을 함부로 하지 않음으로부터 시작하여야 한다."라고 하였다.

27 자상히……돌아보누나 : 【譯注】자로가 "어떻게 해야 그 사람을 선비라 부를 수 있습니까?'라고 묻자, 공자는 "간절하게 서로 책선(責善)하고 화기애애하면 선비라고 부를 수 있다. 붕우 간에 간절하게 책선하고 형제간에 화기애애하니라.〔切切偲偲, 怡怡如也, 可謂士矣. 朋友切切偲偲, 兄弟怡怡.〕"라고 하였다.《論語 子路》

지란은 함께 향기를 나누는 듯 　　　　　　　　芝蘭共託馨

　-장경-

때로 동파옹의 흥을 타고 　　　　　　　　　　時乘坡老興

자주 적선의 술잔을 들어보누나[28] 　　　　　屢擧謫仙觥

　-다 함께-

붓의 기세는 천 귀신 놀라게 하고 　　　　　筆陣驚千鬼

시의 예봉은 만 적을 무너뜨리네 　　　　　詩鋒破萬兵

　-경부-

인생 백 년 역사책에 남길 일 있지만 　　　百年靑簡業

세상만사 그만두고 백구의 맹세[29] 지키노라 　萬事白鷗盟

　-계호-

세상 밖에 흥취가 많으니 　　　　　　　　　物外多成趣

진세에서 어찌 명성을 좇겠는가 　　　　　塵間肯聘名

　-질부-

부귀는 뜬 구름과 같고[30] 　　　　　　　　浮雲同富貴

벼슬은 초개와 같아라 　　　　　　　　　　草芥等簪纓

---

28 적선의 술잔을 들어보누나 : 【譯注】 당(唐)나라 이백(李白)의 〈달빛 아래 홀로 마시다[月下獨酌]〉 시 4수 중 제1수에 "술잔 들어 밝은 달 맞이하니, 그림자 마주하여 세 사람이 되었네.[擧杯邀明月, 對影成三人.]"라고 하였다.

29 백구의 맹세 : 【譯注】 전원으로 돌아가 살리라는 맹세를 말한다. 송(宋)나라 육유(陸游)의 〈일찍 일어나다[夙興]〉 시에 "학의 원망은 누굴 의지해 풀거나, 백구와의 맹세 이미 저버렸을까 염려되네.[鶴怨憑誰解, 鷗盟恐已寒.]"라고 하였다.

30 부귀는……같고 : 【譯注】《논어》〈술이(述而)〉에 "거친 밥 먹고 물을 마시며 팔베개 하고 자도 즐거움이 그 가운데 있으니 불의하면서 부귀한 것은 내게 뜬구름 같다.[不義而富且貴, 於我如浮雲.]"라고 하였다.

-경부-

| 베개 높이 베고서 요의 은택을 생각하고 | 高枕懷堯澤 |
| 마음을 비우고 형통한 도를 즐기누나 | 虛心樂道亨 |

　-숙번(叔蕃) ○ 손류(孫藟) 공의 자이다.-

| 다만 이락[31]의 종지 바라니 | 只希伊洛旨 |
| 어찌 노장의 말을 논하랴 | 何論老莊評 |

　-장경-

옥간을 어떤 사람이 지나갔는가[32]	玉磵人誰過
천진교의 시는 화답할 수가 없어라[33]	天津詠未賡
사람을 그리니 탄식이 더하고	懷人增慨歎
옛날을 생각하니 항상 두려워라	憶古每怔忡

　-계호-

---

31 이락 :【譯注】송(宋)나라 정호(程顥)와 정이(程頤)의 이학(理學)을 지칭한다. 두 사람이 이수(伊水)와 낙수(洛水) 사이에서 학문을 강론하였기 때문에 '이락지학(伊洛之學)'이라고 한 것이다.

32 옥간을……지나갔는가 :【譯注】송(宋)나라 주희(朱熹)의 〈이빈로의 옥간시를 읽고 우연히 짓다[讀李濱老玉磵詩偶成]〉시에 "거문고 끌어안고 홀로 옥계 지나노라니, 영롱한 맑은 밤에 달빛이 환하여라.[獨抱搖琴過玉溪, 琅然淸夜月明時.]"라고 하였다.

33 천진교의……없어라 :【譯注】이모(李謨)는 당(唐)나라 현종(玄宗) 때의 악공으로, 당시 피리를 가장 잘 부는 사람으로 일컬어진 인물이다. 현종이 한번은 상양궁(上陽宮)에서 새 노래 한 곡을 연주한 적이 있는데, 이튿날이 정월 대보름이라 미복 차림으로 궐 밖에 나가 관등(觀燈)을 하노라니 갑자기 주루(酒樓) 위에서 전날 밤 연주했던 새 악곡을 부는 피리 소리가 들려왔다. 현종이 매우 놀라서 피리를 불었던 자를 비밀리에 잡아들여서 추궁하자, 그는 "그날 밤 천진교(天津橋) 위에서 달을 구경하다가 궁중에서 들려오는 악곡을 듣고 다리 기둥 위에다가 악보를 베껴 적었습니다. 저는 장안의 젊은이로 피리를 매우 잘 부는 이모입니다."라고 하였다. '이모가 곡보를 훔쳤다.[李謨偸曲譜]'는 이 고사는 당(唐)나라 원진(元稹)의 〈연창궁사(連昌宮詞)〉 자주(自註)에 보인다.

어찌 다만 부질없이 흠모하리오 　　　　　　　　　豈但徒欽羨

모름지기 내 마음에 알아야 하네 　　　　　　　　要當會我靈

　-경부-

아호의 올바른 논의[34]를 스승 삼고 　　　　　　鵝湖師格論

연악의 아름다운 가르침[35] 존모하네 　　　　　蓮岳慕嘉聲

　-질부-

백록동[36]에서의 깊은 성찰 생각하고 　　　　　鹿洞思深省

용문에서의 대갱을 맛보누나[37] 　　　　　　　龍門味大羹

　-장경-

하염없이 생각하고 다시 그리워하며 　　　　　悠悠更戀戀

못내 잊지 못하고 다시 또렷하여라 　　　　　　耿耿復惺惺

---

34 아호의 올바른 논의 : 【譯注】아호는 아호사(鵝湖寺)로, 아호사에서의 주희(朱熹)의 논의를 가리킨다. 송(宋)나라 효종(孝宗) 순희(淳熙) 2년(1175)에 주희와 육상산이 여조겸(呂祖謙)의 주선으로 신주(信州)의 아호사(鵝湖寺)에서 사흘 동안 철학 논쟁을 벌였다. 그러나 양자 사이에 합치점을 찾지 못한 채, 주희는 상산의 학설이 태간(太簡) 공소(空疎)하여 선학(禪學)에 가깝다고 비평하였고, 상산은 주희의 학설이 너무도 지리(支離)할 뿐이라고 반박하였다.

35 연악의 아름다운 가르침 : 【譯注】연악(蓮岳)은 여산(廬山)의 연화봉(蓮花峰)으로, 송(宋)나라 주돈이(周敦頤)가 만년에 은거하던 곳이다.

36 백록동 : 【譯注】중국 강서성(江西省) 성자현(星子縣) 북쪽에 있는 여산(廬山)의 오로봉(五老峯) 밑에 있는 마을 이름이다. 당(唐)나라 때 이발(李渤)이 이곳에서 글을 읽었는데 늘 흰 사슴이 따라다녔으므로, 사람들이 이발을 백록 선생(白鹿先生)이라 부르고 그 동리를 백록동(白鹿洞)이라 부르게 되었다. 후대에 주희(朱熹)가 이곳에 서원을 세워 후학을 이끌었다.

37 용문에서의 대갱을 맛보누나 : 【譯注】용문(龍門)은 중국 하남성(河南省) 낙양(洛陽) 지역에 있는 산 이름으로 정자(程子)가 만년에 거처하며 강학하던 곳이다. 대갱(大羹)은 조미하지 않은 국으로, 순수한 도를 의미한다.

저물녘 반딧불이 창에 감개 일고 | 感激螢囱晚
저무는 세월에 서성이노라 | 徘徊歲月傾
　　-경명-

젊었을 때 모름지기 부지런히 노력해야 하니 | 勞勤須壯日
늙어버리면 후회한들 어찌하리 | 悔恨奈衰齡
　　-질부-

예전 배운 것을 서로 깊이 익히며 | 舊學相溫理
새로 안 것을 더욱 다듬어야 하리 | 新知互發硏
　　-경명-

성인의 말씀 대부분 지극히 간절하며 | 聖言多懇至
현인의 가르침 또한 정성스럽다네 | 賢敎亦丁寧
　　-경부-

천인의 이치[38]를 밝히고 | 庶辨天人際
장차 의리를 분명히 궁구하여야 하리 | 將窮義理平
　　-종지-

성현들이 남긴 책을 이을 수 있을 듯하지만 | 遺編如可續
오묘한 가르침 어떻게 들으리오 | 妙響若爲聽
진중하게 서로 모름지기 권면하고 | 珍重交須勉
학문을 닦으며 신중하여 경솔하지 말라 | 藏修愼勿輕
이 경책의 시구를 함께 연구로 지어서 | 共聯玆警律

---

38 천인의 이치 : 【譯注】 송(宋)나라 당경(唐庚)이 "학문은 천인의 이치에 나아갔고, 지식은 성명의 은미함을 연구했네.〔學造天人之理, 識窮性命之微.〕"라고 하였다.《眉山集 卷7 賀新提擧啓》

애오라지 옛날 반명³⁹에 비기네   聊擬古盤銘

  -경명-

달이 지매 서로 헤어지니   月落相攜罷

오경에 이르러 쓸쓸하구나   凄凉到五更

  -다 함께-

---

39 반명 : 【譯注】고대에 목욕하는 그릇에 새겨 놓은 글을 가리킨다. 은(殷)나라 탕왕
(湯王)의 반명(盤銘)에 "진실로 하루라도 새로워질 수 있거든, 나날이 새롭게 하고 또
날로 새롭게 하라."라고 하였다. 《大學章句 傳2章》

BIP1091(詩-遺外卷1-5~7)

이른 아침에 명례방의 집에 이르니 형님⁴⁰께서는 관청에
나가셨고 종제 대년⁴¹은 쌍리문으로 돌아가고 없어 홀로
앉아 이 시를 읊다 계사년(1533년, 중종28, 33세) 【5~6월 추정. 서울】
早朝到明禮坊家 家兄入仕 大年歸雙里門 獨坐賦此 癸巳

(詩-遺外卷1-5)

검과 패옥이 쟁쟁 울려 새벽에 귀에 가득 들리니   劍珮鏘鏘滿曉聽
사간원의 신하 오색구름⁴² 덮인 문으로 들어가누나   薇垣臣入五雲扃
작은 집은 다만 도서만 있어 고요하니   小齋惟有圖書靜
그 당시 옛날 집의 뜰과 매우 흡사하여라   還似當年舊院庭

(詩-遺外卷1-6)

오늘 아침 보슬비에 땅은 젖어 질척거리고   細雨今朝欲濕泥
때로 다시 남풍 불어 홰나무 가지를 흔드누나   南風時復舞槐枝
내 와서 홀로 문을 닫고 앉아 있다가   我來獨自關門坐
형님과 종제 그리는 한 수의 시를 읊노라   爲賦思君一首詩

---

40 형님 : 【譯注】 대헌공(大憲公)인 이해(李瀣, 1496~1550)로 본관은 진보(眞寶),
자는 경명(景明), 호는 온계(溫溪), 시호는 정민(貞愍)이다. 1533년(중종28년)에 사간
원 정언이 되었다.

41 대년 : 【譯注】 이수령(李壽苓, 1502~1539)으로, 자가 대년(大年)이다. 음사로 찰
방을 지냈다.

42 오색구름 : 【譯注】 임금이 거처하는 곳을 가리킨다. 당(唐)나라 왕건(王建)의 〈곽
장군에게 주다〔贈郭將軍〕〉 시에 "은총 받아 새로 상장군에 임명되니, 응당 순찰 돌게
되면 오운을 더욱 가까이하리.〔承恩新拜上將軍, 當值巡更近五雲.〕"라고 하였다.

풍운이 아득하다가 인하여 연못으로 깊이 잠기니	風雲漠漠因淵沈
세상일은 끝내 마음에 만족스럽기 어려워라	世事終難愜素心
이제 예전 은거하던 곳으로 돌아가	從此不如歸舊隱
백운 깊은 곳에서 시냇물 소리 듣느니만 못하리	白雲深處聽溪音

도관원(兜觀院)에서 형님[43]을 그리워하며 지은 시[44]에 다시 차운하다. 2수 병오년(1546년, 명종1, 46세)【11~12월 추정. 예안(禮安)】

又次兜觀奉懷家兄韻 二首 丙午

(詩-遺外卷1-8)

이별한 뒤 어찌 늘 함께 다닐 수 있으랴	分飛那得鎭相追
머리 위의 해와 달은 더디 가지 않는구나	頭上烏蟾不肯遲
영외에서 서울을 바라보고 서울에서 동해를 바라보리니	嶺外望京京望海
침상 너머 비바람은 언제나 가라앉을거나[45]	對牀風雨定何時

(詩-遺外卷1-9)

| 흉년에는 북해의 술동이[46]에도 먼지가 이는데 | 儉歲塵生北海罇 |

---

43 형님 :【譯注】대헌공(大憲公)인 이해(李瀣, 1496~1550)로, 본관은 진보(眞寶), 자는 경명(景明), 호는 온계(溫溪), 시호는 정민(貞愍)이다.

44 도관원에서……시 :【譯注】《정본 퇴계전서》권1 KNP0053〈도관원 시냇가에서 삼가 형님과 동교에서 이별한 것을 생각하다. 2수〔兜觀院溪上奉懷家兄話別於東郊二首〕〉를 가리킨다.

45 침상……가라앉을거나 :【譯注】송(宋)나라 소철(蘇轍)의〈소요당에서 만나 함께 묵다〔逍遙堂會宿〕〉시 2수 중 제1수에 "소요당 뒤 천 길 나무, 한밤중 비바람 소리 길게 보낸다. 침상 마주하고 옛 약속 다진 걸 잘못 기뻐했으니, 떠돌며 팽성에 있을 줄 몰랐던 게지.〔逍遙堂後千尋木, 長送中宵風雨聲. 悞喜對床尋舊約, 不知漂泊在彭城.〕" 라고 하였다.

46 북해의 술동이 :【譯注】북해(北海)는 한(漢)나라 때 건안칠자(建安七子) 가운데 한 사람으로 북해 태수(北海太守)를 지낸 공융(孔融)을 가리킨다. 공융은 성품이 너그럽

형제의 정은 오히려 술이 있어야 말할 수 있구나　　鶺情猶待麴生論

병이 깊고 눈이 매서워 길을 떠날 수 없으니　　病深雪虐難行路

부질없이 달빛 가득한 부용당(芙蓉堂)[47]을 상상하노라

空想芙蓉月一軒

 -병이 들어 관서(關西)로 가지 못하니, 그러므로 마지막 구에서 언급하였다.-

고 거리낌이 없었으며, 선비들을 좋아하고 후생들을 가르치기 좋아하였는데, 항상 말하
기를 "좌상에는 손님이 항상 가득하고 술동이에는 술이 빌 때가 없으니, 나는 걱정할
것이 없다."라고 하였다. 《後漢書 孔融列傳》

47 부용당(芙蓉堂) : 【譯注】 황해도 해주시 부용동에 있는 누정이다.

무신년 4월에 찰방 형님[48]을 모시고 도담[49]에서 거듭 노닐다. 절구 4수 【무신년(1548년, 명종3, 48세) 4월 하순 추정. 단양(端陽)】

戊申四月 陪察訪兄 重遊島潭 四絶

(詩-遺外卷1-10)

태수[50]가 다급하게 돌아갔다고 일찍이 들었는데	太守曾聞歸興催
어찌하여 다시 이곳으로 돌아오셨는가	如何重向此間回
계산에 묵은 빚 응당 저버리기 어려우니	溪山宿債應難負
짐짓 맑은 유람하러 오시고 또 오시는구려	故作淸遊得得來

(詩-遺外卷1-11)

아득한 선주는 배를 띄우기 좋으니	縹緲仙洲好放船
무단히 바람 일어 산더미 같은 물결 이누나	無端風起浪如山
잠깐 사이에 신령이 허락한 줄 알겠나니	須臾覺得神靈許
푸른 옥 같은 차가운 물이 눈에 가득하여라[51]	滿目凝寒碧玉瀾

---

48 찰방 형님 :【譯注】이황(李滉)의 다섯째 형님인 찰방공 이징(李澄, 1498~1582)이다.

49 도담(島潭) :【譯注】충청북도 단양군(丹陽郡) 매포면(梅浦面) 도곡리(道谷里)에 있다. 소(沼) 가운데 세 개의 바위가 솟아 있는데, 이를 도담삼봉(島潭三峯)이라 한다.

50 태수(太守) :【譯注】대헌공(大憲公)인 이해(李瀣, 1496~1550)로, 본관은 진보(眞寶), 자는 경명(景明), 호는 온계(溫溪), 시호는 정민(貞愍)이다.

51 푸른⋯⋯가득하여라 :【譯注】산더미 같은 물결이 일어 유람을 방해하더니 곧바로 신령이 허락하여 물이 잔잔해져서 경치를 구경하게 되었다는 의미이다.

(詩-遺外卷 1-12)

세 섬을 빙 돌아 흥이 끝나지 않으니	三島回環興未闌
일엽편주 표연히 푸른 물굽이로 내려가누나	飄然一葉下蒼灣
무릉도원의 물길에서 나온 듯하니	怳如出自桃源路
아름다운 곳 잊지 않으려 손으로 가리켜 본다	佳處無忘指點看

(詩-遺外卷 1-13)

금수산[52] 앞에서 푸른 물결 희롱하니	錦繡山前弄碧波
붉게 단장한 기생들 시름에 잠김을 어찌하리[53]	紅妝一隊奈愁何
강기슭에는 큰 촛불 밝힐 필요가 없으니	岸邊不用如椽燭
동쪽 봉우리에 달이 떠오르기 기다려 바라보노라	待看東峯湧月華

---

52 금수산(錦繡山) : 【譯注】충청북도 단양(端陽)과 제천(堤川)에 걸쳐 있는 산이다. 원래 이름은 백운산(白雲山)이었으나, 이황이 비단에 수를 놓은 듯 몹시 아름다운 경치에 감탄하여 금수산으로 이름을 바꾸었다고 한다.

53 붉게……어찌하리 : 【譯注】금수산 앞의 못 경치가 매우 아름다워서 기생들에게 관심을 주지 않으니, 기생들이 시름에 잠긴다는 의미이다. 《정본 퇴계전서》권1 〈청심당(淸心堂)〉 시에 "취흥 돋우는 원님을 어이 감당할고, 냉담한 손님 비웃는 기생에 아랑곳 하지 않누나.〔那堪主帥挑人醉, 不分紅粧笑客涼.〕"라고 하였다.

BIP1094(詩-遺外卷1-14)

넷째 형님⁵⁴께서 단산의 객관에서 지은 시에 차운하다【기

유년(1549년, 명종4, 49세) 3월 추정. 풍기(豐基)】

次四兄在丹山舘韻

죽령은 산이 높아 기러기 그림자 낮으니	竹嶺山高鴈影低
보내오는 서신에 마음이 서글퍼라	來傳書信意凄迷
이곳에서 지난해 형님과 나란히 잤었는데	應緣去歲聯牀地
오늘 밤은 외로이 자며 새벽 닭 울음 듣는구나	此夜孤眠聽曉雞

---

54 넷째 형님 :【譯注】이해(李瀣, 1496~1550)로, 본관은 진보(眞寶), 자는 경명(景明), 호는 온계(溫溪)이다. 대사헌을 지냈으며, 시호는 정민(貞敏)이다. 이 시기에 이해는 청홍도(淸洪道 지금의 충청도) 관찰사로 있었다.

BIP1095(詩-遺外卷1-15~16)

온계에서 친족에게 보인 시. 2수 【기유년(1549년, 명종4, 49세) 9월 하순 추정. 예안(禮安)】

溫溪敍族韻 二首

(詩-遺外卷1-15)

벼슬살이에 잠시 돌아와 초라한 집에 오니	遊宦來歸見敝廬
눈앞에 아이와 조카 물고기 떼처럼 몰려드누나	眼中兒姪集魚魚
슬픈 바람[55]은 석 잔 올린 술에 다하지 않고	悲風不盡三杯奠
상체의 노래[56] 마치자 눈물이 옷깃을 적시는구나	常棣歌成淚洒裾

(詩-遺外卷1-16)

형은 한 도 아우는 한 고을 관장하니[57]	兄專一道弟專城
사람들은 주금의 영광[58]에 비견하네	人比還鄕晝錦榮

---

55 슬픈 바람 : 【譯注】어버이가 세상을 떠나 다시는 봉양할 수 없는 자식의 슬픔을 말한다. 공자(孔子)가 주(周)나라 구오자(丘吾子)에게 슬피 통곡하는 이유를 묻자, "나무가 조용하고자 하나 바람이 그치지 않고, 자식이 봉양하고자 하나 어버이가 기다려 주시지 않는다.〔夫樹欲靜而風不停, 子欲養而親不待.〕한번 가면 오지 않는 것은 세월이요, 다시 뵐 수 없는 것은 어버이이다."라고 대답하고는 강물에 몸을 던져 죽었다. 《孔子家語 致思》

56 상체의 노래 : 【譯注】《시경》〈소아(小雅) 상체(常棣)〉는 형제간의 우애를 읊은 시이다.

57 형은……관장하니 : 【譯注】이 시기 넷째 형인 이해(李瀣)는 청홍도(淸洪道 지금의 충청도) 관찰사로, 아우인 이황은 풍기 군수(豐基郡守)로 있었다.

58 주금의 영광 : 【譯注】항우(項羽)가 일찍이 진(秦)나라의 함양(咸陽)을 도륙한 뒤에 혹자가 그에게 함양에 머무르기를 권유하였다. 항우는 진나라의 궁실(宮室)들이 모두

터럭 같은 부귀 어찌 자랑할 만 하랴   富貴一毫何足詫
부지런히 선업을 닦아 길이 무너뜨리지 말아야지   勉修先業永無傾

파괴되어버린 것을 보고는 자기 고향인 강동(江東)으로 돌아가려고 하면서 말하기를
"부귀하여 고향에 돌아가지 않는 것은 마치 비단옷을 입고 밤길을 걷는 것과 같다.〔富貴
不歸故鄕, 如衣錦夜行.〕"라고 하였다. 인하여, 부귀해진 뒤에 고향에 돌아가는 것을 "비
단옷을 입고 낮길을 간다.〔衣錦晝行〕"고 표현하게 되었다. 《신당서》〈장사귀열전(張士
貴列傳)〉에 "장사귀는 괵주(虢州) 사람이다.·당 고조(唐高祖)를 따라 낙양(洛陽)을 평정
하여 괵주 자사(虢州刺史)에 제수되었다. 고조가 말하기를 '지금 경은 비단옷을 입고
낮에 노닐고 있소.'라 하였다."라고 하였다. 위공(魏公) 한기(韓琦)가 상주(相州)에 있을
때 주금당(晝錦堂)을 세웠는데, 송(宋)나라 구양수(歐陽脩)가 그를 위해 〈주금당기(晝
錦堂記)〉를 지었다.

효자암의 전별연에서 짓다 【기유년(1549년, 명종4, 49세) 9월 하순 추정.

예안(禮安)】

孝子庵餞席韻

지난해 이곳에서 이별의 술잔 들었었는데	去年此地把離杯
이별한 뒤 한 해 지나 또 다시 왔네.	一歲分飛又再來
만약 해마다 이런 이별할 수 있다면	若使年年爲此別
갈림길에서 거듭 배회하지 않겠지	臨歧不用重徘徊

　-온계에서 서쪽으로 고개 하나를 넘으면 효자암이 나오는데, 암자 앞으로 숲과 들판이 드넓게 펼쳐져 있다. 지난해 9월에 형님[59]께서 우윤(右尹)으로 성은을 받아 휴가를 얻어 고향에 왔는데, 그 당시 나는 단양의 수령이어서 또한 뒤좇아 왔다. 장차 돌아가려고 할 때 종친들이 이곳에서 전별하였었다. 딱 한 해가 지나 지금 또다시 이곳에 함께 오게 되어 지난해의 이별을 다시 할 수 있으니, 그렇게 됨을 다행하게 여기며 또한 이후로 그렇게 되기 어려움을 탄식하기에 이런 시구를 지었다.-

---

59　형님 : 【譯注】 이해(李瀣, 1496~1550)로, 본관은 진보(眞寶), 자는 경명(景明), 호는 온계(溫溪)이다. 대사헌을 지냈으며, 시호는 정민(貞敏)이다. 이 시기에 이해는 청홍도(淸洪道 지금의 충청도) 관찰사로 있었다.

풍기 군아에서 밤에 술을 마시다가 절구를 지었다【기유년 (1549년, 명종4, 49세) 10월 초순 추정. 풍기(豐基)】

豐基郡衙夜飮絶句

고향 오가며 사흘 묵는 동안 풍기 그리워하였는데	往來三宿戀基山
붉은 촛불 맑은 거문고에 밤은 깊어가누나	紅燭淸琴夜向闌
술동이 놓고 바람 부는 대 앞에서 춤춘다고 웃지 마라[60]	
	莫笑罇前舞風竹
벼슬살이에 이별은 참으로 많기도 하여라	宦遊離別苦多端

---

60 바람……마라 : 【譯注】 송(宋)나라 소식(蘇軾)의 〈취성당에 눈이 내리다〔聚星堂雪〕〉 시에 "많은 손님 일어나 춤추니 풍죽처럼 어지럽고, 늙은 태수 먼저 취하니 서리에 부러진 소나무 같아라.〔衆賓起舞風竹亂, 老守先醉霜松折.〕"라고 하였다.

촉령대에서 읊은 시. 2수【기유년(1549년, 명종4, 49세) 10월 초순 추정.

풍기(豐基)】

蠲泠臺韻 二首

서문을 함께 싣다.

형님[61]께서 호서절도사로 있으면서 휴가를 받아 고향으로 왔을 때,
나도 당시 외람되이 풍기군의 수령으로 있었기에 죽령에서 맞이하고
전송하였다. 그때 처음으로 요원(腰院)의 아래쪽에서 승경 한 곳을
발견하고서 주위를 다듬어 두 대를 열었다. 이에 동쪽에 있는 것은
'전운대(棧雲臺)'라 명명하였으니, 유뇌계(兪濡溪)[62]의 〈죽령행(竹
嶺行)〉 시에 '높은 잔도 구름 위에 닿았네.〔棧道浮雲邊〕'라고 한 구의
의미를 취하여 이름을 지은 것이다. 서쪽에 있는 것은 '촉령대(蠲泠
臺)'라 명명하였으니, 점필재(佔畢齋)[63]의 〈유두류산(遊頭流山)〉 시
에 '산은 우뚝하고 물은 맑게 흐르네.〔雲根蠲蠲水泠泠〕'라고 한 구에
서 의미를 취하여 이름을 지은 것이다. 그 골짜기를 '안영협(鴈影峽)'
이라 명명하였으니, 두보(杜甫)의 시[64]에서 '기러기 그림자 골짜기

---

61 형님 :【譯注】이해(李瀣, 1496~1550)로, 본관은 진보(眞寶), 자는 경명(景明),
호는 온계(溫溪)이다. 대사헌을 지냈으며, 시호는 정민(貞敏)이다. 이 시기에 이해는
청홍도(淸洪道 지금의 충청도) 관찰사로 있었다.

62 유뇌계(兪濡溪) :【譯注】유호인(兪好仁, 1445~1494)으로, 본관은 고령(高靈),
자는 극기(克己), 호는 임계(林溪)·뇌계이다. 문장과 글씨에 뛰어났다.

63 점필재(佔畢齋) :【譯注】김종직(金宗直, 1431~1492)으로, 본관은 선산(善山),
자는 계온(季昷)·효관(孝盥), 호는 점필재, 시호는 문충(文忠)이다.

64 두보(杜甫)의 시 :【譯注】〈아우 관이 남전에 부임하여 위해 아내와 자식을 데리고

안에 이어졌네.〔鴻鴈影來連峽內〕'라고 한 뜻을 취하였다. 다리를 '소
혼교(銷魂橋)'라 명명하였으니, 강엄(江淹)의 〈별부(別賦)〉에 '마음
아프게 혼을 녹이는 것은 오직 이별일 뿐이다.〔黯然銷魂者, 惟別而
已.〕'라고 한 말에서 취하였다. 작별할 때 형님이 나에게 "자네는 이
고을을 떠나지 말게. 내년에 내 응당 다시 와서 이 대에서 술잔을
들겠네."라고 하셨다. 그 이튿날 절구 두 수를 지어 보냈다.

(詩-遺外卷1-19)

이 산속에 처음으로 대 하나[65] 만드니	爲破天荒作一臺
절도사 형님 배웅하고 맞이할 때 오기 위해서라	鴒原棠茇送迎來
맑게 흐르는 물소리는 기뻐하는 정이 넘치는 듯하고	泠泠恰似懽情溢
뾰쪽뾰쪽한 대는 참으로 이별의 한 쌓인 듯하여라	矗矗眞如別恨堆

(詩-遺外卷1-20)

안영협에서 헤어진 날	鴈影峽中分影日
소혼교 위에서 혼이 끊어지던 때	消魂橋上斷魂時
천 번 휘감는 험한 고갯길 잘 올라가고	好登嶺路千盤險
내년 다시 온다는 기약 저버리지 마세요	莫負明年再到期

강릉에 이르렀다는 소식을 듣고 기뻐서 부치다〔舍弟瀁赴藍田取妻子到江陵喜寄〕〉시 3
수 중 제1수이다.

65 대 하나 : 【譯注】《재향지(梓鄕誌)》〈순흥지(順興誌)〉에는 '一'이 '二'로 되어 있다.

넷째 형님[66]의 〈이별한 뒤〉 시에 차운하다 【기유년(1549년, 명종4, 49세) 10월 초순 추정. 풍기(豐基)】

次四兄別後韻

만났다가 벌써 헤어질 때가 다가왔으니	相逢倏已別期臨
이별연의 술잔을 깊이 따른다 어찌 사양하리오	杯酒離筵肯訴深
사람은 일 백 년에 다시 만나기 어려운데	人事百年難會合
대의 이름 천고의 글귀 찾아서 처음 붙였네	臺名千古始搜尋
은거하는 계책 서툴지만 그나마 노년을 보냄직하니	菟裘計拙猶堪老
벼슬길에서 노닐어 스스로 빠지지는 말아야지	宦海身游莫自沈
형제가 서로 이별하여 고개에 막혔으니	棣萼分輝遮一嶺
돌아올 때 반복하며 더욱 길게 읊조리노라	來時三復更長吟

---

66 넷째 형님 : 【譯注】 이해(李瀣, 1496~1550)로, 본관은 진보(眞寶), 자는 경명(景明), 호는 온계(溫溪)이다. 대사헌을 지냈으며, 시호는 정민(貞敏)이다. 이 시기에 이해는 청홍도(淸洪道 지금의 충청도) 관찰사로 있었다.

BIP1100(詩-遺外卷1-22~23)

형님⁶⁷께서 진휼경차관으로 본도에 갔는데, 한식에 집안
의 선산에 가서 요전을 한다는 소식을 들었다. 나는 벼슬
에 얽매어 서울에 있어서 요전에 참여할 방법이 없었기에
원래의 시⁶⁸에 차운하여 올리다. 2수【임인년(1542년, 중종37, 42세)
3월 10일, 서울】

家兄以賑恤敬差往本道 聞寒食來家山澆奠 某拘官在京 無計助參 次韻
奉呈家兄 二首

(詩-遺外卷1-22)

멀리서 알겠어라, 한식에 집안 선산에 이르니　　　　遙知寒食到家山
수곡에는 바람 거세고 무덤가 나무 푸르를 줄　　　　樹谷風多宰樹碧
서울엔 오늘 밤 비가 분분하게 내리는데　　　　　　長安此夕雨紛紛
지전이 빗방울에 젖어버리는 것을 어이하리오　　　　紙錢無奈妨霤滴

<hr/>

67 형님 : 【譯注】 이해(李瀣, 1496~1550)로, 본관은 진보(眞寶), 자는 경명(景明),
호는 온계(溫溪)이다. 대사헌을 지냈으며, 시호는 정민(貞敏)이다. 1542년(중종37) 1월
에 경상도 진휼어사가 되었다가 윤5월에 복명하였다.

68 원래의 시 : 【譯注】《정본 퇴계전서》권2 KBP0565 〈친형님께서 진휼경차관으로
본도에 갔는데, 한식에 집안 선산에 가서 요전을 한다는 소식을 들었다. 나는 벼슬에
얽매어 서울에 있어서 참여할 방법이 없었다. 인하여 생각해보니 지난해 가을에 내가
경기재상어사로 삭녕 등의 지역에 갔다가 중구일을 만나 시 세 편을 지어 오인원(吳仁遠)
에게 보내니, 오인원이 화운하였다. 서울로 돌아오니 마침 한식이라 정감이 배나 심해졌
다. 이윽고 시를 지어 오인원에게 답하였는데, 그 원운에 다시 차운하여 형님에게 올렸
다.〔家兄以賑恤敬差往本道聞寒食來家山澆奠滉拘官在京無計助參因思去年秋滉以京畿
災傷御史行到朔寧等處値九日作詩三首錄寄仁遠仁遠和詩來京適値寒食吟詩念事情感倍
劇旣以詩答仁遠復次元韻奉呈家兄〕〉라는 시를 가리킨다.

세 달을 연이어 기러기[69] 갔고	鴈去連三月
만 산을 넘어 편지가 왔어라	書來度萬山
먼지와 모래 자욱한 들녘에서 밥을 지어 드시고	塵沙炊野際
안개와 이슬 덮인 시골에서 잠을 주무시겠지	霧露宿邨間
머리가 희었으니 지팡이 찾으실 터인데	髮白緣思策
매화 익으면 정히 돌아오시겠지	梅黃正待還
지금은 서로 만나	無因會今日
주름 진 얼굴 마주할 길이 없구나	同對舊屛顔

---

69 기러기 : 【譯注】 한(漢)나라의 충신 소무(蘇武)가 흉노 땅 사막에서 19년 동안이나 붙잡혀 있다가, 천자가 상림원(上林苑)에서 기러기 다리에 매여 있는 편지〔雁信〕를 보고 소무의 근황을 알게 되어 결국 한나라로 돌아왔다는 고사에서 유래하여, 기러기는 편지를 의미하게 되었다. 《漢書 蘇武傳》

적성에 있는 자하대 【기유년(1549년, 명종4, 49세) 4월 25일. 풍기(豐基)】

赤城中紫霞臺

이후로는 선생의 11대손 태철(兌轍)의 집에 소장된 작품들이다.

성은 어느 시대에 지어진 것인지 알 수 없다. 봉우리가 높이 솟았는데 그 위는 평평하니, 대의 옛날 이름은 산대암(山臺巖)이다. 내가 그 이름이 아름답지 않다고 여겨 자하대로 고쳤는데, 이로 인해 그 성도 적성으로 명명하였다.

험한 산길 두어 리 가서	崎嶇行數里
돌비탈 더위잡고 다시 고개를 넘었네	攀磴更越嶺
위태로워도 두려워하지 않고 발걸음 내딛으며	遇險不憚步
견여를 잘 들어주어 다행이어라	肩輿相濟幸
바위 성은 오래전에 이미 무너지고	石城久已頹
버려진 관청의 우물이 있네	官居有廢井
아지 못게라, 어느 시대 사람이	不知何代人
이곳으로 숨어들어 반란한 자들을 피하였는지	竄此避頑梗
옛날 일은 구름 따라 잊혀지고	往事逐雲空
남긴 흔적만 다만 그윽하여라	遺蹤但幽靖
지금 이내와 넝쿨 깊게 잠기고	至今烟蘿深
다만 원숭이 새만 노니누나	惟有猿鳥領
천암은 숨었다가 다시 드러나고	千巖隱復見
만뢰는 울었다가 곧 잠잠하여라	萬籟鳴更靜

우뚝하게 높은 대가 솟았으니	突兀聳高臺
짙은 노을 속에 푯대처럼 서 있어라[70]	建標霞蒸影
흡사 천태산에 들어갈 때	怳若入天台
먼저 아스라한 적성을 찾는 것[71]과 같아라	先尋赤城逈
드디어 그 성에 이름을 짓고	遂以名其城
아울러 대를 자하라 불렀지.	臺呼紫霞竝
그 위에 앉으매 초연하니	超然坐其上
하늘의 바람이 소매에 시원하게 불어오누나	天風吹袖冷
이끼를 닦아내고 바위에 제하니	剝苔題石上
이름이 천지와 함께 영원하리	名與天地永

---

70 짙은……있어라 : 【譯注】 진(晉)나라 손작(孫綽)의 〈유천태산부(游天台山賦)〉에 "적성산(赤城山)은 노을처럼 일어나 푯대처럼 서 있고, 폭포는 흩날리며 길을 경계 짓는다.〔赤城霞起以建標, 瀑布飛流以界道.〕"라고 하였다.

71 천태산에……것 : 【譯注】 적성산(赤城山)은 절강성(浙江省) 천태산(天台山) 남쪽에 있는 산 이름으로 토석의 색깔이 붉고 모양이 성첩과 같이 생긴 데서 붙여진 이름이다.

BIP1102(詩-遺外卷1-25)

죽암의 폭포 【기유년(1549년, 명종4, 49세) 4월 25일. 풍기(豐基)】
竹巖瀑布

중가타(中伽陁)의 아래에 있다.

수많은 나무 구름까지 솟고 폭포는 우레 같은데	萬木參雲一水雷
옥룡이 푸른 바위 사이를 솟구쳐 올라가는 듯	玉龍騰踔翠巖開
지금은 대가 없는데 아직도 죽암이라 부르니	至今無竹猶名竹
그 옛날에는 대가 많았음을 알겠어라	要識當年有竹來

BIP1103(詩-遺外卷1-26)

관음암 아래의 천석이 매우 아름다워 잠시 앉아 있는데 종수 상인이 "시냇물은 옥대 찬 손님 비웃으리니, 홍진의 자취 씻으려 해도 씻지 못하네."[72]라는 시구를 읊조렸다. 이에 서로 마주보고 한번 웃고서 이 시를 지어 보여주었다 【기유년(1549년, 명종4, 49세) 4월 26일. 풍기(豊基)】

觀音庵下泉石甚佳 坐頃 宗粹上人擧溪流應笑玉腰客欲洗未洗紅塵蹤之句 相視一粲 書此示之

어지러운 바위 중간의 옥류에서 탁족하는데	亂石中間漱玉流
차가운 물소리 철철 흐르니 옥이 부서지는 듯	寒聲淅瀝碎琳瑤
앉아 있으매 다시 고승의 비웃음 받았으니	坐來更被高僧笑
홍진의 자취 씻으려 해도 그럴 수 없구나	欲洗塵蹤不自由

---

72 시냇물은……못하네 : 【譯注】 고려 중기에 평장사를 지낸 영헌공(英憲公) 김지대(金之岱, 1190~1266)의 〈유가사(瑜伽寺)〉 시에 보이는 구절이다.

BIP1104(詩-遺外卷1-27~28)

지방사⁷³의 폭포를 찾아가다 【기유년(1549년, 명종4, 49세) 8~9월 추정.

풍기(豊基)】

尋池方寺瀑布

(詩-遺外卷1-27)

툭 터진 골짜기 구름에 가려 와룡은 숨어 있고	峽坼雲霏隱臥龍
푸른 벼랑에 천고의 세월 드리운 무지개 걸렸어라	蒼崖千古掛垂虹
산승이 유람하는 사람에게 웃으며 말하나니	山僧笑向游人道
이곳까지 승경 찾으러 온 사람은 처음으로 본다고 하네	始見奇蹤發此中

　-일반적으로 폭포는 응당 아래에서 구경하는데, 이 폭포가 있는 곳은 깊고 외져서 유람하는 사람들이 오지 않아 안내하는 산승도 다만 위에서 아래로 굽어보기만 하니 그 기이함을 보지 못하였다. 내가 비로소 거친 길을 헤치고 들어가서 못가의 바위에 앉아 우러러 바라보니 비로소 그 웅장한 경관을 전부 볼 수 있었다. 승려가 나를 따라와 보고는 일찍이 없던 일이라고 하면서 찬탄하여 마지않기에 이렇게 읊조렸다.-

(詩-遺外卷1-28)

천 길 절벽 아래로 거세게 쏟아지니	怒瀉千尋絶壁隈
대낮에 우르릉 쾅쾅 마른천둥이 울리는구나	轟轟白日殷晴雷
사람들 이곳에 교룡의 굴이 있다 하는데	人言此有蛟龍窟
옥 물줄기 금 모래밭 맑은 거울 열렸어라	玉爍金沙寶鑑開

---

73 지방사 : 【譯注】《풍기군지(豊基郡志)》에 "지방사(池方寺)는 군 남쪽에 있는 천부산(天浮山) 아래 있었는데, 지금은 없어졌다."라고 하였다.

관북으로 막료로 부임하는 장창수를 보내다 【갑진년(1544년, 중

종39, 44세) 7월 14일. 서울】

送張昌秀赴關北幕

안탑에 이름을 적은[74] 지 몇 해가 지났는가	鴈塔題名歲幾周
그대를 관새로 보내니 이별의 근심 일렁이누나	送君關塞動離愁
뛰어난 공으로 천성의 계책[75]을 남보다 앞서 바칠 것이요	
	奇功競獻天城策
문득 돌아보며 어찌 설령의 걱정[76]을 잊으리오	却顧寧忘雪嶺憂
막하에서 계책을 내면 백성들이 당발을 칭송할 것이며[77]	
	幕下籌謀頌棠茇
술동이 앞 담소에 모두성이 떨어지리라[78]	樽前談笑落旄頭

---

74 안탑에 이름을 적은 :【譯注】안탑은 대안탑(大雁塔)을 가리킨다. 당(唐)나라 때 과거의 진사 시험에서 새로 급제한 이들은 항상 곡강(曲江)의 연회를 마친 뒤 장안(長安) 남쪽 자은사(慈恩寺)에 가서 대안탑에 자기의 이름을 쓰는 풍습이 있었다. 즉 과거에 합격한 것을 이른다.

75 천성의 계책 :【譯注】천성(天城)은 봉천성(奉天城)을 가리키니, 무공을 세우라는 의미이다. 당나라의 역적 주자(朱泚)가 장안을 함락시켜, 덕종(德宗)이 봉천성으로 파천(播遷)하였을 때 이성(李晟)이 주자를 쳐부수고 회복시키니 덕종이 기뻐하며, "하늘이 이성을 낳은 것은 사직(社稷)을 위한 것이로다."라고 하였다.

76 설령의 걱정 :【譯注】미상이다.

77 당발을 칭송할 것이며 :【譯注】당발(棠茇)은 선정을 베풀었던 주(周)나라 소공(召公)이 머물러 쉬었다는 감당나무를 가리킨다. 《시경》〈소남(召南) 감당(甘棠)〉에 "무성히 자란 감당나무, 자르거나 베지 말라. 우리 소백께서 쉬셨던 곳이니라.〔蔽芾甘棠, 勿剪勿伐, 召伯所茇.〕"라고 하였다.

화해와 전쟁은 다만 백성들이 따르는가에 달렸으니 　和戎只在吾民服
청컨대 빈 땅 사람들 나라 옮길 때[79]를 보시라 　　請看邠人徙國秋

78 술동이⋯⋯떨어지리라 : 【譯注】'술동이 앞 담소'는 굳이 군대를 동원하여 전쟁터에
서 싸우지 않고 외교상의 담판으로 상대방을 꺾어 승리를 취한다는 뜻이다. 제(齊)나라
의 명재상인 안영(晏嬰)이 진(晉)나라에서 정탐하러 온 사신의 의도적인 결례를 연회석
상에서 지적하며 결연한 모습을 보이자, 사신은 진나라로 돌아가 제나라를 공격할 수
없다고 보고하였다. 공자는 이 말을 듣고 "잔치 자리를 벗어나지 않으면서도 천 리 밖의
일을 안다는 것은 안자(晏子)를 이른 것이다. 절충했다고 이를 만하다.〔夫不出于尊俎之
間而知千里之外, 其晏子之謂也. 可謂折衝矣.〕"라고 하였다.《晏子春秋 권5 雜上 第5》
'모두성이 떨어진다'는 것은 오랑캐의 대장이 죽는다는 의미이다. 모두성(旄頭星)은 이십
팔수의 하나인 묘성(昴星)으로, 오랑캐별을 뜻한다. 이 별이 환하게 빛나면 홍수가 지고
호병(胡兵)이 전쟁을 일으킨다 한다.《史記 天官書》
79 빈⋯⋯때 : 【譯注】《맹자》〈양혜왕 하(梁惠王下)〉에 "옛날 태왕(太王)이 빈(邠) 땅
에 거주할 적에 적인(狄人)이 침범해 왔는데,⋯⋯화를 피할 수가 없었습니다. 이에 결국
나라의 원로들을 모아놓고 말하기를, '적인이 원하는 것은 우리의 토지다. 나는 들으니,
군자는 사람을 먹여 살리는 토지 때문에 사람을 해치지 않는다고 한다. 여러분들은 어찌
임금이 없다고 걱정할 필요가 있겠는가. 나는 이제 이곳을 떠날 것이다.' 하고는, 빈
땅을 떠나 기산(岐山) 아래에 도읍을 정하고 거주하였습니다. 그러자 빈 땅 사람들은
'그 분은 인자(仁者)다. 놓쳐서는 안 된다.'라 하고 저자에 가듯 앞 다투어 그 뒤를 따랐습
니다."라고 하였다.

송 태수[80]와 말을 나란히 타고 도성에 들어오다가 한강가에서 비를 만나다 【갑진년(1544년, 중종39, 44세) 3월 25일 추정. 서울】

與台叟聯轡入城 湖上遇雨

천 그루 복사꽃과 백 이랑 드넓은 강물	千樹桃花百頃湖
푸른 이내 아득하고 비는 부슬부슬	青烟漠漠雨踈踈
귀거래 하지 못했는데 봄은 먼저 가버리니	未成歸去春先去
마름 가득한 물가에 한만 넘치는구나	蘋滿汀洲恨有餘

---

80 송 태수 :【譯注】송기수(宋麒壽, 1507~1581)로, 본관은 은진(恩津), 자는 태수(台叟), 호는 추파(楸坡)이다. 벼슬이 이조 판서에 이르렀다.

대동⁸¹ 찰방으로 부임하는 김영기를 보내다【갑진년(1544년, 중종39, 44세) 3월 19일 추정. 서울】

送金榮期赴大同察訪

묻노니 그대 어찌하여 역관의 관리 되었나	問子何爲作馬官
조정의 깊은 계책 간사한 아전 다스리려 함이지	朝廷深計欲勝姦
드넓게 뻗쳐진 숨겨진 소굴을 찾는 것이 급하더라도	宏羅隱窟搜雖急
혼자 몸으로 거센 물결 막는 것은 이미 어렵다네	隻手狂瀾障已難
백발로 기국⁸²의 달을 읊조리기 좋고	白髮好吟箕國月
맑을 때 패강의 난초 캐어 돌아오리	淸時還采浿江蘭
누대가 곳곳마다 모두 물가에 있으니	樓臺處處皆臨水
신선의 자리에서 다 볼 수 있으리	都在神仚座上看

---

81 대동(大同) :【譯注】평안도 평양에 있던 역참이다.

82 기국(箕國) :【譯注】기자(箕子)가 평양에 도읍한 기자조선(箕子朝鮮)을 이른다. 여기서는 평양을 가리킨다.《대전속록(大典續錄)》〈이전(吏典) 제수(除授)〉에 "영서도 (迎曙道)·금교도(金郊道)·대동도(大同道)의 찰방은 품계가 높고 근검한 사람을 가려서 경직(京職)을 겸차(兼差)한다."라고 하였다.

충주 가흥창⁸³에서 묵으며 감사 형님⁸⁴께서 강음⁸⁵ 조읍창에서 보내 주신 시에 받들어 차운하다【정미년(1547년, 명종2, 47세) 9월 17일 추정. 충주(忠州)】

宿忠州可興倉 奉次監司兄江陰助邑倉見寄韻

바람을 피하여 물가의 가흥창에 투숙하니	避風投宿水邊倉
문득 수양산⁸⁶에 있는 우리 형님 생각나네	忽憶吾兄在首陽
천 리에서 부평초와 쑥대처럼 모두 나그네 되고	千里萍蓬同作客
같은 하늘 아래 기러기는 오랫동안 떨어져 나는구나	一天鴻鴈久離行
시를 해운에서 지어 형세를 논하시니	詩成海運論形勢
강조에서 한가한 흥이 일어 시를 지어 보냅니다	興適江漕發篋箱
여쭙자니 수성은 얼마나 크신가요	欲問愁城如許大
하늘 가득한 서리 맞은 달은 얼마나 빛나는가요	滿空霜月若爲彊

---

83 충주(忠州) 가흥창(可興倉) :【譯注】충청북도 북부 여러 고을과 경상북도 여러 고을의 특산물과 세금을 모아 남한강 물길을 통해 서울로 싣고 가던 내륙의 항구이다.

84 감사 형님 :【譯注】이해(李瀣, 1496~1550)로, 본관은 진보(眞寶), 자는 경명(景明), 호는 온계(溫溪)이다. 대사헌을 지냈으며, 시호는 정민(貞敏)이다. 이 시기에 이해는 황해도 관찰사(黃海道觀察使)로 있었다.

85 강음(江陰) :【譯注】황해도 금천(金川)의 옛 지명이다.

86 수양산(首陽山) :【譯注】황해도 해주(海州)와 신원군(新院郡) 사이에 있는 산으로, 여기서는 황해도를 가리킨다.

BIP1109(詩-遺外卷1-33~34)

제목을 잃었다 【임인년(1542년, 중종37, 42세) 9~12월 추정. 서울】
逸題

이후로는 완산(完山) 최면식(崔冕植)의 집에 소장된 작품들이다.

(詩-遺外卷1-33)

-원문 7자 결락-　　　　　　　　　　　　　　□□□□□□□

-원문 3자 결락-의 동쪽 산수로 채찍질하여 가네　　□□□東山水鞭

옥 같은 시[87]를 읽고 나서 감개가 깊으니　　　讀罷瓊詩多感慨

응당 나의 마음이 그러한 줄 먼저 알아주었구려　只應先得我心然

　　-그대와 함께 어사(御史)의 명을 받았는데 그대는 호남으로 가니 그곳에 고향이
　　있고, 나는 관동으로 가니 영남의 고향과는 거리가 멀어 찾아갈 수가 없었다.
　　임무를 마치고 돌아와 그대의 행록(行錄)을 얻어 읽게 되었는데, 서글픈 감회가
　　일어 그 뒤쪽에 이와 같이 쓴다. 그대가 무주현(茂朱縣)에서 지은 시에 "나를
　　오라고 부르는 시편이 있으리라.〔招我歸來想有篇〕"라고 하였는데, 나도 관동을
　　돌아다니면서 또한 이와 같은 생각이 많았다. 그러므로 마지막 구에서 언급하였다.-

(詩-遺外卷1-34)

그대 호남으로 떠나고 나만 홀로 돌아왔는데　　客去湖邊獨自歸

그대 집 문은 닫히고 등잔만 벽을 비추고 있겠지　青燈照壁鎖衾扉

책상에서 뒤적이며 아름다운 시를 읽으니　　　爲尋案上披佳什

맑은 밤 낭랑하여 -원문 1자 결락- 가루가 날리는 듯　清夜琅琅□屑飛

---

87 옥 같은 시 : 【譯注】 상대방이 보내 준 아름다운 시를 뜻한다. 《시경》〈위풍(衛風)
모과(木瓜)〉에 "나에게 모과를 던져 주기에, 아름다운 옥으로써 갚는다.〔投我以木瓜,
報之以瓊琚.〕"라고 하였는데, 여기서는 상대방이 나에게 보내준 훌륭한 시편을 이른다.

BIP1110(詩-遺外卷1-35~37)

2월 27일에 내가 홍문관 교리로 교지를 받아 서울로 가
게 되었는데, 이 지사[88]께서 절구 한 수를 지어주시며 가
는 길을 빛내 주셨다. 서울에 이르러 삼가 그 시에 차운
하여 재배하고 보내드리다 갑진년(1544년, 중종39, 44세)【3월 6일
추정. 서울】

二月二十七日　某以弘文校理被旨赴京　李知事示一絶寵行　到京謹次韻
再拜送呈 甲辰

(詩-遺外卷1-35)

병중에 소명에 달려가니 어찌 그 마음 견디랴	病中奔命豈勝情
원하는 바는 이에 쉽게 이뤄지지 않음을 알겠어라	心事從知未易成
분내에 노닐려는 오랜 바람 어겼기에	爲向汾川違宿願
춘풍은 죽여(竹輿)의 행차를 기다리지 않겠구나	春風不侍筍輿行

(詩-遺外卷1-36)

서울에서 천 리 먼 고향 그리는 마음	京師千里故鄕情
술동이 앞의 비바람에 한은 다시 깊어지누나	風雨樽前恨更成
응당 산신령이 세속의 수레를 싫어하여	應是山靈嫌俗駕
이내를 보내 재촉하여 산의 행차 돌려보낼 테지[89]	馳烟催送出山行

---

88 이 지사 :【譯注】이현보(李賢輔, 1467~1555)로, 본관은 영천(永川), 자는 비중(棐
仲), 호는 설빈옹(雪鬢翁)·농암(聾巖)이다. 1542년(중종37) 76세 때 지중추부사(知中
樞府事)에 제수됐으나 병을 핑계로 벼슬을 그만두었다. 시호는 효절(孝節)이다.

89 산신령이……테지 :【譯注】남조(南朝) 시기 공치규(孔稚珪)의 〈북산의 이문[北山

풍진속에서 날마다 서글픈 마음 넘치니　　　　　　　風塵日日悵餘情

일찍이 지산⁹⁰을 향하여 학의 꿈 꾸었어라⁹¹　　　曾向芝山鶴夢成

생각해보건대, 지금 봄날 경치 더욱 좋으리니　　　　想得如今春更好

물가와 숲으로 작은 수레타고 나가시겠지　　　　　水邊林下小車行

移文]〉에 "청컨대 속사의 수레를 돌리어라, 신령을 위하여 포객을 사절하노라.〔請廻俗士
駕, 爲君謝逋客.〕"라고 하였으며, 또한 같은 작품에 "종산(鍾山)의 영령과 초당(草堂)의
신령이 역로에 안개를 보내〔馳烟〕 산정에 이문(移文)을 새기도록 하였다."라고 하였다.

90 지산 : 【譯注】 영지산(靈芝山)을 가리킨다. 이현보가 거주하던 안동(安東) 도산면
(陶山面) 분천리(汾川里)에 있다.

91 학의 꿈 꾸었어라 : 【譯注】 세속을 초탈하여 멀리 떠나가려는 것을 말한다. 당(唐)나
라 사공도(司空圖)의 〈이생과 더불어 시를 논하다〔與李生論詩書〕〉 시에 "땅은 청량하여
학의 꿈 맑고, 숲은 고요하여 중의 모습 엄숙하네.〔地凉清鶴夢, 林靜肅僧儀.〕"라고 하였
다. 송(宋)나라 왕화기(王化基)의 〈호국사로 돌아가는 승려를 보내다〔送僧歸護國寺〕〉
시에 "구름은 날아 북궐로 오고, 학은 꿈꾸며 동명으로 가는구나.〔雲飛來北闕, 鶴夢去東
冥.〕"라고 하였다.

7월 2일에 호당의 임사수[92]와 약속하였는데, 임사수는 오지 않고 시를 보내 미안한 마음을 전하였다. 이날 밤 홀로 누워 잠이 오지 않아서 그 시에 차운하다 【임인년(1542년, 중종37, 42세) 7월 추정. 서울】

七月初一日 約林士遂湖堂 士遂不至 以詩來謝 是夜獨臥不寐次韻

이 몸 못에 풀어놓은 물고기 부질없이 부러워하노니	此身空羨縱湖鱗
홀로 밤에 누워 공빈을 부르는 소리[93] 듣노라	獨臥夜聞呼孔賓
한 등잔의 불꽃만 사방 벽을 밝히나니	一盞燈花明四壁
약속한 사람 오지 않음을 견딜 수 있으랴	可堪有約不來人

---

92 임사수 : 【譯注】 임형수(林亨秀, 1514~1547)로, 본관은 평택(平澤), 자는 사수(士遂), 호는 금호(錦湖)이다. 호당에서 함께 공부하였던 인연으로 이황·김인후 등과 친교를 맺었다.

93 공빈을 부르는 소리 : 【譯注】 '공빈(孔賓)'은 진(晉)나라 때의 은사인 기가(祈嘉)의 자이다. 기가가 젊어서 청빈하고 학문을 좋아했는데 나이 20여 세 되었을 때 밤중에 갑자기 누가 창문에서 그를 불러 "기공빈 기공빈, 빨리 숨어라 빨리 숨어라. 세상에 나아가면 소득은 털끝만큼도 없고 잃는 것만 태산같이 클 것이다."라고 하였다. 이에 아침에 그대로 서쪽으로 도망하여 돈황(敦煌)에 가서 학사(學舍)에 들어가 글만 읽었는데, 뒤에 경전을 널리 통하여 큰 학자가 되었고 문인이 2천여 명이나 되었다. 이에 그는 끝내 세상에 나아가지 않았고, 오래 수를 누릴 수 있었다. 《晉書 隱逸列傳》

차운하다【연월 미상. 서울】
次韻

열흘 동안 쉬는 날이 없이	十日無休日
경기의 고을을 빙 돈다	彎環畿縣中
마을과 들녘의 밭을 살피고	民田村又野
안개와 바람 맞으며 역로를 다녔노라	驛路霧兼風
'불쌍하다, 와서 먹게나'⁹⁴라는 것 이미 보았으니	已見嗟來食
응당 낟알 끊어진 노인은 없어라	應無絶粒翁
용공은 은덕이 있다는데	龍公有仁德
어찌하여 우리 동방에 비를 아끼는가	胡奈慳吾東

---

94 불쌍하다 와서 먹게나 : 【譯注】제(齊)나라에 크게 기근이 들었을 때 검오(黔敖)란 사람이 길에서 밥을 지어 사람들에게 먹였는데, 어떤 굶주린 사람에게 "불쌍하기도 해라, 어서 와서 먹어라.〔嗟來食〕"라고 하자, 그가 눈을 부릅뜨고 쳐다보면서 "나는 오직 불쌍하게 여기면서 무례하게 주는 음식을 받아먹지 않았기 때문에 이 지경에 이르렀다."라고 하고는 끝내 음식을 거부하고 굶어 죽었다. 《禮記 檀弓下》

양벽정⁹⁵에서 조계임⁹⁶의 시에 차운하다 【임인년(1542년, 중종37, 42세), 7월 추정. 용인(龍仁)】

漾碧亭 次趙季任韻

2수는 《속집》에 보인다.⁹⁷

뜰 아래에 물이 가득한 못을 파서 열어놓고	鑿開庭下水盈塘
못가엔 두어 줄 버들을 심어 놓았어라	岸上仍栽柳數行
타향에서 또 오늘 밤을 만났으니	客裏又逢今夜月
누가 향기로운 술 한 두루미 권하여 근심 씻어 주리	澆愁誰勸一樽香

---

95 양벽정 : 【譯注】 용인(龍仁)의 객관 동쪽에 있었던 정자이다. 홍귀달(洪貴達, 1438~1504)의 〈양벽정기(漾碧亭記)〉에 의하면 1497년(연산군3)에 용인 현령 김우(金祐)가 지었다고 하는데, 지금은 남아 있지 않다.

96 조계임 : 【譯注】 조사수(趙士秀, 1502~1558)로, 본관은 양주(楊州), 자는 계임(季任), 호는 송강(松岡)이다. 좌참찬을 지냈으며, 시호는 문정(文貞)이다.

97 2수는 속집에 보인다 : 【譯注】《정본 퇴계전서》 권3 〈양벽정. 조계임의 시에 차운하다.〔漾碧亭次趙季任韻〕〉를 가리킨다.

시월 모일에 이계아⁹⁸ 영공께서 경상도 관찰사로 나갈 때 받들어 올리다 【신축년(1541년, 중종36, 41세) 10월 추정. 서울】
十月日 奉贈李季雅令公出按嶺南

영남의 큰 도회지 대단히 번성하다 하니	嶺海雄都號劇繁
관찰사로 임명한 성상의 뜻을 깊이 알겠어라	分憂深覺睿心存
예전엔 포의로 귀양 갔었는데⁹⁹	當年身作布衣謫
지금은 사람들이 -원문 3자 결락- 맞이하누나	今日人迎□□□

---

98 이계아 : 【譯注】 이청(李淸, 1483~1549)으로, 본관은 한산(韓山), 자는 계아(季雅)이다. 기묘명현(己卯名賢)의 한 사람이다. 1541년(중종36)에 경상도 관찰사(慶尙道觀察使)가 되었다.

99 포의로 귀양 갔었는데 : 【譯注】 이청은 1504년(연산군10)에 조부 이파(李坡)가 화를 입자 이에 연좌되어 영천(永川)으로 유배되었다.

제목을 잃어버리다 【연월 미상. 장소 미상】

逸題

노경은 원래 물러나 한가롭게 지내기 좋으니	老境從來合退閑
애오라지 헌면을 가지고 계산으로 바꿨어라	聊將軒冕博溪山
그대 맞아 꽃피는 봄날 구경하려는데	邀君欲賞芳春節
다만 늙은이 멀리 찾아가기 어려워서 두렵노라	只恐衰年遠訪難

만사 【연월 미상. 장소 미상】

輓辭

가문의 운수가 사나워 거듭 어려움 당하여	險釁門重難
아홉 번 죽을 뻔하다가 겨우 살아 돌아왔네	生還九死餘
아들 많은 건 오히려 새옹지마요	多男猶塞馬
곤궁한 살림은 아직도 고인 물의 물고기 신세라	窮業尙涔魚
장수 누려 바야흐로 오래 사는가 했는데	壽域方登永
무덤으로 갑자기 돌아가누나	佳城忽返初
오랜 인척인 내 늙고 병들어	舊姻仍老病
영거를 직접 보내지 못해 부끄럽도다	慙負送靈轝

BIP1117(詩-遺外卷1-44)

만사 【연월 미상. 장소 미상】
輓辭

우리 형의 훌륭한 사위로 본래 유자니	吾兄佳壻本儒家
어렸을 때부터 서로 어울려 얼마나 절차탁마했던가	年少相從幾切磨
연방에 그치고 대과는 탐하지 않으며	蓮榜不貪丹桂苑
초려에서 더욱 푸른 산[100]을 사랑했어라	草廬還愛碧山阿
시서로 아들 가르쳐 향촌에서 훌륭하다 칭송하고	詩書敎子鄕稱善
물고기와 새들도 사람과 친하니 즐거움도 많아라	魚鳥親人樂亦多
아내 잃은 슬픔[101]에 급히 돌아가실 줄 어찌 생각했으랴	豈謂神傷遽乘化
병중에 만사 지으니 눈물만 하염없이 흐르네	病中題輓淚滂沱

---

100 푸른 산 : 【譯注】 은거한 것을 이른다. 당(唐)나라 두보(杜甫)의 〈백 학사 모옥에 제하다〔題柏學士茅屋〕〉 시에 "벽산의 학사가 은어를 불태우고, 백마를 타고서 달려가 산야에 은거했네.〔碧山學士焚銀魚, 白馬却走身巖居.〕"라고 하였다.

101 아내 잃은 슬픔 : 【譯注】 《안씨가훈(顏氏家訓)》 〈면학(勉學)〉에 "위(魏)나라 순찬(荀粲)은 아내가 죽자 슬픔에 빠져 죽었다.〔荀奉倩喪妻, 神傷而卒.〕"라고 하였다.

전날 영광스럽게도 찾아주심을 받았으니, 시냇가 모옥에
서 삶을 영위하는 것이 '평생 얻기 어려운 다행'이라고 생
각하여 감히 -원문 1자 결락- 즐거움을 아뢰었습니다. 그런
데 뜻밖에도 다시 저의 거친 시에 화운하여 약간 -원문 1자
결락- 편의 시를 보내 장려하는 뜻을 지극히 보여주셨습니
다. 그 은혜에 절을 올린 이후로 감사함을 이길 수 없습니
다. 비둘기 둥지처럼¹⁰² 자주 옮겨 다니며 끝내 아직 살 곳
을 정하지 못하여 항상 스스로 헛웃음만 짓고 있는데, 외
람되이 해학으로 지으신 절구 한 수를 받으매 졸렬한 저
의 일이 도리어 좋은 일이 되었으니 감히 답시를 짓지 않
고 욕을 보일 수가 없었습니다. 이에 삼가 '세 차례 옮겼
다.〔三遷〕'는 글자로 인하여 그 실상을 말하여 훌륭한 그
뜻에 만분의 일이라도 우러러 보답하고자 합니다. 대개
지산¹⁰³에서 퇴계로 옮겼다가 하오로, 다시 죽동으로 옮겼
습니다. 죽동에서 지금 또다시 옮기려고 하니 실로 네댓
차례 옮긴 것입니다. 이에서 지산의 산송에서 굴욕을 당
하여 퇴계의 외진 곳으로 스스로 물러난 것을 절로 알게

---

102 비둘기 둥지처럼 :【譯注】《고금운회거요(古今韻會擧要)》에 "비둘기는 둥지를 만
들지 못한다."라고 하였다. 송(宋)나라 왕안석(王安石)의 〈창숙의 회첨루 독서지락 시에
차운하다〔次韻昌叔懷濤樓讀書之樂〕〉 시에 "먹고 사는 것에 뜻을 두어 오랫동안 쉬지
못하였는데, 집 하나 없어 비둘기보다 못하구나.〔志食長年不得休, 一巢無地拙于鳩.〕"라
고 하였다.

103 지산 :【譯注】영지산(靈芝山)을 가리킨다. 농암(聾巖) 이현보(李賢輔)가 거주하
던 안동 도산면 분천리에 있다.

되었습니다.[104] 이로 말미암아 이처럼 옮겨 다니며 살면서 정처가 없으신 데도 끝내 원망하는 말이 없으니 이에 성덕을 갖춘 이는 불가함이 없다는 것을 더욱 알게 되었습니다. 경솔히 주제넘게 답시를 보내오니 황송할 따름입니다.
【경술년(1550년, 명종5, 50세), 1월 추정. 예안(禮安)】

前日獲承寵臨 潤屋榮生 自謂平生難得之幸 敢陳□悰 不意復賜和荒律少達□章 示以獎許之者至矣 拜嘉以還 不勝感佩 鳩巢屢改 迄未有定 尋常自笑 叨蒙善謔一絶 拙事反爲好事 不敢虛辱 謹因三遷字而道其實 仰酬盛意之萬一 蓋自芝山而遷退溪而霞塢而竹洞 自竹洞而今又將遷 實爲四五遷矣 自知理屈於芝山之訟 而自退於退溪之僻 由是遷居不定如此然終無怨言 於是益見盛德之無不可 率爾狂對 惶悚

(詩-遺外卷1-45)

아스라이 솟은 듯한 지산 옆에	陡斷芝山縹緲邊
어느 곳에 집 터 잡아야 가장 좋은가	卜居何地最爲賢
오히려 맹모삼천이 적음을 싫어하였으니	猶嫌孟母三遷少
손가락 꼽아보매 지금 네댓 번 옮겼어라	屈指如今四五遷

---

104 지산의……되었습니다 : 【譯注】 이현보의 〈경호가 천사로 거처를 옮겼는데, 그곳에만 권의 장서를 보관하였다는 소식을 듣고서 그 운에 화답하여 예전 희롱을 잇다[聞景浩移卜川沙有中藏萬卷之絶賡其韻以續舊戲]〉 시에 "예전 거처 지산의 송사는 얼마나 괴로웠는가, 천사도 오히려 새 거처로 정할 수 있으니. 이에 알겠네 굴욕이 대단히 분명하다는 것을, 네 벽의 책을 다 옮겼다는 소식을 들었노라.〔何苦芝山訟舊居, 川沙猶可卜新墟. 從知理屈分明甚, 聞盡輪移四壁書.〕"라고 하였다.

선부의 단산과 벽수 옆이라 　　　　　　　　仚府丹山碧水邊

초삽[105]도 이보다 그리 낫지 않을 것이라 사람들 말하네

　　　　　　　　　　　　　　　　　　人言茗雪未多賢

듣자하니 어른께서 이전 맑은 유람에서 돌아왔다고 하는데

　　　　　　　　　　　　　　　　　　聞君往作淸遊返

밤새 그리워하며 자주 옮겨 다니는구나 　　　　一夕相思坐屢遷

---

105 초삽(茗雪) :【譯注】중국 절강성(浙江省) 호주시(湖州市) 경내에 있는 초수(茗
水)와 삽수(雪水)로, 당(唐)나라 때 장지화(張志和)가 은거한 곳이다. 안진경(顔眞卿)
이 호주 자사(湖州刺史)가 되었을 때 장지화가 타고 다니는 배가 낡은 것을 보고 새것으
로 바꿔주겠다고 하자, 사양하며 말하기를 "나는 이 배를 물 위에 뜬 집으로 삼아 초수와
삽수 사이를 오가며 지내기를 바랄 뿐입니다."라고 하였다. 《新唐書 張志和列傳》

천사 이 장¹⁰⁶ 현우 댁에 【연월 미상. 장소 미상】

川沙李丈 賢佑 宅

이후로는 선생의 11대손 만준(晚濬)의 집에 소장된 작품들이다.

산을 유람하다 돌아오매 홍이 다하지 않아	遊陟歸來興未窮
작은 헌함에서 술동이 마주하노라	一樽相對小軒中
숲을 지나 긴 다리 옆 어른 댁에 또 술 보내니	穿林又送長橋畔
시냇물 건너 희미하게 심부름하는 아이 보이네	隔水依俙見候僮

----

106 이 장(李丈) : 【譯注】이현우(李賢佑)로, 본관은 영천(永川)이다. 농암(聾巖) 이현보(李賢輔)의 아우이며, 이황의 문인인 간재(艮齋) 이덕홍(李德弘)의 조부이다. 벼슬은 훈련습독(訓鍊習讀)을 지냈다.

제목을 잃어버리다 【연월 미상. 장소 미상】
逸題

가을 오니 근심의 바다 끝도 없이 아득하지만	秋來愁海極漫漫
눈에 비치는 들녘의 흥취 또한 끝이 없어라	野興當前亦未闌
하늘은 고달픈 이 구원하니 어찌 살리지 않으랴	天恤疲癃那肯殄
비는 그을려 문드러진 초목 소생케 하여 끝내 죽지 않았네	
	雨蘇焦爛不終殘
고인 물의 물고기 비가 쏟아져 비늘을 파닥이고	窮魚沛若鼓鱗鬣
바람 시원해 병든 나그네 흉중이 맑아지누나	病客冷然清肺肝
세상만사 스스로 응당 본분107을 편안하게 여겨야 하니	
	萬事自應安素履
어찌 한단에서 새 걸음걸이 배울 필요 있으랴108	何須新步學邯鄲

---

107 본분 : 【譯注】《주역》〈이괘(履卦) 초구(初九)〉효사에 "본분대로 해 나가면 허물이 없다.〔素履往, 無咎.〕"라고 하였다.

108 한단에서……있으랴 : 【譯注】《장자(莊子)》〈추수(秋水)〉에 "그대는 한단(邯鄲)에 걸음을 배우러 온 수릉(壽陵) 땅 소년의 이야기를 듣지 못했는가? 그 국도(國都)의 잘 걷는 재주를 터득하기는커녕 옛날의 걸음걸이마저 잃어버리고서 다만 기어서 돌아갔다는 것을."이라고 하였다.

제천정¹⁰⁹에서 창녕의 시에 차운하여 벼슬을 사직하고 돌아가는 이 참판¹¹⁰을 보내다 임인년(1542년, 중종137, 42세) 【7월 17일. 서울】

濟川亭 次昌寧韻 送李參判辭還 壬寅

상동문¹¹¹ 밖에서 공을 이룬 이¹¹²를 기다리나니　　上東門外候功成
전별연의 휘장은 구름 같아 후생을 감동시키네　　祖帳如雲感後生
대낮에 신선 되어 하늘로 오름¹¹³은 말할 것이 있는가 白日登仙何足道
급류 가에서 이 한가한 행차를 부질없이 부러워하노라 急流空羨此間行

　　-이하 두 수는 《농암고(聾巖稿)》에 보인다.¹¹⁴-

---

109 제천정(濟川亭) : 【譯注】 지금의 한남동과 보광동 사이 아래 기슭에 있었던 것으로 추정되는 정자이다. 중국에서 사신이 오면 반드시 이곳에 초대하여 연회를 베풀었을 정도로 경관이 아름다웠다고 한다.

110 이 참판 : 【譯注】 이현보(李賢輔, 1467~1555)로, 본관은 영천(永川), 자는 비중(棐仲), 호는 설빈옹(雪鬂翁)·농암(聾巖)이다. 1542년(중종37) 76세 때 지중추부사(知中樞府事)에 제수됐으나 병을 핑계로 벼슬을 그만두었다. 시호는 효절(孝節)이다.

111 상동문(上東門) : 【譯注】 동한(東漢)의 도성인 낙양(洛陽)의 동쪽 성문 이름으로, 건춘문(建春門)이라고도 하는데, 여기서는 한양(漢陽)의 동대문을 가리킨다.

112 공을 이룬 이 : 【譯注】 여기서는 큰 공을 이루고 향촌으로 돌아가는 것을 가리킨다. 《노자도덕경(老子道德經)》 제9장에 "공을 이루고 이름을 날린 뒤에는 뒤로 물러나는 것이 하늘의 도이다.〔功成名遂身退, 天之道.〕"라고 하였다.

113 대낮에……오름 : 【譯注】 여기서는 풍광이 좋은 고향으로 돌아감을 가리킨다. 《신선전(神仙傳)》에 "갈선옹(葛仙翁 갈홍(葛洪))이 여궤산(女几山)에서 오동나무 궤에 비기어 수십 년 동안 도를 배우고 밝은 대낮에 신선이 되어 승천하자〔白日登仙〕, 그 오동나무 궤는 세 발 달린 노루로 변하여 수시로 산 위에 나왔다."라고 하였다.

114 이하……보인다 : 【譯注】 《농암선생문집(聾巖先生文集)》 권5 〈부록(附錄) 2〉에 보인다.

재차 차운하여 배 안에서 드리다 【임인년(1542년, 중종37, 42세) 7월 17일. 서울】

再次呈舟中

영지산¹¹⁵의 집이 막 지어져 기뻐하며	靈芝山舍喜初成
죽장망혜로 술을 짝하시리라	竹杖芒鞋伴麴生
내 공을 따라 혜초 난 길에서 노닐고 싶지만	我欲從公尋蕙路
홍진 속에 있는 몸 구름 이는 길에 어찌할 수 없구나	紅塵無奈惹雲行

---

115 영지산(靈芝山) : 【譯注】 농암(聾巖) 이현보(李賢輔)가 거주하던 안동 도산면 분천리에 있다. 시를 올린 대상은 이현보로 보인다.

금사임¹¹⁶의 시냇가 집에 보내어 제하다 【병진년(1556년, 명종11, 56세) 4~5월 추정. 예안(禮安)】

題贈琴士任溪齋

봉화(奉化) 금우열(琴佑烈)의 집에 소장되어 있다.

해와 달 같은 밝은 가르침 전현의 글에 실려 있으니	日星明訓載前書
이를 대하면 엄한 스승은 절로 많으리라¹¹⁷	對此嚴師自有餘
강가에서 더러운 냄새 좇으니 참으로 기이한 일인데¹¹⁸	
	逐臭海濱良異事
그대 고생스럽게 이웃에 집 지음에 탄식하노라	嘆君辛苦築隣廬

---

116 금사임 : 【譯注】 금보(琴輔, 1521~1585)로, 본관은 봉화(奉化), 자는 사임(士任), 호는 매헌(梅軒)이다. 이황의 문인으로 사마시에 합격하였다. 글씨를 잘 써서 '예안의 세 명필〔宣城三筆〕' 중 첫째로 일컬어졌으며, 이황의 묘갈문(墓碣文)을 썼다.

117 엄한……많으리라 : 【譯注】 《맹자》 〈고자 하(告子下)〉에 "도(道)는 대로(大路)와 같으니, 어찌 알기 어렵겠는가. 사람들이 구하지 않는 것이 병통일 뿐이니, 그대가 돌아가 찾는다면 스승이 많이 있을 것이다.〔有餘師〕"라고 하였다.

118 강가에서……일인데 : 【譯注】 《여씨춘추(呂氏春秋)》 권14 〈우합(遇合)〉에 "몸에서 대단한 악취가 나는 사람이 있어 친척·형제·아내·친지 등 그 누구도 그와 함께 거처할 수가 없게 되자, 스스로 고민 끝에 홀로 바닷가에 가서 살았는데, 그 바닷가에 사는 한 사람이 유독 그 냄새를 좋아하여 밤낮으로 그를 따라다녀서, 그의 곁을 떠나지 않았다."라고 하였다.

웅 스님의 시권에 제하다 【신해년(1551년, 명종6, 51세) 2월 16일. 예안(禮安)】

題雄師詩卷

풍천(豊川) 임병준(任秉準)의 집에 소장되어 있다.

헛되이 내 이름 가지고 널리 알리는 시권에 넣었는데	虛將名字編知聞
나는 실로 일찍이 한 구의 글도 지어주지 않았노라	我實曾無一句文
가소롭구나, 무릉은 참으로 해학을 잘하여	可笑武陵眞善謔
짐짓 번거로이 나를 도발하여 이러쿵저러쿵 말하는구나	
	故煩挑我亦云云

-당시 웅사는 청량산(淸凉山)의 만월암(滿月庵)에 거주하고 있었다.-

지난 갑진년(1544년, 중종39)에 무릉 주경유(周景遊)[119]가 청량산을
유람하다가 웅 스님에게 절구 두 수를 지어 주면서 제목에 "경호(景
浩)의 운자를 썼다."라고 썼는데, 실상은 나는 일찍이 웅 스님에게
시를 준 적이 없었다. 그러므로 주경유가 웅 스님에게 이르기를 "내가
이렇게 한 이유는 스님으로 하여금 반드시 경호의 시를 반드시 얻게
하려는 것이니 이 시를 맨 첫머리에 써놓았기 때문이다."라고 하였으
니, 대개 장난스레 그렇게 한 것이다. 신유년(1561년, 명종16) 중춘
에 내가 병들어 계장(溪莊)에서 누워 있었는데, 웅 스님이 뜻밖에

---

119 주경유(周景遊) : 【譯注】 주세붕(周世鵬, 1495~1554)으로, 본관은 상주(尙州),
자는 경유, 호는 신재·남고(南皐)·무릉도인(武陵道人)·손옹(巽翁)이다. 시호는 문민
(文敏)이다.

소매에 시를 담고 찾아와 인사를 하면서 주경유의 말대로 시를 써달라고 매우 간절하게 청하였다. 내가 완강하게 거절할 수 없어서 그 시권의 앞에 위의 시를 써서 돌려주었다. 인하여 생각해보니 갑진년부터 신유년까지는 8년이나 되어 그 사이에 사람 일은 일어나지 않은 것이 없는데, 주경유와 겨우 한두 번 만났을 뿐이다. 근래 들으니, 주경유가 서울에 있으면서 병이 들어 두문불출한다고 하는데, 두 노인이 둘 다 병에 걸려 천 리에서 서로 바라보면서 이후로 서로 볼 날이 언제인지 알 수가 없으니 이 때문에 슬픔이 인다. 이 달 기망에 계당(溪堂)에서 병든 노인은 쓴다.

《규암[120]산거시권》에 제하다 【신축년(1541년, 중종36, 41세) 11~12월 추정. 서울】

圭庵山居詩卷

이후로는 선생의 12대손 중운(中運)이 모아 기록한 것이다.

고 재상 성공(成公)[121] 희안(希安) 댁은 묵사동(墨寺洞)에 있으니 천석
이 아름답기에 규암 송미수(宋眉叟)가 경치를 사랑하여 빌려 거주하
였다. 어느 날 저녁에 임당(林塘) 정길원(鄭吉元)이 달빛을 받고서
나를 찾아왔는데, 송규암의 시가 있었고 정임당과 호음(湖陰) 정 선
생[122] 이하 그를 이어 화답한 한 시대의 저명한 사대부가 무려 수십
여 명이 되었다. 그것을 모아 한 질로 만들어 《규암산거시권》이라
제목을 지었으니, 내가 등사하고 또한 《군옥연휘(羣玉聯輝)》라고 명
명하였다.

(詩-遺外卷1-53)

당시 승경 골라 구름 속 거처를 만들었으니　　　　當年擇勝構雲居

---

120 규암 :【譯注】송인수(宋麟壽, 1499~1547)로, 본관은 은진(恩津), 자는 미수(眉
叟), 호는 규암(圭庵)이다. 대사헌을 역임하였으며, 을사사화(1545, 인종 원년) 때 사사
(賜死)되었다. 시호는 문충(文忠)이다.

121 성공(成公) :【譯注】성희안(成希顔, 1461~1513)으로, 본관은 창녕(昌寧), 자는
우옹(愚翁), 호는 인재(仁齋)이다. 영의정을 역임하였으며, 시호는 충정(忠定)이다.

122 호음(湖陰) 정 선생 :【譯注】정사룡(鄭士龍, 1491~1570)으로, 본관은 동래(東
萊), 자는 운경(雲卿), 호는 호음이다.

성시와 산림 둘 다 멀지 않아라 城市山林兩不踈

높은 곳에 사는 것을 좋아하였기에 공은 학과 짝하고 爲愛高栖公伴鶴

참 즐거움을 논하자면 나는 물고기 즐거움을 나는 아노라[123]

欲論眞樂我知魚

봄바람에 또 누가 항아리에 술을 채우는가 春風又孰盈缸酒

옛 도는 항상 서가에 보존된 책에 넘치네 古道常存溢架書

앉아서 노산의 미우를 보는 곳에서 坐對魯山眉宇處

이후로 명리가 모두 사라지게 되었네.[124] 向來名利揔成虛

(詩-遺外卷1-54)

산중에 두어 작은 거처를 두고자 한데 欲置山中數畝居

---

123 참……아노라 : 【譯注】 송인수가 승경인 묵사동(墨寺洞)의 전원에서의 즐거움을
누리며 지낼 것을 이황이 확신한다는 의미이다. 《장자(莊子)》〈추수(秋水)〉에 다음과
같은 내용이 있다. 장자가 혜자(惠子)와 함께 호수(濠水)의 징검돌 근처에서 노닐고
있었다. 장자가 "피라미가 한가롭게 헤엄치고 있소. 이게 바로 물고기의 즐거움이란 거
요."라고 하자, 혜자가 "당신은 물고기가 아니오. 어찌 물고기의 즐거움을 안단 말이오?"
라고 하였다. 장자가 다시 "당신은 내가 아니오. 어찌 물고기의 즐거움을 알지 못한다는
걸 안단 말이오?'라 하자, 혜자가 "나는 당신이 아니니까 물론 당신을 알지 못하오. 당신
은 물론 물고기가 아니니까 당신이 물고기의 즐거움을 알지 못한다는 게 확실하단 말이
오."라 하였다. 장자가 "이제 처음 질문으로 돌아가 말해 봅시다. 그대가 '어찌 당신이
물고기의 즐거움을 안단 말이오?'라고 했지만, 이미 그것은 내가 안다는 것을 알고서
내게 물은 것이오. 나는 호숫가에서 물고기의 즐거움을 알고 있소이다."라고 하였다.
124 노산의……되었어라 : 【譯注】 노산(魯山)은 당대(唐代)의 은사(隱士) 원덕수(元德
秀)를 가리킨다. 그는 일찍이 진사(進士)가 되고 이어 노산 영(魯山令)을 잠시 지내고는
이내 명리(名利)를 버리고 산수(山水)를 좋아하여 거문고나 타면서 스스로 즐기었다.
현종(玄宗) 때의 명신인 방관(房琯)은 매양 원덕수를 보고 감탄하기를 "덕수의 미우(眉
宇)를 보면 그 모습이 사람으로 하여금 명리를 꾀하는 마음이 모두 사라지게 한다."라고
하였다.

해마다 마음의 계책은 더욱 어긋나노라   年年心計轉迂踈

묶여 있는 새와 같아 항상 구름 덮인 나무를 그리워하고

                                 每懷雲樹同羈鳥

먼지 쌓인 책을 오래 덮고 있어 좀벌레에 부끄럽도다 長掩塵編愧蠹魚

세상일 너무 좋은 시절이 오면 사람들은 혹 의아해하고

                                 事到好時人或訝

흥이 부쩍 일면 시구를 자주 지어보곤 하네   興來濃處句頻書

서로 좇으며 가장 좋아하는 것은 유한한 운치라   相從最愛幽閒味

깨끗한 안석 밝은 창가에 방은 고요하여라   淨几明窓一室虛

야옹당에 제하다 【계묘년(1543년, 중종38, 43세) 여름 추정. 서울】

題野翁堂

구천(龜川)에 있다.

청산은 집을 감싸고 시냇물은 섬돌을 휘감으니	靑山繞屋水環除
이곳에서 이제부터 거처를 정했어라	此地從今始卜居
안개 너머 숲길은 응당 절로 열릴 테고	隔霧林蹊應自闢
구름 같은 벼의 논에서 몸소 김을 맨다	如雲田稼欲親鋤
부인은 손님 대접에 향기로운 술상을 마련하고	細君敬客開香甕
동자는 잘 익은 옥채소를 거둬오네	童子知時掇玉蔬
나는 들 노인의 참 즐거움을 아노니	我識野翁眞樂事
언제나 이곳에 올라 시내의 물고기를 구경할까	登臨何日翫溪魚

　-명(明)나라 세종(世宗) 가정(嘉靖) 계묘년(1543년, 중종38) 여름에 퇴옹은 제
　하다.-

BIP1127(詩-遺外卷1-56)

동쪽으로 고향으로 가는 조카 교¹²⁵를 보내다 【무진년(1568년,

선조1, 68세) 11월 추정. 서울】

送甯侄東歸

네 숙부의 출처는 임금 은혜에 부끄러운데	汝叔行藏愧國恩
네 몸은 비록 힘들지만 뜻은 외려 굳건하구나	汝身雖困志猶存
눈서리 천 리 길 지체 않고 떠나가니	雪霜千里歸無緩
광음이 빨리 지나가니 남들보다 더욱 노력하라	烏兎雙陰競益敦

　　-무진년 동짓달 병든 숙부가

---

125 조카 교(甯) : 【譯注】 1531~?. 자는 군미(君美)로 이황의 조카이다. 가정에서 교육받았으며 이황에게 의리를 강습하고 질문하여 장려를 많이 받았다. 벼슬은 음직으로 현감을 지냈다.

조카 교[126]가 일찍이 자신의 외가가 있는 원암촌에 작은 집을 지었다. 지금 처자를 거느리고 그곳으로 가서 의탁하려 하니, 김이정[127]과 금문원[128] 그리고 손자 안도[129]가 시를 지어 그를 보냈는데, 나 또한 그 시에 차운하여 경계함을 보이다 【갑자년(1564년, 명종19, 64세) 12월 15일. 예안(禮安)】

侄子𪩲曾於其外家遠巖村有小築　今將携妻子往依　而精聞遠及安道孫皆有詩送之　余亦次韻示警

백 마지기 농부의 근심 선비가 어찌 그와 같으랴　　百畝農憂士豈同

시서를 읽으면서도 그 근심은 어리석음에 떨어지는 것이지

詩書憂在落昏蒙

생계를 꾸리기 위해 부모를 떠남은 비록 형편상 어쩔 수 없지만

離親逐食雖牽勢

126　조카 교(𪩲) :【譯注】1531~?. 자는 군미(君美)로 이황의 조카이다. 가정에서 교육받았으며 이황에게 의리를 강습하고 질문하여 장려를 많이 받았다. 벼슬은 음직으로 현감을 지냈다.

127　김이정 :【譯注】김취려(金就礪, 1526~?)로, 본관은 경주(慶州), 자는 이정(而精), 호는 잠재(潛齋)·정암(靜庵)이다. 안산(安山)에 거주하였는데 천리 길을 찾아와 선생을 찾아뵙거나 편지로 질문하였다. 과거에 합격하여 사복시 정(司僕寺正)을 지냈다.

128　금문원 :【譯注】금난수(琴蘭秀, 1530~1604)로, 본관은 봉화(奉化), 자는 문원(聞遠), 호는 성재(惺齋)·고산주인(孤山主人)이다.

129　손자 안도(安道) :【譯注】1541~1584. 자는 봉원(逢原), 호는 몽재(蒙齋)이다. 선생의 장손으로 어려서부터 단정했으며 집안의 가르침을 받았다. 사마시에 합격했고 관직은 직장(直長)을 지냈다. 일찍 죽었다.

원래 하늘이 부여한 본성은 저버리지 말아야 하리   莫負元來帝降衷

(詩-遺外卷1-58)

예전에 과거 공부하느라 얼마나 마음에 누가 되었는가

                            向也求名幾累心

분명코 장자가 말한 금을 내걸고 활 쏘는 것[130]과 같구나

                            端如莊說注當金

지금 또다시 생계 때문에 떠난다니   如今又被謀生去

언제나 이곳에서 노닐며 학문을 배울 것인가   何日身遊此學林

  -명(明)나라 세종(世宗) 가정(嘉靖) 갑자년(1564년, 명종19) 섣달 보름에 계부
인 병든 늙은이가 퇴계의 서재에서 쓰다.-

---

130 장자가……것 : 【譯注】《장자(莊子)》〈달생(達生)〉에 "질그릇을 내기로 걸고서 활
을 쏘면 잘 맞히고, 은갈고리를 내기로 걸고서 쏘면 마음이 두근거리고, 황금을 내기로
걸고서 쏘면 정신이 혼미하게 된다.〔以黃金注者殙〕"라고 하였다.

《주역》 읽는 것을 경계하다 【연월 미상. 예안(禮安)】

戒讀易

《주역》을 읽으면 비록 만상(萬象)의 나누어짐을 알 수 있지만

讀易雖窺萬派分

그 위에 있는 깊은 근원이 있음을 어찌 알랴　　　寧知向上有深源

이곳에 와서 하도 낙서의 오묘한 이치 알면　　　此來闡得圖書秘

안개 걷힌 맑은 하늘에 빛나는 해를 보는 듯하리라　披霧晴空見日暾

BIP1130(詩-遺外卷1-60)

사위 신 서방의 저존정에 부쳐서 제하다 【연월 미상. 예안(禮安)】
寄題辛甥著存亭

서리 내린 무덤은 처량하니	霜落悽丘壟
모습이 아득하여 탄식만 이누나	音容慨杳茫
사랑과 공경이 깊지¹³¹ 않다면	不緣深愛敬
어찌 향기로운 제수를 흠향하랴	那見享芬芳

　-장인 도산노인은 제하다.-

---

131 사랑과 공경이 깊지 : 【譯注】《예기》〈제의(祭義)〉에 "제삿날에 방에 들어가면 애연히 자리에 보이는 것이 반드시 있고, 주선(周旋)하며 문을 나가면 숙연히 용성(容聲)이 들리는 것이 반드시 있고……애모함이 지극하면 존재하는 듯하고, 정성이 지극하면 눈앞에 나타난 듯하다.〔致愛則存, 致慤則著.〕"라고 하였다.

안분당의 운자에 차운하여 제하다 【연월 미상. 장소 미상】

次題安分堂

권씨의 별업[132]이다.

유관이 이 평생의 몸 이미 그르쳤는데[133]	儒冠已誤百年身
상봉하여 한번 웃으니 둘 다 귀밑머리 하얗구나	一笑相逢兩鬢銀
친밀하게 교분 나누니 오래 사귄 벗 같고	密契已成傾盖故
정이 깊으니 흰머리 돋아남을 어찌 걱정하랴	深情何患白頭新
푸성귀 먹고 냉수 마셔도 내 분수 편안하고	茹蔬飮水吾安分
가난에도 편안히 도를 즐기며 그대는 천진에 맡기누나	
	樂道安貧子任眞
이제부터 강교 십 리 길에	從此江郊十里路
복건에 지팡이 짚고 자주 찾아오리라	幅巾藜杖往來頻

---

132 권씨의 별업 : 【譯注】《정본 퇴계전서》 권3에 실린 이 시의 주에는 자유(子由)
권규(權逵, 1496~1548)의 별업이라 하였다. 권규의 본관은 안동(安東)으로, 권문현(權
文顯)·권문임(權文任)·권문언(權文彦)·권문저(權文著)의 부친이다.

133 유관이……그르쳤는데 : 【譯注】당(唐)나라 두보(杜甫)의 〈좌승 위 어른께 받들어
올리다[奉贈韋左丞丈]〉 시에 "비단옷 입은 귀족은 굶어 죽지 않거늘, 유관 쓴 선비는
몸을 그르친 이 많다네.[紈袴不餓死, 儒冠多誤身.]"라고 하였다.

BIP1132(詩-遺外卷1-62~65)

사락정¹³⁴에 부쳐 제하다 【계묘년(1543년, 중종38, 43세) 추정. 서울】

寄題四樂亭

장인 권공¹³⁵을 위하여 절구 4수를 짓다.

(詩-遺外卷1-62)

유배 속에서 일찍이 이십 년 가까이 지내시더니	謫裏曾經數十春
근래에 사면을 받아 한가하게 되었어라	年來天放是閒身
남쪽에서 노닐며 산수의 승경 얻어 기뻐하시니	南遊喜得溪山勝
어조와 서로 잊고 이곳 주인이 되었구려	魚鳥相忘作主人

(詩-遺外卷1-63)

온갖 고초를 겪었지만 기상은 죽지 않아	歷盡崎嶇氣未低
예전부터 오랜 취벽은 산수에 있어라	從前結習在山溪
세상의 모든 일은 조금도 물어보지 말라	人間萬事都休問
사락정에서 니충처럼 취하리니¹³⁶	四樂亭中醉似泥

134 사락정(四樂亭) : 【譯注】 안음현(安陰縣) 동쪽 30리 지점에 있다.

135 장인 권공 : 【譯注】 권질(權礩, 1483~1545)로, 본관은 안동(安東), 자는 사안(士安)이다. 퇴계의 두 번째 부인의 부친이다. 1519년(중종14) 기묘사화의 여파로 1521년(중종16년)에 안처겸(安處謙)의 무옥이 일어났을 때, 예안(禮安)으로 유배되었다가 1538년(중종33)에 풀려났다.

136 니충처럼 취하리니 : 【譯注】 이백(李白)의 〈양양가(襄陽歌)〉에, 진(晉)나라 때 산간(山簡)이 술을 매우 즐기어 날마다 곤드레가 되도록 취했던 일을 두고 읊기를 "옆사람에게 묻노니 무슨 일로 웃는가, 니충처럼 취한 산옹을 보고 웃는단다.〔傍人借問笑何事, 笑殺山翁醉似泥.〕"라고 하였다.

(詩-遺外卷1-64)

천 길이나 쌓인 도성의 홍진 속에서　　　　　千尺紅塵沒馬頭

세월은 하염없이 흘러 멈추지 않는다네　　　時光苒苒不曾留

높은 곳의 학동을 찾던 전날의 계획 그르쳤으니　高尋鶴洞虛前計

지산137의 작은 정자에 졸렬한 내 계획 부끄럽도다　小築芝山愧拙謀

(詩-遺外卷1-65)

정자 앞 들에서 술 마시고 시냇물에 탁족하니　亭前野酌跨溪流

시냇가 푸른 밭두둑에 뽕과 마가 아득하여라　溪上桑麻蕩綠疇

몇 해에 천 그루의 귤나무 심어 길렀던가138　幾歲種成千樹橘

옥당에서 돌아가는 꿈은 중주를 찾아가누나　玉堂歸夢繞中洲

---

137 지산 : 【譯注】 영지산(靈芝山)을 가리킨다. 안동 도산면 분천리에 있다.

138 천……길렀던가 : 【譯注】 진(晉)나라 습착치(習鑿齒)의 《양양기(襄陽記)》에 다음과 같은 내용이 있다. 삼국 시대 동오(東吳)의 이형(李衡)이 무릉(武陵) 용주(龍洲) 가에 감귤 천 그루를 심었다. 죽음에 임박하여 아이들에게 "우리 고을에 천 마리의 나무 노비〔木奴〕가 있으니, 네가 의식을 제공하지 않아도 해마다 한 그루 당 한 필을 올릴 것이니 사는 데 충분할 것이다."라고 하였다.

비를 맞고서 고개를 넘어 단산에 이르렀다. 향교에서 김
계응¹³⁹을 만나 이야기를 나누면서 병에 대해 말하였는데,
허기와 피곤에 바람이 무서워서 오래 앉아 있을 수가 없
었다. 이별하고 군관으로 와서 베갯머리에서 빗소리를 들
으니 처량하여 절구 세 수를 지었다【정묘년(1567년, 명종22, 67세)
6월 17일 추정. 단양(丹陽)】

冒雨踰嶺抵丹山 見金季應於校樓 叙意說病 以虛憊悃風 不能久坐 別來
郡館 枕上聞雨悵然 三絶句

한 수는 원집에 보인다.¹⁴⁰

(詩-遺外卷1-66)

이배된 객이 임금 은혜로 사면 소식 듣던 날   遷客佇聞恩赦日
병든 신하가 과분한 소명에 억지로 달려가던 때¹⁴¹   病臣强赴誤徵時
만났다가 곧바로 다시 이별하니   相逢卽席還相別

---

139 김계응 : 【譯注】김난상(金鸞祥, 1507~1570)으로, 본관은 청도(淸道), 자는 계응
(季應), 호는 병산(甁山)이다. 한양에 거주하였다. 정미년(1547, 명종2)에 양재역벽서
사건(良才驛壁書事件)으로 이기(李芑)·윤원형(尹元衡) 등의 청에 의하여 남해(南海)
로 유배되었다가 19년이 지난 뒤 1565년(명종20)에 단양(丹陽)으로 이배되었다. 이황과
만났던 이 당시에 단양에서 유배가 막 풀린 것으로 보인다.

140 한……보인다 : 【譯注】《정본 퇴계전서》권2 KNP0404〈단산에서 김계응에게 주다
〔丹山贈金季應〕〉라는 시이다.

141 이배된……때 : 【譯注】김계응은 이 당시에 사면받은 것으로 보인다. 이황은 명종이
승하할 때 대행왕행장수찬청(大行王行狀修撰廳)의 당상이 되어 명종의 행장을 지었다.
이후 예조 판서에 임명되었는데, 8월에 병으로 사직하고 고향으로 돌아왔다.

감개의 눈물 각자 무단히 떨어지려 하누나　　　　感淚無端各欲垂

(詩-遺外卷1-67)

한 번 이별에 벌써 이십 년 세월 흘러 놀라니　　　一別俄驚二十年

흰 머리로 둘 다 병들어 서로를 불쌍히 여기네　　白頭同病自相憐

인하여 예전 함께 노닐던 벗을 생각하니　　　　　因思昔日相從友

몇 사람은 세상에 남아 있고 몇 사람은 저승에 있는가

　　　　　　　　　　　　　　　　　　　　幾在人間幾下泉

BIP1134(詩-遺外卷1-68)

내가 산에 가는 것을 그만둔다는 소식을 듣고 조카 녕[142]과 교[143]가 절구를 지어 보내왔는데, 나의 뜻을 제대로 이해하지 못하였기에 이 시를 지어 보이다 【갑자년(1564년, 명종19, 64세) 추정. 예안(禮安)】

寗寯輩聞余停遊山 絶句來呈 有未達余意者 示之以此

선생의 13대손 술호(述鎬)의 집에 소장된 작품이다.

마땅히 가야하는데 가지 않기로 바꾸었으니	當行翻作不當行
정성스런 기도는 원래 방종함을 경계하였지	精禱由來戒逸情
만약 떠들썩하게 군다면 비 내리는 은택이 막히리니	若被喧煩閼嘉澤
한 지방 백성들이 더욱 비난하리라	一方民物轉猜驚

---

142 녕(寗) : 【譯注】 1527~1588. 본관은 진성(眞城), 자는 노경(魯卿), 호는 만랑(漫浪)이며, 이해(李瀣)의 아들이다. 퇴계의 조카로, 진사에 합격하였으며, 학행(學行)으로 천거되어 현감을 지냈다.

143 교(寯) : 【譯注】 1531~?. 자는 군미(君美)로 이해의 아들이다. 가정에서 교육받았으며 선생에게 의리를 강습하고 질문하여 장려를 많이 받았다. 벼슬은 음직으로 현감을 지냈다.

고리재 아래에서 천석이 아름다운 곳을 보고 청계라고 이름 짓고서 장난삼아 짓다[144] 【정사년(1557년, 명종12, 57세) 추정. 예안(禮安)】

古里岾下得泉石佳處 名曰靑溪 戱題

이후로는 선생의 10대손 휘인(彙寅) 집에 소장된 작품들이다.

홍진의 도성에선 고요함과 시끄러움 참으로 구분하기 어렵지만

紫陌故難分靜躁

청산에서 어찌 편안함과 위태로움에 신경 쓰랴　　　　青山寧得管安危

나는 지금 산을 떠난 신선을 볼 수 없는데　　　　我今不見離山隱

맑은 시 세 번 반복하니 시어가 더욱 준엄하여라　　三復淸詩語更危

　-한 수는 《속집》에 들어 있다.-

---

144 고리재……짓다 : 【譯注】 이 시와 같은 제목의 시가 《정본 퇴계전서》권3에 실려 있으니, 즉 〈고리재 아래에서 천석이 아름다운 곳을 보고 청계라고 이름 짓고서 장난삼아 짓다[古里岾下得泉石佳處名曰靑溪戱題]〉 시에 "허름한 옷의 한 도사가, 우연히 와서 밤을 지새우더니, 웃으며 청계 시를 쓰고서, 한 마리 학을 타고 날아갔어라.[藍衣一道士, 偶來便終夕. 笑寫靑溪詩, 還騎鶴一隻.]"라고 하였다.

퇴계선생문집 유집 외편 권1　501

BIP1136(詩-遺外卷1-70)

조송강[145]에게 부쳐서 국화 종자를 달라고 하다 【갑인년(1554년, 명종9, 54세) 7~8월 추정. 서울】

寄松岡乞菊種

한두 화분에 오색의 서리 맞은 꽃	五色霜華一兩盆
알록달록 아름답게 피어 창가에 비추네	斑爛秀發映窓軒
그 가운데 제일은 은황[146] 종류로	箇中第一銀黃品
어찌하면 고향 정원에 뿌리를 옮겨 심을까	安得移根向故園

---

145 조송강 : 【譯注】 조사수(趙士秀, 1502~1558)로, 본관은 양주(楊州), 자는 계임(季任), 호는 송강(松岡)이다. 좌참찬을 지냈으며, 시호는 문정(文貞)이다.

146 은황 : 【譯注】 국화 종류인 금은황(金銀黃)을 가리킨다. 《해동잡록(海東雜錄)》〈본조(本朝)〉에 " '금은황(金銀黃)'이라는 것은 옅은 황색(黃色)으로 다소 일찍 핀다. 서울 사람들이 다투어 심는다."라고 하였다.

동이의 물고기 【갑인년(1554년, 명종9, 54세) 추정. 서울】
盆魚

가게에 잡혀가 칼 앞에서 다행이도 너 살았더니　　入肆臨刀幸汝生

못에서 길러지다가 또 삶아지게 되니 어찌하랴　　畜池無奈又遭烹

동이의 적은 물에서 목숨 부지하기 어렵다 싫어하지 말라

　　　　　　　　　　　　　　　　　　　　　　莫嫌斗水難爲命

강해는 우선 잊고서 내가 배 띄울 때까지 기다려라　江海相忘待我行

정월 19일에 임대수¹⁴⁷가 찾아와서 동이의 물고기를 읊으면서 나의 '생' 자 운의 시¹⁴⁸에 차운하니, 그에 화답하다

【을묘년(1555년, 명종10, 55세) 1월 19일 추정. 서울】

正月十九日 太樹見訪 咏盆魚 用拙詩生字韻

스물두 마리 함께 왔다가 겨우 여덟 마리 남았으니	廿二同來僅八生
진공은 잘 대우하거나 혹 삶아버리는 것에 탄식을 일으켰네¹⁴⁹	
	陳公堪嘆或卿烹
주인은 은혜와 원망을 겸하여 부끄러운데	主人可愧兼恩怨

---

147 임대수 : 【譯注】임억령(林億齡, 1496~1568)으로, 본관은 선산(善山), 자는 대수(大樹), 호는 석천(石川)이다. 【校解】본문에 '太樹'로 되어 있는데 이는 오류로 보인다.

148 나의⋯⋯시 : 【譯注】바로 앞의 〈동이의 물고기〔盆魚〕〉를 가리킨다.

149 진공은⋯⋯일으켰네 : 【譯注】물고기가 보기 좋아 가까이 두고 완상하다가 추위에 잘 보살피지 못해 죽게 놔둔 것을 이른다. 송(宋)나라 진여의(陳如義)의《간재시집(簡齋詩集)》권1 〈옥연부(玉延賦)〉에 "어찌 모두 나를 국사(國士)로 대우하랴, 또한 혹 뛰어나다고 경으로 대우하거나 혹은 쓰고 버려버리지.〔豈皆能於我遇, 亦或卿而或烹.〕"라고 하였다.《춘추좌씨전》애공(哀公) 16년 조에 다음과 같은 내용이 있다. 초(楚)나라 태자 건(建)의 아들 승(勝)이 오(吳)나라로 피신해 있었다. 초나라의 자서(子西)가 그를 불러서 오나라의 접경지에 있는 백현(白縣)의 윤(尹)으로 삼았다. 승이 아버지의 원수인 정(鄭)나라를 토벌하기 위해 초나라에 군사를 요청하였으나, 진(晉)나라가 먼저 정나라를 토벌하자 초나라에서는 정나라를 구원하기로 하였다. 이에 승은 칼을 갈고서 자서를 죽이고 왕을 사로잡았다. 애당초 승을 불러들이는 데 반대하였던 섭공(葉公)이 군대를 일으켜 승을 격파하고서, 그의 부하인 석걸(石乞)을 사로잡았다. 석걸에게 자살한 승의 시체가 있는 곳을 묻자, 석걸은 대답하지 않았다. 이에 섭공이 "말하지 않으면 장차 삶아 죽이겠다."고 하자, 석걸이 대답하기를 "이런 일은 성공하면 경(卿)이 되고, 성공하지 못하면 팽형(烹刑)을 당하는 것이 본래 당연한 바이니, 해로울 게 뭐가 있겠습니까?"라고 하니, 이에 석걸을 삶아 죽였다.

더구나 강에 오랫동안 보내지 않음을 어찌하랴　　　況奈江湖久滯行

-물고기는 본래 스물두 마리였는데, 지난겨울에 한파가 심하여 흙집 안에 두게
하였다. 어린 종놈이 잘 보살피지 못하여 열네 마리가 죽고 지금 여덟 마리가
남았다. 내가 앞의 시의 마지막 구에서 "강해는 우선 잊고서 내가 배 띄울 때까지
기다려라."라고 하였으니, 강에 배를 띄울 때가 되면 직접 물속에 풀어주려고
했는데 아직까지 그렇게 하지 못하였기에 이렇게 읊은 것이다.-

다시 앞 시의 운자를 써서 짓다 【을묘년(1555년, 명종10, 55세) 1월 19일 추정. 서울】

復用前韻

(詩-遺外卷1-73)

반 년 동안 무단히 양생을 잃어버려	半歲無端失養生
성시에서 끓는 솥의 물고기처럼 고달팠어라	勞勞城市似煎烹
그대와 물고기 구경하지만 누가 부러워하리오	同君玩物誰堪羨
산을 그리워하는 외론 구름은 하늘 저편으로 가누나	戀岫孤雲天際行

(詩-遺外卷1-74)

추위 다하여 오늘 아침에 풀이 섬돌 위로 오르니	寒盡今朝草上階
나비가 책상에 나풀거리매 봄이 온 것을 비로소 알겠어라	
	始知春到蝶床栖
만나는 자리에서 시를 논함을 꺼리지 말세나	逢場莫諱詩論抱
득실이 끝내 초와 제처럼 같게 되더라도[150]	得失終同楚與齊

---

150 득실이……되더라도 : 【譯注】 양측 모두 잘못이 있음을 말한다. 이 말은 한(漢)나라 사마상여(司馬相如)의 〈상림부(上林賦)〉에서 유래한 말이다. 즉 초(楚)나라의 자허(子虛)가 제(齊)나라에 사신으로 갔을 적에 제나라 임금이 사냥 대회를 열어 자허를 접대하였는데, 자허가 초나라의 화려하고 사치스러운 사냥에 대해 자랑하여 제나라 왕의 기를 꺾었다. 이에 대해 오유 선생(烏有先生)이 제나라 왕의 선의(善意)를 무시한 언사(言辭)라고 자허를 꾸짖고, 제나라도 훌륭한 사냥터와 물산(物産)이 있다는 것을 아울러 말하였다. 그러자 무시공(無是公)이 "초나라는 실수한 것입니다. 그러나 제나라도 옳다고 할 수 없습니다."라고 말하여 자허와 오유 선생 두 사람이 모두 잘못이라고 꾸짖었다.

-사람들이 간혹 시에 대해 논함을 꺼려하는데, 나는 그런 생각을 이해할 수 없다.-

(詩-遺外卷1-75)

봄날 해 그림자 섬돌에 더디게 드리우고	春日新暹影下階
북쪽 숲에 차가운 새는 조금씩 돌아와 깃드누나	北林寒鳥稍歸栖
질탕하게 취하고 웃으며 깨어나니	醉時跌宕醒時笑
뜻 가는 데로 시를 지어 반은 보잘 것 없어라	率意題詩半不齊

(詩-遺外卷1-76)

말 탄 사람이 우리 집에 찾아온 줄 몰랐는데	不知騎馬傍人階
봄이 오매 시냇가 골짜기에 사는 그대 멀리서 그리워하였지	
	春到遙憐澗壑栖
오늘 그대 만나 한바탕 실컷 취하리니	此日逢君拚一醉
산림과 저자의 두 사람 나란히 취할 수 있겠지	山林朝市兩堪齊

(詩-遺外卷1-77)

시법이 같지 않아 하늘에 날아오를 길 없는데	詩法非同天莫階
새끼 새 날기 익히려다 둥지에서 멀어진 듯 내 부끄럽도다	
	智飛慚我縠離栖
굉언과 대구가 끝도 없이 나와서	宏言大句無窮出
황초를 능가하니 감히 같기를 바라랴[151]	突過黃初敢望齊

---

151 황초를……바라랴 : 【譯注】황초(黃初)는 위 문제(魏文帝)의 연호로 196년부터 226년까지이다. 후한(後漢) 헌제(獻帝)의 건안(建安) 연간부터 황초 연간에 조조(曹

관동이라 선계에서 돌아온 듯하니	關東如返自仙階
새 봄 경치 밟고서 내 사는 곳 찾아오기 좋아라	好踏新春訪我栖
해산 방외의 일에 대해 그대 말을 들으니	聽說海山方外事
날개 돋아 붕새와 나란히 구름 위 날고 싶어라	欲生雲翼與鵬齊

　-당시 임대수가 강원도 관찰사를 그만두었으니, 이날 관동의 승경에 대해 실컷 이야기하였다.-

操)·조비(曹丕)·조식(曹植) 및 건안칠자(建安七子)의 문인들이 활동하였는데, 이들의 오언시(五言詩)를 위주로 한 굳세고 강건한 시풍을 '건안풍골(建安風骨)'이라 한다.

이대성¹⁵²과 이대용¹⁵³의 〈고우〉 시에 차운하다

【연월 미상. 예안(禮安)】

次韻大成大用苦雨

벼이삭은 젖고 땔나무는 없으며	濕穗闕薪爇
비가 새는 방은 편한 곳이 없어라	漏床無地安
뭇 골짜기에 물이 가득 찼다고 이미 들었는데	已聞瀦衆壑
또 첩첩의 산골 물 넘칠까 걱정이라네	又恐突重巒
쏴쏴 내리니 탄식만 더욱 일고	浙浙嗟還作
아득하게 퍼져가니 하소연하기도 어려워라	茫茫籲更難
드넓게 넘친 물결에 산보할 길 막히니	滄浪阻游屐
앉아서 생각건대 일렁이는 파도가 무섭구나	坐想惻濤瀾

---

152 이대성 :【譯注】이문량(李文樑, 1498~1581)으로, 본관은 영천(永川), 자는 대성(大成), 호는 벽오(碧梧)이다. 농암(聾巖) 이현보(李賢輔)의 둘째 아들이며 황준량(黃俊良)의 장인이다. 재주와 학식이 있고, 음보(蔭補)로 평릉 찰방(平陵察訪)이 되었다.

153 이대용 :【譯注】이숙량(李叔樑, 1519~1592)으로, 본관은 영천(永川), 자는 대용(大用), 호는 매암(梅巖)이다. 이현보(李賢輔)의 다섯째 아들이다. 이황의 문인으로, 벼슬에 나아가지 않고 성리학 연구에 치중하였다.

BIP1141(詩-遺外卷1-80~81)

용수사[154] 주지 도신이 시권에 시를 써줄 것을 청하다

【연월 미상. 예안(禮安)】

龍壽寺主僧道信詩卷求題

(詩-遺外卷1-80)

맑은 시내에 더위 씻어 흰 갈옷 시원하니	濯熱淸泉白葛寒
대집에 홀로 앉아 졸졸 흐르는 물소리 듣노라	竹齋孤坐聽潺潺
스님이 찾아와 은거하는 뜻을 물어보니	師來欲問幽居意
돌아가는 구름이 먼 산에 머무는 것을 웃으며 가리키노라[155]	
	笑指歸雲住遠山

(詩-遺外卷1-81)

어두컴컴한 불전에 푸르스름한 냉기 가득하고	佛殿陰陰撲翠寒
책 읽던 소리 시냇물 소리와 어울리던 것 오래 기억하네	
	書聲長憶和溪潺
스님이 찾아오매 연하를 이끌어 오니	師來惹得烟霞色
종일 책상 앞에서 옛 산을 마주하는 듯	盡日床前面舊山

---

154 용수사(龍壽寺) : 【譯注】 안동(安東) 도산(陶山) 운곡리(雲谷里)에 있는 사찰이다.

155 스님이……가리키노라 : 【譯注】 당(唐)나라 이백(李白)의 〈산속에서의 문답[山中問答]〉 시에 "내게 무슨 마음으로 청산에 사느냐고 묻거늘, 웃고 대답 아니 해도 마음 절로 한가롭구나.[問余何意棲碧山, 笑而不答心自閑.]"라고 하였다.

호당의 임금호[156]에게 장난삼아 부치다 【연월 미상. 서울】

湖堂戲寄林錦湖

예전에 잘못 호당의 낯선 객이 되었는데	誤向前時作生客
오늘 좋은 손을 불렀다고 뜬금없이 들었어라	空聞今日召佳賓
신선한 국화를 따는 일이 있는가 없는가	有無採得鮮鮮菊
빼어난 사람과 함께 올 수 있는가 없는가	能否携來灼灼人
황권을 읽는 새벽 서리에 한기가 뼈에 스며들고	黃卷曉霜寒透骨
청루의 저녁달에 온풍이 먼지를 불어오네	靑樓夕月暖吹塵
병들어 -원문 5자 결락- 부끄러우니	病憊□□□□□
-원문 7자 결락-	□□□□□□□

---

156 임금호 : 【譯注】임형수(林亨秀, 1514~1547)로, 본관은 평택(平澤), 자는 사수 (士邃), 호는 금호(錦湖)이다. 호당에서 함께 공부했던 인연으로 이황·김인후(金麟厚) 등과 친교를 맺었다.

16일 이른 아침에 이희성,[157] 이백희,[158] 윤사추[159]가 배를 타고 찾아와 나를 배에 태우고 장차 봉선사[160]에서 노닐려고 하였다. 이윽고 중류에서 배를 돌려 저물녘에 동호에 배를 대고서 선도잔에 술을 따라서 셀 수 없이 돌렸다. 희성 등 제군이 어젯밤 배에서 지었던 시를 보여주면서 나에게 화답하기를 청하였다 【갑진년(1544년, 중종39, 44세) 7월 16일. 서울】

十六日早朝 李希聖李伯喜尹士推乘舟來訪 拉余登舟 將遊奉先寺 旣而 返棹中流 晚泊東湖 以仙桃盃酌巡無筭 希聖諸君出示昨夜舟中所詠詩 屬余和之

호접몽 좇다 그대들 따라 강에 배를 띄우고 놀지 못하더니

蝶夢緣君失湖舡

나를 데리고 구름 열어 돌아오는 -원문 1자 결락- 노니누나

得我開雲遊回□

-원문 7자 결락-　　　　　　　　□□□□□□□

-원문 7자 결락-　　　　　　　　□□□□□□□

---

157 이희성(李希聖) : 【譯注】 본관은 진보(眞寶)로, 직강(直講)을 지낸 이봉춘(李逢春)의 아버지이다.

158 이백희(李伯喜) : 【譯注】 이수경(李首慶, 1516~1562)으로, 본관은 광주(廣州), 자는 백희, 호는 지재(止齋)이다. 과거에 합격하여 교리를 지냈다. 을사사화(1545, 인종 원년) 때 사간으로 있다가 귀양을 갔다.

159 윤사추(尹士推) : 【譯注】 윤인서(尹仁恕)로, 본관은 파평(坡平), 자는 사추, 호는 타괴(打乖)이다. 참판을 지냈다.

160 봉선사(奉先寺) : 【譯注】 경기(京畿) 남양주(南楊州) 진접읍(榛接邑)에 있는 사찰이다.

제목을 잃어버리다 【연월 미상. 장소 미상】
逸題

(詩-遺外卷1-84)

열흘 동안 서로 만나지 못하니	十日不相見
먼 변새로 이별한 듯 하여라	邈若關河別
서쪽 마루에 나 홀로 앉았노라니	西軒我獨坐
뜰에 차가운 쓰르라미 울어대네	庭下寒螿咽
예전 이날 밤 달이 뜨면	昔年今夜月
소매에 시 담고 찾아와 주었었지	袖詩蒙枉擲
재계하느라 옥술잔 멀리하고	齋心屛玉觴
청담 나누며 은궐161을 마주했었지	淸談對銀闕
알지 못하였지, 밤이 깊어	不知更漏深
금분162이 서쪽 숲에 걸린 줄도	金盆掛西樾
지금 세 번째 가을이 되었건만	只今三見秋
병든 몸은 시든 잎 같아라	身病如槁葉
달 밝고 바람 잔 밤에 문득 만남이 어그러지니	良宵輒乖逢
울적한 회포를 누구에게 말할까	幽抱向誰說

---

161 은궐 : 【譯注】달을 가리킨다. 송(宋)나라 진여의(陳與義)의 〈중추절 달을 보지
못하다〔中秋不見月〕〉시에 "항아가 웃으며 올해를 기다릴 터이니, 금뿔잔 깨끗이 씻고
은궐을 마주했네.〔嫦娥留笑待今年, 淨洗金觥對銀闕.〕"라고 하였다.

162 금분 : 【譯注】달을 가리킨다. 당(唐)나라 두보(杜甫)의 〈촉승 여구 사형에게 주다
〔贈蜀僧閭丘師兄〕〉시에 "밤이 새도록 도란도란 얘기하다, 지는 달을 보니 마치도 황금
쟁반.〔夜闌接軟語, 落月如金盆.〕"이라고 하였다.

다만 그대 새로 지은 아름다운 시구 읊조리니   但誦佳句新

옥을 울리는 것처럼 소리 맑아라   鏘鏘響蒸栗

멀리서 알겠어라, 그대 집에도   遙知瓊館裏

달빛이 눈이 날리는 듯 하얗고   月色如潑雪

술동이 앞에서 응당 나를 생각하여   樽前應念我

지은 시구 더욱 청절할 것을   句格更淸絶

(詩-遺外卷1-85)

늦은 절기 중추인데   中秋節候晚

하늘은 아직 완전히 맑지 않아라   天宇未全淸

황혼에 달이 처음 떠오르니   黃昏月初上

연한 구름이 가리며 지나가누나   翳翳微雲行

작은 집이라 인기척도 고요하니   小軒人事靜

근심스레 문을 홀로 닫아거네   悄悄門獨扄

밤이 깊어 기운이 높이 걷히니   夜深氣高褰

바람과 이슬 아득하여 적막강산이어라   風露浩無聲

하늘은 차가운 옥거울 같으니   天如玉鑑寒

계백은 휘영청 밝아라   桂魄十分明

경치 감상은 매번 함께 하기 어려운데   賞心每難諧

근심이 올 때는 혹 함께 하누나   憂來或相幷

비유하자면 기갈 든 사람이   譬如飢渴人

이미 배부르게 먹고서 좋은 나물 얻은 듯하고   旣飫得薑萍

또한 길 가다 비를 만나   又如行遇雨

집에 돌아오니 하늘이 이미 갠 듯하여라   還家天已晴

〈희우〉에 차운하다 【연월 미상. 장소 미상】

次韻喜雨

선생의 11대손 만호(晩護) 집에 소장된 작품이다.

집집마다 가뭄 걱정에 하소연 깊더니	家家悶旱籲情深
한번 비가 내려 사해 백성 다 같이 기뻐하누나	一雨欣同四海心
나라 걱정에 풍년들기 바라는 내 마음 위로해주니	慰我年豊憂國願
용에게 기도하며 다시 돈을 던질 필요 없어라	不須龍禱更投金

BIP1146(詩-遺外卷1-87)

조사전 벽에 제하다 【기유년(1549년, 명종4, 49세) 7월 27일 추정. 영주(榮州)】

題祖殿壁上

부석사(浮石寺)의 시판에 제하다.

옥 같은 대나무 빽빽하게 자라 산문가에 자라니	擢玉森森倚寺門
세운 석장이 영근으로 자랐다[163]고 승려가 말하네	僧言卓錫化靈根
석장 머리에 절로 조계수[164]가 있어	杖頭自有曹溪水
천지간 우로의 은택을 빌리지 않았어라	不借乾坤雨露恩

---

163 석장이 영근으로 자랐다 : 【譯注】 영주(榮州) 부석사(浮石寺) 조사당(祖師堂)은 의상대사(義湘大師)를 모시고 있는데, 지금도 그 건물 옆에 대나무가 몇 그루 자라고 있다.

164 조계수(曹溪水) : 【譯注】 '조계(曹溪)'는 곧 선종(禪宗)의 별호(別號)이다. 어떤 승려가 일찍이 법안 선사(法眼禪師)에게 묻기를 "무엇이 조계의 한 방울 물입니까?〔如何是曹溪一滴水?〕"라고 하자, 법안 선사가 대답하기를 "이것이 바로 조계의 한 방울 물이니라.〔是曹溪一滴水〕"라고 하니, 어떤 승려가 이 말을 들은 즉시 크게 깨달았다〔大悟〕고 한다. '조계의 물〔曹溪水〕'은 바로 여기에서 유래한 말로, 곧 선종의 진리를 말한다. 《釋氏通鑑 韶國師》

김공직[165] 의정 의 〈근심〉 시[166]에 차운하다 【기유년(1549년, 명종4, 49세) 7월 27일 추정. 영주(榮州)】

次金公直 義貞 愁詩韻

김잠암(金潛庵) 증손 김응조(金應祖)가 찬한 《추원록(追遠錄)》에 보인다.

세상일은 마음을 많이도 흔드니	世事多撓撼
사람 마음 몹시도 굳건하지 못하네	人心苦未強
근심이 올 때는 정히 무엇인가	來時定何物
만나면 반드시 간장을 녹이네	得處必銷腸
역경을 당하면 어지러운 줄 분명히 알고	境逆偏知亂
마음이 어긋나면 곧 절로 자라지	情乖便自長
그리운 마음은 타향의 꿈으로 나타나고	尋思羈枕夢
서글픔에 이별 잔치의 술잔을 드네	怊悵別筵觴
못가에서 소원한 신하 근심에 젖고[167]	澤畔踈憂惑
규중 부인은 낭군 그리움에 한스러워하네	閨中錯恨狂
-원문 5자 결락-	□□□□□

---

165 김공직 : 【譯注】 김의정(金義貞, 1495~1547)으로, 본관은 풍산(豊山), 자는 공직(公直), 호는 잠암(潛庵)이다. 공조좌랑을 지냈으며, 시호는 문정(文靖)이다.

166 김공직의 근심 시 : 【譯注】 《잠암선생일고(潛庵先生逸稿)》 권3에 실려 있다.

167 못가에서……젖고 : 【譯注】 초(楚)나라 충신 굴원(屈原)이 지은 〈어부사(漁父辭)〉에 "굴원이 쫓겨나 못가를 거닐면서 노래할〔行吟澤畔〕 적에, 안색이 초췌하고 모습이 고고(枯槁)하였다."라고 하였다. 굴원은 〈이소경(離騷經)〉을 지었는데, 소인의 참소에 의해 쫓겨나서 우사번민(憂思煩悶)의 심정을 토로한 내용이 담겨 있다.

-원문 5자 결락-   　□□□□□

-원문 5자 결락-   　□□□□□

-원문 5자 결락-   　□□□□□

빈궁할 때는 더욱 방자해지고   貧窮尤恣橫

부귀할 때는 또한 제멋대로 날뛰누나   富貴亦跳梁

즐거움과 상대하여 강한 적이 되고   與樂成堅敵

슬픔을 겸하니 밝은 기운 막는다   兼悲鬱太陽

차라리 방외의 선비를 좇아   寧從方外士

백운향으로 훌쩍 달아날거나   脫略白雲鄕

BIP1148(詩-遺外卷1-89)

29일에 양양¹⁶⁸으로 가는 도중에 【계사년(1533년, 중종28, 33세) 1월

29일. 예천(醴泉)】

二十九日襄陽道中

이후로는 선생 9대손 야순(野淳)씨가 모아 기록한 것이다.

내 양양의 길을 가니	我行襄陽道
이른 봄 하순이라	早春下旬時
동풍이 관가 버들 흔들고	東風動官柳
오리는 시내에 흩어져 있누나	鵝鴨散川池
군성은 하늘 높이 솟았고	郡城高蒼蒼
누대는 들쭉날쭉 많아라	樓觀鬱參差
집집마다 말쑥하여 좋으니	家家好修整
주렴은 반공에 드리웠어라	簾幕半空垂
이곳은 참으로 번화하니	此地信繁華
흉년에도 외려 이와 같구나	凶歲猶若玆
말 타는 재주 익히는 이 뉘 집 사내인가	習藝誰家郎
몸을 뒤집었다 가로뉘었다 내달리는구나	飜身橫且馳
곱게 화장하고 노니는 처녀여	冶遊少兒女
재잘재잘 웃으며 어찌 그리 요염한가	歡笑何委蛇
너희들은 교만과 음란을 삼갈지니	汝輩愼驕淫
하늘의 재앙을 어찌 모르느냐	天災寧不知

---

168 양양(襄陽) : 【譯注】 경상북도 예천(醴泉)의 옛 이름이다.

부유한 자는 조석도 버티기 어렵고	富者苟朝夕
가난한 자는 이미 유리걸식하누나	貧者已流離
길 위에 쓰러진 사람들	路中僵仆人
처자식도 보살피지 못하네	不救妻與兒
수령이 어찌 근심하지 않으랴만	長官豈不憂
식량이 떨어졌으니 어찌 하리오	廩竭知何爲
볼 때마다 마음만 사나워지니	每見情懷惡
우두커니 서서 오랫동안 탄식하노라	佇立久嗟咨
내 여정 너무나 급하여	我行已草草
말은 비루먹고 종은 굶주리누나	馬尫僮僕飢
저물녘 쉬면서 애오라지 스스로 위로하며	晚憩聊自慰
역정에 찾아와 시를 살펴보노라	來尋驛亭詩
시내 백사장은 멀어서 희미한데	沙川遠以微
해는 뉘엿뉘엿 바람은 다시 불어오네	落日風更吹
길손 되어 곤란에 대처할 줄 알고	作客知處困
다리 건너며 위태로움 방비함을 생각하네	渡橋思防危
골짜기 들어 민가에 투숙하니	入谷投人家
오히려 저녁 식사를 대접하누나	猶能供暮炊

BIP1149(詩-遺外卷1-90)

그믐날에 관수루에 오르다 【계사년(1533년, 중종28, 33세) 1월 30일. 상주 (尙州)】

晦日登觀水樓

만경창파의 갈매기 푸른 바탕에 흰 점으로 찍어 논 듯

萬頃鷗波白點靑

봄바람 불어올 제 병풍의 그림을 마주한 듯   春風如對彩雲屛

난간에 기대어 석양으로 고개 돌려 보며   倚欄回首斜陽裏

앞으로 갈 여정을 묵묵히 헤아려 보네   默數長亭與短亭

BIP1150(詩-遺外卷1-91)

3일에 가천을 건너다 【계년(1533년, 중종28, 33세) 2월 3일 추정. 성주(星州)】

三日渡伽川

사방 들판 흐릿하여 비가 내리려 하니	四野蒼茫欲雨天
남쪽으로 내려가며 지금 비로소 가천을 건너네	南行今始渡伽川
빼어난 지세는 바로 신선이 사는 곳인데	地靈猶是神仚境
풍년이 들었으니 일찍이 가물었던 해라고 뉘 믿으랴	歲熟寧知旱魃年
먼 경치는 물가 숲 너머로 아른거리고	遠勢依依汀樹際
평평히 펼쳐진 들녘의 안개는 아득하구나	平分漠漠野中烟
말울음 소리 향림을 뚫고 지나가는데	馬嘶穿得香林過
비취새는 날면서 울어대니 도리어 자연스러워라	翠羽飛鳴却自然

　　-가천의 서쪽 기슭에 숲이 있는데, 향림이라 불린다.-

합천 남정의 운자를 써서 짓다 【계사년(1533년, 중종28, 33세) 2월 4일 추정. 합천(陜川)】

陜川南亭韻

(詩-遺外卷1-92)

춘풍은 끊임없이 불어오고	春風吹不盡
해는 다리 옆으로 지누나	落日在橋邊
시름을 뒤흔들어 일깨우는 곳	攬得愁情處
꽃핀 물가엔 한 줄기 연기 피어오르네	芳洲一帶烟

(詩-遺外卷1-93)

배는 긴 다리 옆에 누워 있고	舟臥長橋側
정자는 절벽 옆에 드높아라	亭高絶壑邊
물가 모래는 눈보다 하얗고	渚沙白於雪
봄물은 이내처럼 푸르구나	春水綠如烟

BIP1152(詩-遺外卷1-94)

남정에서 허공간¹⁶⁹의 시에 차운하다 【계사년(1533년, 중종28, 33세)

2월 4일 추정. 합천(陜川)】

南亭次許公簡韻

북쪽에서 내려온 산은 우뚝 솟고	北來山陡起
동쪽으로 내달리는 강물은 드넓게 흐르네	東去水漫流
기러기는 마름 핀 섬에 내려앉고	鴈落蘋洲外
연기는 대집 지붕에서 피어오르누나	烟生竹屋頭
한가할 때 찾으니 정취는 심원하고	閒尋知意遠
높이 기대니 몸이 떠 있는 듯하여라	高倚覺身浮
다행히도 관적의 굴레에 이름 올리지 않아	幸未名韁絆
외려 능히 마음대로 오가는구나¹⁷⁰	猶能任去留

---

169 허공간 : 【譯注】 허사렴(許士廉)으로, 자가 공간(公簡)이다. 이황의 매제(妹弟)이다.

170 다행히도……오가는구나 : 【譯注】 이때 이황이 과거에 합격하고 처가에 인사드리러 갔는데, 아직 관적에 이름을 올리지 않을 때이기에 이렇게 말한 것이다.

매화를 읊은 시 【계사년(1533년, 중종28, 33세) 2월 5~10일 추정. 의령(宜寧)】
梅花詩

의성은 별천지를 차지했는데	宜城別占好乾坤
그중 백암촌엔 원림이 많아라	白巖村裏多林園
봄날 꽃구경은 논할 겨를 없지만	一春花事未暇論
품평엔 매화가 으뜸임을 예전에 알았지	品題先識梅花尊
고아한 정취 어찌 다만 납월에만 피겠는가	高情豈獨臘天開
고절한 운치 화창한 봄기운 재촉함을 기다리지 않누나	
	孤韻不待陽和催
한 가지는 푸른 대숲에 비껴 의지하고	一枝斜倚翠竹場
천 그루는 황금 술잔에 환히 비추네	千樹照映黃金罍
못가에선 은근하게 꽃망울을 머금으며	臨池脉脉貯芳意
처마 아래 맑은 모습으로 뛰어난 풍치를 더하네	近簷盈盈增絶致
절조 있는 선비는 속진의 자태 짓지 않으며	節士不作風塵容
정숙한 여인이 어찌 연지 발라 화장하리오	靜女那須脂粉媚
바람 불면 하얀 옥치를 일제히 드러내는 듯	風吹齊發玉齒粲
비에 씻기면 은하수의 별처럼 모조리 흩어지는 듯	雨洗渾添銀海渙
이내 짙으면 때로 주렴에서 빛나고	烟濃有時耿簾幕
달이 지면 비낀 은하수와 짝이 되기 매우 좋아라	月落偏宜伴斜漢
비취빛 새들이 조잘대는 것은 조사웅이 감응한 것이고[171]	
	翠羽刺嘈感師雄
푸른 옷의 도괘자라 신선이 왔어라[172]	綠衣倒掛來企翁

점점이 떨어져 이마의 화장 되니 수양공주 아리땁고[173]

點成粧額壽陽嬌

가지 꺾어 보내면서 그리워하니 역리를 만났어라[174]　折寄相思驛吏逢

빙혼에 설골[175]은 조화를 독차지했으며　氷魂雪骨擅造化

---

171 비취빛……것이고 :【譯注】당(唐)나라 유종원(柳宗元)의 《용성록(龍城錄)》에 "조
사웅(趙師雄)이 나부산(羅浮山)에 갔는데 해가 졌다. 그때 송림(松林)의 주점 옆에서
한 미인을 보았는데, 옅게 화장을 하고 흰 옷을 입고 있었다. 밖으로 나와 그를 이끌어
함께 이야기하는데, 꽃향기가 그에게 스며들었다. 이윽고 그녀와 함께 술집의 문을 두드
리고는, 함께 술을 마시고 취하여 잠들었다. 일어나보니 그는 큰 매화나무 아래에 있었는
데, 비취빛 새들이 매화나무에서 조잘대고 있었다.〔翠羽刺嘈〕"라고 하였다. 《方輿勝覽
卷36 惠州》

172 푸른……왔어라 :【譯注】매화를 보러 아름다운 새들이 찾아온다는 말이다. 송(宋)
나라 소식(蘇軾)의 〈11월 26일 송풍정 아래 매화가 만발하다〔十一月二十六日松風亭下
梅花盛開〕〉시 2수 중 제2수에 "하늘의 향기와 국색도 어찌 돌아보랴, 내 술 익으면
시가 청온할 줄 알리라. 봉래궁의 화조사인, 푸른 옷의 도괘자가 해 뜨는 부상에서 왔네.
〔天香國艷肯相顧, 知我酒熟詩淸溫. 蓬萊宮中花鳥使, 綠衣倒挂扶桑暾.〕"라고 하였는데,
자주(自注)에 "고개 남쪽에 도괘자라는 진귀한 새가 있는데, 푸른 털에 붉은 부리를 지녔
고 앵무새와 같은데 작다. 동해에서 왔으니 세속의 동물이 아니다."라고 하였다. 당(唐)
나라 때 황제가 비빈이나 궁녀를 뽑을 때 민간의 미녀를 모집해 오던 사신을 '화조사'라고
한다. '하늘의 향기와 국색'이란 말이 나와서 화조사인 도괘자를 구사한 것이다.

173 점점이……아리땁고 :【譯注】남조(南朝) 송(宋)나라 무제(武帝)의 딸 수양 공주
(壽陽公主)가 함장전(含章殿) 처마 밑에 누워 있는데, 매화가 공주의 이마 위에 떨어져
오출화(五出華)의 모습을 이루었다. 털어내도 떨어지지 않자 황후가 그대로 두게 하였
고, 이로부터 매화장(梅花粧)이 있게 되어 후대 사람들이 많이 따라했다고 한다. 《太平御
覽 卷970 梅》

174 가지……만났어라 :【譯注】《형주기(荊州記)》에 다음과 같은 기록이 있다. 삼국
시대 동오(東吳)의 육개(陸凱)는 범엽(范曄)과 사이가 좋았는데, 강남에서 매화 한 가지
를 부치면서 시를 지어 보냈다. 그 시에 "매화 가지를 꺾다가 역의 심부름꾼 만나니,
농 땅에 사는 이에게 부쳐 보내노라. 강남에는 특별한 것이 없어, 애오라지 한 가지의
봄을 보낼 뿐이네.〔折梅逢驛使, 寄與隴頭人. 江南無所有, 聊贈一枝春.〕"라고 하였다.
《太平御覽 卷970》

암향에 성긴 그림자[176]는 소쇄함이 뛰어나네 　　暗香疎影絶蕭灑

피리 소리에 매화가 떨어진 것은 뜻이 무궁하지만[177] 　　笛中吹落意不盡

그림 속에서 묘사한 것은 참으로 구차하여라 　　畫裏傳神眞苟且

황량한 다리 물이 얕은 것[178]은 문제 될 게 없고 　　荒橋水淺不自病

이끼 깊은 오랜 뜰에 도리어 본성에 맞아라 　　古院笞深還得性

꾀꼬리는 매화 필 때 못 나오는 것을 분수로 여기고 　　鶯兒自分斷消息

개미는 감히 피고 시든 것을 엿보지 못하네 　　蟻使不敢窺衰盛

이미 광평에게 맡겨[179] 평소 마음 말하게 하고 　　已付廣平說素心

다시 서호와 지음이 되누나[180] 　　更與西湖作知音

---

175 빙혼에 설골 : 【譯注】 송(宋)나라 이근사(李謹思)의 〈붉은 매화〔紅梅〕〉 시에 "달빛 아래 향기 물속의 그림자 비단 같은 그림에 아찔하니, 빙혼 설골은 꽃피는 봄에 붉게 피었네.〔月香水影眩錦畫, 氷魂雪骨酣華春.〕"라고 하였다.

176 암향에 성긴 그림자 : 【譯注】 송(宋)나라 임포(林逋)의 〈산속 정원의 작은 매화〔山園小梅〕〉 시 2수 중 제2수에 "성긴 그림자 맑고 얕은 물에 가로로 비끼고, 그윽한 향기 황혼녘 달빛 아래 퍼지누나.〔疎影橫斜水淸淺, 暗香浮動月黃昏.〕"라고 하였다.

177 피리……무궁하지만 : 【譯注】 진(晉)나라 환이(桓伊)는 젓대를 잘 불었는데, 〈낙매화곡(落梅花曲)〉을 지었다. 당(唐)나라 이백의 〈사마장군가(司馬將軍歌)〉에 "강적 옆으로 하여 〈아타회〉를 불고, 달을 향해 누대에서 〈낙매곡〉을 부누나.〔羌笛橫吹阿嚲迴, 向月樓中吹落梅.〕"라고 하였다.

178 물이 얕은 것 : 【譯注】 송(宋)나라 임포(林逋)의 〈산속 정원의 작은 매화〔山園小梅〕〉 시 2수 중 제2수에 "성긴 그림자 맑고 얕은 물에 가로로 비끼고, 그윽한 향기 황혼녘 달빛 아래 퍼지누나.〔疎影橫斜水淸淺, 暗香浮動月黃昏.〕"라고 하였다.

179 광평에게 맡겨 : 【譯注】 당 현종(唐玄宗) 때의 명재상으로 광평공(廣平公)에 봉해진 송경(宋璟)을 가리킨다. 당(唐)나라 피일휴(皮日休)의 〈매화부서(梅花賦序)〉에 "송경은 철장(鐵腸)과 석심(石心)을 지니지 않았나 의심스러우니, 부드럽고 아름다운 문사는 구사할 줄 모르는 것처럼 보였다. 그러나 그의 〈매화부(梅花賦)〉를 보니 기상이 맑고 새로우며 표현이 풍부하고 아름다워 남조의 서릉(徐陵)과 유신(庾信)의 문체를 얻었다."라고 하였다.

천고의 풍류가 오히려 어제 같은데	風流千古尙如昨
타향에서 마주하니 반가움을 그칠 수 없어라	客裏相逢意不任
똑같은 참된 운치 먼 고향 매화와 구분할 수 없으니	一般眞趣杳無辨
객지에서 그리움 아련하여 고향 생각 외려 얕아지네	旅思依依鄕思淺
구슬 매화 노래할 제 박자판 두드릴 필요 없고	歌珠不用鬧檀板
또한 맑은 술에 미녀도 제쳐두노라[181]	且置淸樽供婉變
길이 금석 같은 맹세 맺으니 개결함이 같고	永托深盟同皎潔
시 읊조리며 노니니 둘 다 청절하구나	嘯咏徘徊共淸絶
쇠솥의 국에 간을 내는 것[182]은 대수롭지 않은 일이니	
	調羹金鼎是餘事
한 조각 향설이라도 날리지 않게 하여라	莫使一片吹香雪

---

180 서호와 지음이 되누나 : 【譯注】 서호(西湖)는 항주(杭州)의 절경으로 이름난 호수인데, 여기서는 서호의 고산(孤山)에 은거하며 지냈던 임포(林逋)를 가리킨다. 그는 평생 홀로 지내며 매화를 아내로 삼고 학을 자식으로 삼았다[梅妻鶴子]고 한다.

181 구슬……제쳐두노라 : 【譯注】 송(宋)나라 임포(林逋)의 〈동산의 작은 매화[山園小梅]〉 시에 "온갖 꽃 다 진 뒤에 홀로 곱게 피어나, 작은 동산에서 풍치를 차지하였어라. …… 다행히도 나지막이 읊조리며 가까이할 수 있으니, 박자판 두드리며 금 술잔 가까이할 필요 없어라.[衆芳搖落獨暄妍, 占盡風情向小園. …… 幸有微吟可相狎, 不須檀板共金樽.]"라고 하였다.

182 쇠솥의……것 : 【譯注】 국에 간을 맞추는 것으로 염매(鹽梅)라는 조미료가 있으니, 원래는 국가에 꼭 필요한 역할을 해 달라는 뜻이다. 《서경》〈열명 하(說命下)〉에 은고종(殷高宗)이 부열(傅說)을 재상으로 임명하면서 "내가 술이나 단술을 만들려고 할 때는 그대가 누룩이 되어 주고, 내가 솥에 국을 끓이려 할 때는 그대가 염매가 되어 주오.[若作和羹, 爾惟鹽梅.]"라고 부탁하였다.

11일에 단암진을 건너다 【계사년(1533년, 중종28, 33세) 2월 11일 추정.

의령(宜寧)】

十一日渡丹巖津

당시에 장차 오인원(吳仁遠)[183]을 찾아가려고 하였다.

들판에 천 산봉우리	野分千螺峀
강 가운데 일엽편주	江中一葉舟
봄날 한낮에 흠뻑 취하고	醉深春到午
풀이 돋아나는 물가에서 시름 깊어라	愁滿草生洲
역리는 지나가는 사람 신경 쓰지 않고	候吏輕人過
헤엄치는 물고기는 엿보는 해오라기 두려워하네	游魚怕鷺謀
남으로 왔다가 다시 동으로 가노니	南來又東去
벗을 찾아가 노닐려고 함이라	爲訪故人遊

---

183 오인원(吳仁遠) : 【譯注】 오언의(吳彦毅, 1494~1566)로, 본관은 고창(高敞), 자는 인원, 호는 죽오(竹塢)이다.

모곡의 오의령 공[184]의 죽재에서 【계사년(1533년, 중종28, 33세) 2월 11~14일 추정. 함안(咸安)】

茅谷吳宜寧公竹齋

의령공이 지으라고 명하였다.

만년에 정신을 함양하여 즐거움이 넘치나니	晩節頤神樂有餘
매화 창가 대나무 안석에 거문고와 책을 즐기네	梅窓竹几共琴書
다만 백발에도 얼굴은 젊은이 같으니	但知白髮顔如少
인간 세상의 세월이 흘러간다는 것은 믿지 못하겠노라	
	不信人間歲月除

---

184 오의령 공 : 【譯注】 오석복(吳碩福, 1455~1533)으로, 본관은 고창(高敞), 호는 삼우당(三友堂)이다. 의령 현감(宜寧縣監)을 지내고 함안(咸安)에 거처하였다.

오인원¹⁸⁵의 서재에서 묵다 【계사년(1533년, 중종28, 33세) 2월 11~14일 추정. 함안(咸安)】

宿仁遠書齋

외로운 베갯머리 술 깬 삼경의 한밤중에	酒醒孤枕夜三更
빗물이 서창을 때리며 대 울음소리 크게 들리누나	雨打西窓竹多聲
고향 그리는 마음이 방울방울 부서졌다는 말 믿지 못했는데	
	不信鄕心能滴碎
이제야 옛사람의 마음을 깊이 알겠어라	只緣深得故人情

-옛 사람의 시에 "무단히 하룻밤 빈 섬돌에 내리는 비, 방울방울 떨어져 고향 그리는 만리의 마음을 부수네.〔無端一夜空階雨, 滴碎思鄕萬里心〕"¹⁸⁶라고 하였다.-

낮은 병풍 높은 시렁 깨끗하여 티끌도 없으니	短屛高架淨無塵
아침 술 석 잔에 새 흥이 솟구치네	卯酒三杯發興新
붓을 찾아 시를 지음이 좋은 일이 아니니	索筆題詩非好事
나그네 소회 친한 벗에게 말해주고 싶어라	羈懷要說與情親

---

185 오인원 : 【譯注】 오언의(吳彦毅, 1494~1566)로, 본관은 고창(高敞), 자는 인원(仁遠), 호는 죽오(竹塢)이다.

186 무단히……부수네 : 【譯注】 송(宋)나라 괴애(乖崖) 장영(張詠)의 〈비 내리는 밤〔雨夜〕〉이란 시이다.

회산[187] 조경중의 장수하신 모친의 생신에, 경중의 시에 차운하다 【계사년(1533년, 중종28, 33세) 2월 12~14일 추정. 창원(昌原)】

檜山曺敬仲壽母生辰 次敬仲韻

훤당의 색동옷[188]에 푸른 봄날 아름답고	萱堂彩服靑春麗
반포지효 깊은 정에 한낮이 길어라	烏鳥深情白日長
기쁜 기운 눈처럼 춤추는 소매에서 나오고	喜氣似雪生舞袖
즐거운 마음 바다처럼 술잔에 넘치네	歡情如海溢霞觴
부모님 생각에 나그네 눈물 쉬이 흘러내리니	思親易下遊人淚
밤이 되어도 화촉 앞의 불빛 거두기 어려워라	入夜難收畫燭光
십년 전의 일을 회상하노라니	憶得十年前日事
변함없이 대나무 천 그루가 있구나	依然惟有竹千行

-계미년(1523년, 중종18)에 조경중의 선군께서 한림의 벼슬에 있다가 낙향하였는데, 내가 찾아가 방문하였으니 벌써 십일 년이 흘렀다. 조공은 이미 타계하셨는데, 옛날 즐겁게 노닐던 일을 회상하니 마치 꿈처럼 아득하였다. 북원의 긴 대나무가 천 그루로 완연히 어제와 같은데, 유명(幽明)을 달리한 감회에 젖다보니 눈물이 흐른다.-

---

187 회산(檜山) : 【譯注】 경상남도 창원(昌原)의 옛 이름이다.

188 색동옷 : 【譯注】 춘추 시대 초(楚)나라의 노래자(老萊子)는 효성으로 어버이를 섬겨 70세가 되어서도 어버이를 즐겁게 하기 위해 색동옷을 입었으며, 물을 떠서 당에 오르다가 거짓으로 넘어져 땅에 엎어져 어린아이의 울음소리를 내며, 새 새끼처럼 부모 곁에서 장난치며 놀았다. 《高士傳 卷上》

중춘 보름에 오인원[189]·조경중과 오의령 공[190]을 모시고 월영대에서 노닐다 【계사년(1533년, 중종28, 33세) 2월 15일. 창원(昌原)】

仲春望日 與吳仁遠曹敬仲陪宜寧 遊月影臺

합포[191]에 옛날 진성의 터가 남아 있으니	合浦遺基古鎭城
해산 깊은 곳에 누대의 시야가 트였어라	海山深處一臺平
근래 연지가 생겼다고 들었으니	近來聞有蓮池出
아마도 맑은 옥정[192]이 새로 옮겨왔는가 하네	疑是新移玉井淸

　-세속에 전하는 말에 '몇 해 전 오랜 비에 물이 쏟아져 홀연히 한 못이 생겼으니, 바로 옛날 못이 있던 자리이다.'라고 하며, 또한 '연꽃이 못에서 절로 자란다.'라고 한다.-

---

189 오인원 : 【譯注】오언의(吳彦毅, 1494~1566)로, 본관은 고창(高敞), 자는 인원(仁遠), 호는 죽오(竹塢)이다.

190 오의령 공 : 【譯注】오석복(吳碩福, 1455~1533)으로, 본관은 고창(高敞), 호는 삼우당(三友堂)이다. 의령 현감(宜寧縣監)을 지내고 함안(咸安)에 거처하였다.

191 합포(合浦) : 【譯注】경상남도 마산(馬山)의 옛 지명이다.

192 맑은 옥정 : 【譯注】옥정(玉井)은 여산(廬山) 꼭대기에 있는 못 이름이다. 〈화산기(華山記)〉에 "산꼭대기에 못이 있고 잎이 천 개 달린 연꽃이 피는데, 그것을 입으면 날개가 돋는다.[山頂有池, 生千葉蓮, 服之羽化.]"라고 하였다.

BIP1159(詩-遺外卷1-102)

날이 저물어 누대 앞에서 배를 띄워 회원에 이르다 【계사년

(1533년, 중종28, 33세) 2월 15일. 창원(昌原)】

日暮 自臺前泛舟 抵檜原

구름에 가린 해가 아득하고 바다는 어둑하니	雲日蒼茫海氣昏
누대 앞에서 배를 띄워 산과 들판 지나네	臺前舟放過山原
먼 돛배와 외론 섬이 바다 저편에 보이는데	遠帆孤島無邊眼
짧은 젓대 소리 긴 노래에 술동이 다하지 않누나	短笛長歌不盡樽

오 의령[193]의 〈유람을 기록하다〉 시에 차운하다 【계사년(1533, 중종28, 33세) 2월 15일 추정. 창원(昌原)】

次吳宜寧記遊韻

오 의령은 팔십 연세에도 근력이 쇠하지 않아서 모시고 경치 좋은 곳에 노닐었는데, 흡사 신선을 만난 것 같기에 시 속에서 다 언급하였다.

취하여 높은 대에 기대니 한 줄기 피리 소리	醉倚高臺一笛風
신선과 범부는 예로부터 때로 통하는 법	仚凡終古有時通
봉래 영주의 기운은 아스라이 술자리와 이어지고	蓬瀛氣接罇罍逈
티끌 세상 인연은 담소 따라 사라지누나	塵累緣隨笑語空
예전에 이미 왕자진을 맞았더니	昨日已邀王子晉
오늘 아침 실로 갈선옹을 뵈었어라[194]	今朝眞見葛仚翁
서로 쫓아 바다에서 노 저으니	相從叩枻滄溟上
동쪽 선산을 또 지나칠까 진정 두려워라	眞恐仚山又過東

---

193 오 의령 : 【譯注】오석복(吳碩福, 1455~1533)으로 본관은 고창(高敞), 자는 경선(慶善), 호는 삼우당(三友堂) 또는 죽재(竹齋)이다. 의령 현감을 지냈으며, 그의 손자 오운(吳澐)이 이황의 문인이기도 하였다.

194 예전에……뵈었어라 : 【譯注】오석복이 신령한 곳을 노니는 모습을 신선에 빗대어 표현한 것이다. 왕자진(王子晉)은 주 영왕(周靈王)의 태자로 신선이 되어 갔다가 30여 년 만에 흰 학을 타고 와서 구지산(緱氏山)에 내렸다고 하는 인물이다. 《列仙傳 王子喬》 갈선옹(葛仚翁)은 동진(東晉) 때 갈홍(葛洪)으로 자는 치천(稚川) 호는 포박자(抱朴子)이며 단사(丹砂)가 나온다는 말을 듣고 구루 영(句漏令)을 자청해 나가서 연단(鍊丹)을 했다는 인물이다. 《晉書 卷72 葛洪列傳》

16일 오 의령¹⁹⁵의 죽재에서 달을 마주하여 조금 술을 기울이다 【계사년(1533, 중종28, 33세) 2월 추정. 함안(咸安)】

十六日 吳宜寧竹齋對月小酌

뜰 앞에 자리 깔고 달뜨기 기다리며	鋪席庭前待月來
고담준론 나누면서 술자리도 벌렸어라	高談倂與酒樽開
어제는 멋진 유람 오히려 비 와서 아쉽더니	勝遊昨日猶嫌雨
오늘 밤 맑은 경치 더욱 티끌 한 점 없어라	淸賞今宵更絶埃
푸른 그림자 차갑게 엇갈리는 것은 천 이랑 대나무요	
	翠影交寒千畝竹
옥 같은 꽃잎 빛깔 어우러진 것은 한 가지 매화일세	瓊英渾色一枝梅
밤 깊으면 응당 신선이 지날게고	夜深應有飛仚過
선학이 월영대¹⁹⁶에서 날아오리라	笙鶴來從月影臺

　-15일 회원대(檜原臺)¹⁹⁷에서 해 질 무렵 말에 올랐는데, 도중에 비를 만났다.-

---

195 오 의령 : 【譯注】오석복(吳碩福, 1455~1533)으로 본관은 고창(高敞), 자는 경선(慶善), 호는 삼우당(三友堂) 또는 죽재(竹齋)이다. 의령 현감을 지냈으며, 그의 손자 오운(吳澐)이 이황의 문인이기도 하였다.

196 월영대(月影臺) : 【譯注】경상남도 창원(昌原)의 남쪽 바닷가에 있는 누대로. 최치원이 이곳에서 노닐었다고 한다.

197 회원대(檜原臺) : 【譯注】경상남도 창원시 회원동에 있던 누대가 아닐까 짐작된다.

BIP1162(詩-遺外卷1-105)

백암¹⁹⁸의 동헌에 걸려있는 탁영 김공¹⁹⁹의 시에 차운하다

【계사년(1533, 중종28, 33세) 2월 17~20일 추정. 의령(宜寧)】

白巖東軒濯纓金公韻

시와 술로 이 몸이 모임에 참여하니	詩酒我參社
풍진 세상에서 누가 사직하고 물러나는가	風塵誰斂裳
객지에서 생각도 많은데	客中多意緒
봄이 한창이라 음양의 기운 펼쳐졌어라	春半暢陰陽
떠나려 하니 다만 한 쌍의 나막신뿐	欲去惟雙屐
다시 오니 이미 십 년이 지났구나.²⁰⁰	重來已十霜
그 언제나 삼경²⁰¹에서	何當三逕裏
밤낮으로 거문고와 술 즐길거나	日夕玩琴觴

---

198 백암 :【譯注】이황의 장인 허찬(許瓚)의 집이 있던 경상남도 의령군(宜寧郡) 가례리(嘉禮里) 백암촌(白巖村)이다.

199 탁영 김공 :【譯注】김일손(金馹孫, 1464~1498)으로, 본관은 김해(金海), 자는 계운(季雲), 호는 탁영(濯纓) 또는 소미산인(少微山人)이다. 식년 문과에 급제하여 사간원 정언과 이조 정랑 등의 관직을 역임하였으나 1498년(연산군4)에 일어난 무오사화 때 능지처참의 형을 받았다. 중종반정으로 복관되고 그 뒤에 이조 판서에 추증되었으며, 문민(文愍)이라는 시호를 받았다.

200 다시……지났구나 :【譯注】이황이 장가갈 때 처가에 오고 이제 다시 10년 만에 왔다는 뜻이다.

201 삼경(三逕) :【譯注】'세 갈래 오솔길'이라는 뜻으로 은자가 사는 집을 말한다. 한(漢)나라 장후(蔣詡)는 왕망(王莽)이 집권하자 벼슬에서 물러나 향리인 두릉(杜陵)에 은거하였으며, 자기 집의 대밭 아래에 세 갈래 오솔길을 내고 구중(求仲)과 양중(羊仲) 두 사람하고만 교유하였다. 《蒙求 卷上 蔣詡三逕》

오인원[202]이 안음[203]으로 가는 길에 백암[204]에 들러서 유숙하기에 【계사년(1533, 중종28, 33세) 2월 21~30일 추정. 의령(宜寧)】

吳仁遠將之安陰 過宿于白巖

저물녘 봄 시내에서 풀 밟으며 돌아와	晚向春溪踏草回
누워서 똑똑 소리 들으니 벗이 찾아왔네	臥聞剝剝故人來
술통 열고 평소의 일 자세히 얘기하느라	開樽細說平生事
붉은 등잔 아래 밤 깊어진 줄도 몰랐어라	不覺紅燈入夜催

---

202 오인원 : 【譯注】 이황의 종자형(從姉兄)인 오언의(吳彦毅, 1494~1566)로, 본관은 고창(高敞), 자는 인원(仁遠), 호는 죽오(竹塢)이다. 1531년(중종26) 진사에 급제하여 전의 현감을 역임하였고 영주(榮州) 남계서원(南溪書院)에 제향 되었다.

203 안음(安陰) : 【譯注】 경상남도 함양군 안의면(安義面)의 옛 이름이다.

204 백암(白巖) : 【譯注】 장인 허찬(許瓚)의 집이 있던 경상남도 의령군(宜寧郡) 가례리(嘉禮里) 백암촌(白巖村)이다.

BIP1164(詩-遺外卷1-107)

오인원²⁰⁵이 안음에서 돌아오기에 【계사년(1533, 중종28, 33세) 2월 24~3월 2일 추정. 의령(宜寧)】

仁遠還自安陰

봄바람이 나를 속여 꽃피는 시절 저버리고	東風欺我負花開
짐짓 꽃향기 날려 한 조각 마음을 보내오누나	故遣飛香一片回
봄 경치 구경하는 곳에 술 가져오라 해야겠으니	正要呼樽賞春處
문 앞에 뜻밖에도 친구가 찾아왔어라	門前忽有故人來

---

205 오인원 : 【譯注】 이황의 종자형(從姉兄)인 오언의(吳彦毅, 1494~1566)로, 본관은 고창(高敞), 자는 인원(仁遠), 호는 죽오(竹塢)이다. 1531년(중종26) 진사에 급제하여 전의 현감을 역임하였고 영주(榮州) 남계서원(南溪書院)에 제향 되었다.

BIP1165(詩-遺外卷1-108)

삼월 삼짇날 나가서 노닐다 【계사년(1533, 중종28, 33세) 3월 3일 추정.
의령(宜寧)】

三月三日 出遊

매화는 강 남쪽에서 피려 하는데	梅花欲發江之南
북쪽의 객이 놀러 와서 비로소 쉬노라	北客來遊初稅驂
객창에서 부질없이 -원문 1자 결락- 세월 보내느라	旅窓空□轉光陰
꽃과 버들 다투어 봄기운 무르익은 줄 몰랐어라	不知花柳爭春酣
고개 숙여 붓을 놀리노라니 너무 적막하여	低頭弄筆太寂寞
문을 나서 말을 타고 물가를 찾았네	出門騎馬尋溪潭
냇물은 사굴산²⁰⁶ 따라 백암²⁰⁷으로 떨어지는데	溪從闍崛落白巖
그 가운데 한 골짝 있어 안개 자욱하여라	中有一洞多烟嵐
산속 곳곳에 복사꽃 살구꽃 흐드러지니	山中處處桃杏亂
이야말로 청춘의 삼월 삼짇날이라	正是青春三月三
좁은 길 따라나서 방초를 밟고 가며	行尋細路踏芳草
한 동이 녹주를 사람더러 매게 하누나	一壺綠酒令人擔
집집마다 대숲 우거져 문 두드려 들어가 봄 직하고²⁰⁸	家家多竹門可款

---

206 사굴산(闍崛山) : 【譯注】경상남도 의령군에 있는 산으로, 원래 중인도 마갈다국
왕사성의 동북쪽에 있던 기사굴(耆闍崛, 기자쿠타(gijjhakūṭa)의 음역) 산의 이름을
음역한 것이다. 원문에는 '암굴(闇崛)'로 되어 있으나,《용재집(容齋集)》권9〈의녕현제
명기(宜寧縣題名記)〉등을 참조하여 '사굴(闍崛)'로 판단하였다.

207 백암 : 【譯注】이황의 장인 허찬(許瓚)의 집이 있던 경상남도 의령군 가례리(嘉禮
里) 백암촌(白巖村)이다.

풍광 쫓아다니는 일 또한 감당하기 어려워라	追逐風光亦不堪
꽃 꺾어 모자에 꽂으니 나비가 사람 따르고	折花揷帽蝶隨人
고사리 캐어 품에 채우니 봄이 광주리 가득하여라	採蕨盈懷春滿籃
머리 기울여 높이 읊조리니 들판의 학이 의심하고[209]	高吟側頭野鶴疑
손뼉 치며 크게 웃던 그 사람인 줄 아이들은 익히 알리라[210]	
	大笑拍手村童諳
푸른 산은 한 빛으로 나를 불러오라 하고	靑山一色喚我去
백설조라 -원문 2자 결락- 사람을 만류하여 얘기하는 듯	□□百舌留人談
흥취 무르익어 뜻대로 내 즐거움 즐기노니	興濃隨意適其適
바람 속에 머리카락 풀고 너울너울 흩날리다	風裏散髮吹鬖鬖
시정은 눈에 들어오는 경치를 죄다 읊노니	詩情入眼盡收拾

---

208 집집마다……직하고 : 【譯注】 대나무를 좋아했던 진(晉)나라 왕휘지(王徽之)가 어느 날 어떤 사대부의 집에 멋있는 대나무가 있는 것을 보고는 그 집에 들르니, 집주인이 술자리를 마련해 놓고서 그가 돌아오기만을 기다렸는데, 왕휘지는 이를 아랑곳하지 않고 곧장 대숲으로 가서 감상을 한 뒤에 바로 떠나려 하였다. 이에 주인이 당황하면서 문을 닫아걸고 못 나가게 하며 그를 끝내 만류하자 왕휘지가 그 성의를 높이 평가하여 그 자리에 머물러서 함께 술을 마신 뒤에 떠났다고 한다. 《晉書 王徽之列傳》

209 머리……의심하고 : 【譯注】 목을 한쪽으로 길게 기울여서 시를 읊조리는 것을 표현한 것으로 학들이 자기 무리인지 의심한다는 말이다. 송(宋)나라 소식(蘇軾)의 〈망호루에 묵으며 다시 화답하다〔宿望湖樓再和〕〉 시에, "그대 와서 시험 삼아 시를 읊어 보게나. 바로 학의 머리 기울인 모양이라네.〔君來試吟詠, 定作鶴頭側.〕"라고 하였다.

210 손뼉……알리라 : 【譯注】 동네 아이들이 그 전에 처가에 왔을 때 '술이 많이 취해서 헤롱헤롱하던 그 사람이구나'하고 알아본다는 말이다. 당(唐)나라 이백(李白)의 〈양양가(襄陽歌)〉에 "석양은 현산 서쪽으로 넘어가려 하는데, 두건 거꾸로 쓰고 꽃 아래서 길 헤매누나, 양양의 아동들 일제히 손뼉 치며, 길거리 가로막고 다투어 백동제를 노래하네. 구경꾼이 무슨 일로 웃는가 물으니, 곤드레 취한 산옹 보고 웃는다 하네〔落日欲沒峴山西, 倒著接䍦花下迷. 襄陽小兒齊拍手, 攔街爭唱白銅鞮. 傍人借問笑何事? 笑殺山翁醉似泥.〕"라고 하였다.

그래도 하늘이 탐욕스럽다 싫어하지 않으리   造物亦不嫌其貪

마을의 농사일 급해 농부는 달려가고   村中務急走田翁

가지 끝에 햇살 비치면 들 누에 태어난다오   樹梢晴熏生野蠶

높고 낮은 밭이랑에는 자갈 모래 섞였고   壟畝高低雜砂礫

잡초 우거진 들판에는 메추라기 숨었어라   平蕪掩翳藏鶉鷚

아리따운 꽃 온갖 자태 서시와 모장²¹¹보다 어여쁘고

　　　　　　　　　　　　　　　　　　　　　　　嬌英百態媚施嫱

늙은 나무 천 그루 팽조와 노담²¹²보다 오래되었네. 古木千章老彭聃

바위 돌은 뿔뿔이 흩어져 울퉁불퉁 쌓였고   雲根渙散蟲磊磊

새는 채색 깃털 힘껏 펼쳐 너울너울 나누나   彩羽決起飛毿毿

많은 경치 일일이 다 구경하기 어려우니   紛紛應接苦未了

경치 구경 어찌 꼭 산사에 가야만 하리오   勝賞豈必歸禪龕

　　-이날 보리사(菩提寺)에 가려 하였는데, 어스름이 내려 실행하지 못하였다.-

깎아지른 벼랑 멀리서 바라보니 그림 같고   斷崖遙望若畫圖

그 아래 가득한 물 쪽보다 푸르구나   其下積水靑於藍

지팡이 멈추고 이끼 쓸어 바위 위에 앉으니   休节拂苔坐石上

거꾸로 잠긴 꽃 그림자 넘실대누나   倒蘸花影相涵涵

유상곡수²¹³ 또한 번거로운 일이니   流觴曲水亦多事

---

211 서시(西施)와 모장(毛嫱) : 【譯注】춘추 시대 월(越)나라의 대표적인 미녀들로,
서시는 오왕(吳王) 부차(夫差)를 유혹하여 나라를 명망에 이르게 하였으며, 모장은 월왕
(越王)의 애첩이다.

212 팽조(彭祖)와 노담(老聃) : 【譯注】장수를 누린 것으로 일컬어지는 선인(仙人)들
로 팽조는 요(堯) 임금 때부터 하(夏)나라를 거쳐 은(殷)나라 말기까지 8백 년을 살았다
고 하며, 노담(老聃)은 노자(老子)이다.

혼자서 소라껍질 잔 놓고 마음대로 잔질하노라　　　　自斟螺殼任啜含

날 저물어 두세 사람 뒤따라 이르고　　　　晚來追到兩三人

다시 청주종사[214]까지 동참하였어라　　　　更與青州從事參

　-언덕 아래 한 못이 맑고 푸르러서 매우 경치가 좋기에 문득 앉아서 조금씩 술을
　마시는데, 근처 마을 강군(姜君) 두 사람이 술을 가지고 와서 마셨다.-

형체를 잊고 한번 보고 허물없는 사이 되었으니　　　　忘形一見卽爾汝

내가 바로 세상의 호쾌한 한 사내라　　　　我是人間一奇男

경치가 너무 좋아 여기서 즐겁게 노니　　　　嬉遊直爲景物役

질탕하게 술 마시길 어찌 마다하리오　　　　跌蕩寧辭麴蘖耽

장부로 태어나 각자 취향 있으니　　　　丈夫生世各有趣

인생 궁달로 마음 끓이지 마시라　　　　莫將窮達心如惔

거북처럼 움츠렸다 범처럼 위세 부리는 것은[215] 비루한 자의 태도이니

　　　　龜藏虎挾鄙夫態

---

213 유상곡수(流觴曲水) : 【譯注】 '구불구불 흐르는 물에 술잔을 띄워놓고' 차례로 술을
마시는 것으로, 진(晉)나라 왕희지(王羲之)가 지은 〈난정서(蘭亭序)〉에서, "맑은 시내
여울물이 난정의 좌우에 서로 비치는지라. 이를 끌어들여 굽이쳐 흐르는 물에 술잔을
띄운다.〔有淸流激湍, 映帶左右, 引以爲流觴曲水.〕"라고 하였다.

214 청주종사(靑州從事) : 【譯注】 좋은 술을 의인화하여 말한 것이다. 《사문유취(事文
類聚)》 권13 〈연음부(燕飮部) 주(酒)〉에 "진(晉)나라 환온(桓溫)에게 술맛을 잘 아는
주부(主簿)가 있었는데, 그는 좋은 술은 청주 종사(靑州從事)라 하고 나쁜 술은 평원
독우(平原督郵)라 하였다. 청주에는 제군(齊郡)이 있고 평원에는 격현(鬲縣)이 있으니,
제군을 맡는 청주 종사는 배꼽〔臍〕 아래로 내려간다는 뜻이고, 격현을 맡는 평원 독우는
가슴〔膈〕 위에 머물러 있다는 것이다."라고 하였다. 제군의 제(齊)와 격현의 격(鬲)은
제(臍)나 격(膈)과 음과 모양이 같으므로 한 말이다.

215 거북처럼……것은 : 【譯注】 송나라 소식(蘇軾)의 〈기오헌(寄傲軒)〉 시에 "득세할
때는 호랑이가 을자를 잡은 것 같고, 실세할 때는 거북이가 머리와 꼬리, 사지를 감춘
듯하네.〔得知虎挾乙, 失若龜藏六.〕"라고 하였다.

소 꽁무니 되어 담 사이에 있어도²¹⁶ 부끄러워하지 마시라

牛後墻間且不慙

포의로 뛰어난 재능 품은 줄 어찌 알리오 豈知布衣懷至寶

보잘 것 없는 이 몸은 훌륭한 인재에 부끄럽구려²¹⁷ 荊棘旺張羞梗楠

금마문²¹⁸에서 이름 떨치는 것은 어떤 사람인가 蜚英金馬是何人

곤경에 처해 진흙탕 빠져도 내가 좋아하는 바라 困阨泥塗吾所甘

다만 원하노니 건강한 몸으로 좋은 때를 만나서 但願身健趁良辰

동해처럼 많은 술 기울여 즐거움 누리는 것이라 東海傾尊供樂湛

만 리 밖 고향 산천은 꿈결 속에 있고 家山萬里在夢想

타향살이 부평 신세 벗들과의 만남이 좋아라 萍水他鄉好盍簪

난정의 고상한 모임²¹⁹은 자취 이미 오래되었고 蘭亭高會跡已陳

---

216 소……있어도 : 【譯注】 앞에 나서지 않아 남의 눈에 띄지 않는다는 말로, 술자리에 같이했던 강씨(姜氏) 형제가 과거에 급제하지 못해 실의했던 것으로 짐작된다. 《전국책 (戰國策)》〈한책(韓策)〉에 "차라리 닭의 입이 될지언정, 소의 꽁무니는 되지 말아야 한다.〔寧爲鷄口, 無爲牛後.〕"라고 하였다.

217 보잘……부끄럽구려 : 【譯注】 원문의 형극(荊棘)은 보잘 것 없는 소인(小人)을, 경남(梗楠)은 훌륭한 인재를 뜻한다. 《회남자》〈제속훈(齊俗訓)〉에서 "경(梗)·남(楠)· 여(欀)·장(章)을 베어 다듬어서 혹은 관곽(棺槨)을 만들고 혹은 기둥과 들보를 만든다." 라고 하였다.

218 금마문(金馬門) : 【譯注】 한(漢)나라 때의 궁문 이름으로 동방삭(東方朔), 주보언 (主父偃), 엄안(嚴安) 등 문인들이 황제의 조서(詔書)를 기다리던 곳인데, 궁문 옆에 구리로 만든 말이 있기 때문에 이렇게 불렀다고 한다. 뒤에는 문한(文翰)을 담당하는 한림원(翰林苑)이나 예문관, 홍문관 등을 지칭하는 뜻으로 쓰였다. 《史記 滑稽列傳》

219 난정의 고상한 모임 : 【譯注】 난정은 중국 절강성(浙江省) 소흥(紹興)의 서남쪽 에 있는 난저산(蘭渚山)에 세워진 정자 이름으로, 진(晉)나라 왕희지(王羲之)가 이곳 에서 사안(謝安) 등과 더불어 놀았으며, 그의 서첩(書帖)인 〈난정서(蘭亭序)〉가 아주 유명하다.

곡강의 번화한 연회[220]는 교만하고 극성스러워라	曲江繁華驕且夢
나는 다행히 여기서 홀로 마음껏 노닐어	我幸於此獨得意
청운 백석 좋은 경치 깊은 곳까지 찾는다오	靑雲白石窮幽探
사슴과 벗하는 것 나의 본래 뜻이니	同羣麋鹿我素志
떠나려 할 때 할 말 있으니 어찌 안 할 수 있으리오	欲去有言那能喑
모름지기 공에게 일백 전 돈 빌려서	會借于公有百錢
연하의 경치 사서 띠 집을 짓고서	買斷烟霞結茅庵
봄바람 속에 취해 일천 날을 누웠노라면[221]	春風醉臥一千日
행여 옥함에 든 신선 비결 전해주리	倘有㐀方傳玉函

---

220 곡강의 번화한 연회 : 【譯注】'곡강'은 중국 섬서성(陝西省) 서안(西安) 동남쪽의 유명한 명승지인 곡강지(曲江池)로, 당나라 때 진사 시험에 합격한 사람들을 이곳에 모아 놓고 크게 연회를 베풀었다.

221 봄바람……누웠노라면 : 【譯注】옛날에 중산(中山) 사람인 적희(狄希)가 천일주(千日酒)를 잘 만들었는데, 유현석(劉玄石)이 그 술을 한 번 마시고는 천 일 동안 취했다가 무덤 속에서 술이 깨어 일어났다는 '일취천일성(一醉千日醒)'의 이야기가 전한다. 《博物志 卷10 雜說下》《搜神記 卷19》

백암의 새로 지은 동헌 못가에서 술을 조금 마시다 【계사년 (1533, 중종28, 33세) 3월 4~11일 추정. 의령(宜寧)】

白巖新東軒臨池小酌

새로 올린 높은 처마 날아갈 듯하고	新起高軒勢欲飛
담장 아래 못을 파 맑은 물 가득하네	鑿開墻下貯漣漪
정원 가득 나비가 쌍쌍이 날고	一園蝴蝶雙雙舞
삼월이라 복사꽃 가지마다 피었어라	三月桃花萬萬枝
석양빛 발에 들어 봄이 적막한데	斜日八簾春寂歷
저녁 바람 언덕에 불어 풀이 흩날려라	晚風吹岸草離披
흰 구름 천 리에 그리운 마음 바다 같아서[222]	白雲千里心如海
다시 한두 잔 술을 따름에 마다하기 어려워라	更酌難辭一兩巵

---

222 흰……같아서 : 【譯注】흰 구름은 멀리 떨어진 부모나 친지를 그리워할 때 쓰는 표현으로, 여기서는 어머니를 그리워하는 마음이 바다처럼 크다는 말이다. 당(唐)나라 적인걸(狄仁傑)이 태항산(太行山)을 넘던 중 흰 구름이 떠가는 남쪽 하늘을 바라보며 "저 구름 아래에 어버이가 계신다.〔吾親所居, 在此雲下.〕"라고 하면서 한참 동안 머물러 있다가, 구름이 옮겨 간 뒤에 다시 길을 떠났다. 《舊唐書 狄仁傑列傳》

여국진[223]에게 주다 병서【계사년(1533, 중종28, 33세) 3월 4~11일 추정. 의령(宜寧)】

贈余國珍 并序

의성 여침(余琛)은 자가 국진(國珍)으로 유학에 종사하였는데 담증(痰症)을 앓았는데다 집이 몹시 가난하였으며 나와 알고 지낸 지 이제 10여 년에 궁핍함이 더욱 심해졌다. 하루는 나와 함께 묵으며 이야기가 평소의 일에 미쳤는데 밤이 새도록 감개에 젖어 탄식하였다. 내가 일찍이 소동파가 촉의 선비 양기(楊耆)에게 준 시[224]를 보았는데, 그 말이 감개하고 격렬하여 읊조리는 사이에 사람으로 하여금 흉금을 통쾌하게 하는 것이었다. 그 일이 여침의 경우와 비슷하기에 동파 시의 운을 사용하여 시를 지어 그에게 준다.

천금의 부호였다가 한 표주박의 가난한 사람 되었으니

千金爲熱一瓢涼

---

223 여국진 : 【譯注】여침(余琛)으로 황사우(黃士祐)의 《재영남일기(在嶺南日記)》를 보면, 서얼 출신으로 의령현(宜寧縣)에 살았던 인물로 파악되나 자세한 것은 미상이다.

224 소동파가……시 : 【譯注】송(宋)나라 왕십붕(王十朋)이 편찬한 《동파시집주(東坡詩集注)》 권9 〈양기에게 주다[贈楊耆]〉 시의 인(引)에 "서촉(西蜀)의 양기는 20년 전에 보니 매우 가난했는데 지금도 역시 가난하여 옛날과 달라진 것은 푸른 얼굴에 풍성했던 머리뿐이었다. 여자는 미모와 상관없이 부유한 자는 곱고 선비는 현불초와 상관없이 가난한 자는 비루하니, 때를 잘 만났느냐 여부에 따라 당세의 선비가 줄어드는 것인가? 얼마 있다가 부풍의 역사에 묵었는데 몹시 슬프게 우는 소리가 들려서 물어보니, 곧 옛날 부유하였다가 지금 가난해진 자였다. 그래서 시 한 수를 지어 이제 양군에게 주노라."라고 하였다.

이 일이 사람을 한참 동안 감개에 젖게 하노라　　　此事令人感慨長

먹지 못하여도 마른 흙 먹는 지렁이[225] 되기 어렵고　　不食難同槁壤蚓

목이 쉬었어도 오직 매미처럼 글을 읽누나　　　　　酸聲惟學苦吟蟬

어찌 문 열고 밥 갖다주는 사람 있었으랴　　　　　那聞裹飯人開戶

다만 세금 독촉하는 아전만 들이닥칠 뿐　　　　　只有催租吏突墻

새옹이 화복을 알았다[226] 쉬이 말하지만　　　　浪道塞翁知倚伏

이제 보니 화복은 더욱 아득하기만 하여라　　　　如今倚伏更茫茫

---

225 마른……지렁이 : 【譯注】《맹자》〈등문공 하(滕文公下)〉에 "지렁이는 위로 마른 흙덩이를 먹고 아래로 황천을 마신다."라고 하였다.

226 새옹이 화복을 알았다 : 【譯注】새옹지마(塞翁之馬)의 고사를 말한 것이다. 원문에 나오는 의복(倚伏)은 화와 복이 서로 기인하여 이르는 것을 의미한다.《노자(老子)》 제58장에 "화는 복이 의탁하는 바이고, 복은 화가 숨어 있는 바이다.〔禍兮福所倚, 福兮禍所伏.〕"라고 하였다.

산인 혜충을 보내다 병서 【계사년(1533, 중종28, 33세) 3월 12일. 의령(宜寧)】
送山人惠忠 幷序

가정(嘉靖) 계사년(1533, 중종 28) 봄에 내가 의성(宜城)에 간 적이 있는데, 한 승려가 문을 두드리며 보기를 청하기에 이끌고 들어오니 그 모습은 고요하였고 더불어 말을 나누니 그 목소리는 맑게 울려서 몹시 기이하게 여겼다. 그 말이 흥미진진하게 산수를 이야기하는 것 외에 깊이 뜻을 기울인 대목은 모두 사대부들과 함께 노닐었던 일이었다. 소매 속에 넣어 온 시축(詩軸)이 서너 건이었는데 맨 앞의 시제는 참판 황효헌(黃孝獻)[227]의 것이었다. 황공은 남들에 대해 허여하는 경우가 적었는데, 그에게 준 시가 여러 편에 이르렀고 말한 것은 모두 현현(玄玄)한 이치에 대한 것이었다. 나는 또 이로써 스님의 사람됨이 보통 사람이 아니라 심을 말할 만하다고 여겼다. 나는 일찍이 옛날의 명공(名公) 거유(鉅儒)들이 흔히 도가나 불가의 사람들과 노닐기 좋아하는 것을 이상하게 여긴 적이 있다. 게다가 저 불가는 오랑캐의 한 가지 법도로 그 모습이 일반 사람과는 전혀 다르고 그 의복·언어·음식·거처도 모두 우리와는 상반된 것으로 명교(名敎)에 죄를 얻는 것이다.

---

227 황효헌(黃孝獻) : 【譯注】 1491~1532. 본관은 장수(長水), 자는 숙공(叔貢), 호는 축옹(蓄翁)·현옹(玄翁)·신재(愼齋)이다. 1514년(중종9) 별시 문과에 급제하여 이듬해 홍문관 정자가 되어 사가독서하였다. 강원도 관찰사(江原道觀察使)·황해도 관찰사(黃海道觀察使)를 거쳐 이조 참의·이조 참판에 올라 1530년(중종25) 이행 등과 《신증동국여지승람(新增東國輿地勝覽)》 편찬에 참여하였다. 1532년(중종27) 안동 부사(安東府使)로 나갔다가 갑자기 사망하였으며 상주 옥동서원(玉洞書院)에 제향 되었다.

이처럼 배척하여 사람 축에 끼워주지 않아야 할 자들을 도리어 사모하고 존경하여 칭송할 겨를이 없는 것처럼 하는 것은 진실로 무슨 마음인가? 오늘날 생각해 보면 그 또한 이유가 있다. 대개 사람이 세상을 사는 것이 속진에 골몰하여 성세(聲勢)를 따라 이리 뛰고 저리 쫓기며 겉만 보고 속을 보지 못하고 궁달(窮達)로 고하를 가리며 작위로 귀천을 나누어 그 가슴 속은 바야흐로 시끄럽고 꽉 막혀있다. 설령 높은 재주와 밝은 지혜가 있을지라도 심학(心學)에 대해 말할 수 있겠는가? 비록 함께 말을 하더라도 반드시 도달하지 못할 뿐이다. 도가나 불가의 사람들은 이와 달라서 반드시 세상에서 구하는 것이 없고 자신에 대해 사사로움이 없으며 사물의 이익과 손해 때문에 서로 속이고 빼앗지 않으니 이렇게 되면 그 심사가 반드시 고요하고 전일하며 그 지식은 반드시 높고 밝아서 우리의 심학에 대해 대개 말을 하지 않아도 먼저 안 것이 있는 사람이다. 하물며 말을 해 주어도 그 뜻을 알지 못하는 사람의 경우에는 어떠하겠는가? 옛사람이 이 사람들에게 정성을 다하여 그만두지 못하는 이유는 이 때문이다. 내가 혜충 스님과 평소 친분이 있는 것도 아닌데 느닷없이 나에게 시를 지어달라고 한 것은 내가 받아들이고 거절하지 못할 것임을 스님 또한 알기 때문이 아니겠는가? 나는 세상을 살아오면서 많은 사람을 보았으니 우뚝하고 비범한 인물들 또한 적지 않았다. 그러나 나의 말이 그 사람들에게는 하지 않고 유독 이 스님에게만 하는 것을 스님은 몰라서는 안 될 것이다. 우리 스님의 마음은 그 용모에 걸맞아 세속을 벗어나서 표연히 물외(物外)의 뜻이 있으니 가야(伽倻)[228]의 원숭이와 학[229]을 짝하고 사굴산(闍崛

---

228 가야(伽倻) : 【譯注】경상남도 합천군 가야산을 말한다. 가야는 석가모니가 정각

山)[230]의 연하를 읊었는데, 이제 나를 보러 온 것이 그 마음에 으스대는 바가 있어서이겠는가? 아마도 내가 이른바 그 심사가 반드시 고요하고 전일하며 그 지식은 반드시 높고 밝은 사람이 아니겠는가? 대개 이와 같고 보면 내 어찌 심(心)에 대해 말하지 않을 수 있겠는가? 더구나 스님이 함께 종유한 사람들은 모두 당시의 훌륭한 사대부인데 나처럼 신분이 낮은 사람이 또한 그 시축에 낄 수 있으니 그야말로 행운이 아니겠는가? 그래서 시 10수[231]를 지어서 주었는데 스님의 생각에 부족하다고 여긴다면 장차 취서산(鷲栖山)[232]에 돌아갔다가 또 와서 시를 지어달라고 요구하여 마지않을 터이다. 이에 내가 이 시에서 말한 뜻을 대강 서술하여 주니, 아마도 안검(按劍)의 기롱[233]을 받게 되리라. 계사년 3월 12일 영지산인(靈芝山人)[234]은 쓰다.

(正覺)을 이룬 보리가야(菩提伽耶) 혹은 불타가야(佛陀伽耶)의 준말로, 범어 Bodhgayā와 Buddhagayā의 음역이다.

229 원숭이와 학 : 【譯注】 은자의 처소를 의미한다. 남조(南朝) 제(齊)나라 공치규(孔稚圭)의 〈북산이문(北山移文)〉에 "혜초 장막은 텅 비어 밤 학이 원망하고, 산중 사람이 떠나감에 새벽 원숭이가 놀란다."라고 하였다. 《古文眞寶 後集 卷2》

230 사굴산(闍崛山) : 【譯注】 경상남도 의령군에 있는 산으로, 원래 중인도 마갈다국 왕사성의 동북쪽에 있던 기사굴(耆闍崛, 기자쿠타(gijjhakūṭa)) 산의 이름을 음역한 것이다.

231 시 10수 : 【譯注】 아래에 수록된 시는 모두 4수인데, 아마도 장년 시절 스님과 교유한 시인 만큼, 문집을 간행할 때 일부 시를 제외한 것으로 짐작된다.

232 취서산(鷲栖山) : 【譯注】 경상남도 양산(梁山)의 통도사가 있는 산으로, 지금은 '영취산(靈鷲山)'이라고 한다.

233 안검(按劍)의 기롱 : 【譯注】 《사기》 〈추양열전(鄒陽列傳)〉에 "신은 들으니, 명월주나 야광벽을 어두운 밤길 가는 사람에게 던져 줄 경우, 칼을 어루만지며[按劍] 노려보지 않을 사람이 없다고 합니다. 왜냐하면 까닭 없이 보물이 앞에 이르기 때문입니다."라고 하였다.

(詩-遺外卷1-111)

영취산 높은 거처는 구름 만 겹이요　　　　　靈鷲高棲雲萬重

하늘 남쪽에 눈 덮인 산봉우리 함께 솟았어라　　天南携出玉芙蓉

이곳에 석가모니의 두골 안치했다 하니　　　　釋迦此地安頭骨

황당한 말 듣고서 한번 웃고 마노라　　　　　　聽破荒唐一笑空

　　-이때 스님이 장차 취서산(鷲棲山)으로 돌아가려 하였는데, 산에 석가모니의
　　두골을 안치한 곳이 있다고 한다.-

(詩-遺外卷1-112)

한식 청명 꽃과 버들 피는 시절　　　　　　　寒食淸明花柳節

길 먼지 속에 허겁지겁 먼 길 달려왔어라　　　倦遊顚倒路歧塵

시승이 나를 찾아 시권을 보여주니　　　　　　詩僧過我携詩卷

소매 가득한 연하가 각별한 봄기운이로세　　　滿袖烟霞別樣春

(詩-遺外卷1-113)

시문은 내게 있어 천금의 빗자루[235] 같고　　　詩文我似千金帚

성정은 스님에게 한 조각 구름 같아라[236]　　　情性師如一片雲

---

234 영지산인(靈芝山人) : 【譯注】이황의 자호(自號)로 '영지산'은 예안현 북쪽 5리
지점에 있는 산이다.《정본 퇴계전서》권1〈농암 이 선생의 영지정사 시에 받들어 화답하
다(奉酬聾巖李先生靈芝精舍詩)〉의 서문 참조.

235 천금의 빗자루 : 【譯注】자신의 시문을 모지라진 빗자루에 빗댄 겸사이다.《동관한
기(東觀漢記)》〈광무제기(光武帝紀)〉에 "집안에 있는 모지라진 빗자루가 천금처럼 대우
받는다.〔家有敝帚, 享之千金.〕"라고 하였다.

236 성정은……같아라 : 【譯注】스님의 성정(性情)이 한 조각 구름처럼 자유롭다는
뜻이다.

사굴산 앞쪽에 봄이 저물려 하니　　　　　　　　　　閣崛山前春欲暮

서로 만났다 바로 헤어짐을 못 견디겠네　　　　　　相逢不耐卽相分

오로지 의리로 지음에게 보답하니　　　　　　　　　獨將義分報知音

생사의 이별에 정녕 마음을 저버리지 않았네라.　　生死眞能不負心

소공을 불러일으켜 시서를 짓게 하였으니　　　　　喚起蘇公作詩序

정해진 분수 이와 같으니 다시 나직이 읊조리네[237]　定分如此更沈呤

　－스님이 사대부들과 교유하는 것을 좋아하여 지인의 죽음을 만나면 반드시 그를
　위해 제단을 마련하고 조곡(吊哭)하였다.－

237　소공을……읊조리네 :【譯注】송(宋)나라 소식(蘇軾)이 혜근(惠勤) 스님을 위해
〈전당근상인시집서(錢塘勤上人詩集序)〉를 지은 사실을 떠올리며, 혜충 스님과 서로 유
불(儒佛)의 분수가 다른 것을 아쉬워하며 시서(詩序)를 읊조린다는 뜻이다. 구양수(歐
陽脩)는 선비들을 좋아하는 것으로 천하제일이었는데 나중에 벼슬에서 물러나자 더러
그를 저버리는 자들이 있었다. 그런데 혜근 스님은 30여 년 동안 구양수를 종유하였고
그가 별세한 뒤에도 잊지 않고 눈물을 흘리곤 하였다. 이에 생전에 구양수로부터 혜근
스님을 소개받았던 소식이 감동하여 그를 위해 시서를 짓게 되었다고 하였다. 《古文眞寶
後集 卷9 錢塘勤上人詩集序》 원문의 침령(沈呤)은 《정본 퇴계전서》에 '呤'으로 되어 있
으나, 압운을 고려하면 '음(吟)'이 되어야 한다.

　　　　　　　　　　　　　　　　　　　퇴계선생문집 유집 외편 권1　553

벗이 보내준 시에 차운하다 【계사년(1533, 중종28, 33세) 3월 12~17일 추정. 의령(宜寧)】

次韻友人見贈

봄바람 부는 못가의 관사 하룻밤이 일 년 같은데　　　春風池館夜如年

한바탕 꿈속 요대에서 주선을 짝하였어라　　　　　一夢瑤臺伴酒仚

더구나 꽃이 지고 방초 우거진 속에서　　　　　　況是落花芳草裏

그대 찾아갔다 오는 길에 흥취도 한가로워라　　　尋君來路興悠然

누대 위에서 취하여 읊다【계사년(1533, 중종28, 33세) 3월 12~17일 추정. 의령(宜寧)】

樓上醉吟

배꽃은 눈 같고 버들은 그늘 드리울 제	梨花如雪柳成陰
나비 춤추고 꾀꼬리 울어 객에게 읊조리길 권하네	蝶舞鶯啼勸客吟
기억하노니 예전에 이곳에서 즐겁게 놀 때	記取他年遊賞樂
이 그윽한 곳 작은 누대가 가장 마음에 들었었지[238]	小樓深處最關心

---

238 이⋯⋯들었었지 :【譯注】의령(宜寧)은 이황의 첫째 부인 김해 허씨의 친정이 있던 곳으로, 그곳에서 옛날 놀았던 추억을 떠올린 것으로 짐작된다.

동헌 못가에 비가 내리다 【계사년(1533, 중종28, 33세) 3월 12~17일 추정.

의령(宜寧)】

東軒池上雨

봄풀 돋아난 지당에 부슬비 내리고   池塘春草雨霏微

꽃잎 진 빈 뜰에 제비 날아다닐 제   花落空庭燕子飛

홀로 작은 난간에 기대어 막 잠에서 깨니   獨倚小闌初睡覺

객지의 마음과 고향 생각 둘 다 아련하여라   旅魂鄉思兩依依

18일 모곡²³⁹에서 오 의령²⁴⁰의 시에 차운하다 【계사년(1533, 중종28, 33세) 3월 18일. 함안(咸安)】

十八日茅谷 次吳宜寧韻

동풍이 불어 남은 비를 흩어 없애니	東風吹雨散餘霏
봄 깊은 울타리에 살구가 살졌어라	籬落春深杏子肥
문득 고향 편지 와서 기쁜 소식 알려주니	忽有鄉音來報喜
돌아가고픈 마음 벌써 흰 구름 쫓아 날아가누나	歸心已逐白雲飛

 -이날 고향에서 온 편지를 받았다.-

---

239 모곡 : 【譯注】 현재의 경상남도 함안군 모곡리(茅谷里)이다.

240 오 의령 : 【譯注】 오석복(吳碩福, 1455~1533)으로, 의령 현감(宜寧縣監)을 지낸 뒤에 모곡(茅谷)으로 내려와 은둔하며 삼우대를 지었다.

20일 조경중²⁴¹의 재실에서 오인원²⁴² 등 여러 사람과 김유
지²⁴³를 기다리며 회포를 쓰다【계사년(1533, 중종28, 33세) 3월 20일.
창원(昌原)】

二十日曹敬仲齋舍 與仁遠諸人 待金綏之書懷

한 동이 봄 술 놓고 푸른 산 마주하니   一壺春酒對靑山

그 속에서 마음 절로 느긋하여라   箇裏情悰覺自寬

친구가 바닷가에서 오신다 하니   爲有故人來海浦

서로 만나 실컷 즐겨 볼까 하노라   相邀準擬盡情歡

---

241 조경중(曹敬仲) :【譯注】이황의 종생질(從甥姪) 조윤신(曹允愼)으로 본관은 창녕
(昌寧), 자는 경중이다. 함안 군수(咸安郡守) 등을 지낸 조효연(曹孝淵)의 아들로, 충무
위 부사직(忠武衛副司直)을 지냈다.

242 오인원 :【譯注】오언의(吳彦毅, 1494~1566)로 앞의 시에 나오는 오석복(吳碩福)
의 아들이다.

243 김유지 :【譯注】김유(金綏, 1491~1555)로 본관은 광산(光山), 자는 유지(綏之),
호는 탁청정(濯淸亭)이다.

BIP1174(詩-遺外卷1-120~122)

이날 김유지[244]가 제포[245]에 와서 내일 이곳에서 만나기로 하였는데 끝내 오지 않았다 【계사년(1533, 중종28, 33세) 3월 20일 추정. 창원(昌原)】

是日綏之來薺浦 期明日會于此 綏之竟不至

(詩-遺外卷1-120)

푸른 잎에 붉은 꽃 매우 어여쁜데	綠葉紅葩最可憐
당시에 누가 창 앞에 심어 놓았을까	當年誰植在窓前
그대 기다려 내일 함께 읊고 감상하려 했더니	待君明日同吟賞
다만 봄바람이 새벽에 더욱 몰아칠까 걱정이라오	只恐春風曉更顚

 -창 앞에 꽃이 있어 푸른 잎 붉은 꽃이 영롱하니 어여뻤는데, 절의 중들은 모두 꽃 이름을 알지 못하였다.-

(詩-遺外卷1-121)

한 쌍의 호랑나비 다정스럽기도 하니	一雙蝴蝶猶多情
바람에 날리는 꽃인냥 나풀나풀 가벼워라	飛舞風花片片輕
저 나비도 저무는 봄을 아쉬워하니	此物亦能惜春晚
그대 생각에 조급한 마음을 어이 견디랴	思君那禁恨怦怦

---

244 김유지 :【譯注】김유(金綏, 1491~1555)로 본관은 광산(光山), 자는 유지(綏之), 호는 탁청정(濯清亭)이다.

245 제포(薺浦) :【譯注】조선 세종 때 일본인에 대한 회유책으로 개항한 세 포구〔三浦〕 중 하나로, 웅천(熊川 지금의 여수)의 포구이다.

산방에 한가히 누워 낮잠²⁴⁶에 빠져드니   山房高臥黑甛時

꿈속에서 나풀나풀 나비 되어 날았어라   夢裏悠揚化蝶飛

남쪽 창에서 잠을 깨니 한바탕 바람 일어   起喚南窓風一陣

시원스레 반가운 벗이 돌아온 듯하여라²⁴⁷   洒然如得故人歸

---

246 낮잠 :【譯注】원문의 '흑첨(黑甛)'은 곤히 잠자는 것을 말한다. 송(宋)나라 소식 (蘇軾)의 〈광주에서 출발하다〔發廣州]〉시에 "술 석 잔을 마신 뒤에 한숨 달게 잤구 나.〔三杯軟飽後, 一枕黑甛餘.〕"라고 하였다. 又《서청시화(西淸詩話)》에 "남쪽 사람은 술 마시는 것을 '연포(軟飽)'라 하고, 북쪽 사람은 낮잠 자는 것을 '흑첨(黑甛)'이라 한 다."라고 하였다.

247 시원스레……듯하여라 :【譯注】송나라 범노공(范魯公 범질(范質))의 부채에 적힌 시에 "큰 더위에 혹독한 관리가 떠나고, 맑은 바람에 벗이 온다네.〔大暑去酷吏, 淸風來故 人.〕"라고 하였다.《古今事文類聚 續集 卷28 扇 鬼攜扇去》

이날 오인원²⁴⁸·조경중²⁴⁹·조성중²⁵⁰과 함께 거닐어 비암²⁵¹ 에 이르렀다【계사년(1533, 중종28, 33세) 3월 20일 추정. 창원(昌原)】

是日與仁遠敬仲誠仲 散步至鼻巖

그대들과 발길 닿는 대로 봄 산 걷노라니	共君隨意踏春山
푸른 산 아무리 다녀도 싫증나지 않는구나	不厭行穿翠巒間
응당 산속에서 경치 좋은 곳을 만나	會向山中得奇絶
맑은 물 흰 바위 가에서 얼굴 활짝 펴리라	清泉白石好開顏

---

248 오인원 :【譯注】이황의 종자형(從姊兄)인 오언의(吳彦毅, 1494~1566)로, 본관은 고창(高敞), 자는 인원(仁遠), 호는 죽오(竹塢)이다. 1531년(중종26) 진사에 급제하여 전의 현감을 역임하였고 영주(榮州) 남계서원(南溪書院)에 제향 되었다.

249 조경중 :【譯注】이황의 종생질(從甥姪) 조윤신(曺允愼)으로 본관은 창녕(昌寧), 자는 경중이다. 함안 군수(咸安郡守) 등을 지낸 조효연(曺孝淵)의 아들로, 충무위 부사직(忠武衛副司直)을 지냈다.

250 조성중 :【譯注】이황의 종생질(從甥姪) 조윤구(曺允懼)로 본관은 창녕(昌寧), 자는 경중이다. 조윤신(曺允愼)의 동생으로 1543년(중종 38) 생원시에 입격하였다.

251 비암(鼻巖) :【譯注】지금의 경상남도 창원시 무학산(舞鶴山)의 코끼리 바위를 가리킨다.

비암²⁵²에서 함께 온 사람들에게 보이다【계사년(1533, 중종28, 33세) 3월 20일 추정. 창원(昌原)】

鼻巖示同遊

반석은 손바닥처럼 평평하고	盤石平如掌
맑은 물은 뱀처럼 달리네	淸泉走似蛇
시 읊으려 냇가 풀밭을 찾고	吟詩尋澗草
술을 들고 들꽃을 구경하노라	携酒問山花
봄 저무니 나그네 읊조림 고달프고	春晩覊吟苦
구름 옮겨가니 저녁 풍경 가지가지라	雲移暮景多
귓가에 산 새 소리	耳邊山鳥語
조잘대건만 이내 시름 어이할거나	啁哳奈愁何

---

252 비암(鼻巖) :【譯注】지금의 경상남도 창원시 무학산(舞鶴山)의 코끼리 바위를 가리킨다.

21일 오인원²⁵³의 시에 차운하다 【계사년(1533, 중종28, 33세) 3월 21일. 창원(昌原)】

二十一日 次仁遠

어제는 푸른 시내에서 함께 노닐고	昨日同遊碧澗中
돌아오니 적삼 소매에 봄바람 일렁이네	歸來衫袖漾春風
알지 못했어라, 부축받아 오던 길에 사람들 다투어 웃고	
	不知扶路人爭笑
취한 눈에 몽롱하니 석양빛 붉던 것을	醉眼朦朧落照紅

---

253 오인원 : 【譯注】 이황의 종자형(從姊兄)인 오언의(吳彦毅, 1494~1566)로, 본관은 고창(高敞), 자는 인원(仁遠), 호는 죽오(竹塢)이다. 1531년(중종26) 진사에 급제하여 전의 현감을 역임하였고 영주(榮州) 남계서원(南溪書院)에 제향 되었다.

3월 26일 법륜사[254]에 함께 머물고 있는 강회숙[255]과 강규지[256]를 찾아가는 길에 짓다【계사년(1533, 중종28, 33세). 진주(晉州)】

三月二十六日 訪姜晦叔姜奎之同寓法輪寺 路上作

대나무 있으니 인가가 고요하고	有竹人家靜
꽃이 없으니 봄날이 허전하여라	無花春事空
정공은 사시는 집이 유서 깊고	鄭公居宅古
강씨는 집의 정려문이 높아라	姜氏表門崇
길은 푸른 구름 속으로 접어들고	路入靑雲裏
사람은 푸른 산 안에 사누나	人居碧岫中
부슬부슬 저물녘 비가 내리니	廉纖晩來雨
나의 지치고 배고픈 종을 재촉하노라	催我倦飢僮

　　-정공은 정언보(鄭彦輔)[257]이다.-

---

254 법륜사(法輪寺) :【譯注】경상남도 진주시 월아산(月牙山)에 있던 절로, 지금은 폐사되고 없다.

255 강회숙 :【譯注】강공저(姜公著)로 본관은 진주(晉州), 자는 회숙(晦叔)이다.

256 강규지 :【譯注】강응규(姜應奎, 1497~1583)로 본관은 진주(晉州), 자는 규지(奎之)이다.

257 정언보(鄭彦輔) :【譯注】1477~1520. 본관은 청주(淸州), 자는 충경(忠卿)이며, 이황의 문인 정사성(鄭士誠, 1545~1607)의 조부이다.

법륜사²⁵⁸에 도착하니 강회숙²⁵⁹과 강규지²⁶⁰가 모두 떠나고 없었다. 이날 밤 혼자 묵노라니 서쪽 창의 빗속 대나무가 쏴쏴 거리며 몹시 맑은 운치가 있기에 서운한 마음으로 시를 읊조리다 【계사년(1533, 중종28, 33세) 3월 26일 추정. 진주】

到法輪寺 晦叔奎之皆不在 是夜獨宿 西窓雨竹蕭蕭 絶有淸致 悵然賦此

한 장 편지로 소식을 전한 지 얼마나 되었던가	一紙相傳知幾時
월아산 절간에서 만나기로 예전에 약속 잡았었지	月牙僧舍有前期
객지에서 석 달 못 만난 것 언짢아 말자	莫嫌羈夢三春隔
다만 긴 하룻밤 즐거운 만남을 바랄 뿐	但願淸歡一夜遲
길을 헤매며 지친 걸음 오직 조랑말뿐이요	迷路倦行惟款段
문을 나와 웃으며 맞는 이 다만 사미승이라	出門迎笑只沙彌
심지 돋우고 홀로 누워 서쪽 창에 비 내리니	挑燈獨臥西窓雨
낭랑한 소리 흡사 그대가 시 읊는 것 같아라	還似琅琅聽子詩

　-이보다 앞서 강회숙(姜晦叔)이 내게 편지를 보내 "내 사는 곳 가까운 의춘(宜春)²⁶¹에 와서 춘삼월이 지나도록 소식을 전하지 않았다."고 책망하였다. 그래서 "타향에서 춘삼월 소식 못 전한 것은 개의치 않고"라고 하였으며, 의춘에서 법륜

258　법륜사(法輪寺)：【譯注】 경상남도 진주시 문산읍(文山邑) 상문리(象文里), 남해고속도로 진주 터널 입구 상이(象耳) 저수지 건너편 골짜기에 있었으나, 임진왜란 때 소실되고 그 터만 남아 있다.

259　강회숙 :【譯注】 강공저(姜公著)로 본관은 진주(晉州), 자는 회숙(晦叔)이다.

260　강규지 :【譯注】 강응규(姜應奎, 1497~1583)로 본관은 진주(晉州), 자는 규지(奎之)이다.

261　의춘(宜春) :【譯注】 경상남도 의령군(宜寧郡)의 옛 이름이다.

사(法輪寺)로 가면서 금산(金山)[262]으로 길을 잡아서 실제로 길을 헤매었다.-

---

262 금산(金山) : 【譯注】위치를 감안해 볼 때, 지금의 경상남도 진주시 금산면(琴山面)을 말하는 것으로 보인다.

이튿날 강회숙²⁶³·강규지²⁶⁴·정기남²⁶⁵이 모두 와서 모여 함께 묵었는데, 또 다음날 강회숙과 함께 곤양으로 가기로 하였기에 강규지·정기남 두 동년²⁶⁶과 이별하였다 【계사년

(1533, 중종28, 33세) 3월 28일 추정. 진주】

明日晦叔奎之鄭紀南皆來會同宿　又明日與晦叔偕向昆陽　別奎之紀南兩同年

햇살 고운 아침 산당에서 이별주 마시니	酌酒山堂朝日鮮
향긋한 나물 연한 고사리 샘물에 삶았어라	香蔬軟蕨煮山泉
그대 찾았던 어젯밤 빈 잠자리에 비 내리더니	尋君昨夜空牀雨
나를 보내는 오늘 아침 필마에 채찍질하네	送我今朝匹馬鞭
애절한 두견 소리 그치자 소매 떨치고 가며	聽罷哀鵑揮袖去
떨어진 방초 밟고 다리 지나며 가련해하네	踏殘芳草過橋憐
여러분들은 비록 시속의 세태 따르고자 하지만	諸君縱欲隨時態
이별하는 자리에 어찌 시가 없을 수 있으리오	其奈無詩負別筵

　-나는 일찍이 세상 사람들이 시속을 따라 시 짓기 꺼리는 것을 병통으로 여겼는데, 두 사람이 어찌 이러한 병통이 있겠는가? 이 말로써 희롱 삼아 짓는다.-

---

263 강회숙 : 【譯注】강공저(姜公著)로 본관은 진주(晉州), 자는 회숙(晦叔)이다.

264 강규지 : 【譯注】강응규(姜應奎, 1497~1583)로 본관은 진주(晉州), 자는 규지(奎之)이다.

265 정기남 : 【譯注】정두(鄭斗)로 본관은 진주, 자는 기남(紀南), 호는 동산옹(東山翁)이다.

266 동년(同年) : 【譯注】같은 해 과거 시험에 함께 합격한 사람을 서로 호칭하는 말이다.

BIP1181(詩-遺外卷1-129)

작도²⁶⁷에서 안 주서의 시에 차운하다【계사년(1533, 중종28, 33세) 3월 28~4월 초순 추정. 곤양(昆陽)】

鵲島 次安注書韻

안 주서는 병을 조리하느라 이 모임에 오지 못하고 시를 부쳐 왔다.

바다 어귀 깊숙한 곳 화창한 시절에	海門深處趁時和
맑은 시 손에 드니 묵은 병이 낫는 듯	入手淸詩愈舊痾
술잔 잡고 높은 곳에 올라 자주 조망하노라니	把酒臨高頻眺望
해질녘 바람이 일어 천막에 물결 이누나	風生斜日幕生波

---

267 작도(鵲島) :【譯注】곤양군 남쪽 10리 지점에 있던 일명 '까치섬'으로 지금의 사천시 서포면(西浦面) 외구리(外鳩里)이다. 원래 섬이었으나 1938년 일본인이 이곳에 방조제를 만들어 갯벌을 간척해 평야를 만들었고, 후인들이 어득강(魚得江)과 이황의 만남을 기념하여 작도정사(鵲島精舍)를 세웠다.

정 사인이 산을 유람한 뒤에 함께 노닌 이들에게 준 시에 차운하다 【계사년(1533, 중종28, 33세) 3월 28~4월 초순 추정. 곤양(昆陽)】

次鄭舍人遊山後贈同遊韻

이때 정 사인(鄭舍人)이 지리산을 유람하고 막 돌아왔다.

방장산에 노닐기로 진작에 약속하였더니	方丈山中曾有約
지금은 되레 신선들의 노여움 입었어라	如今却被衆仚嗔
산골짝에 풍악 소리 요란하다 싫어하지 마시라	莫嫌洞壑笙歌聒
산을 찾지도 못한 채 내 벌써 속진에 떨어졌노라	我未尋山已落塵

완사계²⁶⁸의 전별 자리에서 【계사년(1533, 중종28, 33세) 4월 초순 추정.
곤양(昆陽)】

浣紗溪餞席

완사계라 시냇물 거울처럼 맑은데 　　　　　　浣紗溪水鏡光淸

석양에 뉘 집에서 한 곡조 젓대 부는가 　　　　落日誰家一笛聲

태수는 사람 보내고 사람 또한 떠나니²⁶⁹ 　　太守送人人亦去

물가 가득한 방초에 이내 마음 가눌 길 없어라 　滿汀芳草不勝情

268　완사계(浣紗溪) : 【譯注】 곤양군(昆陽郡 지금의 사천시)의 성 동쪽에 있다.

269　태수는……떠나니 : 【譯注】 태수는 곤양 태수 어득강(魚得江, 1470~1550)이고,
떠나는 이는 이황이다.

어관포²⁷⁰에게 부치다 【계사년(1533, 중종28, 33세) 4월 초순 추정. 진주】
寄魚灌圃

생각하니 지난해 겨울	憶我去年冬
공의 편지 재배하고 받았어라	再拜得公書
봉함 뜯어 무릎 꿇고 편지 읽어보니	開緘長跪讀公書
집에만 있지 말고²⁷¹ 멀리 오라고 나를 부르셨지	招我遠遊勿懷居
새봄에 마음먹고 남쪽 향해 가서	新春作意向南行
의령 천릿길 나귀 타고 와서 머무니	千里宜春來駐驢
가까운 곤산²⁷²에 계셔도 만나지 못해	昆山相望不可見
몇 번을 가보려다 다시 망설였어라	幾回欲去仍躊躇
공을 그리며 날마다 공의 시 외니	慕公日日誦公詩
저 구름은 서쪽으로 날건만 나는 그렇지 못하네	孤雲西飛我不如
봄바람 불어 방초 시드니²⁷³	東風吹老芳草歇

---

270 어관포 : 【譯注】 어득강(魚得江, 1470~1550)으로, 본관은 함종(咸從), 자는 자순(子舜), 호는 자유(子游)·관포당(灌圃堂)·혼돈산인(渾沌山人)이다. 1492년(성종23) 진사가 되고 1495년(연산군1) 식년 문과에 병과로 급제하여 곡강 군수(曲江郡守), 산음 현감(山陰縣監) 등 외관직을 거쳐 장령, 대사간 등을 지냈다. 진주(晉州)에 은거하였으며 저술로 《동주집(東洲集)》이 있다. 《퇴계선생연보(退溪先生年譜)》 권1에 의하면, 1558년(무오년) 이황이 그의 시집에 발문을 썼다.

271 집에만 있지 말고 : 【譯注】 《논어》 〈헌문(憲問)〉에 "선비로서 편안함을 생각하면 선비라고 할 수 없다.[士而懷居, 不足以爲士矣.]"라고 하였다.

272 곤산 : 【譯注】 지금의 경상남도 사천시 곤양면(昆陽面)이다.

273 봄바람……시드니 : 【譯注】 원문의 '취로(吹老)'는 바람이 불어 나무를 시들게 하거나 혹은 꽃을 떨어뜨린다는 말이다. 송(宋)나라 소식(蘇軾)의 〈도창을 지나다[過都昌]〉

바닷가 하늘 만 리 저편으로 시름을 -원문 1자 결락- 금치 못하네

海天萬里愁難□

방장산에는 예전부터 가보고 싶었나니　　　　方丈山中宿願在

쌍계사 안에는 신선의 자취 남았어라　　　　雙溪寺裏仚蹤餘

공이 나에게 좋은 유람 나서라 권하시니　　　公能指我作勝遊

나는 꿈속에 이미 그곳 연하에 갔다오　　　　我夢已落烟霞於

고향 편지 어저께 와서 사환[274] 없다 하니　　鄉書昨到毋賜環

홀연 이 계획이 허사가 되고 말았구려　　　　忽然此計墮空虛

늘 그렇듯 미루고 일찍 가보지 못하여　　　　守常區區不早往

오늘도 감히 공의 댁에 찾아뵙지 못하였는데　此日不敢趨階除

군재에서 다행히 고아한 풍모 접하였고[275]　　鈴齋幸接揮塵尾

객사에서 막 경거[276]를 내어주셨단 말 들었네　客舍初聽出瓊琚

시에 "물길이 남산에 끊겨 사람이 못 건너고, 동풍이 불어와 벽도화를 시들게 하누나.〔水
隔南山人不渡, 東風吹老碧桃花.〕"라고 하였다. 《東坡全集 補遺》

274 사환(賜環) : 【譯注】임금이 신하의 허물을 용서하고 다시 조정으로 불러들이는
것을 말한다. 《순자(荀子)》〈대략(大略)〉에 "임금이 조정을 떠난 신하에 대해서 용서하
지 않고 결별하는 뜻을 보일 때에는 한쪽이 떨어진 패옥을 보내고, 다시 조정으로 불러들
일 때는 고리가 완전히 이어진 옥환을 보낸다.〔絶人以玦, 反絶以環.〕"라고 하였다.

275 군재에서……접하였고 : 【譯注】원문의 영재(鈴齋)는 수령이 정사를 보는 동헌(東
軒)을 뜻하는 말이며, 주미(塵尾)는 고라니의 꼬리털을 매단 불자(拂子)를 가리키는
말로 청담을 나누는 사람을 말한다. 위진(魏晉) 시대에 사람들이 항상 주미를 손에 쥐고
서 청담(淸談)을 논하였으며, 나중에는 불교의 승려들도 설법할 때에 이것을 많이 애용
하였다. 《世說新語 容止》

276 경거(瓊琚) : 【譯注】원래 아름다운 옥을 뜻하는데, 여기서는 상대방이 보내준
아름다운 시를 가리킨다. 《시경》〈위풍(衛風) 목과(木瓜)〉에 이르기를 "나에게 모과를
던져 주기에 아름다운 옥으로써 갚는다.〔投我以木瓜, 報之以瓊琚.〕"라고 하였다.

작도에서 생선회 놓고 마음껏 바다 구경하고	鵲島陳魚縱觀海
완사계로 나와 전별하며 언덕에 행차 멈추었네	浣紗出餞停皐旟
어른께선 본래 세상 기심²⁷⁷ 잊었건만	丈人本自忘機事
영웅의 마음 호걸의 기상은 아직 펴지 않았어라	英心豪氣尙未攄
해학을 잘하셔도 그 속에 지극한 도는 넉넉하고	詼談未害至道餘
작록 따위는 애초에 마음에 들어오지 않았어라	爵祿不入靈臺初
나는 세상에 나아가 몹시도 이룬 것 없이	我行於世苦無成
평소 시주를 즐기며 거칠게 사니	詩酒平生任狂踈
다만 어리석은 사람이 연석²⁷⁸을 보배로 알 뿐	但知愚人寶燕石
대목장이 역저²⁷⁹를 버려둔다 원망하지 않아라	不怨大匠遺櫟樗
아, 공의 기호가 세상과 달라서	嗟公嗜好與世殊
나를 생각하고 나를 씻겨 진흙에서 꺼내시니	意我濯我出泥淤
어찌하면 공을 따라 오래도록 떠나지 않으면서	安得從公久不去
훗날 공이 금어를 불태울 때²⁸⁰를 기다려	待公他日焚金魚

---

277 기심(機心) : 【譯注】 얄팍한 꾀를 내어 교묘하게 일을 꾸미는 마음을 말한다. 《장자》〈천지(天地)〉에 "기계가 있는 자는 반드시 꾀를 부리는 일이 있게 되고, 꾀를 부리는 일이 있는 자는 반드시 기심이 있게 된다.〔有機械者必有機事, 有機事者必有機心.〕"라고 하였다.

278 연석(燕石) : 【譯注】 연산(燕山)에서 나는 옥처럼 생긴 돌이다. 송나라의 어리석은 사람이 연석을 보배로 간직하였는데, 뒤에 주(周)나라에서 온 객이 보니 기와나 벽돌과 다름없는 돌일 뿐이라 입을 가리고 웃었다고 한다. 《古今事文類聚 前集 卷14 寶燕石》

279 역저(櫟樗) : 【譯注】 크기만 하고 쓸모가 없어 어떤 목수도 재목감으로 생각하지 않기에 장수하는 나무로, 《장자(莊子)》〈소요유(逍遙遊)〉와 〈인간세(人間世)〉에 나온다.

280 금어를 불태울 때 : 【譯注】 벼슬을 버리고 은둔함을 뜻한다. 금어(金魚)는 물고기 모양의 금빛 주머니로 벼슬아치의 귀천을 표시하는 장신구이다. 고려 때에 4품 이상의 벼슬아치와 특사(特賜)받은 사람만 사용했다.

함께 청학동[281] 찾아 띳집 지어 놓고   同尋靑鶴置茅棟

날마다 약초밭 매면서 살 수 있을꼬   藥圃日日躬理鋤

---

281 청학동(靑鶴洞) :【譯注】앞서 말한 방장산(方丈山) 즉 지리산 청학동을 가리킨 것으로 보인다.

오 의령²⁸²이 보내온 시에 차운하다 【계사년(1533, 중종28, 33세) 4월 초순 추정. 의녕(宜寧)】

次吳宜寧見寄

한 해에 세 차례 와서 찾아뵈었으니	一年三到拜簷楣
밤이 깊도록 술 마시고 석양이 질 때까지 술을 마셨지	
	夜酌更深盡側暉
이와 같은 맑은 시를 받아 행낭에 넣었으니	如許淸詩在行橐
남쪽으로 와서 참으로 빈손으로 돌아가지 않는다오	南來眞箇不空歸

---

282 오 의령 : 【譯注】 오석복(吳碩福, 1455~1533)으로, 의령 현감(宜寧縣監)을 지낸 뒤에 모곡(茅谷)으로 내려와 은둔하며 삼우대를 지었다.

BIP1186(詩-遺外卷1-134~135)

안언역²⁸³에 묵으며 새벽에 일어나 현판의 시에 차운하다

【계사년(1533, 중종28, 33세) 4월 초순 추정. 성주(星州)】

宿安彦驛曉起 次板上韻

(詩-遺外卷1-134)

서쪽 담장에 달 떨어지고 빈 역관에 새벽이 오니	月落西墻空館曉
가슴 가득한 맑은 생각에 난향이 넘치는구나	滿襟淸思溢馨蘭
말이 여물 씹는 소리 비바람 같은 줄²⁸⁴ 비로소 알겠지만	
	方知馬齕飜風雨
시가 이루어짐에 심간을 토하게 될까²⁸⁵ 다만 두렵구나	
	只怕詩成吐腎肝
역리는 다행히 단기의 객을 받아주고	驛吏幸容單騎客
구름산은 십 년 만에 찾은 얼굴 그래도 알아보네	雲山猶識十年顔
그때 동짓날 홀로 잠들던 곳	當時至日孤眠處

---

283 안언역(安彦驛) : 【譯注】 경상북도 성주군 용암면(龍岩面) 소재지 인근에 있던 역참이다.

284 말이……줄 : 【譯注】 송(宋)나라 소식의 〈황노직의 「과거시험장에 있는 말 그림을 보고서 짓다」 시에 차운하다〔次韻黃魯直畫馬試院中作〕〉 시에 "젊은 시절 말에 안장 없고 걸핏하면 멀리 나갔는데, 누워서 말이 풀을 씹는 소리 들으니 비바람 소리 같았네.〔少年鞍馬動遠行, 臥聞齕草風雨聲.〕"라고 하였는데, 그 주석에 "마구간의 말이 풀을 씹는데, 잠결에 그것을 들으니 마치 먼 강에 바람이 이는 소리 같았다."라고 하였다.

285 심간을 토하게 될까 : 【譯注】 시를 짓느라 정신을 손상한다는 말이다. 당(唐)나라 시인 이장길(李長吉)이 매일 놀러 나갈 적에 아이종에게 주머니 하나를 들고 따르게 하여 자기의 지은 시를 그 주머니 속에 집어넣었는데, 저녁에 돌아와 보면 주머니가 가득하였다. 그 어머니가 보고는 "이 애가 심간을 다 토해내고야 말겠구나."라고 하였다.

남쪽 창에서 터진 손가락 한밤에 시렸어라　　　裂指南窓半夜寒

　　-계미년(1523, 중종18) 동짓날 이곳에 묵었다.-

(詩-遺外卷1-135)

한 철 봄을 오락가락 바람에 날리듯이　　　一春行止任飄零

동서남북으로 몇 번이나 길을 물었던가　　　南北東西幾問程

길 위에서 목말라 맑은 얼음 찾아 깨뜨리고　　　去路渴尋氷鏡破

돌아오는 말에서 시 읊조리며 푸른 보리 물결 지났어라

　　　　　　　　　　　　　　　　　　歸鞍吟度麥波青

바람 구름 이는 산과 바다 시가 일천 수요　　　風雲嶺海詩千首

관하에서 고향 그리워할 제 나그네 한 몸이라　　　魂夢關河客一形

강남의 저계야를 불러서　　　欲喚江南褚季野

곧장 작은 집에 들어가 두 병의 술 기울이고 싶어라[286]

　　　　　　　　　　　　　　　　　　便從半屋倒雙瓶

　　-이날 관인이 안언역(安彦驛)에 들어와서 좁은 집으로 잠시 피하였다.-

---

286 강남의……싶어라 : 【譯注】자신과 비슷한 상황에 처했던 저계야(褚季野)와 함께
술을 나누고 싶다는 뜻이다. 저계야는 진(晉)나라 저부(褚裒)로 입으로 시비를 말하지
않으나 속으로는 시비(是非)가 분명했던 것으로 유명한 인물이다. 저부가 장안 령(章安
令)으로 있다가 태위기실참군(太尉記室參軍)으로 천직되었는데, 그의 이름은 이미 드러
났으나 지위가 미미하여 그를 아는 사람이 많지 않았다. 어느 날 전당정(錢塘亭)에 투숙
하였는데, 그때 마침 오흥(吳興)의 심충(沈充)이 현령(縣令)으로 있으면서 자기의 손님
을 전송하려고 절강(浙江)에 들르게 되었다. 귀한 손님이 오자 정리(亭吏)가 저부를
쫓아내어 외양간으로 옮기게 하였는데, 우연히 심충과의 문답을 통해 심충과 함께 술을
마시게 되었고, 나중에 심충이 현계(縣界)까지 전송해 주었다. 《世說新語 雅量》

석주탄[287] 가에서 김헌가[288]에게 부치다 【계사년(1533, 중종28, 33세)

4월 25일경 추정. 단양(丹陽)】

石柱灘上 寄金獻可

한 줄기 긴 강물 만고에 흐르니	一帶長江萬古流
끊임없이 오고 가며 어느 때에 쉴건가	來來去去幾時休
이 물길 마주하여 쌍령[289]의 그대 불러서	無因對此招雙嶺
새로운 시 지어 묵은 회포 말할 길 없어라	寫出新詩說舊愁

287 석주탄(石柱灘) :【譯注】충청북도 단양(丹陽)에 있던 여울 이름이다.

288 김헌가 :【譯注】김순(金珣)으로, 본관은 선산(善山), 자는 헌가(獻可)이다. 김백경(金伯卿)의 아들로, 1522년(중종17)에 문과에 급제하여 충청 도사·형조 정랑을 지냈다.

289 쌍령(雙嶺) :【譯注】김순이 있던 곳을 가리키는 듯하다.

4월 정언 형님²⁹⁰을 따라 서쪽으로 가다가 23일 구성²⁹¹에서 김질부²⁹²가 희롱하여 보낸 시에 차운하다 【계사년(1533, 중종28, 33세), 영주(榮州)】

四月從正言兄西行 二十三日龜城 次金質夫見戲

해는 서쪽으로 가고 물은 동쪽으로 흐르는데	西飛白日水東流
사람 일은 분분하여 몹시도 쉬지 않는구나	人事紛紛苦不休
좋은 술 예쁜 기생 두고 뜻대로 즐겨야겠지만	綠酒紅粧要適意
때때로 다시 달빛 아래 노닐어 본 들 어떠리	不妨時復月中遊

---

290 정언 형님 :【譯注】이황의 넷째 형인 이해(李瀣, 1496~1550)를 가리킨다. 자는 경명(景明) 호는 온계(溫溪) 시호는 정민(貞愍)으로, 1533년(중종28) 1월 사간원(司諫院) 정언(正言)에 임명되었다.

291 구성(龜城) :【譯注】영주(榮州) 즉 경상북도 영천(榮川)의 옛 이름이다.

292 김질부 :【譯注】김사문(金士文, 1502~1549)으로 본관은 예안(禮安), 자는 질부이다. 김우(金佑)의 아들로, 1538년(중종 33) 별시에 급제한 후 원주 교수(原州敎授)를 역임하였다.

서정의 전별하는 자리에서 김득지의 시에 차운하다 【계사년

(1533, 중종28, 33세) 4월 26일경 추정. 충주】

西亭餞席 次金得之

긴 세월 객지를 다니느라 역정의 이별도 익숙해져	長年爲客慣離亭
모랫가 이르는 곳마다 두 옥병의 술 기울이네[293]	到處沙頭雙玉瓶
천 리 길 돌아왔다 다시 헤어지니	千里歸來又成別
서교에 가득한 이별의 시름 견디지 못하겠어라	不堪愁恨滿西坰

---

293 모랫가……기울이네 :【譯注】당(唐)나라 두보(杜甫)의 〈취가행(醉歌行)〉 시에 "백사장 머리 두 옥병의 술이 이미 다하여, 뭇 손들은 다 취했는데 나만 홀로 깨었어라.〔酒盡沙頭雙玉瓶, 衆賓皆醉我獨醒.〕"라고 하였다. 《杜少陵詩集 卷3》

허흥창²⁹⁴에서 거센 바람이 불어 갈 길이 막히다 【계사년(1533, 중종28, 33세) 4월 26~27일경 추정. 충주】

虛興倉阻風

이번 길에 형님은 역로(驛路)로 가고 나는 수로(水路)로 가게 되어 충주에서 이별하였다.

예성²⁹⁵의 풍악 소리 이별의 자리에 울리고	蘂城歌管動離筵
헤어진 뒤의 그리움도 벌써 아득하여라	別後相思已渺然
역마 타고 먼지 날리며 북궐로 돌아가니	馹騎流塵歸北闕
강바람이 물결 일으켜 서쪽으로 가는 배를 막누나	江風鼓浪阻西船
위태한 일 닥치자 세상 어려운 곳 스스로 깨닫고	臨危自覺時難處
험난한 일 겪자 도리어 일이 편의해졌음을 알겠도다	涉險還知事得便
어느 날에나 만인이 사는 저자에서 몸을 감추고²⁹⁶	何日同藏萬人海
나란히 밤을 새며 지은 시를 말해볼거나	對床聊復說詩篇

---

294 허흥창(虛興倉) :【譯注】지금의 충청북도 충주시 가금면(可金面) 가흥리(可興里)에 있었던 창고이다.

295 예성(蘂城) :【譯注】충주의 옛 이름이다.

296 만인이……감추고 :【譯注】복잡한 시중(市中)에 은거하는 것을 말한다. 송(宋)나라 소식(蘇軾)의 〈병중에 자유가 휴가를 얻었다고 들었는데, 내가 상주로 가지 못하다〔病中聞子由得告不赴商州〕〉시 3수 중 제1수에 "오직 왕성이 은거하기에 가장 알맞으니, 바다처럼 수많은 사람 속에 한 몸을 숨기노라.〔惟有王城最堪隱, 萬人如海一身藏.〕"라고 하였다.

배 안에서 【계사년(1533, 중종28, 33세) 4월 28일경 추정. 충주】

舟中

사방 산빛은 푸르게 새로 물들고	四面山光綠染新
며칠 동안 날씨가 사람을 홀리듯 하여라	數朝風日欲迷人
높다란 돛은 기슭을 가르며 험한 곳 무난히 넘어가고	高帆截岸平逾險
외로운 학은 허공을 스치며 속진과 아득히 멀어지네	獨鶴摩空逈絶塵
만 리길 강호에서 수심은 멀어지고	萬里江湖愁思遠
삼 년 동안 서울로 먼 길 갈 일도 잦아라	三年京洛旅遊頻
도성으로 가며 절로 시구를 지으니	西行自辦排詩句
나도 모르게 벌써 핍진한 시를 읊었어라	不覺吟成已逼眞

양화역²⁹⁷ 앞을 지나다 【계사년(1533, 중종28, 33세) 4월 29일경 추정. 여주 (驪州)】

過楊花驛前

배 뜸 아래서 조금씩 술 마셔 불콰해지니	淺斟蓬底帶微紅
천 리 강산을 한눈에 다 바라보노라	千里江山一望窮
돌아가는 배 행장이 단촐하다 웃지 마소	莫笑歸舟無一物
왕명을 받고 갈 때만큼 일정이 바쁘지 않아라²⁹⁸	嚴程不似去時悤

---

297 양화역(楊花驛) :【譯注】조선 시대 여주(驪州) 지역에 있던 3개 역 중 하나로, 경기도 여주시 흥천면 귀백리 일대에 있었다.

298 돌아가는……않아라 :【譯注】《퇴계선생연표월일조록》에 의하면 이황은 1533년 4월 성균관에 유학하기 위해 서울로 갔다가 6월에 돌아왔다.《정석태, 퇴계선생연표월일 조록1, 퇴계학연구원, 2001, 128~130쪽·135쪽》

한 승려가 예천 용문산으로부터 서울로 가면서 내 배에 같이 타서 종이를 주며 시를 지어달라고 청하기에 【계사년 (1533, 중종28, 33세) 4월 28일경 추정. 충주】

有僧自醴泉龍門山如京 與之同舟 饋牋求詩

(詩-遺外卷1-142)

양양²⁹⁹의 눈처럼 흰 종이 손에 들고	爲把襄陽雪色牋
은근히 내게 주며 시를 지어달라고 하네	慇懃供我有詩篇
부디 알아야 할지니 어저께 용이 노하였으니	須知昨日蛟龍怒
내가 지은 시가 물속의 용을 동요시켰기 때문이지³⁰⁰	被有詩情動九淵

(詩-遺外卷1-143)

앞 강에 바람 들어 물결이 배를 때릴 제	風入前江浪打舟
산을 바라보다 이따금 머리 기울여 읊노라	望山時復側吟頭
나도 일찍이 암혈에 사는 즐거움 아는데	我曾知有巖居樂
스님은 도리어 속세에 가서 노니는구려	師亦還爲塵土遊

---

299 양양(襄陽) : 【譯注】 경상북도 예천(醴泉)의 또 다른 이름이다.

300 어저께⋯⋯때문이지 : 【譯注】 '용이 노했다'는 표현은 벼락이 치고 비바람이 내리는 것을 뜻하며, 원문의 '구연(九淵)'은 용이 숨는 곳이다. 한(漢)나라 가의(賈誼)의 〈조굴 원부(弔屈原賦)〉에 "구연에 깊이 숨어 있는 신룡이여, 깊은 못에 숨어서 스스로 진중히 하도다.〔襲九淵之神龍兮! 沕淵潛以自珍.〕"라고 하였다.

새벽에 두미협³⁰¹을 배로 내려가다가 물고기를 사서 술을 마시다 【계사년(1533, 중종28, 33세) 4월 30일경 추정. 양근(楊根)】

曉下豆彌峽 買鮮酌酒

바람 없는 맑은 새벽 옛 협곡은 차가운데	淸曉無風古峽寒
노 젓는 소리 삐걱삐걱 앞 물굽이를 내려간다	櫓聲伊軋下前灣
생선 사다가 배 뜸 밑에서 얼큰하게 취하니	買鮮篷底陶然醉
이 몸이 소계와 삽계 사이³⁰²에 노니는 듯하여라	疑是身遊苕霅間

---

301 두미협(豆彌峽) : 【譯注】 두물머리에서 만난 한강이 하남시 검단산과 남양주시 예봉산 사이에서 물살이 빨라지는 협곡을 말한다. 백제 때부터 전해 내려온 도미나루 전설에서 이름이 유래하였다.

302 소계(苕溪)와 삽계(霅溪) 사이 : 【譯注】 배로 집을 삼아 물 위에 떠다니며 사는 삶을 비유적으로 가리키는 말이다. 당(唐)나라 안진경(顔眞卿)이 호주 자사(湖州刺史)로 있을 때 장지화(張志和)가 찾아뵙자 안진경이 그의 배가 낡아서 물이 새는 것을 보고 바꾸어 주고자 했다. 이에 장지화가 안진경에게 "제 소원은 물 위에 뜨는 집을 만들어 소계와 삽계 사이를 오가는 것입니다.〔願爲浮家泛宅, 往來苕霅間.〕"라고 하였다.《新唐書 張志和列傳》

금대임³⁰³의 시에 차운하다 【계사년(1533, 중종28, 33세) 5~6월 추정. 서울】
次韻琴大任

푸른 하늘 눈썹처럼 가는 초승달이	碧空新月一眉纖
높은 누각 백옥 주렴 환히 비추네	照見高樓白玉簾
나란히 잠든 원앙은 못물에 편안하고	並宿鴛鴦池水便
혼자 우는 앵무는 조롱 안에 갇혔어라	孤唱鸚鵡鏁籠兼
당시에는 즐거운 마음 거문고 가락에 쏟아내고	當年樂意琴中寫
이즈음은 시름겨운 얼굴 거울 속에 보태누나	此際愁容鏡裏添
열두 난간³⁰⁴에서 견우성과 직녀성 바라보니	十二闌干望牛女
밤 깊을 제 시흥이 곱절로 솟아나누나	夜深情境倍新尖

---

303 금대임 : 【譯注】 금축(琴軸, 1496~1561)으로, 본관은 봉화(奉化), 자는 대임,
호는 남계(南溪)로, 동래 현령(東萊縣令)을 지낸 금휘(琴徽)의 손자이다. 1531년(중종
26)에 생원시에 입격하고, 1540년(중종35) 권벌(權橃)에 의해 일사(逸士)로 천거되어
제릉 참봉(齊陵參奉)에 임명되었다.

304 열두 난간 : 【譯注】 일반적으로 높은 누각(樓閣)의 난간에 곡절(曲折)이 많은 것을
말한다.

우언확³⁰⁵의 시운을 써서 이공간³⁰⁶을 유별하다【계사년(1533, 중종28, 33세) 6월 하순 추정. 서울】

用禹彦確韻 留別李公幹

(詩-遺外卷1-146)

세상살이 겉치레가 많아	人世多修餙
산림으로 털고 떠나지 못하네	雲山未拂衣
바야흐로 현송의 즐거움³⁰⁷ 쫓으며	方從絃誦樂
때로 벼슬하기 전 낚시하고 밭 갈던 시절 떠올리누나	時憶釣耕微
나 같은 이야 몹시 무능하고	似我踈慵甚
그대 같은 이는 드물게 빼어난 사람이니	如君磊砢稀
바라건대 뛰어난 재주 함께 하여	要同良驥足
만 리 길 바람 따라 달려가고파라	萬里逐風飛

---

305 우언확 :【譯注】우상(禹鏛, 1507~1560)으로 본관은 단양(丹陽), 자는 언확(彦確)이다. 춘추관 편수관으로《중종실록》편찬에 참여하였으며 강원도 관찰사(江原道觀察使)를 지냈다.

306 이공간 :【譯注】이중량(李仲樑, 1504~1582)으로 본관은 영천(永川), 자는 공간, 호는 하연(賀淵)이다. 농암(聾巖) 이현보(李賢輔)의 넷째 아들로 1534년(중종29) 문과에 급제하여, 청송 부사(青松府使)·안동 부사(安東府使) 등을 거쳐 관찰사·우승지 등을 역임하였다.《퇴계선생연표월일조록》1533년 6월 조에 의하면, 이 시는 성균관에 그대로 남아서 대과(大科) 준비를 하던 고향 친구 이중량과 작별하며 지어준 것이다.《정석태, 퇴계선생연표월일조록1, 퇴계학연구원, 2001, 134·139쪽》

307 현송의 즐거움 :【譯注】현송(絃誦)이란 거문고를 타고 시를 읊는 것을 말한다.《예기》〈문왕세자(文王世子)〉에 "봄에는 시를 외우고 여름에는 거문고를 탄다.〔春誦詩, 夏絃琴.〕"라고 하였다.

위수와 종남산[308]이 그대를 못 돌아가게 묶으니 　　渭水終南絆子歸

사람으로 하여금 치의[309]의 시편 읊기에 딱 맞아라 　令人端合賦緇衣

푸른 매 높은 하늘로 치솟는 것 보게 될 터이고 　　蒼鷹會見凌霄漢

검은 표범 푸른 산에서 내려왔단 말 때로 듣게 되리라[310]

　　　　　　　　　　　　　　　　　　　　　　玄豹時聞下翠微

그대는 반궁에 살며 무더위에 힘들고 　　　　　　君住泮宮炎月苦

나는 관령[311]으로 가서 친구가 드무니 　　　　　我行關嶺故人稀

어찌 한마디 말 서로 주고받지 않으리오 　　　　那無一語相爲贈

붓 잡고 높이 읊조리니 멋진 홍취 솟구쳐라 　　　把筆高吟逸興飛

---

308 위수(渭水)와 종남산(終南山) :【譯注】원래는 중국의 지명이나 여기서는 한강과 남산을 가리킨다.

309 치의(緇衣) :【譯注】《시경》〈정풍(鄭風)〉의 편명으로, 현사(賢士)를 예우하는 내용으로 채워져 있다.

310 푸른……되리라 :【譯注】이중량(李仲樑)을 비유한 말로 은거하면서 심신을 수양한 은자가 세상에 나아가 기량을 마음껏 펼치게 될 것이라는 말이다. '검은 표범'이란 안개가 짙게 끼어 있는 동안에는 먹을 것이 없어도 자신의 아름다운 털 무늬를 보전하기 위하여 산 아래로 내려오지 않는다는 '남산현표(南山玄豹)'의 고사를 원용한 말이다. 《列女傳 卷2 賢明傳 陶答子妻》

311 관령(關嶺) :【譯注】안동으로 가는 길에 거치게 되는 '조령(鳥嶺)'를 가리킨다.

곽영이[312]가 김후지[313]·이개연에게 주어 두 사람이 화답한 장단구 1편에 차운하여 도로 세 사람에게 주다【계사년(1533, 중종28, 33세) 6월 하순 추정. 서울】

次郭咏而贈金厚之李介然所和長短句一篇 却贈三君

아, 나는 옛 학문을 좋아하면서 늦게 태어나 희헌[314]을 쫓으려 하나 미칠 수 없으니	嗟我好古而生晚兮追羲軒不可及
내가 이에 시문을 배우노라	我乃學詩文
문장을 누가 작은 재주라 말하랴마는	文章孰云是末技
그래도 그 문을 아직 얻지 못했어라	猶未得其門
늘 돌아보고 사방으로 다니며 그 사람 찾으니	常顧走四方求其人
문하에 들어가 함께 참여하길 원하노라	願爲同參戶外屨
이리저리 헛되이 혼자 바쁘게	倀倀空自勞
도성을 여러 번 왕래하였어라	京國往來屢

---

312 곽영이 :【譯注】곽시(郭詩)로 본관은 청주(淸州), 자는 영이(詠而), 호는 탄암(坦菴)이다. 중종 34년(1539) 문과에 급제하였고, 벼슬은 홍문관 정자를 지냈다. 조헌(趙憲)과 함께 옥천(沃川)의 표충사(表忠祠)에 봉향되었으나, 생전에 정자(程子)를 배척하였다 하여 조헌의 제자 김약(金箹)의 항소(抗訴)로 인해 출향(黜享)되었다.

313 김후지 :【譯注】김인후(金麟厚, 1510~1560)로 본관은 울산(蔚山), 자는 후지, 호는 하서(河西)이다. 1540년(중종35) 별시 문과에 급제하고, 홍문관 부수찬으로 세자를 가르치는 직임을 맡았다. 1545년(인종1) 인종이 승하하고 곧이어 을사사화가 일어나자 병을 칭탁하고 향리로 돌아가 학문 연구와 제자 양성에 전념하였다. 시호는 문정(文正)이고 문묘(文廟)에 종향되었다.

314 희헌(羲軒) :【譯注】중국 고대 전설상의 임금인 태호(太昊) 복희씨(伏羲氏)와 황제(黃帝) 헌원씨(軒轅氏)의 합칭으로, 태평성대를 의미한다.

때가 옴에 얼마나 다행인가, 반궁 안의 몇 분이　時來何幸泮宮裏數子

글재주 필적할 이 없고　　　　　　　　　　才華無與匹

몸은 문단에 올라　　　　　　　　　　　　身登風騷壇

손에는 강정의 필력315 쥐었어라　　　　　　手握扛鼎筆

높은 글은 천기를 돌려 빠른 우레가 내달리듯　高詞斡天馳疾雷

난삽한 말은 음기를 헤쳐 기이한 귀신을 붙잡듯316　險語披陰捉奇鬼

등림317의 재목은 큰 집에 필요한 바요　　　鄧林之材大廈所須

곤륜산318의 옥은 성인이 귀하게 여긴 바라　崑山之玉聖人所貴

때가 오지 않음이여, 표범이 안개 속에 몸을 감추고319

　　　　　　　　　　　　　時之不來兮豹隱霧

---

315 강정(扛鼎)의 필력 : 【譯注】기상이 웅장하고 힘 있는 시문을 가리킨다. 당(唐)나라 한유(韓愈)의 〈병중에 장십팔에게 주다[病中贈張十八]〉시에 "용무늬 새겨 백곡을 담은 세 발 달린 큰 솥을, 홀로 불끈 들 만한 필력을 그대는 가졌다오.[龍文百斛鼎, 筆力可獨扛.]"라고 하였다. 《韓昌黎集 卷5》

316 높은……붙잡듯 : 【譯注】문장이 뛰어나 귀신을 놀라게 할 정도라는 뜻이다. 당나라 한유의 〈취하여 장 비서에게 주다[醉贈張祕書]〉시에 "험한 말은 귀신의 간담을 떨어뜨리고, 높은 글은 황분에 비기겠네.[險語破鬼膽, 高詞媲皇墳.]"라고 하였다.

317 등림(鄧林) : 【譯注】신화 속에 나오는 숲의 이름이다. 신인(神人)인 과보(夸父)가 태양과 경주를 하려고 태양을 쫓다가 지쳐서 죽었는데, 그가 내버린 지팡이가 등림이 되었다고 한다. 《山海經 卷7 海外北經》

318 곤륜산(崑崙山) : 【譯注】풍수에서 중국의 태조산(太祖山)이라고 여기는 중국의 서북쪽에 있는 최대의 영산(靈山)이다. 전설에서는 서방의 낙토(樂土)로 묘사하는데, 아름다운 옥이 생산되고 예천(醴泉)과 요지(瑤池)가 있으며 서왕모(西王母)가 살고 있다고 전한다.

319 표범이……감추고 : 【譯注】뛰어난 자질을 보존한 채 때를 기다린다는 뜻이다. 남산의 검은 표범이 안개가 계속된 7일 동안 먹을 것이 없어도 가만히 머물러 있을 뿐, 산 아래로 내려가서 먹을 것을 구하려 하지 않았다는 남산현표(南山玄豹)의 고사에서 나온 것이다. 《列女傳 卷2 賢明傳 陶答子妻》

때가 옴이여, 용이 물에서 뛰어나오도다	時之來兮龍躍水
우리도 다만 그 풍모 사모할 뿐이니	我輩但能慕其風
세상 사람들이 어찌 그 뜻 알 수 있으랴	世人那得知其意
나는 무능하여 쓸데없지만	某也濩落無所用
또한 도도한 세속과 비슷해질까 두려워라	亦恐滔滔流俗與相似
몸에는 비단옷 필요 없고	體不用錦繡衣
입에는 고량진미 바라지 않아라	口不願膏粱味

다만 바라건대 그대처럼 나를 알아주는 많은 분 불러 모아

但願招呼知我如君許多輩

기린을 타고 봉황에 올라서[320]	騎麒麟翳鳳凰
하늘 문을 거쳐 천궁(天宮)에 조회하니	歷閶闔朝天階
상제가 내게 명해 사방으로 두루 노닐게 하였어라	玉皇命我遊無方
선악 소리 귓가에 크게 울리니	訇訇仚樂在耳邊

한만을 만나러 구해 밖으로 나가[321] 각박한 속진 몽땅 잊었어라

汗漫出九垓都忘塵世之迫隘

---

320 기린을……올라서 : 【譯注】기린과 봉황은 선인(仙人)이 타는 상서로운 짐승이다. 원문의 '예(翳)'는 원래 가리개 또는 일산을 뜻하는데, 여기서는 탄다는 의미로 쓰였다. 당나라 두보(杜甫)의 〈한 간의에게 부치다〔寄韓諫議〕〉시에 "옥경(玉京)의 여러 제왕 북두성에 모였는데, 혹 기린을 타기도 하고 봉황을 타기도 했네.〔玉京群帝集北斗, 或騎麒麟翳鳳凰.〕"라고 하였다.

321 한만을……나가 : 【譯注】신선처럼 세상 밖을 벗어나서 마음 내키는 대로 한가로이 노닌다는 말이다. '한만(汗漫)'은 원래 광대무변한 공간을 가리키는 말인데 여기서는 신선의 이름으로 전용되었으며, 구해(九垓)는 구중(九重)의 높은 하늘 즉 구천(九天)을 말한다. 《회남자(淮南子)》〈도응훈(道應訓)〉에 "노오(盧敖)가 북해(北海)에서 노닐다가 이인(異人)인 약사(若士)를 만나 함께 노닐자고 청하자, 약사가 응답하기를 '나는 구해 밖에서 한만과 만날 약속이 되어 있으니 오래 머물러 있을 수가 없다.'라 하고는

천상의 선악 마음 놓고 즐기며	笑傲天佱之至樂
억만년 동안 늘 이처럼 살리라	億萬年中長若玆
술통에 술 있으니 내 노래 들어보소	罇有酒聽我歌
이런 생각 다하기도 전에 세상사를 잊노라	念此未了忘孜孜
그대의 시 진실로 완미할 만하니	君詩誠可玩
나의 마음 끝내 변치 않으리	我心終不移

곧바로 구름 속으로 들어가 보이지 않았다"라고 하였다.

달빛 아래 홀로 술을 마시다 【계사년(1533, 중종28, 33세) 6월 하순 추정. 서울】

月下自酌

서생의 취미는 담담하기 승려 같으니	書生風味淡如僧
술집과 기루(妓樓)에는 익숙하지 않아라	酒店歌樓慣未曾
다만 온 하늘에 밝은 달빛 비치니	惟有一天明月色
맑은 술동이 마주하여 흥을 가누기 어려워라	淸罇相對興難勝

BIP1199(詩-遺外卷1-150)

누대 위에서 작은 모임을 갖다 【계사년(1533, 중종28, 33세) 6월 하순 추정. 서울】

樓上小集

소낙비에 맑은 바람 저물녘 정자에 가득한데　　　　急雨淸風暮滿亭

애잔한 가락 맑은 소리 높은 흥 일으키네　　　　　哀絃冽唱動高情

가련도 하여라, 달 뜬 황혼녘에　　　　　　　　　可憐月上黃昏後

문 앞을 떠나는 말 울음소리에 애가 끊는 것을　　腸斷門前別馬聲

장차 동쪽으로 돌아가려 함³²²에 달을 마주하고 감회를 읊다

【계사년(1533, 중종28, 33세) 6월 하순 추정. 서울】

將東歸 對月吟懷

예나 지금이나 세상 길은 유유하니	世路悠悠昨又今
풍운의 걸출한 기운 침침하게 막혔어라	風雲奇氣鬱沈沈
태학³²³에선 각자 도남의 뜻³²⁴ 품었건만	葅塩各抱圖南志
초야에서 누군들 공북의 마음³²⁵ 없으리오	草野誰無拱北心
고개 너머 흰 구름³²⁶은 돌아갈 생각 재촉하고	嶺外白雲歸意促

---

322 장차……함 : 【譯注】《퇴계선생연보(退溪先生年譜)》 권1에 의하면, 서울의 반궁 (泮宮 성균관)에 노닐다 여주(驪州)를 거쳐 고향으로 돌아가려던 때이다.

323 태학(太學) : 【譯注】 원문의 제염(葅鹽)은 나물과 소금으로 변변찮은 음식을 먹는 태학의 청빈한 생활을 뜻한다. 당(唐)나라 한유(韓愈)의 〈송궁문(送窮文)〉 시에 "태학에 서 4년을 공부하는 동안, 아침에는 부추를 먹고 저녁에는 소금국을 먹었다.〔太學四年, 朝葅暮鹽.〕"라고 하였다.

324 도남(圖南)의 뜻 : 【譯注】 큰일을 이루고자 하는 뜻을 품은 것을 말한다.《장자》 〈소요유(逍遙遊)〉에 "북명(北溟)에 큰 고기가 있는데, 그 이름을 곤(鯤)이라고 한다. 곤의 크기는 천 리나 되는지 알 수가 없다. 이것이 변하여 새가 되면 붕(鵬)이 된다. 붕의 등의 길이가 몇천 리나 되는지 알 수가 없다. 붕새는 태풍이 불면 비로소 남명(南冥) 으로 날아갈 수가 있는데, 남명으로 날아갈 적에는 바닷물을 쳐 삼천 리나 튀게 하고 회오리바람을 타고 구만리를 날아오르며, 여섯 달 동안을 난 다음에야 쉰다."라고 하였다.

325 공북(拱北)의 마음 : 【譯注】 수많은 별들이 북두성을 옹위하는 것처럼 신하가 임금 을 모시는 것을 말한다.《논어》〈위정(爲政)〉에 "덕정(德政)을 펴게 되면, 북두성이 가만 히 제자리를 지키고 있어도 뭇별이 옹위하는 것처럼 될 것이다."라고 하였다.

326 고개……구름 : 【譯注】 어버이를 그리는 마음을 뜻한다. 당나라 적인걸(狄仁傑)이 태항산(太行山)을 넘어가던 중에 흰 구름이 외로이 떠가는 남쪽 하늘을 바라보면서 "저 구름 아래에 어버이가 계신다.〔吾親所居, 在此雲下.〕"라고 하고는 한참 동안 머물러 있다

달 속의 붉은 계수나무는 머리맡으로 다가오네　　　月中丹桂到頭臨

근년 들어 어찌 서릿발 같은 칼날[327]이 있길래　　　年來豈有如霜鍔

오히려 공명을 다투어 사림에 빼어나려 한단 말인가　尙擬爭功秀士林

　-장차 영남의 향시(鄕試)[328]에 나아가려 하였다.-

─────
가 구름이 다른 곳으로 옮겨 간 뒤에 다시 길을 떠났다고 한다.《舊唐書 狄仁傑列傳》

327 서릿발 같은 칼날 :【譯注】날을 잘 간 칼날처럼 예리한 글솜씨를 말한다.

328 영남의 향시(鄕試) :【譯注】《퇴계선생연보》권1에 의하면 이황은 이 해 경상도
향시에 응시하였고 1등에 뽑혔다.

도중에 비를 만나다 【계사년(1533. 중종28. 33세) 6월 30일 추정. 이천(利川)】

道中遇雨

이때 동쪽으로 돌아가는 밀양(密陽) 부사 권 영공(權令公)[329]을 따라서 이천(利川)에 이르렀다.

문득 인가로 들어가 술을 찾아	便入人家索酒樽
서로 허물없이 통음하여 망언의 경지에 이르니	忘形痛飮到忘言
어찌 알았으리오, 술 취해 돌아가는 길에	豈知酩酊歸來路
용들을 달리도록 재촉하여[330] 비가 동이로 퍼붓게 될지를	
	催走群龍雨瀉盆

---

329 권 영공(權令公) : 【譯注】《퇴계선생연보(退溪先生年譜)》 권1에 의하면 권벌(權 撥, 1478~1548)로 본관은 안동, 자는 중허(重虛)이고, 호는 충재(冲齋)·송정(松亭) 등이다. 벼슬은 좌찬성(左贊成)에 이르렀고 영의정에 추증되었으며 시호는 충정이다.

330 용들을 달리도록 재촉하여 : 【譯注】용은 비를 내리는 존재로 인식되었기 때문에 이렇게 말한 것이다.

단월역³³¹에 걸려있는 고인의 시에 차운하다 【계사년(1533, 중종 28, 33세) 7월 3일 추정. 충주】

丹月驛古人韻

역참에서 일어나 보니 은하수 나직하고	起看郵亭星漢低
저쪽 기슭 인가에선 새벽닭 울어대네	人家隔岸唱晨鷄
누가 알리오, 이별의 정이 흐르는 물처럼	誰知別意如流水
밤낮으로 도도하게 서쪽으로 흘러가는지를	日夜滔滔流向西

---

331 단월역(丹月驛) :【譯注】충청북도 충주시 단월동 유주막(柳酒幕) 마을에 있던 조선 시대 역참이다.

토찬천[332] 【계사년(1533, 중종28, 33세) 7월 3일 추정. 문경(聞慶)】
土贊遷

발아래 우레가 울리고 푸른 산은 숨는데[333]	脚下雷霆隱翠微
산을 깎고 길을 여니 참마도 지나지 못하네[334]	剗山開道不容驂
행인들이여 이 길 험난하다 말하지 마소	行人莫說此重險
험악한 -원문 1자 결락- 사람 마음 이보다 감당키 어렵나니	險□人心更不堪

---

332 토찬천(土贊遷) : 【譯注】 경상북도 문경시 마성면(麻城面) 신현리(新峴里) 진남교
반(鎭南橋畔)의 영강(穎江)이 좌측 벼랑으로 난 길인 토천(兎遷)(곶갑천(串岬遷)·토끼
벼루·토끼비리·토끼벼랑)으로 추정된다. 《정석태, 퇴계선생연표월일조록1, 퇴계학연구
원, 2001, 139~143쪽》

333 발아래……숨는데 : 【譯注】 벼랑길이 높아서 발아래로 구름이 일고 푸른 산이 굽어
보인다는 말이다.

334 참마도 지나지 못하네 : 【譯注】 말 두 마리가 오갈 만한 좁은 길을 말한다. 참마(驂
馬)는 수레를 모는 네 마리 말 가운데 양쪽 가의 두 마리 말을 말하며, 가운데 두 마리는
복마(服馬)라고 한다.

7월 10일 아침 【계사년(1533, 중종28, 33세). 예안(禮安)】

七月十日朝

(詩-遺外卷1-155)

세상일에 내몰려 나는 먼 길 오가건만	世事驅人有往還
푸른 구름은 늘 푸른 바위 골짜기에 있어라	靑雲長在碧巖間
천 척의 홍진일랑 남들에게 넘겨주고	塵埃千尺好分付
예전처럼 송창에서 북산을 마주하노라	依舊松窓對北山

(詩-遺外卷1-156)

새벽노을은 아침 햇살 가리고	晨霞欺早旭
간밤의 안개는 깊은 숲을 누른다	宿霧鎭深林
한가로운 새는 뜰에 내려와 섰고	幽鳥下庭立
가을 매미는 이슬에 젖어 우누나	寒蟬棲露吟
술에는 참으로 맛을 알았지만	酒中眞得趣
거문고 위에는 소리 남길 수 있을까[335]	琴上可遺音
만고의 하늘과 땅 사이에	萬古乾坤裏
서로 통하는 것 다만 이 마음 뿐	相知只此心

---

335 거문고……있을까 : 【譯注】 '학문에 매진하여 저술로 남길 수 있을까'라는 뜻으로
이해된다. 송(宋)나라 주희(朱熹)의 〈서재에 있을 때 생긴 감흥〔齋居感興〕〉시 20수
중 제12수에 "요금이 공연히 보갑에 있으나, 줄이 끊어졌으니 장차 어쩌리오.〔瑤琴空寶
匣, 絃絶將如何?〕"라고 하였다.

가을밤의 노래[336] 【계사년(1533, 중종28, 33세) 7월 10~11일 추정. 예안(禮安)】
秋夜詞

귀뚜라미 절절하게 섬돌 아래에서 울고	蛩音切切砌底鳴
오동잎 우수수 창밖에 흩날려라	梧葉摵摵窓外驚
비단부채 정 많이 들었는데 궁중은 서늘하고[337]	紈扇多情玉宇凉
시름겨운 이 잠 못 드는데 연루[338]가 맑았어라	愁人不寐蓮漏淸
흰 비단 잘라 마름질하는 일 마치지 못했는데	金刀雪帛裁未了
향 연기 한 줄기 하늘하늘 제멋대로 피어나네	一縷香烟隨手裊
외로운 달 서편에 지고 먼 하늘엔 기러기 소리	孤月西飛鴈聲遠
차가운 우물가에 은하수 빛나는 새벽이라	窮寒金井銀河曉

---

336 가을밤의 노래 :【譯注】임금의 총애를 잃은 궁중 여인의 심정을 서늘해진 가을 날씨에 이입하여 읊은 시이다. 오동잎, 부채, 우물은 흔히 이러한 분위기를 묘사하는 시어로 쓰인다.

337 비단부채……서늘하고 :【譯注】가을이 되어 날씨가 서늘해지면 부채는 불필요한 물건이 되어 버려진다는 뜻으로, 대개 여자나 신하가 군주의 총애를 잃는 것을 비유할 때 쓰는 말이다.

338 연루(蓮漏) :【譯注】궁중에 있는 물시계를 말한다. 진(晉)나라의 고승 혜원(惠遠) 이 연꽃 모양으로 만들었다는 물시계를 연화루(蓮花漏)라고 한다.

꿈속에서 한 연을 얻었는데 깨어나서 남은 연을 채워 넣다

병서 【계사년(1533, 중종28, 33세) 7월 12일 추정. 예안(禮安)】

夢中得一聯 覺而足之 幷序

계사년 가을 7월에 나는 동쪽으로 와서 두문불출하며 한가히 지냈는데, 12일 밤 꿈속에서 '내가 경명(景明) 형[339]과 함께 서울 동쪽을 나와서 길을 가다가 하루는 한 곳에 다다랐는데 산수가 맑고 고우며 번듯한 누대와 건물이 마치 별궁의 버려진 정원이나 왕후(王侯)의 저택 같았고 주인이 없이 막거나 잠겨있지 않았으며 그곳에서 쓰는 기구와 물품 등이 제법 갖추어져 있었다. 우선 서쪽 행랑으로부터 들어가니 동자 한 명이 곁에 있었고 또 잘생긴 사내 몇 사람과 시녀 몇 사람이 맞아서 위로하고 웃으며 이야기하였는데, 조금 있다가 훌쩍 사라져 어디로 갔는지 알 수 없었다. 이에 회랑과 별원을 남김없이 돌아보고 마지막으로 한곳에 이르니 꽃과 나무는 향기롭고 주렴 창이 환하였는데, 마루 위로 가서 방석에 앉아 차를 마시니 정신이 더욱 맑아졌다. 나는 시 한 연(聯)을 읊조려 보았다. 바야흐로 아래 연을 이어 지으려고 읊조릴 즈음에 고개 돌려 북쪽 멧부리를 보니 형이 그 위에 있었다. 나도 따라서 멧부리에 올라 동남쪽으로 눈을 돌리니, 하늘은 높고 땅은 넓으며 햇살은 흐릿한데 나는 새는 사라져 없어지고 먼 산은 하늘과 나직이 닿았으며 근교는 텅 비어 깨끗하여 그 모습을 이루

---

339 경명(景明) 형 : 【譯注】 이황의 넷째 형님 이해(李瀣, 1496~1550)로, 자는 경명, 호는 온계(溫溪), 시호는 정민(貞敏)이다.

다 형언할 수 없으며, 깊은 골짜기를 내려다보니 그윽한 나무와 바위들이 영롱하였다. 그 가운데 누대가 있는데 날개를 펼쳐 날아 갈듯한 용마루, 아름다운 단청, 창호와 문틀을 낱낱이 볼 수 있었다. 형이 붙들고 서서 나를 돌아보며 말하기를, "이곳은 허 모가 노닐던 자리이다."라고 하였는데, 나는 허 모가 누구인지 알지 못하였다.' 미처 물어보기도 전에 문득 하품이 나면서 기지개를 켜고 잠에서 깼는데, 깨고 나서도 또렷하게 기억할 수 있었다. 내가 자못 기이하여 그 일을 서술하고 아래 연을 채워 절구 한 수를 지어 나중에 볼거리로 삼고자 한다.

한 줄기 차 연기 너머로 푸른 봉우리 둘렀고　　一帶茶烟隔翠屛
맑은 누대에 꽃이 피어 꿈속의 혼이 맑아라　　淸臺花發夢魂熒
어떤 사람의 정원이기에 이다지도 깊숙한가　　何人院落深如許
한 번 웃는 사이에 온통 옥경[340]에 온 듯 하여라　　一笑渾如到玉扃
　-꿈속에서는 '이슬을 띠다〔帶露〕'라고 하였으나 글자가 음운에 맞지 않는 것 같기에 추후에 고쳤다.-

위는 〈남행록(南行錄)〉 109수, 〈서행록(西行錄)〉 39수로 모두 합쳐 148수이다. 나는 평소에 시를 잘 짓지는 못하지만 좋아하기는 하였다. 무릇 눈 닿는 곳에서 감회가 일면 그때마다 이 재주가 근질거려서 시를 읊조리길 입에서 그치지 않았다. 시가 완성됨에 그것을 본 사람이 혹 침을 뱉고 내던지려 할 수도 있겠으나 나로서는 오히려 부끄러

---

340 옥경(玉扃) : 【譯注】옥루(玉樓), 즉 천제(天帝) 혹은 신선이 상주(常住)하는 곳을 말한다.《海內十洲記 崑崙》

움을 알지 못하였다. 이 때문에 남에게 비웃음을 산 것이 한두 번이 아니었으나 고황(膏肓)에 든 버릇이라 지금까지도 약이 없으니 다만 웃고 말 일이다. 계사년 봄 나는 남쪽으로 의춘(宜春 경남 의령)을 유람하였는데, 그해 여름에 서쪽으로 반궁(泮宮 성균관)에 들어갔고, 오고 가며 얻은 시를 모아보니 한 질로 묶어서 상자 속에 보관하여 와유(臥遊)할 거리로 삼는다. 들은 이는 갓끈이 끊어져라 웃을테고 본 이는 입을 틀어막을 것이다! 가정(嘉靖) 12년(1533) 늦가을 맹추(孟秋 7월) 보름 전 2일에 영지산인(靈芝山人)이 선보당(善補堂)[341]에서 적다.

---

341 영지산인(靈芝山人)이 선보당(善補堂) :【譯注】'영지산인'은 예안현(禮安縣) 북쪽에 있던 영지산에서 따 온 이황의 자호(自號)이다. '선보당'은 이황이 거처하던 방으로 영지산 북쪽 기슭 양곡(暘谷)에 지은 지산와사(芝山蝸舍 경상북도 안동시 도산면 온혜리(溫惠里) 도산면 사무소 위쪽에 있던 건물)에 있었다.《주역》〈계사전 상(繫辭傳上)〉의 "허물이 없다는 것은 잘못을 잘 보완하는 것이다.〔无咎者, 善補過之謂也.〕"에서 취한 이름이다.

BIP1207(詩-遺外卷1-159)

평창군 군재의 벽에 쓰다 【임인년(1542, 중종37, 42세) 8월 24일 추정. 평창 (平昌)】

題平昌郡壁

달빛 어두운 나룻가에서 헤매지 않고	月黑津頭也不迷
배를 불러 강 건너 산골짝으로 들어가노라	喚船橫渡入山谿
마음 졸이며 한 걸음씩 가파른 산길 내디디며	心懸步步馳危棧
눈 감고 여울마다 맑은 시내 거슬러 올랐어라	目想灘灘泝晴溪
고각 울리며 구름 헤치니 범이 달아나 숨고	鼓角凌雲虎遁跡
관솔불 밝혀 달빛 뚫으니 새가 자다가 깨누나	松明穿月鳥驚栖
밝은 날 와서 만상이 다 새롭게 보이면	他年萬象皆新境
비로소 산 높고 골짜기 깊어 시야가 드넓음을 알리라	始覺高深豁眼齊

  -가정 임인년(1542, 중종37) 중추(仲秋)에 이곳에 들렀었다.-

BIP1208(詩-遺外卷1-160)

이국경³⁴²에 대한 만사 【5월 추정. 예안(禮安)】

輓李國卿

이현우(李賢佑)이다. ○경신년(1560, 명종12, 57세)

예전에 내가 돌아와 농사지을 때	昔我歸耕日
이공을 좇아 처음으로 이웃하였네	從公始卜隣
매화 익으면 주로와 함께 먹고	梅同朱老喫
술동이는 장경을 마주하여 벌였어라³⁴³	罇對蔣卿陳
산처럼 오래 사시길 기원하고	壽賀如山永
순박한 옛사람처럼 친밀하였었지	心親反古淳
뜻하지 않게 지금 유명을 달리하니	幽明忽相隔
만사를 읊조리며 눈물로 수건 적신다오	吟薤淚霑巾

---

342 이국경 : 【譯注】 이현우(李賢佑, 1470~1560)로 자는 국경(國卿)이다. 농암(聾巖) 이현보(李賢輔)의 아우이자 간재(艮齋) 이덕홍(李德弘)의 조부로, 습독(習讀)을 지냈으며 부내[汾川]에서 내살미[川沙]로 분가하여 살았다.

343 매화……벌였어라 : 【譯注】 고인과 이웃하여 친밀하게 지냈던 정황을 말한 것이다. 주로(朱老)는 당(唐)나라 두보(杜甫)가 성도(成都)에 있을 때 사귄 주씨(朱氏)로, 〈절구 4수(絶句四首)〉 중 제1수에 "매실이 익거든 주로와 함께 먹기를 허락하고, 솔이 높거든 완생과 마주해 담론을 하고자 하노라.[梅熟許同朱老喫, 松高擬對阮生論.]"라고 하였다. 《杜少陵詩集 卷13》 장경(蔣卿)은 한(漢)나라 때의 은사 장후(蔣詡)로 왕망(王莽)이 정권을 농단하자 향리(鄕里)에 은거하면서 집 앞에 세 오솔길을 내고 오직 뜻맞는 친구 구중(求仲)·양중(羊仲)하고만 교유하였다. 《三輔決錄 逃名》

BIP1209(詩-遺外卷1-161~165)

박현재³⁴⁴가 떠나려 하면서 한마디 말을 해달라고 하기에
애오라지 느낀 것을 말한 것이니 행여 다른 사람에게 말
하지는 말아야 할 것이다³⁴⁵ 【병인년(1566, 명종21, 66세) 12월 25일 추정.
예안(禮安)】

朴顯哉將行求言 聊道所感 幸勿爲外人云也

(詩-遺外卷1-161)

병골로 비쩍 마르고 백발은 머리 가득하니	病骨巉巉雪滿頭
먼지 쌓인 책이나 읊조릴 뿐 다시 무엇을 구하리오	呻吟塵蠹欲何求
바라건대 무능하고 만학인 몸으로서	願將拙用兼聞晚
남은 세월 보내면서 죽을 때에 이르기를	把玩餘光至死休

(詩-遺外卷1-162)

위기지학³⁴⁶은 모름지기 극기복례로부터 해나가야 하고

爲己須從克己修

---

344 박현재 : 【譯注】 박광전(朴光前, 1526~1597)으로 본관은 진원(珍原), 자는 현재
(顯哉), 호는 죽천(竹川)이며, 시호는 문강(文康)이다.

345 박현재가……것이다 : 【譯注】 이 시는 박광전의《죽천집(竹川集)》권6〈행장(行
狀)〉에도 수록되어 있다. 그 내용을 보면 당시 이황은《주자서절요(朱子書節要)》를 베껴
쓰고 있었는데, 이별에 임하여 한 질을 박광전에게 선물하면서 위의 시를 주었고, 헤어진
뒤에도 여러 차례 편지를 보내 잊지 못하는 뜻을 표시하였다고 한다. 또 위의 시는 현재
화산재(華山齋 전남 보성군 겸백면 사곡길 72)에 현판으로 걸려 있다.

346 위기지학(爲己之學) : 【譯注】 남이 알아주기를 바라서 배우는 위인지학(爲人之學)
의 반대로, 지식을 축적하고 심성(心性)을 수양하여 자기를 완성하기 위해 배우는 것을

존심은 오직 구방심³⁴⁷에 있어라   存心惟在放心求

우리가 누군들 이 뜻을 알지 못하랴마는   吾儕孰不知斯意

어찌하여 참으로 아는 것은 고인과 전혀 다른가   胡奈眞知太不侔

(詩-遺外卷1-163)

한 세상에 하늘이 낸 영걸 몇이나 되랴   一世天生幾俊英

바다 같은 세상 명리에 몸을 그르치는 일 놀랄만하여라

       利名如海誤堪驚

행여 굳건히 서서 우리 학문 할 줄 안다면   倘知立脚求吾事

운곡의 문호에 정성을 쌓으시길³⁴⁸   雲谷門庭要積誠

(詩-遺外卷1-164)

아득하여라 이리저리 내달린 반평생   茫茫胡走半吾生

대롱으로 하늘 엿보듯 조금 고정³⁴⁹을 알았도다   一管窺天得考亭

말한다. 《논어》〈헌문(憲問)〉에 "옛날 학자들은 자신을 위한 학문을 하였는데, 지금의 학자들은 남에게 보이기 위한 학문을 한다."라고 하였다.

347 구방심(求放心) : 【譯注】 놓아버린 마음을 찾는다는 뜻이다. 《맹자》〈고자 상(告子上)〉에 "인(仁)은 사람의 마음이요, 의(義)는 사람의 길이다. 그 길을 버리고서 따르지 않으며, 그 마음을 놓치고서 찾을 줄을 모르니, 애처롭도다. 닭이나 개가 달아나면 사람들이 찾을 줄을 알면서도 마음이 달아나면 찾을 줄을 모른다. 학문의 길은 다른 것이 아니다. 달아난 그 마음을 찾는 것일 뿐이다."라고 하였다.

348 운곡의……쌓으시길 : 【譯注】 주자학에 전념하시라는 말이다. 운곡(雲谷)은 중국 복건성(福建省) 건양현(建陽縣)의 무이산(武夷山)과 접해 있는 산 이름으로, 송(宋)나라 주희(朱熹)가 이곳에 집을 짓고 운곡노인(雲谷老人)이라 자호하였다.

349 고정(考亭) : 【譯注】 송나라 주희를 가리킨다. '고정'은 복건성 건양현 서남쪽의 지명으로, 주희가 만년에 이곳에 서원을 짓고 살면서 '고정 서원(考亭書院)'이라는 사액

늙고 병든 나는 실추함이 많아 몹시 부끄러우니　　老病極慙多失墜

그대가 이끌어주길 기다려 다시 회복해 밝히리　　待君提挈更恢明

달빛 비친 찬 시내에 은거하려는 뜻이 더욱 굳으니　　一月寒溪意更堅

돌아가려는 이 뜻을 바꾸지 마시게　　　　　　　　歸歟此志莫流遷

다만 단 복숭아[350]를 멀리 버리지 않을 수만 있다면　但能不遣甛桃颺

값을 따질 수 없는 명주가 바로 이 연못에 있으리[351]　無價明珠只在淵

　　－가정 병인년(1566, 명종21) 섣달 말, 계상(溪上)에서 병든 늙은이가 쓰다.－

(賜額)을 받았다.

350 단 복숭아[甛桃] : 【譯注】 학문의 정도(正道) 혹은 가장 좋은 것을 의미한다. 《주자어류》에서 어떤 사람이 《춘추좌씨전》의 의심스러운 뜻에 대해 묻자, 주희가 육경과 《논어》·《맹자》 외에 다른 곳에서 도리를 찾을 필요가 없다면서, 그를 '단 복숭아를 버리고 산에 가서 시고 떫은 배를 따는 것.[棄却甛桃樹, 緣山摘醋梨.]'에 비유하였다. 《朱子語類 卷121 朱訓門人》

351 값을……있으리 : 【譯注】 학문의 무궁한 정수(精髓)가 주자학에 있다는 말이다. 송나라 소옹(邵雍)의 〈천의음(天意吟)〉 시에 "성인의 훌륭한 일은 보통 사람이 이어가기 어려우니, 값을 따질 수 없는 귀한 구슬은 본래 깊은 못에 있다.[聖人能事人難繼, 無價明珠自在淵.]"라고 하였다.

BIP1210(詩-遺外卷1-166~168)

명경당 주인[352]의 시에 화답하다

和明鏡堂主人

이하는 12대손 이중운(李中運)이 모아서 기록한 것이다.[353]

(詩-遺外卷1-166) 【기미년(1559, 명종14, 59세) 3월 11~30일 추정. 예안(禮安)】

용암을 뵙지 못해 늘 허기진 듯하더니	不見龍巖每惄如
봄바람에 편지 이르니 이 마음 달래고 남았어라	春風書到慰情餘
바라건대 각자 상유[354]의 나이에 노력하여	願言各勉桑楡境
내 마음이 하나의 태허임을 보시기를	看取吾心一太虛

　　-기미년 삼월-

---

352 명경당(明鏡堂) 주인 : 【譯注】박운(朴雲, 1493~1562)으로 본관은 밀양, 자는 택지(澤之), 호는 용암(龍巖)·운암(雲巖)·지암(止庵)이다. 선산(善山) 사람으로 박영(朴英)의 문인이며, 이황과 편지로 학문의 질정을 받았다. 1519년(중종14) 진사시에 합격하였으나 과거를 단념하였으며, 《용암집(龍巖集)》권1에 위의 시가 수록되어 있다.

353 모아서 기록한 것이다 : 【譯注】아래 3편의 시는 말미에 붙인 소주(小註)에 따르면 1수와 2·3수의 창작 연월이 다른데, 서로 다른 시기에 지어진 작품들을 편의상 하나의 제목으로 묶어 놓은 것으로 짐작된다.

354 상유(桑楡) : 【譯注】해가 질 때 햇빛이 뽕나무와 느릅나무의 꼭대기에 비치는 것으로 인생의 말년을 비유하는 말로 쓰인다. 한(漢)나라 때의 장수인 풍이(馮異)가 적미(赤眉)의 난을 토벌하기 위해 나섰다가 처음 싸움에서 대패하고, 얼마 뒤에 다시 군사를 정비하여 적미의 군대를 격파하였는데, 황제가 친히 글을 내려 위로하기를, "처음에는 회계(會稽)에서 깃을 접었으나 나중에는 민지(澠池)에서 떨쳐 비상하니, 참으로 '동우에 잃었다가 상유에 수습하였다.〔失之東偶, 收之桑楡.〕'라고 할 만하다."라고 하였다. 동우는 해가 뜨는 새벽을, 상유는 해가 지는 저녁을 뜻한다. 《後漢書 馮異列傳》

(詩-遺外卷1-167) 【경신년(1560, 명종15, 60세) 1월 추정. 예안(禮安)】

마음 맞는 이의 서찰은 금덩이를 던져 준 것 같고	同人書札如金擲
노년의 남은 세월은 물이 흘러가는 듯하여라	暮境光陰似水流
어떡하면 침상 마주하고 밤낮을 이어서	要得對床連日夜
예전에 들은 것과 새로 배운 것 자초지종 애기해 볼까	
	舊聞新學說從頭

(詩-遺外卷1-168) 【경신년(1560, 명종15, 60세) 1월 추정. 예안(禮安)】

세상일이 평소에 눈앞에 이르지 않으니	世事平生不到頭
고상한 거처 어느 곳인들 한가한 시름 붙으랴	高棲何地着閑愁
내가 와서 시름없는 곳 찾고자 했더니	我來要覓無愁處
시름이 나를 쫓아와 늙도록 쉬지 못하네	愁逐身來老不休

　　-경신년 맹춘-

　늙고 무능한 내가 아직도 시름을 끊지 못하는 것은 바로 망령되게 세상일에 참여했기 때문이다. 공은 일찍이 세미(世味)를 맛본 적이 없는데 무슨 까닭으로 이렇게 말한 것인가?[355] 이야말로 병을 앓지 않으면서 신음하는 자가 아니겠는가? 진묵(眞墨) 1개를 보냅니다.

---

355 공은……것인가 : 【譯注】'평생 벼슬을 한 적 없는 박운이 왜 세미를 실컷 맛보았다고 말하는가?'라는 뜻이다. 위 시의 원운(原韻)인 《용암집》 권1 〈퇴도 옹에게 부치다〔寄退陶翁〕〉의 마지막 연을 보면 "세상의 온갖 맛 실컷 보았으니, 도산을 마주하여 한번 웃고 말았으면 하여라.〔飽更世味辛酸苦, 欲對陶山一笑休.〕"라고 하였으므로 이렇게 말한 것이다.

구담의 석벽에 쓰다 【무신년(1548, 명종3, 48세) 2~10월 추정. 단양(丹陽)】
題龜潭石壁

푸른 물 붉은 산의 경계	碧水丹山界
청풍에는 이요루가 있는데	淸風二樂樓
선인³⁵⁶을 기다릴 수 없기에	仚人不可待
쓸쓸히 배 홀로 돌아오누나	怊悵獨歸舟

---

356 선인(仚人) : 【譯注】 이요루(二樂樓)의 주인 또는 이요루와 관련된 인물일 듯하나
자세한 것은 미상이다.

아미원³⁵⁷에서 김질부³⁵⁸에게 보이다 【임인년(1542, 중종37, 42세) 8월 22일 추정. 원주(原州)】

蛾眉院示質夫

적막한 산골 가는 길가에	寂寞荒山半道邊
아미라 이름을 붙인 것은 무슨 연유인가	蛾眉名院爲何緣
단지 이곳이 무협과 같아	只應此境如巫峽
운우가 오히려 사람을 향해 고운 자태 보이기 때문이지³⁵⁹	
	雲雨猶能向客妍

357　아미원 : 【譯注】 아미(蛾眉)는 '미인의 눈썹'을 뜻하는 말로, 강원도 원주에 있던 역원(驛院)이다.

358　김질부 : 【譯注】 김사문(金士文, 1502~1549)으로 이때 원주 교수(原州敎授)로 있었다.

359　이곳이……때문이지 : 【譯注】 이곳의 운우(雲雨)가 무산신녀(巫山神女)의 현신(現身)을 떠올리게 하는 것이므로, 그 이름을 아름다운 여인의 눈썹을 뜻하는 '아미(蛾眉)'라고 붙였다는 말이다. 무협(巫峽)은 중국 양자강 상류인 사천성 무협현과 호북성의 경계에 있는 협곡이다. 전국 시대 초(楚)나라의 작가 송옥(宋玉)이 〈고당부(高唐賦)〉에서 그곳의 전설을 노래하였는데, 초나라 회왕(懷王)이 낮잠을 자는데 꿈에 한 여인이 와서 정을 나누고 떠나면서 자신은 무산의 신녀로 "매일 아침이면 구름이 되고 저녁이면 비가 되어 내립니다.〔旦爲朝雲, 暮爲行雨.〕"라고 하였다.

원주로 부임하는 김질부[360]에게 희롱 삼아 주다 【연월 미상. 서울】
戲贈質夫赴原州

뭇 꽃들 낱낱이 보아도 명화(名花)[361]가 하나도 없으니

指點羣芳無一名

그대가 돌아가 아내로부터 경경을 받을 줄 알겠구려[362]

知君歸去得卿卿

그렇지만 정절을 온전히 지켰다고 할 수 없으니　　雖然未足爲全節

예전에 공산에서 이미 맹약을 어겼어라[363]　　昔日公山已敗盟

---

360 김질부 : 【譯注】 김사문(金士文, 1502~1549)으로 이때 원주 교수(原州敎授)로 있었다.

361 명화(名花) : 【譯注】 명기(名妓)를 비유한 말로 보이며, 원주에 좋은 기생이 없다는 뜻이다.

362 아내로부터……알겠구려 : 【譯注】 기생을 가까이하지 않으니 아내에게 사랑을 받을 줄 알겠다는 뜻이다. 경경(卿卿)은 아내가 남편을 친근하게 부르는 말이다. 진(晉)나라 왕융(王戎)의 아내가 평소 왕융을 경(卿)이라고 불렀다. 이에 왕융이 "부인이 남편을 경이라고 부르는 것은 불경스러우니, 다시는 그렇게 부르지 마오." 하니, 부인이 말하기를, "경을 친하게 여기고 경을 사랑하기 때문에 경을 경이라고 부르는 것이니, 내가 경을 경이라고 부르지 않는다면 누가 경을 경이라고 부르겠습니까."라고 하였다. 《世說新語 惑溺》

363 예전에……어겼어라 : 【譯注】 공산(公山)은 충청남도 공주(公州)의 옛 이름이다. 김사문이 이곳에서 기생과 연분이 있었던 것으로 짐작되나, 공주에서 벼슬한 사실은 확인되지 않는다.

614　譯註 退溪全書 4

단산³⁶⁴에서 모이기로 하였는데 얼마 있다가 일이 있어 가지 못하게 되어 감사 형님³⁶⁵ 시사에게 드리다 【기유년(1549, 명종4, 49세) 3월 추정. 풍기(豊基)】

期會丹山 已而因事不果往 呈監司兄侍史

《온계집(溫溪集)》에 보인다.

세상사 강물에 떠도는 도경(桃梗)³⁶⁶ 같으니	世事浮江梗
이리 갈지 저리 갈지 어찌 알리오	縱橫豈自知
바야흐로 선경의 모임 기약하였더니	方期仙境會
홀연 왕명이 달려왔다고 알려왔어라³⁶⁷	忽報繡衣馳
지난해에는 이곳에서 다정한 시간 보냈는데	去歲聯袂地
오늘 아침에는 관찰사로 나가게 되셨구려³⁶⁸	今朝按節時

---

364 단산(丹山) : 【譯注】 충청북도 단양(丹陽)을 가리키며, 이 시는 이해의 《온계일고(溫溪逸稿)》 권3 부록 〈호서증유(湖西贈遺)〉에도 수록되어 있다.

365 감사(監司) 형님 : 【譯注】 이황의 다섯째 형인 이해(李瀣, 1496~1550)로 1550년 8월 탄핵을 받아 갑산으로 유배 도중 양주(楊州)에 이르러 병사하였다.

366 도경(桃梗) : 【譯注】 복숭아나무로 만든 인형이다. 《전국책》〈제책(齊策)〉에 토우(土偶)가 도경에게 말하기를, "지금 그대는 동국(東國)의 도경으로 나무를 깎아서 사람 꼴을 만든 것이다. 그런데 비가 내려 치수(淄水)가 불어 그대를 떠내려 보내니, 그대는 표표히 떠서 장차 어디로 가려느냐?"라고 하였다.

367 홀연……알려왔어라 : 【譯注】 이황은 이때 단양 군수(丹陽郡守)로 재임 중이었으나 1548년 10월 형 이해가 충청 감사(忠淸監司)로 임명됨에 따라 형제가 같은 도에서 근무하는 것을 피하여 풍기 군수(豊基郡守)로 교체 임명된 사실을 말한다.

368 오늘……되셨구려 : 【譯注】 이해가 1548년(명종3) 10월 충청 감사에 임명된 사실을 말한다.

다시 만날 날 또 어느 때런가   重逢更何日
서글피 고갯마루 구름 바라보노라   悵望嶺雲垂

절구 한 수에 감회를 써서 부쳐 드리다[369] 【기유년(1549, 명종4, 49세) 10월 초순 추정. 풍기(豐基)】

述懷一絕 寄呈

놀고먹은 지 부끄럽게도 꼬박 한 해요	素餐堪愧一周星
이별의 한 잊기 어려우니 바로 촉령대[370]라	別恨難忘是矗泠
설령 내년에 이곳에 온다하더라도	縱使明年來此地
아동[371]은 응당 초야로 돌아가고 없으리	阿同應已返林坰

---

369 절구……드리다 : 【譯注】 이황의 다섯째 형인 이해(李瀣)에게 드린 것으로, 《온계일고(溫溪逸稿)》 권3에도 실려 있다.

370 촉령대(矗泠臺) : 【譯注】 죽령(竹嶺) 중간에 있었던 대 이름이다. 이황이 풍기군수(豐基郡守)로 있을 때 충청도 관찰사(忠淸道觀察使)로 있던 중형 이해(李瀣)를 이곳에서 맞이한 후 대를 쌓아 명명하고 시를 지었다고 한다. 《정본 퇴계전서》 권3 〈촉령대에서 읊은 시 2수[矗泠臺韻二首]〉 시의 서문에서 "형님께서 호서절도사로 있으면서 휴가를 받아 고향으로 왔을 때, 나도 당시 외람되이 풍기군의 수령으로 있었기에 죽령에서 맞이하고 전송하였다. 그때 처음으로 요원(腰院)의 아래쪽에서 승경 한 곳을 발견하고서 주위를 다듬어 두 대를 열었다. 이에 동쪽에 있는 것은 '전운대(棧雲臺)'라 명명하였으니, 유뇌계(濡溪)의 〈죽령행(竹嶺行)〉 시에 '높은 잔도 구름 위에 닿았네.[棧道浮雲邊]'라고 한 구의 의미를 취하여 이름을 지은 것이다. 서쪽에 있는 것은 '촉령대(矗泠臺)'라 명명하였으니, 점필재(佔畢齋)의 〈유두류산(遊頭流山)〉 시에 '산은 우뚝하고 물은 맑게 흐르네.[雲根矗矗水泠泠]'라고 한 구에서 의미를 취하여 이름을 지은 것이다. …… 작별할 때 형님이 나에게 '자네는 이 고을을 떠나지 말게. 내년에 내 응당 다시 와서 이 대에서 술잔을 들겠네.'라고 하셨다."라고 하였다.

371 아동 : 【譯注】 송(宋)나라 소식(蘇軾)의 동생 소철(蘇轍)을 뜻하는 말로, 여기서는 형 이해에 대해 이황 자신을 의미한다. 소철의 자가 동숙(同叔)이었기에 '아동(阿同)'이라고 부른다.

박중보³⁷²의 시에 거듭 화답하다 【4월 25일~5월 추정. 예안(禮安)】

重答朴重甫

병오년(1546, 명종1, 46세) ○《소고집(嘯皐集)》에 보인다.

크게 졸렬한 사람은 원래 스스로 선택함이 밝으니	大拙由來自擇明
아무런 공로도 없으니 어찌 표창할 것 있으리오	無何功業豈須旌
양의가 종기를 치료했으니 하나도 근심할 것 없고³⁷³	良醫決腫太無患
야윈 말로 고향 찾아가니 날씨도 막 쾌청하여라	羸馬尋山新值晴
용수사³⁷⁴에 한가로이 노닐며 독락을 탐내고	龍社樓遲耽獨樂
귀대³⁷⁵에서 시 읊조리며 쌍청³⁷⁶을 실컷 누리누나	龜臺吟弄飽雙淸
내년에도 모이자던 계당의 약속 이을 터이니	明年會續溪堂約

---

372 박중보 :【譯注】박승임(朴承任, 1517~1586)으로 본관은 반남(潘南). 자는 중보 (重甫), 호는 소고(嘯皐)이며 이황의 문하에서 수학하였다. 1540년(중종 35) 식년문과 에 병과로 급제하여 명종과 선조 때에 관직을 두루 역임하고 대사간을 지냈으며 경상북도 영주(榮州)의 구산정사(龜山精舍)에 제향되었다.

373 양의가……없고 :【譯注】이황이 박승임의 도움으로 병이 나은 일이 있었던 것으로 짐작된다.

374 용수사(龍壽寺) :【譯注】경상북도 안동(安東)의 용두산(龍頭山)에 있는 사찰로 고려 의종(毅宗) 때 세워졌으며, 이황과 이현보(李賢輔) 등이 학문을 탐구하고 강학하던 곳이다.

375 귀대(龜臺) :【譯注】경상북도 영주의 서천 강변에 있었던 바위로 동귀대와 서귀대 를 말한다. 서천의 물길이 바뀌기 전에는 강변에 있었으나 지금은 시내〔영주1동〕에 있다.

376 쌍청(雙淸) :【譯注】마음과 자취 두 가지가 모두 맑은 것을 뜻한다. 당(唐)나라 두보(杜甫)의 〈자취를 감추다〔屛迹〕〉시에 "청려장 짚은 채 흰머리를 아랑곳 않노니, 마음과 자취 둘 다 맑은 것이 기뻐라.〔杖藜從白首, 心迹喜雙淸.〕"라고 하였다.

선랑을 시켜 그 모임에 다시 참여하게 하기를³⁷⁷　　　要使仙郎更乞盟

---

377 선랑을……하기를 : 【譯注】 선랑(仙郞)은 상대방 즉 박승임의 아들을 가리키는 말로, 계당의 모임에 아들을 공부하러 보내라는 뜻으로 짐작된다.

BIP1217(詩-遺外卷1-175)

내가 성주로 가서 응당 열흘을 머물 작정이었으니 돌아올
때 그대가 돌아오는 것을 볼 수 있으리라 생각하였는데,
이제 성주 아전이 이미 공도회³⁷⁸를 파했다고 보고하였다.
내일이면 내가 돌아가기에, 밤에 앉아 감회를 써서 남겨
두었다가 전해달라고 하였다 【1월 추정. 상주(尙州)】

僕往星州 當留十日 其還意可見君之還 今得星吏報已罷都會 明將遂還
夜坐書所感留奉云

기유년(1549, 명종4, 49세) ○ 풍기 군수(豐基郡守)로 있으면서 성주(星州) 공도회(公都
會)의 고시관을 맡아서 상주(尙州)에 이르렀는데, 주목(主牧) 김계진(金季珍)³⁷⁹ 공이
향리로 갔다가 아직 돌아오지 않았기에 시 3수를 남겨두고 돌아왔다. 2수는 〈속집(續集)〉
에 보인다. ○ 13대손 이강호(李綱鎬)의 집에서 소장하던 친필 시첩(詩帖)을 12대손 이중
업(李中業)이 나중에 모은 것이다.

성주로 가 열흘 머물려던 일 파했다고 알려오니	報罷星山十日行
이에 좋은 만남 결국 이루지 못할 줄 알겠어라	從知佳覿竟無成
오고 가며 만났다 헤어짐에 본래 정해진 것 있으리오	去來聚散本何定
엎치락뒤치락 이리저리 자주 뒤바뀌네	反覆縱橫仍屢更
지금 홀로 상주의 밝은 달을 읊조리니	此夜獨吟商月白
어느 때나 함께 죽계³⁸⁰의 맑은 물로 세수할거나	何時共盥竹溪清

---

378 공도회(公都會) : 【譯注】 각 도(道)의 관찰사 및 개성(開城)·강화(江華)의 유수
(留守) 등이 관내의 유생을 대상으로 시행하는 소과(小科) 초시(初試)인데, 여기에 합격
한 자에게는 다음 해의 소과 복시(覆試)에 응시할 자격을 주었다.

379 김계진(金季珍) : 【譯注】 김언거(金彦琚, 1503~1584)로, 본관은 광산(光山), 자
는 계진, 호는 관포당(灌圃堂)·칠계(漆溪)·풍영정(風詠亭)이다.

잠시 돌아갔을 뿐 아직도 전원의 흥취를 모르니　　暫歸未識田園興

그대와 나 같이 속세에서 분주한 삶을 감수하는구려　君我同甘走俗情

　-지난 가을 내가 단양〔丹山〕에 있으면서, 나도 고향에 다녀왔다.-

380　죽계(竹溪) :【譯注】경상북도 영주시(榮州市) 순흥면(順興面) 읍내를 관통하는
시내 이름이다.

용궁현으로 가는 도중에 학가산 승려 편에 보내어 산중의 이대성[381]에게 부치다 【경인년(1530, 중종25, 30세) 10~12월 추정. 용궁(龍宮)】

龍宮路中 附鶴駕山僧 寄山中李大成

(詩-遺外卷1-176)

전부터 세모에 만나기로 계서의 약속[382] 하였더니	鷄黍從前約歲殘
나의 걸음 되려 달이 이지러졌다 차는 동안에도 가지 못해 부끄러워라	
	我行還愧月虧圓
눈 내리는 강가 승려를 만난 곳에서	江天雪裡逢僧處
학가산 찾아가지 못함을 못내 서글퍼 하노라	惆悵難尋鶴駕山

(詩-遺外卷1-177)

눈보라 거센 강가에서 말을 멈추고서	立馬江邊風雪催

---

381 이대성 : 【譯注】 이문량(李文樑, 1498~1581)으로 본관은 영천(永川), 자는 대성
(大成), 호는 벽오(碧梧)이다. 농암 이현보의 둘째 아들로 이황과 절친하였다.

382 계서(鷄黍)의 약속 : 【譯注】 닭 잡고 기장밥 지어 대접하겠다던 약속을 말하는데,
친구 사이에 우의가 깊어 만나기로 한 약속을 지킨다는 전고로 쓰인다. 한(漢)나라 범식
(范式)은 자가 거경(巨卿)으로 산양(山陽) 금현(金縣) 사람이고, 장소(張劭)는 자가
원백(元伯)으로 여남(汝南) 사람인데, 둘은 평소 태학(太學)에서 함께 공부하면서 우정
이 매우 두터웠다. 두 사람이 이별할 때 범식이 장소에게 "2년 뒤 돌아올 때 그대의
집에 들르겠다."라고 하였다. 꼭 2년째가 되는 날인 9월 15일에 장소가 닭을 잡고 기장밥
을 짓고 범식을 기다리자 그 부모가 웃으며, "산양은 여기서 천 리나 멀리 떨어진 곳인데,
그가 어찌 기필코 올 수 있겠느냐."라고 하였다. 이에 장소가 "범식은 신의 있는 선비이니,
약속 기한을 어기지 않을 것입니다."라고 하였는데, 그 말이 채 끝나기도 전에 범식이
당도하였다. 《後漢書 范式列傳》

우연히 산으로 돌아간다는 승려를 만났어라   偶逢僧著說山回

일찌감치 못 만날 일을 언급할 줄 알았다면   早知說到乖逢事

산과 함께 -원문 1자 결락- 왕래가 없는 것만 하리요   何似和山莫□來

성천사³⁸³에서 이대성³⁸⁴에게 보이다 기축년(1529, 중종24, 29세)

【1~3월 추정. 예안(禮安)】

聖泉寺 示李大成 己丑

밥을 먹고 돌아오니 선방이 고요한데	食罷歸來丈室淸
책상머리에 서책이 어지러이 널렸어라	床頭書冊亂縱橫
좋은 시절은 비바람처럼 쉬이 지나고	良辰易過若風雨
정겨운 손 함께 오니 형과 아우 같아라	好客同來如弟兄
나는 세상일 많아 홀로 슬프지만	顧我獨悲多少事
그대 같은 이가 오랫동안 급제하지 못하다니	如君豈合久無名
꽃 지고 새 울어 바다처럼 시름 일어나니	落花啼鳥愁如海
어떡하면 봄 술 얻어다 실컷 기울여볼꼬	那得春醪萬斛傾

---

383 성천사(聖泉寺) :【譯注】경상도 예안현 요성산(邀聖山)에 있던 절이다.《新增東國輿地勝覽 卷25 慶尙道》

384 이대성 :【譯注】이문량(李文樑, 1498~1581)으로 본관은 영천(永川), 자는 대성(大成), 호는 벽오(碧梧)이다. 농암 이현보의 둘째 아들로 이황과 절친하였다.

영지정사[385]에서 모시고 노닐며 주인 상공[386]의 시에 차운하다 【계묘년(1543, 중종38, 43세) 11월 19일 추정. 예안(禮安)】

陪遊靈芝精舍 次主人相公韻

내 땅이라 고집하기 싫어 거처를 옮겼으니	嫌於仍執爲遷居
어찌 감히 송사하여 거듭 따지리오[387]	豈敢還爭再度乎
자손들에게 나의 뜻 알려 당부하였으니	已戒兒孫知我意
이제부터 이곳 연하 빼앗으려는 이 없으리	烟霞從此斷猜無

---

385 영지정사(靈芝精舍) : 【譯注】 예안현 북쪽 영지산(靈芝山)에 있던 암자로, 이황이 집을 지은 곳인데 이현보(李賢輔)가 새로 꾸며서 '영지정사'라고 이름을 붙이고 소요하던 곳이다.

386 주인 상공 : 【譯注】 이현보(1467~1555)를 가리킨다. 본관은 영천(永川), 자는 비중(棐仲), 호는 농암(聾巖) 또는 설빈옹(雪鬢翁), 시호는 효절(孝節)이다. 이 시는 《농암집(聾巖集)》 권1의 〈농암연보(聾巖年譜)〉에도 실려 있다.

387 어찌……따지리오 : 【譯注】 《정본 퇴계전서》 권1 〈농암 이 선생의 영지정사 시에 받들어 화답하다[奉酬聾巖李先生靈芝精舍詩]〉 시의 서문에서 "시를 지어 나에게 보내며 또 하시는 말씀이 '그대가 예전에 이 산기슭에 터를 마련하고 산인이라 자칭했었는데 지금 내가 먼저 차지해 버렸으니 이야말로 손님을 불러다가 주인을 만든 격이 아니겠는가? 조만간 마땅히 송사를 해서 그것을 분명히 해야 할 것일세.'라고 하셨다."라고 하였다.

지사 상공[388]이 증조부 의흥공[389]의 묘소에 추증하는 묘갈
을 세우게 되었는데, 나도 의흥공의 외현손으로 집사의
말석에 참여하였기에 제사를 받들고 나서 음복하는 자리
에서 절구 한 수를 지어 올리다 기유년(1549, 명종4, 49세) 【2월
28일 추정. 예안(禮安)】

知事相公追贈立碣于曾祖義興公之墓 滉以義興公之外玄孫 得預執事之
末 祭後飮福席上 呈一絶 己酉

재주 없는 나도 외람되이 군수 벼슬 하였으니	不才我亦郡符叨
선행의 노고 쌓여 음덕의 공 입었음을 알겠네	知荷陰功積善勞
그래서 상공이 선조를 추숭하는 이날에	故及相公追孝日
영예롭게 참여하여 이름이 비석에 새겨졌어라	榮參名刻在珉高

---

388 지사 상공 : 【譯注】 농암(聾巖) 이현보(李賢輔, 1467~1555)로 지중추부사(知中
樞府事)를 지냈으므로 이렇게 말한 것이다.

389 의흥공 : 【譯注】 이파(李坡)로, 병조 참의에 추증되었다.

삼가 영감[390]의 시를 받고 '태산 같은 은혜 갚지 못해 어이 할꼬'라는 구절[391]이 있기에 감히 진정을 말씀드리지 않을 수 없기에 삼가 다시 받들어 화답하여 올리다 【을묘년(1555, 명종10, 55세) 1월 1일 추정. 서울】

伏承令詩 有丘山恩未報如何之句 不敢不仰陳下情 謹復奉和上呈

눈 밖의 경치 보니 돌아가고픈 마음 더하는데	歸思增添感物華
사람들이 가타부타 많이들 말하건 말건	人言可否任多多
반도단[392]에서 모시고 노닐고자 하는 날	仙桃準擬攀遊日
청명 때 가지 않고 다시 어느 때를 기다리랴	不趁淸明更竢何

---

390 영감 : 【譯注】 이현보(李賢輔, 1467~1555)를 가리킨다.

391 태산……어이할꼬 : 【譯注】 이현보의 《농암집(聾巖集)》 권1에 수록된 〈차운하여 퇴계에게 부치다〔次寄退溪〕〉 시의 마지막 구절로, 그 시 원문은 "遭逢昭代展才華, 久患 沈痾抱屈多. 往復三詩堅宿約, 丘山恩未報如何?"이다.

392 반도단(蟠桃壇) : 【譯注】 이현보가 만년에 우거하였던 임강사(臨江寺) 옆에 큰 복숭아나무가 있었던 둔덕을 말한다. 반도는 삼천 년에 한 번 열리는 불로장생의 열매로, '천도(天桃)' 혹은 '선도(仙桃)'라고 한다.

BIP1223(詩-遺外卷1-182)

봉사 권공[393]의 묘소를 참배하다 【병오년(1546, 명종1, 46세) 3월 16일경 추정. 풍산(豊山)】

拜權奉事公墓

당시 사람들은 천진을 알아보지 못했으니	當年人不識天眞
지하에 가도 이런 분 만날 길 없으리[394]	地下無由見此人
황량한 묘소에 잔 올리고 사시던 고을로 돌아와	奠罷荒山歸故里
작은 매화 핀 곳에서 고인의 정신을 생각하노라	小梅開處想精神

---

393 봉사 권공 :【譯注】이황의 두 번째 부인의 부친 권질(權礩, 1483~1545)로 본관은 안동(安東), 자는 사안(士安)이다. 중종(中宗) 때의 문신으로 신사무옥(辛巳誣獄)으로 사림파가 쫓겨날 때 아우 권전(權磌)이 장살(杖殺)되면서 그도 예안(禮安)으로 유배되었다. 묘는 안동시 풍산면 지곡(枝谷 일명 가곡(佳谷))의 선원(仙原) 선영에 있다.《퇴계선생연표월일조록》1546년 3월 조에 의하면, 이황은 '병오년 1월 22일 장사를 지낼 때 휴가를 받아 내려오려고 하였다가 병으로 기한을 넘겨 내려오지 못하고, 이때서야 비로소 고향에 내려와 장인의 산소에 찾아온 것'이라고 하였다.《정석태, 퇴계선생연표월일조록1, 퇴계학연구원, 2001, 520쪽》

394 지하에……없으리 :【譯注】직언을 잘하던 권질의 곧은 성품을 주운(朱雲)의 고사를 들어 칭송한 것이다. 주운은 한(漢)나라 성제(成帝) 때 직신(直臣)으로 당시 재상이었던 장우(張禹)가 간사하다는 간언을 올리고 성제의 노여움을 사서 끌려 나가다가 난간을 붙잡고 늘어져 난간까지 부러지자 "신은 관용방(關龍逄)과 비간(比干)을 따라 죽어 지하에서 노닐면 그만이지만 조정을 어찌하려고 하십니까?"라고 하였다. 후에 성제의 마음이 풀려 주운을 용서해 준 뒤에 부러진 난간을 고치지 말게 하여 정표하게 하였다.《漢書 朱雲傳》관용방과 비간은 각각 하(夏)나라 걸왕(桀王)과 은(殷)나라 주왕(紂王) 때의 충신으로 모두 임금의 잘못을 간쟁하다가 죽은 사람이다.

〈명농당〉³⁹⁵ 시에 차운하다 【임인년(1542. 중종37. 42세) 8~12월 추정. 서울】
次明農堂韻

조정과 산림이 어찌 한 곳이리오	朝市山林豈一隅
처지에 따라 나아가고 물러남에 둘 다 어려움 없었어라	
	行藏隨處兩難無
외로운 구름이 산에서 나와 때로 돌아가는 듯	孤雲出岫有時返
흡사 명농당에 걸린 〈귀거래도〉³⁹⁶같구나	恰似明農堂裏圖

---

395 명농당(明農堂) :【譯注】이현보(李賢輔)의《농암집(聾巖集)》권1〈명농당 (明農
堂)〉시를 말하며, 원운은 "龍壽山前汾水隅, 茇裘新築計非無. 東華十載霜侵鬢, 滿壁虛
成歸去圖."이다. '명농당'은 이현보가 44세 때인 1510년(중종5)에 고향 분천(汾川)의
긍구당(肯構堂) 남쪽에 세운 집의 이름이다.

396 귀거래도(歸去來圖) :【譯注】이현보는 명농당의 벽에 진(晉)나라 도연명(陶淵明)
의〈귀거래사(歸去來辭)〉를 본받아 그린 그림을 걸어 초야로 돌아올 계획을 하였다고
한다.《聾巖年譜》

재차 차운하여 배 안에서 드리다³⁹⁷ 【임인년(1542, 중종37, 42세) 7월
17일 추정. 서울】

再次呈舟中

영지산의 집³⁹⁸이 막 지어져 기뻐하며   靈芝山舍喜初成

죽장망혜로 술을 짝하시리라   竹杖芒鞋伴麴生

내 공을 따라 혜초 난 길에서 노닐고 싶지만   我欲從公尋蕙路

홍진 속에 있는 몸 구름 이는 길에 어찌할 수 없구나 紅塵無奈惹雲行

---

397 재차……드리다 :【譯注】이 시는《정본 퇴계전서》권1(BIP1123)에도 같은 제목으
로 수록되어 있다.

398 영지산의 집 :【譯注】농암(聾巖) 이현보(李賢輔)가 거주하던 영지정사(靈芝精舍)
로 안동시 도산면 분천리에 있다.

분천[399]에 부치다 【을축년(1565, 명종20, 65세). 예안(禮安)】

寄汾川

이대성[400] 大成

천륜 사호라 자랑한들 누가 그르다하랴[401]	天倫四皓詫誰非
다섯 동생[402]과도 지금처럼 의지하길 바라노라	五季如今亦願依
일락으로 나 또한 여섯 형제 두었더니	一樂我亦詫有六
늘그막에 두 사람 남은 것[403] 쓸쓸할 뿐이네	老來餘二但悲思

---

399 분천(汾川) :【譯注】경상북도 안동시 도산면(陶山面) 부내마을〔汾川里〕로 농암(聾巖) 이현보(李賢輔)와 그의 자손들이 살았던 곳이다.

400 이대성 :【譯注】이문량(李文樑, 1498~1581)으로 본관은 영천(永川), 자는 대성(大成), 호는 벽오(碧梧)이다. 농암 이현보의 둘째 아들로 이황과 절친하였다.

401 천륜……그르다하랴 :【譯注】이문량의 형제들을 상산사호(商山四皓)에 비유한 것이다. 상산사호는 진(秦)나라 말기 혼란을 피하여 섬서성 상산(商山)에 은둔한 동원공(東園公)·기리계(綺里季)·하황공(夏黃公)·녹리선생(甪里先生) 네 사람을 가리키는 말로, 네 사람이 모두 수염과 눈썹이 하얗기 때문에 '상산사호'라고 부른다.

402 다섯 동생 :【譯注】이문량의 아래 남동생 다섯을 가리킨다. 농암 이현보는 이석량(李碩樑)·이문량·이희량(李希樑)·이중량(李仲樑)·이계량(李季樑)·이숙량(李叔樑)·이윤량(李閏樑)·이연량(李衍樑)의 8형제를 두었다.

403 나……것 :【譯注】'일락(一樂)'은《맹자》〈진심 상(盡心上)〉에서 말한 군자의 세 가지 즐거움〔君子三樂〕의 첫 번째인 '부모님이 모두 살아 계시고 형제가 무고한 것.〔父母俱存, 兄弟無故.〕'을 말한다. 이황은 남자 형제로 전비(前妣) 소생의 이잠(李潛)·이하(李河), 후비(後妣) 소생의 이서린(李瑞麟)·이의(李漪)·이해(李瀣)·이징(李澄)이 있었는데, 이 시를 지을 즈음에는 이징(1498~1582)과 본인만이 살아있었다.

이공간[404] 公幹

서로 만나 둘이 하얗게 센 머리 한스러워 말지니	相逢莫恨兩皤皤
꿈속에서 일찍이 함께 계화 가지 꺾었었지[405]	夢裡曾同折桂華
삼십 이년 영욕의 세월 속에	卅二年中榮與辱
옛날 길 잃었을 때는 우습고 지금 깨달은 일은 자랑할 만하여라[406]	
	迷時堪笑悟堪誇

이대용[407] 大用

그대 집 좋은 경치 차지한 것 우리 둘 다 같으니	君家占勝兩皆同
남쪽도 빈한하거니와 북쪽은 더욱 곤궁하다오	南亦淸寒北更窮
그래서 내가 그대의 한스러움을 매우 잘 아노니	故我極知君有恨
외로이 살며 늘 네 형제분 생각한다오	離居長憶四昆翁

---

404 이공간 : 【譯注】 이중량(李仲樑, 1504~1582)으로 본관은 영천(永川), 자는 공간, 호는 하연(賀淵)이다. 농암(聾巖) 이현보(李賢輔)의 넷째 아들이다.

405 꿈속에서……꺾었었지 : 【譯注】 이중량과 함께 1534년(중종29) 3월 식년문과에 급제한 것을 말한다. 진 무제(晉武帝) 때 극선(郤詵)이 현량 대책(賢良對策)에서 장원을 하고는, 소감을 묻는 무제의 질문에 "신이 현량 대책에 응시하여 천하제일이 된 것은, 계수나무 숲의 가지 하나를 꺾은 격이요, 곤륜산의 옥돌 한 조각을 캔 격입니다.[桂林之一枝, 崑山之片玉.]"라고 하였다. 《晉書 郤詵列傳》

406 옛날……만하여라 : 【譯注】 지난날 벼슬하던 때가 잘못되었고 지금 은거하여 공부하는 것이 옳다는 뜻이다. 진(晉)나라 도연명(陶淵明)의 〈귀거래사(歸去來辭)〉에 "길을 잘못 들긴 했어도 아직 멀리 벗어나지는 않았나니, 지금이 옳고 지난날은 잘못된 것을 깨달았네.[寔迷途其未遠, 覺今是而昨非.]"라는 명구가 있다.

407 이대용 : 【譯注】 이숙량(李叔樑, 1519~1592)으로 본관은 영천(永川), 자는 대용(大用), 호는 매암(梅巖)·병암(屏庵)이며, 이현보의 다섯째 아들이다.

농암 상공이 동짓날에 지은 시[408]에 삼가 화답하다 임자년

(1552, 명종7, 52세)[409] 【신해년(1551, 명종6, 51세) 11월 16일경 추정. 예안(禮安)】

謹伏奉和聾嵓相公至日之作 壬子

지극한 은택 입은 몸으로 궁검의 날[410] 회상해보니	至澤追思弓劍日
가득한 음 속에 땅 밑의 우레가 태동하던 때였지[411]	頑陰驚動地雷春
누가 알리오, 백발의 세 조정 섬긴 노신이	誰知白髮三朝老
잠 못 이루고 한밤중에 송축시 지어 올린 줄을	不寐中宵頌祝陳

408 농암……시 : 【譯注】농암 상공은 이현보(李賢輔, 1467~1555)이다. '동짓날에 지은 시'란《농암집(聾嵓集)》권1의 〈동짓날 우연히 읊어 계당에 적어서 올리다[至日偶吟錄奉溪堂]〉로 "갈대 관에 재 날려보니 반양이 처음 움직이니, 비로소 천지 만물에 봄이 왔음을 하례하노라. 돌이켜 회상하노니 궁중에서 승하하던 저녁에, 오경의 종고에 헛되이 진달하였지.[灰飛子半陽初動, 始賀乾坤萬物春. 却憶彤庭丁諱夕, 五更鍾鼓只虛陳.]"라고 하였다. 또 그 아래에 적은 후지(後識)에서 "신해년 중동 15일은 동짓날이니, 바로 중종이 돌아가신 날이다. ……[辛亥仲冬十五日爲冬至, 是乃中廟忌辰……].'"라고 하였다.

409 임자년 : 【譯注】이 시 제하(題下)에는 '壬子'라고 창작 시기가 표시되어 있다. 그러나《농암집》권1 〈동짓날 우연히 읊어 계당에 적어서 올리다〉의 후지(後識)와《농암연보(聾嵓年譜)》의 기록에 의하면, 이 시는 신해년(1551, 명종6) 11월 16일경에 지은 시로 추정된다.《정석태, 퇴계선생연표월일조록2, 퇴계학연구원, 2005, 100쪽》

410 궁검의 날 : 【譯注】궁검(弓劍)은 임금의 갑작스러운 죽음을 뜻하는데, 여기서는 1544년 중종이 승하한 날을 말한다. 전설상의 제왕 황제(黃帝)가 용을 타고 하늘에 오른 곳을 정호(鼎湖)라고 하며, 황제가 하늘을 오를 때 활[弓]을 떨어뜨렸고 황제를 장사 지낸 빈 관에 칼[劍]만 있었다는 고사에서 나온 말이다.《史記 封禪書》

411 가득한……때였지 : 【譯注】《주역》64괘 중에 지뢰 복괘(地雷復卦)는 오음(五陰)의 아래에서 일양(一陽)이 처음 생기는 상(象)으로 이때부터 양이 점차 왕성해지는데, 우레가 음력 8월에 땅속으로 들어갔다가 11월에 다시 나온다고 한다.

정월 보름밤에 이 상공[412]께 하례드리다 【갑인년(1554, 명종9, 54세) 1월 하순 추정. 서울】

元夕獻賀李相公

(詩-遺外卷1-189)

독곡이 팔십 해를 만나 기뻐하였더니[413]	獨谷欣逢八十天
농암이 원석에 화운한 시를 지었지	聾嵒元夕有賡篇
여든여덟 연세에 하늘에 감사할 필요 있으랴	八旬又八何須謝
장차 농암에서 오백 년 동안 사례할 터인데	行謝嵒春五百年

(詩-遺外卷1-190)

세 아들 고향 가까이에 은혜로운 관직 받으니	三子恩除近壽鄕
수령되어 저마다 성심을 다해 봉양하누나[414]	專城歡奉各無方
총애의 글 또 궁궐로부터 내려오니[415]	寵書又自天門下

---

412 이 상공 : 【譯注】 이현보(李賢輔, 1467~1555)이다. 이황의 이 시는 《농암집(聾嵒集)》 권1 〈원석헌연시(元夕獻筵詩)〉 2수에 차운한 것이다.

413 독곡이……기뻐하였더니 : 【譯注】 독곡(獨谷)은 성석린(成石璘, 1338~1423)의 호로, 본관은 창녕(昌寧), 자는 자수(自修), 시호는 문경(文景)이다. 이현보의 〈원석헌 연시〉 서문에서 "내가 독곡 성석린의 시에서 '80에 봄을 만났으니 더욱 하늘에 감사하노라.〔八十逢春更謝天〕'라는 구절을 염두에 두고서, 그 운을 따라 절구를 이어서 완성하였다."라고 하였다.

414 세……봉양하누나 : 【譯注】 이현보의 세 아들 이희량(李希樑)·이중량(李仲樑)·이계량(李季樑)이 모두 걸양(乞養)하여 한해 전에 가까운 고을인 봉화(奉化)·청송(靑松)·연산(連山)의 수령으로 부임한 사실을 말한다. 《聾嵒年譜》

415 총애의……내려오니 : 【譯注】 임금이 이현보를 기리는 글을 내린 사실을 말한다.

임금과 백성이 둘 다 잊지 않았다는 것을 깊이 알겠네

深覺君民兩不忘

《정본 퇴계전서》권15 〈숭정대부행지중추부사농암이선생행장(崇政大夫行知中樞府事
聾巖李先生行狀)〉에 "갑인년(1554) 1월에 대사간(大司諫) 정유(鄭裕)가 아뢰기를, '이
현보는 나라의 훌륭한 원로입니다. 지금 비록 늙어서 물러갔으나 기력이 아직 강건하니,
진실로 깨우쳐서 부르면 마땅히 나올 수 있을 것이요, 또한 반드시 의견을 올리는 유익함
이 있을 것입니다.' 하므로, 임금이 정원(政院)에 명하여 글을 내려서 아름다움을 칭찬하
게 하고, 또 역마를 타고 궁궐에 오게 하였다."라고 하였다.

평릉⁴¹⁶으로 부임하는 이대성⁴¹⁷을 증별하다【경신년(1560, 명종15, 60세). 예안(禮安)】

贈別李大成赴平陵

관함을 원래 상관하지 않던 사람이	官銜元自不關人
몇 번이나 고요한 마음에 번뇌를 일으켰던가	幾作人心鏡裡塵
듣건대 벽오가 엊그제 뜻밖의 임명에 깜짝 놀라더니	聞道碧梧驚昨日
주인이 말 타고 떠남에 벼슬이 다시 새롭다지	主人銜馬官轉新

---

416 평릉(平陵) :【譯注】조선 시대 삼척도호부에 소속된 역으로 강원도 동해시(東海市) 평릉동(平陵洞)에 있었다. 이문량(李文樑)은 1559년 음직으로 평릉도 찰방(平陵道察訪)에 제수되었다.

417 이대성 :【譯注】이문량(李文樑, 1498~1581)으로 본관은 영천(永川), 자는 대성(大成), 호는 벽오(碧梧)이다. 농암 이현보의 둘째 아들로 이황과 절친하였다.

황중거⁴¹⁸가 평해의 온천에서 돌아오자 청송 부사 이공간⁴¹⁹이 절구 10수로 초대하였다. 근래 공간이 근친을 왔기에 내가 만나러 갔다가 함께 월천의 모임에 시종하게 되었고 저물녘에 돌아와 분천에 들렀는데 공간이 시를 꺼내 보여 주기에 뒤미처 차운하여 부치고 아울러 이대성⁴²⁰·이대용⁴²¹에게도 드리다 임자년(1552, 명종7, 52세)【1월 21~22일 추정. 예안(禮安)】

黃仲舉回自平海溫井 青松李公幹以十絶邀之 近公幹來覲 余往見之 仍同侍月川之會 暮歸過汾川 公幹出詩辱示 追次韻奉寄 兼呈大成大用 壬子

(詩-遺外卷1-192)

영천 고을은 공무가 너무 많아서	永川文簿鬧投干
백성 돌보고 부친 봉양하며 글 짓는 일 쉽지 않아라	民社兼親筆硯難
지금 청송의 참된 도원을 얻었으니⁴²²	今得青鳧眞道院

---

418 황중거 : 【譯注】황준량(黃俊良, 1517~1563)으로 본관은 평해(平海). 자는 중거(仲舉), 호는 금계(錦溪)이다.

419 이공간 : 【譯注】이중량(李仲樑, 1504~1582)으로, 1550년 청송 부사(青松府使)를 역임하였다.

420 이대성 : 【譯注】이문량(李文樑, 1498~1581)으로 본관은 영천(永川), 자는 대성(大成), 호는 벽오(碧梧)이다. 농암 이현보의 둘째 아들로 이황과 절친하였다.

421 이대용 : 【譯注】이숙량(李叔樑, 1519~1592)으로 본관은 영천(永川), 자는 대용(大用), 호는 매암(梅巖)·병암(屛庵)이며, 이현보의 다섯째 아들이다.

422 청송의……얻었으니 : 【譯注】원문의 청부(青鳧)는 경상북도 청송군(青松郡)의 옛 이름으로, 여기서는 이중량이 청송 부사로 재임하게 된 것을 가리킨다.

이로부터 시학이 편안할 수 있으리 　　　　　　　從今詩學可能安

(詩-遺外卷1-193)

어려운 백성 보살피고 폐단 없애 한바탕 혁신하니 　蘇悾劃弊一番新

벼슬하는 자 모름지기 자신에게 부끄럽지 않아야 하리

　　　　　　　　　　　　　　　　　　　作吏要當不愧身

공부에 방해되는 일 많아 참으로 괴로울 터이니 　掣肘多端誠苦苦

너무 근심 걱정하여 본성을 훼손하지 마시게 　　莫令憂惱損天眞

(詩-遺外卷1-194)

사또께서 홀로 턱 괴고 서산 바라보니[423] 　　　使君拄笏西山望

재자들 구름 타고 양곡에서 오누나[424] 　　　　才子騎雲暘谷來

고요한 영각[425]에서 함께 한 동이 술 놓고서 　共討一尊鈴閣靜

시를 주고받으며 허물없이 흉금을 터놓기에 좋아라 唱酬莫逆好襟開

---

423 홀로……바라보니 : 【譯注】세속 일에 얽매임 없이 유유자적하는 것을 말한다. 진(晉)나라 때 왕휘지(王徽之)가 환충(桓沖)의 기병 참군(騎兵參軍)으로 있을 적에 환충이 그에게 "경(卿)이 부(府)에 있은 지 오래되었으니, 요즘에는 의당 사무를 잘 알아서 처리하겠지."라고 하였으나, 그는 아무런 대꾸도 하지 않은 채 고개를 쳐들고 홀(笏)로 턱을 괴고는 엉뚱하게 "서산에 아침이 오자 상쾌한 기운을 불러온다.〔西山朝來 致有爽氣耳〕"라고 하였다. 《世說新語 簡傲》

424 재자들……오누나 : 【譯注】양곡(暘谷)은 영지산(靈芝山)의 북쪽 기슭으로 이현보가 거처하던 '영지정사'를 가리키며, 그곳을 거쳐 자제들이 모여든다는 뜻으로 이해된다.

425 영각(鈴閣) : 【譯注】한림원(翰林院) 혹은 장수나 지방 장관이 집무하는 곳을 말한다. 당나라 때 지방 관청에서 문밖에 쇠방울을 매달아 두고 보고할 일이 있으면 방울을 잡아당겨 수령을 불러내는 것을 대신하였다고 한다.

(詩-遺外卷1-195)

죽서루 선경이 아득히 멀리 있으니 　　　　　竹西仙境墮茫漫

흡사 요대에서 한바탕 꿈꾸고 돌아온 듯 　　　恰似瑤臺一夢還

어찌 뜻했으랴, 인연을 바꾸어도 오히려 낙토를 얻어

　　　　　　　　　　　　　　　　　　　豈意換緣猶得樂

맑은 시내 푸른 산이 차갑게 사람을 비출 줄을 　碧溪靑嶂照人寒

(詩-遺外卷1-196)

산속 사슴이 대낮에 관청 뜰 안에 노닐고 　　　官家山鹿晝遊垣

여울물은 누대를 휘돌아 고요 속에 울렸지 　　石澗縈樓靜裡喧

이십이 년 전 눈으로 본 그 모습 　　　　　　卄二年前曾目擊

아직도 무릉도원 다녀온 듯 떠오르누나 　　　至今猶想武陵村

(詩-遺外卷1-197)

월천에서 고기 잡아 회 치고 삶아서 먹는 자리 　月川漁會雜鮮湘

나도 참석하여 구온426의 술잔 함께 기울였지 　我亦同霑九醞觴

함께 모시고 돌아오며 헤어질 때 　　　　　　共侍歸來欲分手

하물며 난초 같은 시를 주어 품 안에 향기 가득함에랴

　　　　　　　　　　　　　　　　　　　況蒙蘭贈滿懷香

---

426 구온(九醞) : 【譯注】 거듭 빚어서 만든 좋은 술이다. 《서경잡기(西京雜記)》 권1에 "한(漢)나라 제도에 종묘에는 8월의 전국술을 사용하는데, 구온(九醞)과 태뢰(太牢)를 사용한다. 황제가 사당에 나가 정월 초하루 아침에 술을 만들어 놓으면 8월에 완숙하는데, 이것이 '전국술'이라는 것으로서 구온 또는 순주(醇酎)라고 한다."라고 하였다.

(詩-遺外卷1-198)

갖가지 풍류에 재기를 감추었으니	種種風流隱才氣
병암⁴²⁷에서 어찌 오래도록 유민으로 있으랴	屛庵那久作遺民
거문고 가지고 가니 응당 그 이치 깊이 알 터이니⁴²⁸	玄琴持去應深得
우레 같은 소리로 귀먹은 늙은이 놀라게 하는 것을 아까워 마시게⁴²⁹	
	莫惜霆驚老聵人

(詩-遺外卷1-199)

장인과 사위⁴³⁰가 모두 시문이 뛰어난데	氷淸玉潤俱鏗寶
쓸쓸한 내 집에 부쳐 취한 잠을 깨게 해 주지 않는구려	
	不寄寒庵洗醉眠
만약 경거로 도리에 보답해 주신다면⁴³¹	若許瓊琚報桃李

---

427 병암(屛庵) : 【譯注】서취병(西翠屛)의 벼랑 가운데 있던 암자로 이숙량(李叔樑)이 지은 것이다. 《定本 退溪全書 卷1 又四絶 屛庵》

428 거문고……터이니 : 【譯注】고을 수령 즉 청송 부사로 부임하여 간소한 행정으로 청렴한 벼슬살이를 할 것이라는 말이다. 송(宋)나라 때 조변(趙抃)이 간소한 행정으로 선정을 베풀어 두 번이나 성도(成都)를 다스렸는데 항상 거문고 하나와 학 한 마리를 지니고 다녔다는 일화가 있다. 《宋史 趙抃列傳》

429 우레……마시게 : 【譯注】좋은 시를 읊어 나에게 보내는 것을 아까워 말라는 뜻이다. 춘추 시대 진(晉)나라 악사(樂師) 사광(師曠)이 거문고 연주할 때 우레 치는 소리가 들렸다는 고사가 있다.

430 장인과 사위 : 【譯注】이중량과 그의 사위를 가리키는 것인 듯 하다.

431 만약……주신다면 : 【譯注】겸사의 말로, 경거(瓊琚)는 이중량이 지은 아름다운 시를, 도리(桃李)는 이황 자신이 지은 보잘 것 없는 시를 말한다. 《시경》〈위풍(衛風) 목과(木瓜)〉에 "나에게 모과를 던져 주기에, 아름다운 옥으로써 갚는다.〔投我以木瓜, 報之以瓊琚.〕"라고 하였다. 당(唐)나라 이백(李白)의 〈위 시어 황상에게 드리다〔贈韋侍御黃裳〕〉 시에 "도리가 화려하게 피어나, 행인들 가다가 길을 잃네. 봄빛 땅에서 다 사라

좋은 유람에 내가 하필 함께 갈 것 있으리오   奇遊何必共吟鞭

-7번째와 8번째 두 절구는 별집(別集)에 보인다.-

지면, 푸른 잎이 누런 진흙으로 변하니. 그대는 크나큰 소나무를 배우고, 도리처럼 되지 마소서.〔願君學長松, 愼勿作桃李.〕"라고 하였다.

하연[432]의 시에 차운하다 【연월 장소 미상】

次賀淵

하연정[433] 위에서 우연히 만났다 왔고	賀淵亭上偶逢來
오늘은 청량산을 다시 찾았다 돌아왔네	今日淸凉再訪迴
저기 검은 조각구름이 머리 위에 떠 있으니[434]	彼有片雲頭上黑
웃으며 새로운 시구 읊으며 술잔 들어야지	笑吟新句當銜盃

---

432 하연 : 【譯注】 이중량(李仲樑, 1504~1582)으로 그의 호가 하연(賀淵)이다.

433 하연정 : 【譯注】 서취병(西翠屏) 아래에 있던 이중량의 정사(亭舍)이다. 《定本退溪全書 卷1 又四絶 賀淵》

434 조각구름이……있으니 : 【譯注】 당(唐)나라 두보(杜甫)의 〈여러 귀공자를 모시고 장팔구에서 기생을 데리고 바람을 쐬다가 저물녘에 비를 만나다[陪諸貴公子丈八溝携妓納凉晩際遇雨]〉 시에 "조각구름 머리 위로 검게 몰려오니, 비가 시를 재촉함을 알겠노라.〔片雲頭上黑, 知是雨催詩.〕"라고 하였다.

이공간[435]의 원일 시에 차운하다 갑자년(1564, 명종19, 64세)【1월 1일 추정. 예안(禮安)】

次公幹元日韻 甲子

(詩-遺外卷1-201)

신유년생이 갑자년을 만나니[436]	辛酉生逢甲子年
해가 육십사년을 돌아 한평생으로 이어지네	年周八八百年連
엊그제는 이가 빠져 마음 울적하였으니	昨來齒落心猶惋
가는 해가 골짜기 들어가는 뱀[437] 같음을 말해 무엇하랴	何況年蛇赴壑然

(詩-遺外卷1-202)

듣자니 그대는 병이 나아 건강해졌다는데	聞君病瘥身調健
부끄럽게도 나는 노쇠하여 원기가 줄었어라	愧我年衰氣損眞
그나마 산중에서 얽매일 일 없는 덕분에	尙賴山中無惹絆
푸른 구름 흰 바위로 봄을 찾아 즐기누나	靑雲白石好尋春

---

435 이공간 :【譯注】이중량(李仲樑, 1504~1582)으로, 자는 공간(公幹)이다. 1550년 청송 부사(靑松府使)를 역임하였다.

436 신유년생이 갑자년을 만나니 :【譯注】신유년은 이황이 태어난 1501년(연산군7)이고, 갑자년은 이 시를 지은 1564년(명종19)이다.

437 골짜기 들어가는 뱀 :【譯注】세월이 빨리 흐르는 것을 비유하는 말이다. 송(宋)나라 소식(蘇軾)의 〈수세(守歲)〉 시에 "한 해가 다 가는 것 알고 싶으니, 마치 골짜기로 가는 뱀과 같네.〔欲知垂盡歲, 有似赴壑蛇.〕"라고 하였다.

이인중⁴³⁸ 명홍 에 대한 만사 【경신년(1560, 명종15, 60세) 4월 추정. 예안 (禮安)】

挽李仁仲 命弘

시내 건너 사는 곳 서로 가까우니	隔水居相近
글공부하느라 몇 번이나 오갔던가	鑽書幾往來
학문은 과거 공부로 방해받았으나	學雖科目掣
마음은 속진에 물들지 않았어라	心非俗塵堆
한번 병들어 젊은 나이에 요절하니	一疾靑年夭
백발의 양친이 슬퍼하시네	雙親白髮哀
처량하여라, 예전에 노닐던 곳	凄凉舊遊處
갈선대⁴³⁹로 고개 돌려 보노라	回首葛仙臺

---

438 이인중 : 【譯注】 이명홍(李命弘, ?~1560, 본관은 영천(永川), 자는 인중(仁仲), 호는 곤재(坤齋)이다. 이충량(李忠樑)의 아들이며, 간재(艮齋) 이덕홍(李德弘)의 형이다. 이황의 문하에서 수학하고, 남부 참봉(南部參奉)을 역임하였다.

439 갈선대(葛仙臺) : 【譯注】 이명홍이 살던 곳으로, 안동시 도산면 단천리(丹川里) 단사벽(丹砂壁) 남쪽에 있는 지명이다. '갈선'은 선약(仙藥)을 만들어 먹고 신선이 되었다는 진(晉)나라 갈홍(葛洪)을 가리킨다.

중종대왕의 능을 옮길 때의 만사[440]【임술년(1562, 명종17, 62세) 8월 추정. 예안(禮安)】

中宗大王遷陵時挽

(詩-遺外卷1-204)

갑진년 그날의 은미한 말씀 기억하노니	甲辰當昔記微言
임술년 오늘 옛 능에서 부르짖노라	壬戌于今籲舊原
세상일 마음 아파라, 반 넘어 바뀌었으니	世事傷心强半改
조정의 신하 손꼽아보니 몇이나 남았는가	廷臣屈指幾人存
송추는 아름드리 나무 되어 세 조정[441] 거쳤고	松楸已拱三朝後
흘린 눈물 거듭 더하여 이십 년 자취 쌓였어라	涕淚重添卄載痕
몹시 한스러워라, 또렷하게 연로[442]를 보면서도	最恨分明瞻輦路
지척 거리인 남교에서 도성문에 가지 못한 것을	南郊咫尺碍都門

(詩-遺外卷1-205)

경연에 참여했던 당시 일개 소신에게	經幄當年一小臣

---

440 중종대왕의……만사 :【譯注】이 시는 이야순(李野淳)이 수집한 습유시(拾遺詩)를 《퇴계선생전서유집외편(退溪先生全書遺集外篇)》에 옮겨 실은 것으로 보이는데, 《퇴계선생연표월일조록》 1562년 8월 23일 조를 참조해 보면 이황의 저작 여부가 다소 의심스러운 작품이다. 《정석태, 퇴계선생연표월일조록3, 퇴계학연구원, 2005, 186쪽.》또 현재로서는 위의 시에서 이황의 행적과 바로 합치되는 사실을 분명하게 유추하기 어렵다.

441 세 조정[三朝] :【譯注】중종(中宗, 1506~1544), 인종(仁宗, 1544~1545), 명종(明宗, 1545~1567)을 말한다.

442 연로(輦路) :【譯注】천자나 임금의 수레가 거둥하는 길을 가리키는데, 여기서는 상여가 능묘로 가는 길을 말한다.

반평생 도균을 잡도록[443] 특별히 허락하셨네   半生偏許付陶鈞

언제나 송사를 만나면 눈물부터 떨구지만   每逢宋社先垂淚

진나라 양인[444]들처럼 순절하지 못하고   未效秦良得殉身

도리어 낙엽 지는 날 정릉[445]을 바라보니   却覩靖陵搖落日

바로 몹시 춥던 그때의 창경궁과 같아라   正如昌慶沍寒辰

궤전에 달려가 부곡을 거의 마칠 즈음에   几前趨伏皆垂畢

유명(遺命)을 어떻게 다시 청한단 말인가   末命如何靳再申

---

443 도균을 잡도록 :【譯注】국정에 참여하도록 허락하였다는 말이다. 도균(陶鈞)은 도기를 만들 때 쓰는 선반(旋盤)으로, 흙으로 그릇을 만들 듯 천하를 교화시킨다는 뜻이다.

444 진(秦)나라 양인(良人) :【譯注】진나라 목공(穆公)의 순장(殉葬)에 희생되었던 자거씨(子車氏)의 세 아들 엄식(奄息)·중항(仲行)·침호(鍼虎)를 가리킨다.《詩經 秦風 黃鳥》

445 정릉(靖陵) :【譯注】중종의 능으로, 원래 경기도 고양(高陽)의 원당리(元堂里)에 있었는데, 광주(廣州)의 선릉(宣陵 지금의 서울특별시 강남구 삼성동) 동쪽 언덕에 옮겨 봉안하였다.

譯註 退溪全書 4

2024년 7월 31일 초판 1쇄 펴냄

지은이 이황
펴낸이 김흥국
펴낸곳 보고사

등록 1990년 12월 13일 제6-0429호
주소 경기도 파주시 회동길 337-15
전화 031-955-9797
팩스 02-922-6990
메일 bogosabooks@naver.com
http://www.bogosabooks.co.kr

ISBN 979-11-6587-750-7   94150
       979-11-6587-746-0   (세트)

정가 35,000원